韓国語能力試験

TOPIK 3・4級

中級単語1800

河仁南・南嘉英

音声DL対応版

語研

無料の音声について

● 本書の音声は無料でダウンロードすることができます。下記 URL または
右の QR コードからアクセスしてご利用ください。

https://www.goken-net.co.jp/catalog/card.html?isbn=978-4-87615-391-6

● ホームページ上の本書紹介ページ「すぐ聴く（スマホ・PC 対応）」をクリックいただくと，
ダウンロードせずオンライン上で音声を聴くことも可能です。

● 本文奇数ページ右上に記載の QR コードを読み込んで聞ける音声は「見出し語」→「例
文」の順に 1 回ずつ自然な速さで，見出し語を男性，例文を女性のナレーターが読み
上げています。

△注意事項△

● ダウンロードで提供する音声は，複数のファイル・フォルダを ZIP 形式で 1 ファイルに
まとめています。

● ダウンロード後に復元してご利用ください。ダウンロード後に，ZIP 形式に対応した復元
アプリを必要とする場合もあります。

● 音声ファイルは MP3 形式です。モバイル端末，パソコンともに，MP3 ファイルを再生
可能なアプリを利用して聞くことができます。

● インターネット環境によってはダウンロードできない場合や，ご使用の機器によって再生
できない場合があります。

● 本書の音声ファイルは，一般家庭での私的使用の範囲内で私用する目的で頒布するもので
す。それ以外の目的で本書の音声ファイルの複製・改変・放送・送信などを行いたい場合
には，著作権法の定めにより，著作権者等に申し出て事前に許諾を受ける必要があります。

※ 本書は『韓国語能力試験 TOPIK 3・4 級 中級単語 1800』（2015 年刊行）の見出し語
と例文の音声を新規で収録し，音声ダウンロード対応版として再刊行したものです。

はじめに

アンニョンハセヨ？

　これから中級に挑戦する皆さん，韓国語には大分慣れてきましたか。最初はまるで何かの記号のように見えていたハングルも初級が終わった段階になるとだいたいの文の意味がわかるようになったり，何となく単語を並べただけなのに意味が通じたりして，韓国語の学習が楽しくなってきたのではないでしょうか。私たちが日本語を習うときがそうでしたから皆さんの気持ちが手に取るようにわかります。皆さんがこれからもっと語彙力を強化するのに少しでも役に立てばとの思いで，本書の執筆に取り組みました。

　韓国には「**시작이 반이다**（始めが半分）」ということわざがあります。これは「やりたいことに着手しただけでその事の半分はもう成し遂げられたのと同様」という意味で，つまり「勢いが大事」ということです。皆さんも韓国語がわかってきた今こそ，更なる高みを目指して頑張ってください。

　本書は韓国語能力試験の過去問を調査し，頻出単語を厳選して作った単語集です。独学で学習できるように構成し，韓国語を学習する皆さんがご自身の韓国語の語彙レベルを測りたいと思った際にもご活用いただけます。皆さんがもっともっと素敵な韓国語や韓国文化に触れるきっかけとなれば，私たちにとってそれ以上の喜びはありません。

　最後に，この本が出るまでいろいろとご迷惑をおかけしましたが，そのたびに気持ちよく対応してくださった出版社の方々，お昼休みを返上してまで日本語の訳を見てくださった山村聡子さん，休日にもかかわらず手伝ってくださった中村英寛さん，陰で見守ってくださった家族にこの場を借りて感謝の気持ちをお伝えします。

河仁南・南嘉英

3

目 次

【装丁】クリエイティブ・コンセプト

【吹込み】李忠均／李美賢

本書の特長と使い方

♣ ランクは頻出度順に ABC で分類してあります。韓国語能力試験（TOPIK）の中級・高級に該当する TOPIK II は取得した点数に応じて級が決まりますが，中級は 3・4 級，高級は 5・6 級になります。3 級合格には，初級語彙を覚えている前提で，少なくとも本書の 50％は覚えておく必要があります。

♣ 決められた期間内に覚えるための学習計画表をご用意しました。試験まで何日あるか数えてみて，1 か月以上の余裕がある場合は 6 週間コース，1 か月以下の場合には残り日数を考慮しながら 4 週間コースを選択してください。消化した曜日には済マークを付けていきます。もう少しのんびりマイペースに進めたい方，時間に余裕のある方には，右ページをご活用いただき，自分なりのプランを作ってお使いいただけます。

♣ 初めのうちは左ページの見出し語を集中して暗記していきましょう。16 ページ以降にある暗記度チェックは，前のページの復習になります。何度も繰り返すことで確実に語彙力は強化されていきます。

♣ 韓国語能力試験で扱っている中級の文法を取り入れ，会話体にしたり，新聞の記事のような表現にしたり，日常的によく使う表現に語尾を変化させたりして例文を作りました。

♣ 日本語訳はなるべく意訳を避け，直訳に近い形としましたが，どうしても不自然になるところは日本語を自然な形で表現して韓国語の意味が理解できるようにしてあります。

♣ TOPIK II（3・4 級）学習者に照準を合わせて作りましたので例文もやや長めになっております。基本単語から発展した派生語などの単語も少し幅広く扱ったので 5 級を目指している学習者にもお使いいただけます。

♣ 初級の合格から間もない学習者たちのためにも，達成率40%までは原因・理由になる接続の表記を -아/어서, -(으)니까 で表記し，それ以後は -아/어, -(으)니で表記しました。

♣ 韓国語の呂は日本語に訳をしない方が自然な場合もあるので，あえて訳していない例文もあります。また，-(으)세요 の日本語訳は「～なさい」ではなく「～ください」に統一しました。

♣ -하다（～する）と -되다（～される）の訳はそれぞれ「～する」と「～される」の意味ですが，日本語では -되다（～される）の訳は必ずしも「～される」の意味にならない場合もありますのでその点ご了承ください。

♣ コラムの内容は多義語を中心に載せました。また，見出し語と例文を記載した見開きページの右上には韓国語を学習するうえで覚えておきたい慣用句とことわざを載せてあります。

♣ 無料の音声を聞きながらパダスギ（받아쓰기）の練習をしてみましょう。

【表記について】

名	名詞	ㄹ語幹	ㄹ変則活用（ㄹ脱落）
動	動詞	ㄷ変	ㄷ変則活用
形	形容詞	ㅂ変	ㅂ変則活用
副	副詞	ㅅ変	ㅅ変則活用
関	関連語	ㅎ変	ㅎ変則活用
類	類義語	르変	르変則活用
反	反義語	으変	으変則活用
		러変	러変則活用

頻出度を A → B → C
の順で示しています。

チェックボックスにチェック
を入れ，その日の習得語彙数
を数えて記入してください。

頻出度 **A**	日 付	年 月 日	年 月 日	年 月 日	年 月 日	年 月 日
	習得数	/15	/15	/15	/15	/15

0016 □□□□□
과정
名 過程　◆과정을 겪다: 過程を経る
◆진행 과정: 進行過程

0017 □□□□□
이상
名 以上
類 초과: 超過　反 이하: 以下／미만: 未満

0018 □□□□□
경제
名 経済
◆경제력: 経済力　◆경제학: 経済学

0019 □□□□□
결과
名 結果　◆결과가 나오다: 結果が出る
類 성과: 成果／결말: 結末

0020 □□□□□
모자라다
動 足りない
類 부족하다: 不足だ　反 충분하다, 넉넉하다: 充分だ

0021 □□□□□
이미
副 すでに
類 벌써: もう　反 아직: まだ

0022 □□□□□
정치
名 政治　◆정치가, 정치인: 政治家
◆정치생명: 政治生命

0023 □□□□□ [밥:따]
밟다
動 踏む　◆절차를 밟다: 手続きを踏む
◆뒤를 밟다: 後を追う　類 뒤쫓다: 追う

[사:껀]
名 事件　◆사건이 발생하다[터지다]: 事件が発生する
◆사건을 해결하다: 事件を解決する　類 사고: 事故

名 世の中　◆세상을 떠나다: 亡くなる
◆세상을 버리다: 世を捨てる

名 作品　◆작품을 발표하다: 作品を発表する
작품
類 창작물: 創作物

0027 □□□□□
붐비다
動 混む, 混み合う
類 북적거리다: こった返す／혼잡하다: 混雑している

0028 □□□□□
상태
名 状態　◆건강[정신] 상태: 健康[精神]状態
類 상황: 状況

0029 □□□□□
문학
名 文学　◆문학가: 文学家　◆문학도: 文学徒
◆문학 작품: 文学作品　◆순수 문학: 純文学

0030 □□□□□
현실
名 現実　◆현실주의자: 現実主義者
◆현실 도피: 現実逃避　類 사실: 事実

特殊な発音をする語は見出
し語の下に [ ] で読み方
を示してあります。

暗記度チェック	□ 견디다	□ 사회	□ 권하다	□ 경우
	□ 끊다	□ 통하다	□ 사실	□ 늙다

16

中級で覚えておきたいこと
わざと慣用句を交互に載せ
てあります。

QR コードを読み込むこと
で音声（見出し語…例文の順）を
聴くことができます。

語 & 慣 用 句
얼굴이 반쪽이 되다
悪いことが起きたり体調不良で顔色が悪く見える。やつれてみえる

002

達成率
2 %

学習達成具合を数値で表し
ています。目指せ 100％！

결과보다는 과정이 더 중요하다고 말하는 사람들도 있어요.
結果よりは過程がもっと重要だという人々もいます。

단체 할인은 20명 이상부터 가능합니다.
団体割引は 20 名以上から可能です。

내년 경기 전망에 대한 기사가 경제면에 크게 실렸어요.
来年の景気の見通しについての記事が経済面に大きく載りました。

왜 이런 결과가 나왔는지 다시 한번 생각해 봅시다.
なぜこんな結果が出たのかもう一度考えてみましょう。

시간이 모자라서 시험 문제를 끝까지 풀지 못했어요.
時間が足りなくて試験問題を最後まで解けませんでした。

그 일은 이미 엎질러진 물이니까 더 이상 생각하지 마세요.
その事はもうすでに済んだことだからこれ以上考えないでください。

유명 연예인과의 스캔들로 더 이상의 정치 활동은 힘들 것 같다.
有名芸能人とのスキャンダルでこれ以上の政治活動は難しそうだ。

졸업과 동시에 가고 싶어서 지금 유학 수속을 밟고 있는 중이에요.
卒業と同時に行きたいので今、留学の手続きをしているところです。

例文は，連語や活用形を
まるごと覚えましょう。

장난 삼아 한 건데 사건이 이렇게 커질 줄 몰랐어요.
遊びの気持ちでやったことなのに、事件がこんなに大きくなるとは思いませんでした。

우리가 모르는 세상이 있다는 걸 다시 한번 느꼈습니다.
我々が知らない世の中があるということを改めて感じました。

당분간은 작품 활동에 전념할 생각입니다.
しばらくは創作活動に専念するつもりです。

신주쿠는 항상 사람들로 붐비는 곳입니다.
新宿はいつも人で混み合う場所です。

하루라도 빨리 회장님의 건강 상태가 나아지면 좋겠어요.
一日でも早く会長の健康状態がよくなればよいですね。

문학에 관심이 있어서 이 과목을 수강하려고 해요.
文学に関心があるのでこの科目を受講しようと思っています。

가능한 한 빨리 자기가 놓여 있는 현실을 직시하고 대처하는 것이 좋겠다.
なるべく早く自分が置かれている現実を直視し対処するのがよさそうだ。

| □ 의하다 | □ 시대 | □ 국가 | □ 관계 |
| □ 나타나다 | □ 모습 | □ 보이다 | |

前ページの復習です。ちゃんと
暗記できているかチェック！

学習計画表

開始日：　　年　　月　　日

4週間	月	火	水	木	金	土	日
1週目	0001-0090 (p.14-26) 済	0091-0180 (p.28-40) 済	0181-0270 (p.44-56) 済	0271-0360 (p.58-70) 済	0361-0450 (p.74-86) 済	復習 001-450	お休み
2週目	0451-0540 (p.88-100) 済	0541-0630 (p.104-116) 済	0631-0720 (p.118-130) 済	0721-0810 (p.136-148) 済	0811-0900 (p.150-162) 済	復習 451-900	お休み
3週目	0901-0990 (p.166-178) 済	0991-1080 (p.180-192) 済	1081-1170 (p.196-208) 済	1171-1260 (p.210-222) 済	1261-1350 (p.226-238) 済	復習 901-1350	お休み
4週目	1351-1440 (p.240-252) 済	1441-1530 (p.258-270) 済	1531-1620 (p.272-284) 済	1621-1710 (p.288-300) 済	1710-1800 (p.302-314) 済	復習 1351-1800	☺

開始日：　　年　　月　　日

6週間	月	火	水	木	金	土	日
1週目	0001-0060 (p.14-20) 済	0061-0120 (p.24-30) 済	0121-0180 (p.34-40) 済	0181-0240 (p.44-50) 済	0241-0300 (p.54-60) 済	復習 001-300	お休み
2週目	0301-0360 (p.64-70) 済	0361-0420 (p.74-80) 済	0421-0480 (p.84-90) 済	0481-0540 (p.94-100) 済	0541-0600 (p.104-110) 済	復習 301-600	お休み
3週目	0601-0660 (p.114-120) 済	0661-0720 (p.124-130) 済	0721-0780 (p.136-142) 済	0781-0840 (p.146-152) 済	0841-0900 (p.156-162) 済	復習 601-900	お休み
4週目	0901-0960 (p.166-172) 済	0961-1020 (p.176-182) 済	1021-1080 (p.186-192) 済	1081-1140 (p.196-202) 済	1141-1200 (p.206-212) 済	復習 901-1200	お休み
5週目	1201-1260 (p.216-222) 済	1261-1320 (p.226-232) 済	1321-1380 (p.236-242) 済	1381-1440 (p.246-252) 済	1441-1500 (p.258-264) 済	復習 1201-1500	お休み
6週目	1501-1560 (p.268-274) 済	1561-1620 (p.278-284) 済	1621-1680 (p.288-294) 済	1681-1740 (p.298-304) 済	1741-1800 (p.308-314) 済	復習 1501-1800	☺

	月	火	水	木	金	土	日
1週目							
2週目							
3週目							
4週目							
5週目							
6週目							
7週目							
8週目							
9週目							
10週目							

頻出度

A

▶ 1-720

0001 ☐☐☐☐☐
견디다
勳 耐える ❖ 추위에 견디다: 寒さに耐える
類 인내하다: 耐え忍ぶ／버티다: 耐える

0002 ☐☐☐☐☐
사회
名 社会
❖ 사회주의: 社会主義

0003 ☐☐☐☐☐
권하다
勳 勧める
類 추천하다: 推薦する

0004 ☐☐☐☐☐
경우
名 場合, 時 ❖ 경우에 따라서: 場合によって
類 상황: 状況／케이스: ケース

0005 ☐☐☐☐☐ [끈타]
끊다
勳 やめる, 切る ❖ 인연을 끊다: 縁を切る
類 그만두다: やめる 反 잇다: つなぐ

0006 ☐☐☐☐☐
통하다
勳 通じる
類 연결되다: 繋がる, 連結する

0007 ☐☐☐☐☐
사실
名 事実 ❖ 사실상: 事実上 ❖ 사실대로: 事実どおり
類 진실: 真実 反 거짓: 嘘／허위: 虚偽

0008 ☐☐☐☐☐ [늑따]
늙다
勳 老いる, 年を取る
類 나이가 들다: 年を取る 反 젊다: 若い

0009 ☐☐☐☐☐
의하다
勳 〜による ❖ ~에 의하면: 〜によると
類 따르다: 従う／의거하다: 基づく

0010 ☐☐☐☐☐
시대
名 時代
類 연대: 年代／기간: 期間／시절: 時節

0011 ☐☐☐☐☐
국가
名 国家 ❖ 국가 고시[권력]: 国家試験[権力]
類 나라: 国

0012 ☐☐☐☐☐
관계
名 関係 ❖ 관계없다: 関係ない ❖ 관계자: 関係者
勳 관계되다: かかわる

0013 ☐☐☐☐☐
나타나다
勳 現れる
類 드러나다: 現れる 反 사라지다: 消える

0014 ☐☐☐☐☐
모습
名 姿 ❖ 모습을 감추다: 姿を隠す
類 모양: 模様

0015 ☐☐☐☐☐
보이다
勳 見せる
❖ 보여 주다: 見せてくれる[あげる]

우리 딸은 외로운 유학 생활을 혼자서 잘 견디고 있어요.
うちの娘は寂しい留学生活を**ひとりでよく耐えています**。

아이들이 안심하고 생활할 수 있는 사회를 만들어야 해요.
子どもたちが**安心して生活できる社会**を作らなければなりません。

처음 가 본 가게인데 종업원이 권해 준 와인이 정말 맛있었어요.
初めて行ってみたお店ですが、**従業員が勧めてくれた**ワインが本当においしかったです。

이런 경우엔 어떻게 대처해야 할지 모르겠어요.
こんな場合にはどのように対処すればよいのかわかりません。

작년에는 실패했지만 올해는 반드시 담배를 끊고 말겠습니다.
去年は失敗したけれど今年は必ず**タバコをやめてみせます**。

여행은 마음이 통하는 친구와 가는 게 편해요.
旅行は**心が通じる**友達と行くのが楽です。

거짓말은 그만하고 이제 사실을 좀 말해 보세요.
嘘をつくのはやめて、もう**事実を話してみてください**。

어머니도 이제 많이 늙으셔서 이마에 주름이 가득해요.
母ももうずいぶん**年を取った**ので額にしわがいっぱいです。

보도에 의하면 행방불명자가 10명이나 된대요.
報道によると行方不明者が 10 名にもなるそうです。

유행어는 그 시대를 잘 반영하고 있다.
流行語はその**時代をよく反映している**。

국가를 위해 무슨 일을 할 수 있을까요?
国家のためにどんなことができるでしょうか。

저는 그 일과는 아무런 관계가 없습니다.
私はその事とは**何の関係もありません**。

못 온다더니 회식이 끝나기 직전에 나타났다.
来られないと言っていたのに会食が**終わる直前に現れた**。

어머니께서 힘들게 일하는 모습을 보고 열심히 공부해야겠다고 결심했다.
母が**苦労して働いている姿**を見て一生懸命に勉強しようと決心した。

성적표는 반드시 부모님께 보여 드린 후 도장을 받아 오세요.
成績表は必ず**ご両親にお見せした後**、ハンコをもらって来てください。

0016 ☐☐☐☐☐
과정
名 過程　❖과정을 겪다: 過程を経る
❖진행 과정: 進行過程

0017 ☐☐☐☐☐
이상
名 以上
類 초과: 超過　反 이하: 以下／미만: 未満

0018 ☐☐☐☐☐
경제
名 経済
❖경제력: 経済力　❖경제학: 経済学

0019 ☐☐☐☐☐
결과
名 結果　❖결과가 나오다: 結果が出る
類 성과: 成果／결말: 結末

0020 ☐☐☐☐☐
모자라다
動 足りない
類 부족하다: 不足だ　反 충분하다, 넉넉하다: 充分だ

0021 ☐☐☐☐☐
이미
副 すでに
類 벌써: もう　反 아직: まだ

0022 ☐☐☐☐☐
정치
名 政治　❖정치가, 정치인: 政治家
❖정치생명: 政治生命

0023 ☐☐☐☐☐　[밥:따]
밟다
動 踏む　❖절차를 밟다: 手続きを踏む
❖뒤를 밟다: 後を追う　類 뒤쫓다: 追う

0024 ☐☐☐☐☐　[사:껀]
사건
名 事件　❖사건이 발생하다[터지다]: 事件が発生する
❖사건을 해결하다: 事件を解決する　類 사고: 事故

0025 ☐☐☐☐☐
세상
名 世の中　❖세상을 떠나다: 亡くなる
❖세상을 버리다: 世を捨てる

0026 ☐☐☐☐☐
작품
名 作品　❖작품을 발표하다: 作品を発表する
類 창작물: 創作物

0027 ☐☐☐☐☐
붐비다
動 混む, 混み合う
類 북적거리다: ごった返す／혼잡하다: 混雑している

0028 ☐☐☐☐☐
상태
名 状態　❖건강[정신] 상태: 健康[精神]状態
類 상황: 状況

0029 ☐☐☐☐☐
문학
名 文学　❖문학가: 文学家　❖문학도: 文学徒
❖문학 작품: 文学作品　❖순수 문학: 純文学

0030 ☐☐☐☐☐
현실
名 現実　❖현실주의자: 現実主義者
❖현실 도피: 現実逃避　類 사실: 事実

暗記度チェック
☐ 견디다　　☐ 사회　　☐ 권하다　　☐ 경우
☐ 끊다　　☐ 통하다　　☐ 사실　　☐ 늙다

얼굴이 반쪽이 되다
悪いことが起きたり体調不良で顔色が悪く見える、やつれてみえる

 002

達成率
2 %

결과보다는 과정이 더 중요하다고 말하는 사람들도 있어요.
結果よりは過程がもっと重要だという人々もいます。

단체 할인은 20명 이상부터 가능합니다.
団体割引は 20 **名以上から**可能です。

내년 경기 전망에 대한 기사가 경제면에 크게 실렸어요.
来年の景気の見通しについての**記事が経済面に大きく載**りました。

왜 이런 결과가 나왔는지 다시 한번 생각해 봅시다.
なぜこんな結果が出たのかもう一度考えてみましょう。

시간이 모자라서 시험 문제를 끝까지 풀지 못했어요.
時間が足りなくて試験問題を最後まで解けませんでした。

그 일은 이미 엎질러진 물이니까 더 이상 생각하지 마세요.
その事は**もうすでに済んだことだから**これ以上考えないでください。

유명 연예인과의 스캔들로 더 이상의 정치 활동은 힘들 것 같다.
有名芸能人とのスキャンダルでこれ以上の**政治活動**は難しそうだ。

졸업과 동시에 가고 싶어서 지금 유학 수속을 밟고 있는 중이에요.
卒業と同時に行きたいので今，**留学の手続きをしている**ところです。

장난 삼아 한 건데 사건이 이렇게 커질 줄 몰랐어요.
遊びの気持ちでやったことなのに，**事件がこんなに大きくなる**とは思いませんでした。

우리가 모르는 세상이 있다는 걸 다시 한번 느꼈습니다.
我々が知らない世の中があるということを改めて感じました。

당분간은 작품 활동에 전념할 생각입니다.
しばらくは**創作活動**に専念するつもりです。

신주쿠는 항상 사람들로 붐비는 곳입니다.
新宿はいつも**人で混み合う**場所です。

하루라도 빨리 회장님의 건강 상태가 나아지면 좋겠어요.
一日でも早く会長の**健康状態**がよくなればよいですね。

문학에 관심이 있어서 이 과목을 수강하려고 해요.
文学に関心があるのでこの科目を受講しようと思っています。

가능한 한 빨리 자기가 놓여 있는 현실을 직시하고 대처하는 것이 좋겠다.
なるべく早く**自分が置かれている現実**を直視し対処するのがよさそうだ。

| □ 의하다 | □ 시대 | □ 국가 | □ 관계 |
| □ 나타나다 | □ 모습 | □ 보이다 | |

0031 □□□□□ **환경**	名 **環境** ◆환경 보호[오염]: 環境保護[汚染] ◆친환경: エコ，環境にやさしい 類 주위: 周囲	
0032 □□□□□ **자체**	名 **自体** ◆자체 개발[조사]: 自体開発[調査]	
0033 □□□□□ [남:따] **남다**	動 **残る** 名 나머지: 残り 反 모자라다: 足りない	
0034 □□□□□ **부분**	名 **部分** ◆일부분: 一部分 類 일부: 一部 反 전체: 全体	
0035 □□□□□ **관하다**	動 **関する** ◆~에 관한[관해서]: ~に関する[関して] 類 대하다: 対する	
0036 □□□□□ **서두르다**	動 **急ぐ** 르変 ◆결정을 서두르다: 決定を急ぐ 類 재촉하다: 催促する	
0037 □□□□□ [활똥하다] **활동하다**	動 **活動する** 類 행동하다: 行動する	
0038 □□□□□ **모시다**	動 **お供する，仕える，面倒を見る** ◆모시고 가다: ご案内する，お連れする	
0039 □□□□□ **역시**	副 **やはり** 類 과연: やはり	
0040 □□□□□ **정신**	名 **精神** ◆정신없다: 気が気でない ◆정신 상태[집중]: 精神状態[集中]	
0041 □□□□□ **이르다**	動 **至る** 러変 類 달하다: 達する 反 떠나다: 離れる	
0042 □□□□□ **땅**	名 **土地** ◆땅바닥: 地面 ◆설 땅이 없다: 居場所がない	
0043 □□□□□ **이루다**	動 **成し遂げる，叶える** 類 실현하다: 実現する 反 실패하다: 失敗する	
0044 □□□□□ **기술**	名 **技術** ◆기술을 익히다: 技術を身に付ける ◆기술이 뛰어나다: 技術がすぐれる	
0045 □□□□□ **전체**	名 **全体** 類 전부: 全部 反 부분: 部分／개인: 個人	

서로 다른 환경에서 자랐지만 공통점이 많아요.
お互いに異なる環境で育ったけれど，共通点が多いです。

그런 상황에서 살아있다는 그 자체가 기적입니다.
あんな状況で生きているという**それ自体が奇跡**です。

기억에 남는 선물을 사 드리고 싶은데요.
記憶に残るお土産を買って差し上げたいのですが。

아까 프린트 5쪽에서 설명 안 한 부분이 있는데 지금 설명 드리겠습니다.
先ほどプリントの5ページで説明しなかった**部分がありました**が，今からご説明いたします。

좋아하는 배우에 관한 기사는 하나도 빼놓지 않고 모으고 있어요.
好きな俳優に関する記事はひとつ残らず集めています。

서둘러 나오는 바람에 휴대 전화를 집에 놓고 왔어요.
急いで出てきたせいで携帯電話を家に置いてきました。

동아리 회장으로 활동한 경험이 상당히 도움이 됐어요.
サークルの会長として**活動した経験**が非常に役に立ちました。

지금은 독립해서 살고 있지만 결혼하면 부모님을 모시고 살 생각이에요.
今は独立して暮らしているけれど結婚したら**両親の面倒を見る**つもりです。

뭐니 뭐니 해도 역시 어머니의 요리가 최고예요.
誰が何と言おうとやはり母の料理が最高です。

너무나 큰 충격에 정신을 잃고 쓰러졌다.
あまりにも大きな衝撃に**気を失って**倒れた。

한국 사람들과 자연스럽게 이야기할 수 있는 수준에 이르렀다.
韓国人と自然に話ができる**レベルに至った**。

시골에 부모님께서 남겨 주신 땅이 조금 있어요.
田舎に親が**残してくれた土地**が少しあります。

자신의 꿈을 이루기 위해서라고 생각하면 하나도 힘들지 않습니다.
自分の夢を叶えるためだと思うとちっとも大変ではありません。

의료 기술의 발달로 인간의 수명이 길어지고 있다.
医療技術の発達で人間の寿命が延びている。

계속되는 대형 사고로 나라 전체가 슬픔에 잠겼다.
相次ぐ大事故で**国全体**が悲しみに満ちた。

| □ 사건 | □ 세상 | □ 작품 | □ 붐비다 |
| □ 상태 | □ 문학 | □ 현실 | |

0046 □□□□□
얻다
動 もらう，得る　❖조언을 얻다: 助言を得る
類 획득하다: 獲得する　反 잃다: 失くす

0047 □□□□□ [어떠카다]
어떡하다
動 どうする　＊어떻게 하다の縮約形。

0048 □□□□□
과학
名 科学
❖과학자: 科学者　❖과학 실험: 科学実験

0049 □□□□□
자연
名 自然　❖자연 현상: 自然現象
類 천연: 天然　反 인조: 人造／인공: 人工

0050 □□□□□
걸리다
動 かかる　❖시간이 걸리다: 時間がかかる
❖마음에 걸리다: 気にかかる，気になる

0051 □□□□□
표정
名 表情　❖무표정: 無表情
類 낯빛: 顔色

0052 □□□□□
형태
名 形，形態
類 형체: 形態／모양: 模様

0053 □□□□□
우선
副 とりあえず，まず
類 먼저: まず／앞서: 先だって

0054 □□□□□
태우다
動 乗せる
類 싣다: 乗せる

0055 □□□□□ [나:타]
낳다
動 産む，生む　❖비극을 낳다: 悲劇を生む
類 출산하다: 出産する　反 배다: 身ごもる

0056 □□□□□
방식
名 方式，やり方
類 형식: 形式

0057 □□□□□
영향
名 影響　❖영향을 끼치다[미치다]: 影響を及ぼす
類 여파: 余波

0058 □□□□□
흔들다
動 振る，揺さぶる　ㄹ語幹
類 휘두르다: 振り回す

0059 □□□□□
흐르다
動 流れる，経つ　르変　❖침묵이 흐르다: 沈黙が流れる
類 경과하다: 経過する／지나다: 過ぎる

0060 □□□□□ [조껀]
조건
名 条件　❖근무 조건: 勤務条件
類 자격: 資格

諺 & 慣用句

고개를 (가로로) 흔들다
首を横に振って否定したり断ったりすること

004

達成率 **3** %

이 원피스는 가게를 경영하는 <u>친구한테서 얻은 거</u>예요.
このワンピースはお店を経営する**友人からもらった**ものです。

<u>앞으로 어떡하면</u> 사장님의 신임을 다시 얻을 수 있을까요?
今後どうすれば社長の信頼を再び得られるでしょうか。

그는 특히 <u>과학 분야</u>에 재능이 있는 것 같아서 앞으로가 기대돼요.
彼は特に**科学分野**で才能があるようでこれからが楽しみです。

가끔은 교외로 나가서 <u>자연의 고마움</u>을 마음껏 느껴 보세요.
たまには郊外に出かけて**自然の恵み**を思う存分感じてみてください。

출입구 쪽에 멋진 <u>그림이 걸려</u> 있습니다.
出入口のほうに素敵な**絵が掛かって**います。

<u>얼굴 표정</u>만 봐도 지금의 심정을 알 수 있을 것 같아요.
顔の表情だけ見ても今の心情がわかるような気がします。

<u>형태로 보나</u> 색상으로 보나 지난번 것만 못하네요.
形で見ても色で見ても前回のものに及びませんね。

음식을 시키기 전에 <u>우선 맥주부터</u> 시킵시다.
食べ物を注文する前に**とりあえずビールから**頼みましょう。

같은 방향이니까 <u>집까지 태워</u> 드릴게요.
同じ方向ですから**家まで乗せて**あげますね。

우리 집 개가 <u>새끼를</u> 10마리나 <u>낳아서</u> 깜짝 놀랐어요.
うちの犬が**子犬を**10匹も**産んだ**のでびっくりしました。

<u>전통적인 방식</u>만을 고집하지 않고 <u>새로운 방식</u>도 받아들였다.
伝統的な方式だけを押し通さず**新しい方式**も受け入れた。

은퇴한 후도 변함없이 정계에 <u>영향을 주는</u> 인물이다.
引退した後も相変わらず政界に**影響を与える**人物だ。

음료수를 마시기 전에 <u>잘 흔들어서</u> 섞어 주세요.
飲料水を飲む前に**よく振って**混ぜてください。

물은 위에서 아래로 <u>흐르기 마련이다</u>.
水は上から下に**流れるものだ**。

저희가 제안한 <u>조건에 맞으면</u> 언제든지 계약할 수 있습니다.
我々が提案した**条件に合えば**、いつでも契約できます。

□ 역시	□ 정신	□ 이르다	□ 땅
□ 이루다	□ 기술	□ 전체	

21

0001 ( )	耐える	0031 ( ) 環境
0002 ( )	社会	0032 ( ) 自体
0003 ( )	勧める	0033 ( ) 残る
0004 ( )	場合，時	0034 ( ) 部分
0005 ( )	やめる，切る	0035 ( ) 関する
0006 ( )	通じる	0036 ( ) 急ぐ
0007 ( )	事実	0037 ( ) 活動する
0008 ( )	老いる	0038 ( ) お供する
0009 ( )	〜による	0039 ( ) やはり
0010 ( )	時代	0040 ( ) 精神
0011 ( )	国家	0041 ( ) 至る
0012 ( )	関係	0042 ( ) 土地
0013 ( )	現れる	0043 ( ) 成し遂げる
0014 ( )	姿	0044 ( ) 技術
0015 ( )	見せる	0045 ( ) 全体
0016 ( )	過程	0046 ( ) もらう，得る
0017 ( )	以上	0047 ( ) どうする
0018 ( )	経済	0048 ( ) 科学
0019 ( )	結果	0049 ( ) 自然
0020 ( )	足りない	0050 ( ) かかる
0021 ( )	すでに	0051 ( ) 表情
0022 ( )	政治	0052 ( ) 形，形態
0023 ( )	踏む	0053 ( ) とりあえず
0024 ( )	事件	0054 ( ) 乗せる
0025 ( )	世の中	0055 ( ) 産む，生む
0026 ( )	作品	0056 ( ) 方式
0027 ( )	混む	0057 ( ) 影響
0028 ( )	状態	0058 ( ) 振る，揺さぶる
0029 ( )	文学	0059 ( ) 流れる，経つ
0030 ( )	現実	0060 ( ) 条件

覚えておきたい！ ①조건, ②정신, ③걸리다 を用いた表現

①
조건이 충족되다	条件が満たされる
조건이 열악하다	条件が劣悪だ
조건이 불리하다	条件が不利だ
조건을 달다	条件を付ける
조건을 제시하다	条件を提示する
조건을 내세우다	条件を打ち出す
조건을 이행하다	条件を履行する
조건에 동의하다	条件に同意する

②
정신이 없다	気が気でない，無我夢中だ
정신을 잃다	気を失う，失神する
정신이 들다	我に返る，気を取り戻す
정신을 차리다	しっかりする，気を取り直す
정신을 팔다	よそ見をする，気を取られる
정신이 나가다	気が抜ける，ぼうっとする

③
감기에 걸리다	風邪をひく
시간이 걸리다	時間がかかる
벽에 걸리다	壁にかかる
병에 걸리다	病気にかかる
마음에 걸리다	気にかかる，気になる
목숨이 걸리다	命がかかる
단속에 걸리다	取り締まりに引っかかる
현상금이 걸려 있다	懸賞金がかかっている
운명이 걸려 있다	運命がかかっている
시동이 걸리다	エンジンがかかる
목에 걸리다	のどにつかえる

0061 □□□□□   [넘:따]
넘다
動 **超[越]える** ❖ 물이 넘다: 水が溢れる
関 넘기다: 渡す／넘치다: 溢れる　類 초과하다: 超過する

0062 □□□□□
방향
名 **方向** ❖ (반)시계 방향: (反)時計回り
類 방면: 方面／의향: 意向／동향: 動向

0063 □□□□□
가까이
副 名 **近く(に)** 関 가까운 사이: 親密な関係
類 바싹: ぴったり　反 멀리: 遠く

0064 □□□□□
가습기
名 **加湿器**
反 건조기: 乾燥機／제습기: 除湿機

0065 □□□□□
가정
名 **家庭** ❖ 가정 교사[환경]: 家庭教師[環境]
類 집안: 家柄

0066 □□□□□
주장하다
動 **主張する** ❖ 무죄를 주장하다: 無罪を主張する
類 내세우다: 申し立てる, 打ち出す／외치다: 唱える

0067 □□□□□
돌리다
動 **回す, かける** ❖ 등을 돌리다: 背を向ける
類 넘기다: 渡す

0068 □□□□□
사업
名 **事業** ❖ 사업을 벌이다: 事業を始める
類 비즈니스: ビジネス／일: 仕事

0069 □□□□□
행위
名 **行為** ❖ 범죄 행위: 犯罪行為
❖ 자살 행위: 自殺行為　類 행동: 行動／동작: 動作

0070 □□□□□
수준
名 **水準, レベル** ❖ 수준이 맞다[같다]: 水準が合う[同じだ]
類 정도: 程度／차원: 次元

0071 □□□□□
표현하다
動 **表現する** ❖ 말로 표현하다: 言葉で表現する
関 표현 기법: 表現技法　類 나타내다: 表す

0072 □□□□□
기능
名 **機能** ❖ 기능을 발휘하다: 機能を発揮する
類 성능: 性能

0073 □□□□□
순간
名 **瞬間, 一瞬**
類 순식간: 瞬く間　反 영원: 永遠

0074 □□□□□
집단
名 **集団** ❖ 집단행동: 集団行動
類 단체: 団体　反 개인: 個人

0075 □□□□□   [검:새카다]
검색하다
動 **検索する** ❖ 자료를 검색하다: 資料を検索する
類 뒤지다: 隈なく探す

暗記度 チェック			
□ 얻다	□ 어떡하다	□ 과학	□ 자연
□ 걸리다	□ 표정	□ 형태	□ 우선

엎질러진 물
覆水盆に返らず

006

지난밤에 추워서 고양이가 <u>담을 넘어</u> 들어온 것 같아요.
夕べ、寒かったので猫が**塀を越えて**入ってきたようです。

<u>반대 방향에서 오던 차</u>와 정면충돌해서 차는 형체를 알아볼 수 없을 정도였다.
反対方向から来ていた車と正面衝突して車は原形がわからなくなるほどだった。

<u>집 가까이에</u> 큰 공원도 있고 나무들도 많아서 여름에 시원합니다.
家の近くに大きい公園もあって木もたくさんあるので夏は涼しいです。

병실의 공기가 건조해지기 쉬우니까 <u>가습기를 적절하게 사용하세요.</u>
病室の空気は乾燥しやすいから**加湿器を適宜使ってください。**

<u>가정이 편안해야</u> 밖에서도 일에 집중할 수 있다고 합니다.
家庭が平和でないと外でも仕事に集中できないといわれます。

서로 자신의 실수가 아니라고 <u>주장할 뿐</u> 대책을 세우려고 하지 않는다.
互いに自分のミスではないと**主張するばかりで**対策を立てようとしない。

주말에는 <u>세탁기 돌리고</u> 청소기 돌리느라고 정신이 없어요.
週末には**洗濯機を回し**掃除機をかけるので、目が回るほど忙しいです。

마음이 맞는 친구들과 <u>새로운 사업을 구상하고</u> 있어요.
気の合う友人と**新しい事業を構想して**います。

성인이 되면 <u>자신이 한 행위에</u> 책임을 져야 해요.
成人になると**自分のやった行為に**責任を持たないといけません。

지원자들의 <u>수준이 너무 높아서</u> 선발하기가 힘들군요.
志願者たちの**水準が高すぎて**選抜しにくいですね。

아버지는 자신의 <u>감정을 잘 표현하지 않는</u> 사람이었다.
父は自分の**感情をあまり表現しない**人でした。

다음 달에 나올 휴대폰에는 <u>어떤 새로운 기능이 있어요?</u>
来月に出る携帯電話には**どんな新しい機能がありますか。**

선생님의 <u>얼굴을 보는 순간</u> 숙제가 있었다는 게 떠올랐다.
先生の**顔を見た瞬間**、宿題があったことを思い出した。

<u>집단행동에 익숙하지 않은</u> 사람들이 늘어나고 있다.
集団行動に慣れていない人が増えている。

요즘은 궁금한 게 있으면 우선 <u>인터넷으로 검색해 봐요.</u>
このごろは気になることがあれば、まず**インターネットで検索してみます。**

| □ 태우다 | □ 낳다 | □ 방식 | □ 영향 |
| □ 흔들다 | □ 흐르다 | □ 조건 | |

0076 ☐☐☐☐☐
생산하다
〔動〕 **生産する** 〔関〕생산력: 生産力/생산자: 生産者
〔類〕만들다: 作る 〔反〕소비하다: 消費する

0077 ☐☐☐☐☐
계약
〔名〕 **契約** ❖계약을 맺다[깨다]: 契約を結ぶ[破る]
❖계약금: 契約金 ❖계약서: 契約書

0078 ☐☐☐☐☐
법
〔名〕 **法** ❖법을 지키다[어기다]: 法を守る[破る]
❖법학: 法学 ❖법원: 裁判所 〔類〕법률: 法律

0079 ☐☐☐☐☐ [질써]
질서
〔名〕 **秩序** ❖질서가 무너지다: 秩序が崩れる
❖질서를 지키다: 秩序を守る 〔類〕규칙: 規則

0080 ☐☐☐☐☐ [고:배카다]
고백하다
〔動〕 **告白する** ❖진실을 고백하다: 真実を告白する
〔反〕숨기다, 감추다: 隠す

0081 ☐☐☐☐☐
공간
〔名〕 **空間** ❖공간을 채우다: 空間を埋める
〔類〕공백: 空白

0082 ☐☐☐☐☐
벌이다
〔動〕 **起こす, 開く** ❖잔치를 벌이다: 宴会を開く
〔類〕늘어놓다: 広げる/시작하다: 始める/일으키다: 起こす

0083 ☐☐☐☐☐
자세
〔名〕 **姿勢** ❖자세가 되어 있다: 準備ができている
〔類〕마음가짐: 心がけ/몸가짐: 身だしなみ/태도: 態度

0084 ☐☐☐☐☐
강조하다
〔動〕 **強調する** ❖필요성을 강조하다: 必要性を強調する
〔類〕주장하다: 主張する/힘주다: 力を入れる

0085 ☐☐☐☐☐
시설
〔名〕 **施設** ❖교육 시설: 教育施設
〔類〕설비: 設備 ❖편의[부대] 시설: 便宜[付帯]施設

0086 ☐☐☐☐☐
주변
〔名〕 **周辺, 周り** ❖현장 주변: 現場周辺
〔類〕근처: 近所/부근: 付近/주위: 周囲 〔反〕중심: 中心

0087 ☐☐☐☐☐ [괄련되[뒈]다]
관련되다
〔動〕 **関わる, 関連する** 〔関〕관련성: 関連性
〔類〕연관되다: 関連する

0088 ☐☐☐☐☐ [감도카다]
감독하다
〔動〕 **監督する** ❖학생을 감독하다: 学生を監督する
〔類〕지도하다: 指導する/지휘하다: 指揮する

0089 ☐☐☐☐☐
공장
〔名〕 **工場** ❖공장을 가동하다: 工場を稼働する
❖공장장: 工場長 ❖생산 공장: 生産工場

0090 ☐☐☐☐☐
맞추다
〔動〕 **合わせる, 仕立てる** ❖일정을 맞추다: 日程を合わせる
〔類〕짜다: 組む/주문하다: 注文する

暗記度チェック	☐ 넘다	☐ 방향	☐ 가까이	☐ 가습기
	☐ 가정	☐ 주장하다	☐ 돌리다	☐ 사업

26

이 제품은 본사는 미국이지만 <u>중국에서 생산하고</u> 있다.
この製品は, 本社はアメリカだが**中国で生産して**いる。

서명하기 전에 다시 한번 <u>계약 조건</u>들을 확인해 보세요.
署名する前にもう一度, **契約条件**などを確認してみてください。

회사 측의 일방적인 고용계약 해지 통보에 노동자들은 <u>법으로 해결하기로 했다</u>.
会社側の一方的な解雇通知に労働者たちは**法的に解決することにした**。

아이들은 당황하지 않고 <u>질서 있게</u> 선생님의 지시를 따랐다.
子どもたちは慌てず**秩序を保って**先生の指示に従った。

더 이상 잘못을 감추기 힘들어서 결국 <u>고백하기로 했습니다</u>.
これ以上過ちを隠すのが難しいので, 結局**告白することにしました**。

쓸모도 없는데 <u>공간만 많이 차지해서</u> 버릴까 생각 중이에요.
使い道もないのに**空間ばかり多くとっているので**捨てようか考え中です。

자업자득이라고 <u>자기가 벌인 일</u>은 자기 <u>스스로</u> 해결해야지.
自業自得なのだから**自分が引き起こしたこと**は本人自ら解決しないとね。

<u>바른 자세를 유지하는</u> 것만으로도 다이어트 효과가 있대요.
正しい姿勢を維持するだけでもダイエット効果があるそうです。

선생님은 이 문법이 중요하다고 <u>여러 번 강조해서</u> 이야기했다.
先生はこの文法が重要だと**何回も強調して**話した。

이 호텔은 국제회의가 가능한 <u>시설이 갖추어져</u> 있다.
このホテルは国際会議ができる**施設が備えられて**いる。

<u>주변에 높은 건물들이 없어서</u> 전망이 좋아요.
周りに高い建物がないので見晴らしがよいですよ。

내일 <u>회의와 관련된 자료</u>이니까 철저히 검토해 두세요.
明日の**会議に関わる資料**だから徹底的に検討しておいてください。

<u>시험을 감독할</u> 때는 걸을 때도 소리가 나지 않게 조심해요.
試験を監督する時は, 歩く時も音が出ないように気を付けます。

공장에서 화재가 나서 납품 기한을 맞출 수 있을지 걱정입니다.
工場で火災が発生したので納品期限に間に合うか心配です。

분명히 제대로 맞춰서 했는데 나사 하나가 남았네요.
確かに**きちんと合わせて**やったのにネジが１つ残っていますね。

□ 행위	□ 수준	□ 표현하다	□ 기능
□ 순간	□ 집단	□ 검색하다	

0091 □□□□□
막다
- 動 防ぐ，遮る ❖앞길을 막다: 行く手を阻む
- 類 방해하다: 妨害する 反 뚫다: 貫通する

0092 □□□□□
농업
- 名 農業
- 関 농부: 農夫／농작물: 農作物／농촌: 農村

0093 □□□□□
의견
- 名 意見 ❖의견 교환: 意見交換
- 類 견해: 見解／관점: 観点

0094 □□□□□
태도
- 名 態度 ❖진지한 태도: 真面目な態度
- 類 모양: 様子／경향: 傾向／입장: 立場

0095 □□□□□ [발쌩하다]
발생하다
- 動 発生する ❖화재가 발생하다: 火災が発生する
- 類 나타나다: 現れる／생기다: 生じる／일어나다: 起きる

0096 □□□□□
재료
- 名 材料 ❖실험 재료: 実験材料
- 類 자재: 資材／자료: 資料／소재: 素材

0097 □□□□□
자유
- 名 自由 ❖자유자재: 自由自在
- 形 자유롭다: 自由だ 反 규제: 規制／구속: 拘束

0098 □□□□□
자라다
- 動 成長する ❖무럭무럭 자라다: すくすく成長する
- 類 성장하다: 成長する

0099 □□□□□
기회
- 名 機会，チャンス ❖절호의 기회: 絶好の機会
- ❖기회를 잡다: 機会をつかむ 類 가능성: 可能性

0100 □□□□□
기준
- 名 基準 ❖심사 기준: 審査基準
- 類 규격: 規格／표준: 標準

0101 □□□□□ [날:로]
난로
- 名 暖炉，ストーブ
- ❖난로를 켜다[끄다]: 暖炉をつける[消す]

0102 □□□□□
맞다
- 動 迎える ❖새해를[손님을] 맞다: 新年[お客]を迎える
- 類 맞이하다: 迎える／초청하다: 招待する

0103 □□□□□
대중
- 名 大衆 ❖대중문화: 大衆文化
- 類 서민: 庶民／민중: 民衆

0104 □□□□□
특징
- 名 特徴 ❖특징을 나타내다: 特徴を表す
- 類 특성: 特性／개성: 個性

0105 □□□□□
주제
- 名 主題，テーマ ❖주제에서 벗어나다: 主題から外れる
- 類 테마: テーマ

범인을 잡기 위해 경찰이 도로를 막고 조사를 하고 있었다.
犯人を捕まえるために警察が**道路を塞いで**調査をしていた。

이번 결정으로 농업 분야에 많은 변화가 있을 것으로 예상됩니다.
今回の決定で**農業分野**に多くの変化があるだろうと予想されます。

지금까지 나온 의견 이외에 또 다른 의견이 있으시면 말씀해 주십시오.
今まで出た意見以外にまた違う意見があればおっしゃってください。

찬성인지 반대인지 태도를 분명히 해 주시기 바랍니다.
賛成か反対か**態度をはっきりして**くださるようお願いいたします。

겨울 산은 건조해서 산불이 발생하기 쉽다.
冬の山は乾燥していて山火事が**発生しやすい**。

여기 있는 재료들만으로 20인분은 만들 수 없어요.
ここにある材料だけでは20人分を作ることはできません。

보다 좋은 세상을 만들기 위해서는 언론의 자유는 보장되어야 한다.
よりよい世の中を作るためには**言論の自由**は保障されなければならない。

1년 전에 비해서 정말 몰라보게 자랐네요.
1年前に比べて本当に**見違えるように**成長しましたね。

선수는 어렵게 온 기회를 놓치지 않고 득점으로 연결했다.
選手はめったにない**チャンスを逃さないで**得点に繋げた。

시험 결과를 놓고 사람들이 채점 기준에 대해서 항의했다.
試験の結果をめぐって人々は**採点基準**について抗議した。

추우면 거기 있는 난로 켜셔도 됩니다.
寒ければそこにある**暖炉をつけても**よいですよ。

새해를 맞아 한 해의 계획을 세우기로 했습니다.
新年を迎えて1年の計画を立てることにしました。

연예인들은 대중들의 관심을 받으며 살아간다.
芸能人たちは**大衆の関心**を受けながら生きていく。

다양한 어미의 발달은 한국어의 특징이라고 할 수 있습니다.
多様な語尾の発達は韓国語の**特徴だと言えます**。

독해를 잘하는 사람은 글의 주제를 파악하면서 읽는다.
読解ができる人は文の**主題を把握**しながら読む。

| □ 강조하다 | □ 시설 | □ 주변 | □ 관련되다 |
| □ 감독하다 | □ 공장 | □ 맞추다 | |

0106 ☐☐☐☐☐
겪다
動 経験する，経る ❖고통을 겪다: 苦痛を味わう
類 경험하다: 経験する／체험하다: 体験する

0107 ☐☐☐☐☐ [관쩜]
관점
名 観点 ❖관점이 다르다: 観点が異なる
類 입장: 立場／의견: 意見

0108 ☐☐☐☐☐
감정
名 感情 ❖감정이 풍부하다: 感情が豊かだ
類 느낌: 感じ 反 이성: 理性

0109 ☐☐☐☐☐
구성
名 構成 ❖구성비: 構成比
類 짜임새: 仕組み／구조: 構造

0110 ☐☐☐☐☐
더위
名 暑さ ❖더위를 타다: 暑さに弱い，暑がりだ
類 추위: 寒さ

0111 ☐☐☐☐☐
인생
名 人生 ❖인생의 황금기: 人生の黄金期
類 일생: 一生／생애: 生涯

0112 ☐☐☐☐☐
조사하다
動 調査する
類 검사하다: 検査する／연구하다: 研究する

0113 ☐☐☐☐☐
동시
名 同時 ❖동시다발적: 同時多発的
類 동일시: 同一時

0114 ☐☐☐☐☐
통신
名 通信
❖통신 상태: 通信状態 ❖통신 교육: 通信教育

0115 ☐☐☐☐☐
기계
名 機械
類 기구: 器具／기기: 機器

0116 ☐☐☐☐☐
펴다
動 伸ばす，広げる
類 확장하다: 拡張する 反 접다: 閉じる，折る

0117 ☐☐☐☐☐
보호
名 保護 ❖보호 구역: 保護区域
類 보장: 保障／보존: 保存

0118 ☐☐☐☐☐
공동
名 共同 ❖공동 시설[생활]: 共同施設[生活]
類 합동: 合同 反 단독: 単独

0119 ☐☐☐☐☐
마찬가지
名 同じ，同様，変わらないこと
類 피차일반: お互い様／동일: 同一

0120 ☐☐☐☐☐
만약
名 もし ❖만약을 위해서: 念のために
類 만일: 万一／혹시: もしかしたら

暗記度
チェック
☐ 막다 ☐ 농업 ☐ 의견 ☐ 태도
☐ 발생하다 ☐ 재료 ☐ 자유 ☐ 자라다

009

達成率
7 %

좌절을 겪고 나더니 아주 겸손해졌네요.
挫折を経験してからとても謙虚になりましたね。

모든 일은 보는 관점에 따라 달라지게 마련이다.
すべての事は**見る観点によって**変わるものだ。

나도 감정이 있는데 계속 내 탓을 하니까 화가 나더라.
私にも**感情があるのに**ずっと私のせいにするから腹が立ったのよ。

상품의 구성을 다시 한번 화면으로 확인해 보겠습니다.
商品の構成をもう一度画面で確認してみます。

고기압의 영향으로 이번 주 내내 더위가 계속될 전망입니다.
高気圧の影響で今週はずっと**暑さが続く**見込みです。

벤저민 프랭클린의 자서전을 읽고 나의 인생을 되돌아보게 되었다.
ベンジャミン・フランクリンの自伝を読んで自分の**人生を振り返って**みるようになった。

자료를 조사하기 위해 요즘 도서관에서 살다시피 하고 있다.
資料を調査するため，最近はまるで図書館に住んでいるかのようだ。

남자들은 뇌 구조상 두 가지 일을 동시에 할 수 없다고 한다.
男は脳の構造上**2つのことを同時にできない**といわれる。

통신 기술의 발달로 언제 어디에서나 인터넷을 할 수 있게 되었다.
通信技術の発達でいつどこでもインターネットができるようになった。

우리는 그가 다루지 못하는 기계는 없을 거라고 생각했다.
私たちは彼が**扱えない機械**はないだろうと思った。

어깨를 펴고 당당하고 자신 있게 행동하세요.
胸を張って堂々と自信を持って行動してください。

이곳은 작년에 자연 보호 구역으로 지정됐습니다.
ここは昨年，**自然保護区域**に指定されました。

여러 사항을 고려해 올해는 서울시와 공동 개최하기로 했습니다.
いろんな事項を考慮して，今年はソウル市と**共同開催**することにしました。

중간에 포기하는 것은 시작하지 않은 것과 마찬가지다.
途中で諦めるのは**始めていない**のと同じだ。

만약 30분 후에도 오지 않으면 먼저 출발합시다.
もし 30 分経っても**来なかったら**先に出発しましょう。

□ 기회	□ 기준	□ 난로	□ 맞다
□ 대중	□ 특징	□ 주제	

0061 (	)	超［越］える	0091 (	)	防ぐ，遮る
0062 (	)	方向	0092 (	)	農業
0063 (	)	近く（に）	0093 (	)	意見
0064 (	)	加湿器	0094 (	)	態度
0065 (	)	家庭	0095 (	)	発生する
0066 (	)	主張する	0096 (	)	材料
0067 (	)	回す，かける	0097 (	)	自由
0068 (	)	事業	0098 (	)	成長する
0069 (	)	行為	0099 (	)	機会，チャンス
0070 (	)	水準，レベル	0100 (	)	基準
0071 (	)	表現する	0101 (	)	暖炉，ストーブ
0072 (	)	機能	0102 (	)	迎える
0073 (	)	瞬間，一瞬	0103 (	)	大衆
0074 (	)	集団	0104 (	)	特徴
0075 (	)	検索する	0105 (	)	主題，テーマ
0076 (	)	生産する	0106 (	)	経験する，経る
0077 (	)	契約	0107 (	)	観点
0078 (	)	法	0108 (	)	感情
0079 (	)	秩序	0109 (	)	構成
0080 (	)	告白する	0110 (	)	暑さ
0081 (	)	空間	0111 (	)	人生
0082 (	)	起こす	0112 (	)	調査する
0083 (	)	姿勢	0113 (	)	同時
0084 (	)	強調する	0114 (	)	通信
0085 (	)	施設	0115 (	)	機械
0086 (	)	周辺	0116 (	)	伸ばす，広げる
0087 (	)	関わる	0117 (	)	保護
0088 (	)	監督する	0118 (	)	共同
0089 (	)	工場	0119 (	)	同じ，同様
0090 (	)	合わせる	0120 (	)	もし

①
열흘이 넘다	十日が過ぎる
산을 넘다	山を越える
담을 넘다	塀を越える
국경을 넘다	国境を越える
수준을 넘다	水準を超える

②
방향이 다르다	方向が違う
방향을 설정하다	方向を設定する
방향을 전환하다	方向を転換する
방향을 제시하다	方向を提示する
방향을 잡다	方向を定める
방향을 잃다	方向を失う

③
나사를 돌리다	ネジを回す
기계를 돌리다	機械を回す／動かす
마이크를 돌리다	マイクを渡す
자금을 돌리다	資金を回す
술잔을 돌리다	杯を回す
선물을 돌리다	プレゼントを配る
관심을 돌리다	関心を向ける
마음을 돌리다	思い直す，心を入れ替える
생각을 돌리다	考え直す
화제를 돌리다	話題を変える
다른 사람 탓으로 돌리다	他人になすりつける，人のせいにする
돌려 말하다	遠回しに言う，話をそらす

0121 □□□□□
새로

副 **新たに, 改めて**

類 또다시: もう一度／새로이: 新たに

0122 □□□□□
매진되다

動 **売り切れる** ❖표가 매진되다: チケットが売り切れる

類 품절되다: 品切れになる

0123 □□□□□
멀리

副 **遠く** ❖멀리 떨어지다: 遠くに離れる

反 가까이: 近く

0124 □□□□□
빼다

動 **抜く, 取る, 引く**

類 제거하다: 除去する／뽑다: 引く 反 박다: はめ込む

0125 □□□□□
전문

名 **専門** ❖전문 분야: 専門分野

❖전문가: 専門家 ❖전문직: 専門職

0126 □□□□□ [정:화카다]
정확하다

形 **正確だ** ❖정확한 판단: 正確な判断

類 분명하다: はっきりしている 反 부정확하다: 不正確だ

0127 □□□□□
무게

名 **重さ** ❖무게를 달다[재다]: 重さを量る

類 중량: 重量／체중: 体重

0128 □□□□□
얼른

副 **早く, さっそく**

類 급히: 急に／재빨리: 素早く 反 천천히: ゆっくり

0129 □□□□□
임금

名 **賃金** ❖임금 인상: 賃上げ

類 급료: 給料

0130 □□□□□
주요

名 **主要** ❖주요 인물: 主要人物

類 긴요, 중요: 重要

0131 □□□□□
냄새

名 **におい** ❖냄새가 나다[배다]: においがする[染みる]

❖냄새를 없애다: においを消す 関 향기: 香り

0132 □□□□□
속도

名 **速度, スピード**

❖성장 속도: 成長速度 類 속력: 速力／스피드: スピード

0133 □□□□□ [심:가카다]
심각하다

形 **深刻だ** ❖심각한 고민[표정]: 深刻な悩み[表情]

関 심각성: 深刻性

0134 □□□□□
바깥

名 **外**

類 밖: 外／겉: 表／표면: 表面 反 안: 内

0135 □□□□□ [반:보카다]
반복하다

動 **反復する, 繰り返す**

類 거듭하다, 되풀이하다: 繰り返す

暗記度チェック	□ 겪다	□ 관점	□ 감정	□ 구성
	□ 더위	□ 인생	□ 조사하다	□ 동시

34

새로 장만한 집인데 무엇보다도 부엌이 넓어서 마음에 들어요.
新たに購入した家ですが，何よりも台所が広いので気に入っています。

인기가 많아서 예상은 했지만 판매가 시작되자마자 매진될 줄은 몰랐다.
人気がすごくあるので予想はしていたが，販売が始まるやいなや**売り切れるとは思わなかった**。

계획을 세울 때는 바로 앞만 보지 말고 멀리 보고 세우세요.
計画を立てる時は目先のことだけ考えずに**遠くを見て**立ててください。

저녁에 먹은 생선 가시가 목에 걸려서 고생했는데 간신히 뺐어요.
夕方に食べた魚の骨が喉に刺さって苦労したけれど**やっと取れました**。

저희 병원은 소아 아토피를 전문으로 하고 있습니다.
当病院は小児アトピーを**専門に**しています。

아나운서처럼 정확하게 발음할 수 있는 비결이 무엇입니까?
アナウンサーのように**正確に発音できる**秘訣は何ですか。

배송료는 무게에 따라 다르니까 짐을 저울에 올려놓으세요.
配送料は**重さによって違うので**荷物を秤に置いてください。

좀 급해서 그런데 얼른 과장님께 연락 좀 해 주세요.
少し**急いでいるので**早く課長に連絡してください。

최저 임금으로 서울에서 혼자 사는 건 무리가 있어요.
最低賃金でソウルでひとり暮らしをするのは無理があります。

수도권의 인구 집중을 방지하기 위해 주요 기관들을 지방으로 이전했다.
首都圏の人口集中を防止するため**主要機関**を地方に移転した。

타는 냄새가 나는 것 같은데 창문을 좀 열어 주세요.
焦げ臭い匂いがするようなので窓を開けてください。

속도위반 단속에 걸려서 벌금을 내게 됐어요.
スピード違反の取締りに遭い，罰金を払うことになりました。

공장에서 발생한 문제가 생각보다 심각한 것 같습니다.
工場で発生した問題が**思ったより深刻**のようです。

계속 집에만 있지 말고 바깥 공기를 좀 마시고 오세요.
ずっと家にばかりいないで**外の空気**を少し吸ってきてください。

외국어 공부는 여러 번 반복하는 게 최고입니다.
外国語の勉強は**何回も繰り返す**のがベストです。

□ 통신	□ 기계	□ 펴다	□ 보호
□ 공동	□ 마찬가지	□ 만약	

0136 □□□□□
썰다
> 動 切る，刻む ㄹ語幹
> 類 자르다: 切る／칼질하다: 包丁でさばく

0137 □□□□□
발급되다
> 動 発行される，発給される
> 類 발부되다: 発布される

0138 □□□□□
특성
> 名 特性 ❖특성을 살리다: 特性を生かす
> 類 특징: 特徴／성질: 性質

0139 □□□□□ [발딸]
발달
> 名 発達 ❖고기압의 발달: 高気圧の発達
> 類 성장: 成長／발전: 発展

0140 □□□□□ [엄무]
업무
> 名 業務 ❖업무를 맡다[보다]: 業務を担当する[見る]
> 類 직무: 職務

0141 □□□□□ [발쩐하다]
발전하다
> 動 発展する
> 類 발달하다: 発達する／성장하다: 成長する

0142 □□□□□
취하다
> 動 取る ❖휴식[수면]을 취하다: 休息[睡眠]を取る
> 類 가지다: 持つ

0143 □□□□□
배려하다
> 動 配慮する
> 関 배려심: 気配り／세심한 배려: 細やかな配慮

0144 □□□□□
바르다
> 形 正しい，まっすぐだ 르変
> 類 올바르다: 正しい／정직하다: 正直だ／옳다: 正しい

0145 □□□□□
숨
> 名 息 ❖한숨: ため息
> ❖숨을 쉬다: 息をする，呼吸する 類 호흡: 呼吸

0146 □□□□□ [계(게):소카다]
계속하다
> 動 継続する，続ける
> 類 연속하다: 連続する 反 중지하다: 中止する

0147 □□□□□
사정
> 名 事情 ❖집안 사정: 家の事情
> 動 사정하다: 切実に頼む

0148 □□□□□
막
> 副 やたらに，むやみに，まさに今 *마구の縮約形。
> 類 함부로: やたらに

0149 □□□□□
비용
> 名 費用 ❖비용을 부담하다: 費用を負担する
> 類 경비: 経費／자금: 資金

0150 □□□□□
비교하다
> 動 比較する ❖성능을 비교하다: 性能を比較する
> 類 비하다: 比べる／재다: 比べる，はかる

暗記度チェック
□ 새로	□ 매진되다	□ 멀리	□ 빼다
□ 전문	□ 정확하다	□ 무게	□ 얼른

프라이팬에 볶기 전에 재료를 모두 썰어서 준비해 주십시오.
フライパンで炒める前に**材料を**すべて**切って**準備してください。

발급된 증명서의 유효 기간은 3개월입니다.
発行された証明書の有効期間は３か月です。

특산물은 지리, 기후 등 그 지역 고유의 특성을 잘 지니고 있다.
特産物は地理，気候などその**地域固有の特性**をうまく持っている。

신체의 발달 정도와 정신 연령이 반드시 비례하는 것은 아니다.
身体の発達程度と精神年齢は必ず比例するものではない。

업무와 상관없는 이야기는 쉬는 시간에 하시기 바랍니다.
業務と関係のない話は休み時間にするようお願いします。

이곳은 10년 전에 비해 몰라보게 발전했어요.
ここは１０年前に比べ**見違えるほど**発展しました。

이럴 때일수록 분명한 태도를 취하여 오해가 없게 해야 합니다.
こんな時こそ**はっきりした態度を取って**誤解がないようにしなければなりません。

남을 배려할 줄 아는 아이로 자랐으면 좋겠습니다.
他人に配慮できる子に育ってほしいです。

면접관의 질문에는 예의 바르게 그리고 자신 있게 대답해야 해요.
面接官の質問に**礼儀正しく**、そして自信を持って答えなければなりません。

지각할 것 같아서 오랜만에 뛰었더니 숨이 너무 차네요.
遅刻しそうで久しぶりに走ったら**息が**とても**苦しいです**。

강연 시간이 끝났는데 학생들이 계속해서 질문을 했다.
講演時間が終わったのに学生たちが**続けて質問をした**。

누구에게나 남에게 말 못 할 사정이 있는 법입니다.
誰にでも他人に**言えない事情**があるものです。

우리 애가 장난감을 사 달라고 막 울어도 무시해요.
うちの子がおもちゃを買ってくれと**ずっと泣いても**無視します。

이번 여행에 비용이 얼마나 들지 한번 계산해 봅시다.
今回の旅行で**費用がどのくらいかかるか**一度計算してみましょう。

아이를 키울 때 형제들끼리 혹은 다른 아이들과 비교하면 안 좋다고 합니다.
子育て時，兄弟同士または**ほかの子どもと比較すると**よくないそうです。

| □ 임금 | □ 주요 | □ 냄새 | □ 속도 |
| □ 심각하다 | □ 바깥 | □ 반복하다 | |

37

0151 ☐☐☐☐☐   [월래]
원래
名 **元来，もともと** ❖원래대로: もとどおり
❖원래부터: もとから 類 본래: 本来

0152 ☐☐☐☐☐
처리하다
動 **処理する** ❖결제 처리하다: 決済処理する
類 수습하다: 収拾する

0153 ☐☐☐☐☐
놀이
名 **遊び** ❖소꿉놀이: ままごと
❖놀이터: 遊び場 類 오락: 娯楽

0154 ☐☐☐☐☐   [수이파다]
수입하다
動 **輸入する** 関 수입품: 輸入品／직수입: 直輸入
反 수출하다: 輸出する

0155 ☐☐☐☐☐
상대하다
動 **相手にする** ❖적군을 상대하다: 敵を相手する
関 상대방, 상대편: 相手

0156 ☐☐☐☐☐
배경
名 **背景，バック** ❖사건의 배경: 事件の背景
❖배경이 좋다: 有力な後ろ盾を持つ

0157 ☐☐☐☐☐
죽이다
動 **殺す** ❖소리를 죽이다: 声を殺す
類 살해하다: 殺害する 反 살리다: 生かす

0158 ☐☐☐☐☐
불경기
名 **不景気**
類 불황: 不況 反 호경기: 好景気

0159 ☐☐☐☐☐
불만
名 **不満** ❖불만을 품다: 不満を抱く
類 불만족: 不満足／불평: 不平

0160 ☐☐☐☐☐
감각
名 **感覚** ❖감각이 마비되다: 感覚が麻痺する
❖미적 감각: 美的感覚 類 센스: センス

0161 ☐☐☐☐☐
미리
副 **前もって，あらかじめ**
類 앞서: 前もって／먼저: 先に／이미: すでに

0162 ☐☐☐☐☐   [부조카다]
부족하다
形 **不足だ** 関 수면[운동] 부족: 睡眠[運動]不足
反 충분하다: 充分だ

0163 ☐☐☐☐☐
후보
名 **候補** ❖후보에 오르다: 候補に上がる
❖후보자: 候補者 ❖우승 후보: 優勝候補

0164 ☐☐☐☐☐
과제
名 **課題** ❖과제가 주어지다: 課題が与えられる
類 문제: 問題／숙제: 宿題

0165 ☐☐☐☐☐
수단
名 **手段** ❖최후의 수단: 最後の手段
類 방법: 方法

暗記度
チェック
☐ 썰다   ☐ 발급되다   ☐ 특성   ☐ 발달
☐ 업무   ☐ 발전하다   ☐ 취하다   ☐ 배려하다

다 가지고 놀았으면 장난감을 원래 있던 자리에 놓으세요.
遊び終わったらおもちゃをもともとあった場所に置いてください。

학생의 사정을 듣고 선생님은 지각으로 처리하지 않았다.
学生の事情を聞いて先生は遅刻として処理しなかった。

요즘은 명절에 전통 놀이를 하는 아이들을 보기 힘들다.
このごろは祝日に伝統の遊びをする子どもたちをなかなか見かけない。

농산물을 수입하려 했는데 절차가 까다로워서 보류 중입니다.
農産物を輸入しようと思うのですが，手続きが煩わしくて保留中です。

내부 고발이 있은 후 아무도 과장을 상대해 주지 않았다.
内部告発があった後，誰も課長を相手にしなくなった。

영화의 내용과 배경 음악이 잘 맞아서 감동이 더했다.
映画の内容とBGMがよく合うので感動が増した。

총기 난사로 많은 학생을 죽인 범인의 재판이 오늘 열린다.
銃乱射で多くの学生を殺した犯人の裁判が今日開かれる。

계속되는 불경기에 문을 닫는 가게들이 많습니다.
長引く不景気に店をたたむお店が多いです。

갑자기 공연이 취소되어서 팬들의 불만이 높았습니다.
急に公演が中止されてファンの不満が高まりました。

우리 할머니는 어렸을 때부터 패션 감각이 뛰어난 분이었어요.
うちの祖母は幼い時からファッション感覚が優れた方でした。

다음부터는 오시기 전에 미리 연락을 하고 오셨으면 좋겠어요.
次回からは来られる前に，前もって連絡をしていらしていただきたいです。

이걸로 가족 4명이 일주일을 버티기에는 부족합니다.
これで家族4人が1週間を耐えるには足りません。

여러 후보 중에 이분이 선발된 이유를 말씀해 주시겠습니까?
いろいろな候補の中からこの方が選ばれた理由をおっしゃってくださいますか。

다음 주까지 제출해야 할 과제가 많아서 여유가 없습니다.
来週までに提出しなければならない課題が多くて余裕がありません。

원하는 것을 얻기 위해서는 수단과 방법을 가리지 않습니다.
欲しいものを得るためには手段と方法を選びません。

| □ 바르다 | □ 숨 | □ 계속하다 | □ 사정 |
| □ 막 | □ 비용 | □ 비교하다 | |

0166 □□□□□
형성
名 **形成**
❖인격 형성: 人格形成　❖형성 과정: 形成過程

0167 □□□□□
점차
副 名 **次第に，だんだん**
類 점점, 점차적: だんだん／조금씩: 少しずつ／차츰: 次第に

0168 □□□□□
상가
名 **商店街**　❖지하 상가: 地下商店街
類 상점가: 商店街／시장: 市場

0169 □□□□□
인구
名 **人口**
❖인구 밀도: 人口密度　❖인구 증가[감소]: 人口増加[減少]

0170 □□□□□
당연하다
形 **当然だ**　❖당연한 결과: 当然の結果
類 마땅하다: 当たり前だ

0171 □□□□□
당장
副 **ただちに，すぐに**
類 그 자리: その場／즉시: 即時／바로: すぐ　反 나중에: 後で

0172 □□□□□
사물
名 **事物，物事**　❖사물의 이치를 알다: 物事の道理を知る
類 물건: 物件／일: こと

0173 □□□□□
색상
名 **色(合い)**
類 색, 색깔: 色／빛깔: 色彩

0174 □□□□□
곱다
形 《性質，色，声などが》 **きれいだ，やわらかい** ㅂ変
❖고운 목소리: きれいな声　❖피부가 곱다: 肌がきめ細かい

0175 □□□□□
기사
名 **記事**　❖기사를 싣다: 記事を載せる
❖독점 기사: 独占記事　❖특집 기사: 特集記事

0176 □□□□□
영역
名 **領域**
❖영역을 넓히다: 領域を広げる

0177 □□□□□
비밀
名 **秘密**　❖비밀이 새다: 秘密が漏れる
❖비밀로 하다: 秘密にする　類 기밀: 機密

0178 □□□□□
평화
名 **平和**　❖평화를 이루다: 平和を成す
類 안전: 安全　反 혼란: 混乱／불안: 不安

0179 □□□□□
공사
名 **工事**　❖부실 공사: 手抜き工事
❖공사를 벌이다: 工事に取りかかる

0180 □□□□□
불리다
動 **呼ばれる**
❖~(으)로[(이)라고] 불리다: ~で[と]呼ばれる

暗記度 チェック			
□ 원래	□ 처리하다	□ 놀이	□ 수입하다
□ 상대하다	□ 배경	□ 죽이다	□ 불경기

諺 & 慣 用 句
정신을 차리다
意識を戻す，間違いや失敗の原因に気づいてしっかりとする

014

達成率
10 %

이번 전시를 통해 고대 사회의 형성 과정을 잘 알 수 있을 것입니다.
今回の展示を通じて古代社会の**形成過程**がよくわかるでしょう。

아버지의 병환이 점차 회복되고 있어 안심입니다.
父の病気が**だんだん回復している**ので安心です。

상가에 가도 지금 이 시각까지 문을 연 가게는 없을 거예요.
商店街に行ってもこんな時刻まで開いている店はないでしょう。

2030년이 되면 인도의 인구가 중국의 인구보다 많아질 것으로 보인다.
2030 年になると**インドの人口が中国の人口**より多くなる見込みだ。

이번 제작비는 저희 쪽에서 부담하는 것이 당연하다고 봅니다.
今回の製作費は当方で**負担するのが当然**だと思います。

화재경보기가 울리면 하던 일을 멈추고 당장 밖으로 나가세요.
火災警報器が鳴ったらやっていたことを止めて**ただちに外へ出て**ください。

아이들은 사물의 이름을 들으면서 배워 갑니다.
子どもたちは**物事の名前を聞きながら**学んでいきます。

팸플릿과 실제 물건의 색상이 다를 수도 있으니 양해해 주시기 바랍니다.
パンフレットと実際の品物の**色合いが異なる**こともあるのでご了承くださいますようお願いいたします。

한복의 색이 정말 고와서 보자마자 사 버렸어요.
韓服の**色が本当にきれいだった**ので見るやいなや買ってしまいました。

거물 정치가의 부정을 다룬 기사가 제1면에 실렸습니다.
大物の政治家の**不正を扱った記事**が一面に載っています。

동물에게는 각자 자기의 활동 영역이 있다고 들었습니다.
動物にはそれぞれ自分の**縄張り**(活動領域)があると聞きました。

그 사람은 입이 무거워서 무슨 일이 있어도 비밀을 지켜줄 거예요.
その人は口が堅いのでどんなことがあっても**秘密を守ってくれる**はずです。

이 기부금은 세계의 평화를 위해 쓰여질 겁니다.
この寄付金は**世界の平和**のために使われるでしょう。

예산 부족으로 지하철 공사가 중단되어서 시민들이 많은 불편을 겪고 있다.
予算不足で**地下鉄の工事**が中断されて市民たちが多大な不便を被っている。

지금부터 이름이 불린 사람들은 앞으로 나와 주시기 바랍니다.
今から**名前を呼ばれた**人たちは前のほうに出てきてくださいますようお願いいたします。

| □ 불만 | □ 감각 | □ 미리 | □ 부족하다 |
| □ 후보 | □ 과제 | □ 수단 | |

41

QR コードの音声を聞き，韓国語を書いてみよう！

聞き取れなかったら，対応した見出し語番号の単語を再チェック。 015

0121 (	)	新たに，改めて	0151 (	)	元来，もともと
0122 (	)	売り切れる	0152 (	)	処理する
0123 (	)	遠く	0153 (	)	遊び
0124 (	)	抜く，引く	0154 (	)	輸入する
0125 (	)	専門	0155 (	)	相手にする
0126 (	)	正確だ	0156 (	)	背景，バック
0127 (	)	重さ	0157 (	)	殺す
0128 (	)	早く，さっそく	0158 (	)	不景気
0129 (	)	賃金	0159 (	)	不満
0130 (	)	主要	0160 (	)	感覚
0131 (	)	におい	0161 (	)	前もって
0132 (	)	速度	0162 (	)	不足だ
0133 (	)	深刻だ	0163 (	)	候補
0134 (	)	外	0164 (	)	課題
0135 (	)	反復する	0165 (	)	手段
0136 (	)	切る，刻む	0166 (	)	形成
0137 (	)	発行される	0167 (	)	次第に
0138 (	)	特性	0168 (	)	商店街
0139 (	)	発達	0169 (	)	人口
0140 (	)	業務	0170 (	)	当然だ
0141 (	)	発展する	0171 (	)	ただちに
0142 (	)	取る	0172 (	)	事物，物事
0143 (	)	配慮する	0173 (	)	色（合い）
0144 (	)	正しい	0174 (	)	きれいだ
0145 (	)	息	0175 (	)	記事
0146 (	)	継続する	0176 (	)	領域
0147 (	)	事情	0177 (	)	秘密
0148 (	)	やたらに	0178 (	)	平和
0149 (	)	費用	0179 (	)	工事
0150 (	)	比較する	0180 (	)	呼ばれる

①

부품을 맞추다	部品を組み合わせる	박자를 맞추다	リズムを合わせる
옷을 맞추다	洋服をあつらえる	초점을 맞추다	焦点を合わせる
조각을 맞추다	かけらを合わせる	중심을 맞추다	中心を合わせる
시간을 맞추다	時間を合わせる	기분을 맞추다	気分を合わせる
눈을 맞추다	目を合わせる	안경을 맞추다	眼鏡を新調する
보조를 맞추다	歩調を合わせる，足を揃える	입을 맞추다	口裏を合わせる，キスをする

②

귀를 막다	耳を塞ぐ	입을 막다	口を封じる
창문을 막다	窓を塞ぐ	흐름을 막다	流れをせき止める
앞을 막다	前(方)を塞ぐ	소음을 막다	騒音を防ぐ
햇빛을 막다	日差しを遮る	피해를 막다	被害を食い止める
싸움을 막다	喧嘩を止める	구멍을 막다	穴を塞ぐ，埋める

③

숨소리	寝息，息づかい	숨을 고르다	息を整える
한숨	ため息	숨을 돌리다	息を鎮める／抜く
숨을 참다	息を止める	숨을 삼키다	息を呑む
숨을 쉬다	息をする，呼吸する	숨을 들이쉬다	息を吸う
숨을 내쉬다	息を吐く	숨이 막히다	息が詰まる
숨지다	息が絶える，死ぬ	숨이 죽다	しんなりする
숨을 거두다	息を引き取る，死ぬ	숨을 죽이다	息を殺す
숨을 헐떡이다	息を切らせる	숨이 트이다	すっきりする
숨이 차다	息が切れる	숨이 가쁘다	息が苦しい

0181 □□□□□
차리다
> 動 設ける，用意する
> 類 장만하다: 用意する／준비하다: 準備する

0182 □□□□□
미소
> 名 微笑み　❖미소를 띠다: 微笑みを浮かべる
> 類 웃음: 笑い

0183 □□□□□
이익
> 名 利益　❖이익 추구: 利益追求
> 類 유익: 有益　反 손해: 損害

0184 □□□□□ [송녁]
속력
> 名 速力，スピード　❖속력을 늦추다: スピードを緩める
> ❖속력을 내다: スピードを出す　類 속도: 速度

0185 □□□□□ [끄리다]
끓이다
> 動 沸かす，煮る　❖라면을 끓이다: ラーメンを作る
> 反 식히다: 冷ます

0186 □□□□□
혹시
> 副 もしかしたら，もしかすると
> 類 혹: もし／아마: たぶん／만일, 만약: 万一

0187 □□□□□ [다:타]
닿다
> 動 届く，着く　❖인연이 닿다: 縁がある
> 類 이르다: 至る

0188 □□□□□
이외
> 名 以外
> 類 밖: 外, ほか　反 이내: 以内

0189 □□□□□
제공하다
> 動 提供する　❖정보를 제공하다: 情報を提供する
> 関 제공자: 提供者　類 공급하다: 供給する

0190 □□□□□
증가하다
> 動 増加する　❖이익이 증가하다: 利益が増加する
> 類 늘어나다: 増える　反 감소하다: 減少する／줄다: 減る

0191 □□□□□
기대
> 名 期待　❖기대를 모으다: 期待を集める
> 類 희망: 希望／소망: 望み／바람: 願い

0192 □□□□□
수상하다
> 動 受賞する　関 수상 경력: 受賞経歴
> 類 입상하다: 入賞する

0193 □□□□□
수정하다
> 動 修正する　関 수정안: 修正案
> 類 고치다: 直す／개선하다: 改善する

0194 □□□□□ [궐리]
권리
> 名 権利　❖권리를 행사하다: 権利を行使する
> 類 권한: 権限

0195 □□□□□
넘기다
> 動 超える，過ぎる　❖책을 넘기다: 本をめくる
> 類 넘다: 超える

暗記度チェック
□ 형성	□ 점차	□ 상가	□ 인구
□ 당연하다	□ 당장	□ 사물	□ 색상

엎어지면 코 닿을 데
非常に近い距離，目と鼻の先

016

達成率
11 %

별로 차린 건 없지만 정성껏 준비했으니까 드셔 보세요.
大したものはありませんが心を込めて準備したので召し上がってください。

이 강아지 사진은 마치 사람처럼 미소를 짓고 있는 것 같다.
この子犬の写真はまるで人間のように**微笑みを浮かべている**ようだ。

장사하는 사람들은 조금이라도 더 많은 이익을 남기려고 한다.
商売する人々は少しでもより多くの**利益**をあげようとする。

이곳은 사고가 잦은 곳이니까 속력을 줄이도록 하세요.
ここは事故が頻繁に起こる所なので**スピードを落とす**ようにしてください。

커피를 타려고 지금 물을 끓이고 있는 중이에요.
コーヒーを入れようと今**お湯を沸かして**いるところです。

아무리 찾아도 없는 걸 보면 혹시 집에다가 두고 오신 건 아닙니까?
いくら探してもないのを見ると，**もしかしたら**家に置いてこられたのではないでしょうか。

키가 작아서 책꽂이 제일 위쪽에 손이 안 닿네요.
背が小さいので本棚の一番上に**手が届かない**ですね。

이곳은 관계자 이외에는 아무도 들어올 수 없습니다.
ここは**関係者以外**には誰も入ることができません。

다양한 서비스를 제공할 뿐만 아니라 A/S(에프터 서비스)도 좋습니다.
多様なサービスを提供するばかりでなくアフターサービスもよいです。

외국인 관광객이 증가하고 있지만 아직 관련 서비스가 부족하다.
外国人観光客が増加しているが，まだ関連サービスは充実していない。

기대 이상의 결과가 나와서 직원 모두가 만족해하고 있습니다.
期待以上の結果が出たので職員みんなが満足しています。

최연소 노벨 평화상을 수상한 소녀의 이야기를 읽었다.
最年少ノーベル**平和賞を受賞した**少女の話を読んだ。

계획안은 수정하는 대로 즉시 가지고 오겠습니다.
計画案は**修正し次第**すぐお持ちいたします。

투표는 국민의 의무이자 권리이므로 선거를 못 하게 하는 것은 권리를 침해하는 겁니다.
投票は国民の義務であり権利なので，選挙ができないようにするのは**権利を侵害する**ものです。

갑자기 입원하는 바람에 서류 제출 기간을 넘겼습니다.
急に入院したせいで書類の**提出期間が過ぎ**ました。

| □ 곱다 | □ 기사 | □ 영역 | □ 비밀 |
| □ 평화 | □ 공사 | □ 불리다 | |

0196 □□□□□
젖다
- 動 濡れる, 浸る ◆사상에 젖다: 思想に染まる
- ◆슬픔에 젖다: 悲しみに沈む 反 마르다: 乾く

0197 □□□□□
제외하다
- 動 除外する
- 類 제거하다: 除去する／제하다: 除く 反 포함하다: 含む

0198 □□□□□
스스로
- 副 名 自ら ◆스스로를 높이다: 自らを高める
- 類 저절로: 自ら／자신: 自身

0199 □□□□□
슬픔
- 名 悲しみ ◆슬픔에 젖다: 悲しみに暮れる
- 反 기쁨: 喜び

0200 □□□□□
밀다
- 動 押す, 伸ばす ㄹ語幹 ◆반죽을 밀다: 生地を伸ばす
- 類 추천하다: 推薦する 反 당기다: 引っ張る／끌다: 引く

0201 □□□□□
시력
- 名 視力 ◆시력이 떨어지다: 視力が落ちる
- ◆시력을 재다: 視力を測る ◆시력 검사: 視力検査

0202 □□□□□
고려하다
- 動 考慮する ◆사정을 고려하다: 事情を考慮する
- 関 고려 대상: 考慮対象 類 참고하다: 参考にする

0203 □□□□□
바르다
- 動 塗る 르変 ◆벽지를 바르다: 壁紙を貼る
- ◆약을 바르다: 薬を塗る 類 칠하다: 色を塗る

0204 □□□□□
포기하다
- 動 諦める ◆권리를 포기하다: 権利を放棄する
- 類 그만두다: 止める／단념하다: 断念する

0205 □□□□□
그림자
- 名 影 ◆그림자처럼 따라다니다: 影のように付きまとう
- ◆그림자 놀이: 影絵遊び 類 음영: 陰影

0206 □□□□□
다하다
- 動 尽きる, 尽くす ◆책임을 다하다: 責任を果たす
- 類 바닥나다: 底をつく／마치다: 終わる

0207 □□□□□
옳다 [올타]
- 形 正しい ◆옳은 판단: 正しい判断
- 類 바르다: 正しい 反 그르다: 正しくない

0208 □□□□□
검사
- 名 検査 ◆검사 보고서: 検査報告書
- 類 실험: 実験／조사: 調査

0209 □□□□□
싣다
- 動 載せる ㄷ変 ◆광고를 싣다: 広告を載せる
- 類 태우다: 乗せる 反 내리다: 下ろす

0210 □□□□□
신형
- 名 新型 ◆최신형: 最新型
- 反 구형: 旧型

暗記度チェック
□ 차리다	□ 미소	□ 이익	□ 속력
□ 끓이다	□ 혹시	□ 닿다	□ 이외

諺 & 慣用句

애를 쓰다
非常に努力する，尽くす，努める

017

達成率
12 %

절대 젖은 손으로 만지지 마세요.
絶対に**濡れた手**で触らないでください。

연락이 없는 사람들은 제외하고 진행합시다.
連絡がない人たちは**除外して**進めましょう。

전부 다 해 주지 말고 아이들 스스로가 할 수 있도록 지켜봐 주세요.
すべてをやってあげるのではなく子どもたちが**自らできるように**見守ってください。

아이를 잃은 슬픔에 울기만 할 뿐 아무것도 하지 못했다.
子どもを**亡くした悲しみ**に泣くばかりで何もできなかった。

장난으로 친구의 등을 살짝 밀었는데 친구가 넘어져서 너무 미안했어요.
ふざけて友達の**背中を軽く押した**のに友達が転んで申し訳なかったです。

어릴 때는 시력이 좋았는데 성장기에 많이 나빠졌어요.
幼い時は**視力がよかった**が，成長期にずいぶん悪くなりました。

여러 가지 사항들을 고려하여 결정한 내용이니까 이해해 주시기 바랍니다.
色々な事項を考慮して決めた内容ですからご理解くださいますようお願いいたします。

모기나 벌레 등에 물린 곳에 발라 주십시오.
蚊や虫などに刺された所に**塗ってください**。

부상이 완전히 회복되지 않아 출전을 포기해야 했어요.
怪我が完全に回復していないので**出場を諦めざるを得ません**でした。

그림자를 이용한 넌버벌 공연(비언어극)이 전 세계적으로 주목을 받고 있다.
影を利用したノンバーバルパフォーマンス（非言語劇）が全世界的に注目を浴びている。

각자 주어진 일에 최선을 다해 주시기 바랍니다.
各自与えられたことに**最善を尽くして**くださいますようお願いいたします。

싸움에서 누가 옳고 그른지를 이야기하는 건 의미가 없다.
喧嘩で誰が**正しいのか正しくないのか**を話すのは意味がない。

검사 결과가 나오면 모여서 다시 이야기합시다.
検査結果が出たら集まってまたお話しましょう。

이삿짐을 트럭에 다 실었는데 어느 분이 길을 안내해 주실 거죠?
引越しの荷物をトラックに**全部載せた**のですが，どなたが道を案内してくださるのでしょうか。

제 친구는 새로운 것을 너무 좋아해서 신형이 나오면 바로 바꿔요.
私の友人は新しいものがとても好きなので，**新型が出たらすぐに**買い替えます。

| □ 제공하다 | □ 증가하다 | □ 기대 | □ 수상하다 |
| □ 수정하다 | □ 권리 | □ 넘기다 | |

0211 ☐☐☐☐☐
신혼
图 新婚 ❖신혼부부: 新婚夫婦 ❖신혼여행: 新婚旅行
❖신혼집: 新婚さんの家 ❖신혼 살림: 新婚生活

0212 ☐☐☐☐☐
내밀다
動 差し出す ■語幹 ❖손을 내밀다: 手を差し伸べる
類 내놓다: 出しておく

0213 ☐☐☐☐☐
맞다
動 打[擊]たれる ❖총에 맞다: 銃に撃たれる
反 때리다: 叩く

0214 ☐☐☐☐☐ [자피다]
잡히다
動 決まる, 捕まる, 担保にする
❖범인이 잡히다: 犯人が捕まる 類 붙잡히다: 逮捕される

0215 ☐☐☐☐☐ [분서카다]
분석하다
動 分析する ❖성분을 분석하다: 成分を分析する
関 분석기: 分析機

0216 ☐☐☐☐☐
작용하다
動 作用する ❖유리하게 작용하다: 有利に作用する
類 미치다: 及ぶ

0217 ☐☐☐☐☐
연구하다
動 研究する 関 연구소: 研究所／연구팀: 研究チーム
類 공부하다: 勉強する／조사하다: 調査する

0218 ☐☐☐☐☐
부동산
图 不動産 ❖부동산 거래: 不動産取引
❖부동산 중개인: 不動産仲介業者

0219 ☐☐☐☐☐
범위
图 範囲 ❖범위를 넘다: 範囲を超える
類 한도: 限度／한계: 限界

0220 ☐☐☐☐☐
조상
图 先祖 ❖조상 대대로: 先祖代々
類 선대: 先代／선조: 祖先 反 후손, 자손: 子孫

0221 ☐☐☐☐☐
충격
图 衝撃 ❖충격을 받다[주다]: 衝撃を受ける[与える]
類 자극: 刺激／쇼크: ショック

0222 ☐☐☐☐☐
꽤
副 相当, かなり
類 상당히: 相当

0223 ☐☐☐☐☐
담기다
動 盛られる, 《感情などが》こもる
❖마음이 담기다: 心がこもっている

0224 ☐☐☐☐☐
충분하다
形 充分だ 類 충족하다: 充足する／넉넉하다: 足りる
反 부족하다: 足りない

0225 ☐☐☐☐☐
여유
图 余裕 ❖여유를 갖다: 余裕を持つ
❖여유만만하다: 余裕満々だ

諺 & 慣用 句

하늘은 스스로 돕는 자를 돕는다
あることを成し遂げるためには自分の努力が重要だ

018

達成率
13 %

신혼 때는 서로가 맞춰가는 과정이라서 부부 싸움도 많이 한대요.
新婚時は互いが合わせていく過程なので夫婦喧嘩もたびたびするそうです。

친구는 나를 불러서 부끄러워하면서 편지와 선물을 내밀었다.
友人は私を呼び出して恥ずかしがりながら**手紙とプレゼント**を差し出した。

예방 주사 맞은 자리가 약간 빨갛게 부어오르고 가려워요.
予防注射を打ってもらった場所が若干赤く腫れあがってかゆいです。

다음 달에 잡혀 있는 출장과 날짜가 겹치니까 회의 일정을 미뤄 주세요.
来月に決まっている出張と日にちが重なるので会議の日程をずらしてください。

사건 현장에서 발견된 혈액을 분석한 결과 용의자의 것과 일치했습니다.
事件現場で発見された血液を**分析した結果**、容疑者のものと一致しました。

현직 장관의 퇴임이 이번 선거에서 불리하게 작용할 수도 있다.
現職長官の退任が今回の選挙で**不利に作用する**こともあり得る。

의문을 품고 연구해 온 사람들 덕분에 사회가 발전할 수 있었다.
疑問を抱いて研究してきた人々のおかげで社会が発展できた。

집을 사려고 부동산에 갔는데 불경기라서인지 적당한 집이 없었다.
家を買うために不動産屋に行ったが、不景気だからか適当な家がなかった。

기말고사는 범위도 넓은 데다가 암기할 것도 많아서 거의 포기 상태예요.
期末試験は範囲も広いし、なおかつ暗記することも多いのでほとんど諦め状態です。

발효 식품은 조상들의 지혜가 담겨 있는 훌륭한 문화유산이다.
発酵食品は**先祖たちの知恵が込められている**立派な文化遺産だ。

교통사고 때 머리에 받은 충격으로 기억을 잃었다.
交通事故の時、**頭に受けた衝撃**で記憶を失くした。

생각했던 것보다 꽤 많은 사람이 참가해서 다행이네요.
思ったより**かなり多くの人が参加した**のでよかったですね。

어머니의 음식에는 언제나 정성이 가득 담겨 있어요.
母の料理にはいつも**心がいっぱいこもっています**。

지금까지 충분하게 검토를 했으니까 문제가 없을 거예요.
今まで**十分に検討した**から問題はないでしょう。

중요한 시험을 앞둔 탓에 마음의 여유가 없었어요.
大事な試験を前にしたせいで**心の余裕がありませんでした**。

□ 포기하다	□ 그림자	□ 다하다	□ 옳다
□ 검사	□ 싣다	□ 신형	

0226 □□□□□ [여칼]
역할
　名 役(割)　❖역할을 다하다: 役割を果たす
　❖역할 분담: 役割分担　類 배역: 配役

0227 □□□□□
뜨다
　動 覚ます, 開ける
　反 감다: 閉じる

0228 □□□□□
수요
　名 需要　❖수요가 증가하다[감소하다]: 需要が増える[減る]
　反 공급: 供給

0229 □□□□□
낫다
　形 よりよい, 優れている 変　❖대우가 낫다: 待遇がよりよい
　類 우수하다: 優秀だ/뛰어나다: 優れる　反 못하다: 劣る

0230 □□□□□
볶다
　動 炒める, いびる　❖들들 볶다: しつこくいびる
　類 들볶다: いびる/괴롭히다: いじめる

0231 □□□□□ [흑]
흙
　名 土　❖흙장난: 泥んこ遊び
　類 땅: 土/토지: 土地/토양: 土壌

0232 □□□□□
가난하다
　形 貧乏だ, 貧しい
　類 빈곤하다: 貧困だ　反 풍족하다: 豊富だ

0233 □□□□□
온도
　名 温度　❖온도를 조절하다: 温度を調節する
　❖온도차: 温度差

0234 □□□□□
식품
　名 食品　❖인스턴트 식품: インスタント食品
　類 식료품: 食料品/식량: 食糧

0235 □□□□□
연기하다
　動 演技する, 演じる
　関 연기력: 演技力/명연기: 名演技

0236 □□□□□
조금씩
　副 少しずつ
　類 점차: 次第に/점점: だんだん/차츰차츰: 少しずつ

0237 □□□□□ [외[웨]:시카다]
외식하다
　動 外食する
　関 외식 산업: 外食産業

0238 □□□□□
활용하다
　動 活用する　関 동사 활용: 動詞活用
　類 이용하다: 利用する　反 악용하다: 悪用する

0239 □□□□□
떠올리다
　動 (思い)浮かべる　❖추억을 떠올리다: 思い出を思い浮かべる
　❖머리에 떠올리다: 頭に思い浮かべる

0240 □□□□□
집다
　動 取る, 掴む　❖집어 말하다: 指摘する
　類 잡다: 掴む/쥐다: 握る

暗記度
チェック
□ 신혼	□ 내밀다	□ 맞다	□ 잡히다
□ 분석하다	□ 작용하다	□ 연구하다	□ 부동산

諺 & 慣 用 句
눈을 뜨다
目覚める、しっかりと注意を払うこと

019

達成率
13 %

이번 작품에서 <u>맡으신 역할</u>에 대해 간단하게 소개해 주세요.
今回の作品で**お引き受けになられた役割**について簡単に紹介してください。

밖에 나오니까 눈이 부셔서 <u>제대로 눈을 뜰</u> 수가 없네요.
外に出ると眩しくて**ちゃんと目を開ける**ことができませんね。

<u>수요와 공급</u>에 의해서 시장 가격이 결정됩니다.
需要と供給によって市場価格が決定されます。

지난번 디자인이 <u>더 나은</u> 것 같아요.
この前のデザインのほうが**もっとよかった**ような気がします。

<u>볶음밥</u>을 할 때는 먼저 재료를 <u>다 볶은 후</u>에 밥을 넣으세요.
チャーハンを作る時はまず材料を**全部炒めた後**にご飯を入れてください。

사람은 죽으면 누구나 다 <u>흙으로 돌아가는</u> 법이지요.
人は死ぬと誰でもみんな**土に還る**ものでしょう。

<u>가난한 생활</u>에서 벗어나기 위해 밤낮을 가리지 않고 일했다.
貧しい生活から逃れるため昼夜を問わず働いた。

에너지 절약을 위해 <u>실내 적절 온도</u>를 유지해 주시기 바랍니다.
エネルギー節約のために**室内の適切温度**を維持してくださいますようお願いいたします。

<u>식품위생안전법</u> 위반으로 3개월 영업 정지를 받았다.
食品衛生安全法違反で３か月の営業停止を受けた。

20대의 나이에 60대의 <u>역할을 연기하기가</u> 힘들지 않았습니까?
20代で60代の**役を演じるのは**大変ではありませんでしたか。

단어는 한꺼번에 많이 외우는 것보다 <u>매일 조금씩</u> 외우는 게 효율적이다.
単語はいっぺんにたくさん覚えることより**毎日少しずつ**暗記するほうが効率的だ。

남편이 <u>외식하는</u> 것을 싫어해서 좀처럼 밖에서 먹지 않아요.
旦那が**外食する**のを嫌うのでめったに外で食べません。

<u>배운 문법을 활용해서</u> 작문하는 숙제는 많은 도움이 됐습니다.
習った文法を活用して作文する宿題はずいぶん役に立ちました。

집이 그리울 때는 가족들의 <u>얼굴을 떠올립니다</u>.
家が恋しい時は家族の**顔を思い浮かべます**。

거기 앞에 있는 <u>소금 좀 집어서</u> 이쪽으로 좀 건네주세요.
そこの前にある**塩を取って**こっちに渡してください。

| □ 범위 | □ 조상 | □ 충격 | □ 꽤 |
| □ 담기다 | □ 충분하다 | □ 여유 | |

QR コードの音声を聞き，韓国語を書いてみよう！

聞き取れなかったら，対応した見出し語番号の単語を再チェック。

0181 (	)	設ける	**0211** (	)	新婚
0182 (	)	微笑み	**0212** (	)	差し出す
0183 (	)	利益	**0213** (	)	打［撃］たれる
0184 (	)	速力，スピード	**0214** (	)	決まる，捕まる
0185 (	)	沸かす，煮る	**0215** (	)	分析する
0186 (	)	もしかしたら	**0216** (	)	作用する
0187 (	)	届く，着く	**0217** (	)	研究する
0188 (	)	以外	**0218** (	)	不動産
0189 (	)	提供する	**0219** (	)	範囲
0190 (	)	増加する	**0220** (	)	先祖
0191 (	)	期待	**0221** (	)	衝撃
0192 (	)	受賞する	**0222** (	)	相当，かなり
0193 (	)	修正する	**0223** (	)	盛られる
0194 (	)	権利	**0224** (	)	充分だ
0195 (	)	超える，過ぎる	**0225** (	)	余裕
0196 (	)	濡れる，浸る	**0226** (	)	役（割）
0197 (	)	除外する	**0227** (	)	覚ます，開ける
0198 (	)	自ら	**0228** (	)	需要
0199 (	)	悲しみ	**0229** (	)	よりよい
0200 (	)	押す	**0230** (	)	炒める，いびる
0201 (	)	視力	**0231** (	)	土
0202 (	)	考慮する	**0232** (	)	貧乏だ，貧しい
0203 (	)	塗る	**0233** (	)	温度
0204 (	)	諦める	**0234** (	)	食品
0205 (	)	影	**0235** (	)	演技する
0206 (	)	尽きる，尽くす	**0236** (	)	少しずつ
0207 (	)	正しい	**0237** (	)	外食する
0208 (	)	検査	**0238** (	)	活用する
0209 (	)	載せる	**0239** (	)	(思い) 浮かべる
0210 (	)	新型	**0240** (	)	取る，掴む

①

고기가 잡히다	魚が捕れる
음정이 잡히다	音程が合う
균형이 잡히다	均衡がとれる，釣り合う，バランスが取れる
일정이 잡히다	日程が決まる
약점이 잡히다	弱みを握られる
단서가 잡히다	手がかりが得られる
틀이 잡히다	《ふるまいや態度の》型が決まる
발목을 잡히다	のっぴきならないはめに陥る，足を引っ張られる
자리가 잡히다	安定する，慣れてくる
손에 잡히다	《仕事が》手につく，落ち着いた気持ちで仕事をする

②

음식을 차리다	食べ物を準備する
정신을 차리다	気をしっかり持つ
기운을 차리다	元気を出す
사무소를 차리다	事務所を設ける
살림을 차리다	所帯を構える
격식을 차리다	格式ばる
실속을 차리다	実利を図る

0241　☐☐☐☐☐　[용:똔]
용돈
　图 **小遣い**　❖용돈을 타다: 小遣いをもらう
　❖용돈벌이: 小遣い稼ぎ

0242　☐☐☐☐☐
만일
　图 **万が一，もし**　❖만일의 경우: 万が一の場合
　類 혹시: もしかしたら／만약: 万が一

0243　☐☐☐☐☐　[공:그파다]
공급하다
　動 **供給する**
　関 공급자: 供給者　類 제공하다: 提供する

0244　☐☐☐☐☐
채우다
　動 **埋める，満たす**　❖자리를 채우다: 席を埋める
　類 보충하다: 補充する／메우다: 埋める　反 비우다: 空ける

0245　☐☐☐☐☐
총장
　图 **総長**　❖총장감, 총장 후보: 総長候補
　❖총장 연설: 総長演説

0246　☐☐☐☐☐　[실쩨]
실제
　图 **実際**　副 **実際に**
　類 실질: 実質／실제로: 実際に　反 허위: 虚偽

0247　☐☐☐☐☐
응원하다
　動 **応援する**　❖열렬히 응원하다: 熱烈に応援する
　関 응원단: 応援団

0248　☐☐☐☐☐
의사소통
　图 **意思疎通**　動 의사소통하다: 意思疎通する
　❖의사소통이 원활하다: 意思疎通が円滑だ

0249　☐☐☐☐☐
예전
　图 **昔，以前**　❖예전에 비해서: 以前と比べて
　類 옛날: 昔／이전: 以前／과거: 過去

0250　☐☐☐☐☐
전기
　图 **電気**　❖전기가 흐르다: 電気が流れる
　❖전기밥솥: 電気釜　❖전기세: 電気代

0251　☐☐☐☐☐
붓다
　動 **注ぐ** ㅅ変　❖물을 붓다: 水を注ぐ
　❖적금을 붓다: 月掛けの貯金をする　類 따르다: 注ぐ

0252　☐☐☐☐☐
상식
　图 **常識**　❖상식 밖이다: 常識外れだ
　類 교양: 教養

0253　☐☐☐☐☐
상표
　图 **商標，メーカー**　❖상표명: 商標名
　類 브랜드: ブランド

0254　☐☐☐☐☐
거부하다
　動 **拒否する**　❖증언을 거부하다: 証言を拒否する
　類 거절하다: 断る　反 승인하다: 承認する

0255　☐☐☐☐☐
달다
　動 **付ける，揚げる** ㄹ語幹　❖제목을 달다: 題名を付ける
　類 걸다: 掛ける／붙이다: 付ける　反 떼다: 外す

諺 & 慣用句
티끌 모아 태산
ちりも積もれば山となる

021

達成率
14 %

매달 받는 용돈에서 조금씩 모아 디지털카메라를 샀어요.
毎月もらうお小遣いから少しずつ貯めてデジタルカメラを買いました。

만일 과거로 다시 돌아갈 수 있다면 언제로 가고 싶으세요?
もし過去に再び戻れるとしたら，いつに行きたいですか。

부족한 물자를 공급하기 위해 헬리콥터까지 등장했다.
不足している物資を供給するためにヘリコプターまで登場した。

여러분 늦게 오시는 분들을 위해 앞자리부터 채워 주시기 바랍니다.
皆さん，遅れてくる方々のために前の席から埋めてくださるようお願いいたします。

새 총장 취임식에는 해외에서도 많은 인사들이 참석할 예정입니다.
新総長の就任式には海外からも多くの著名人たちが参席する予定です。

이 소설은 실제 있었던 일을 소재로 쓴 작품이었다.
この小説は実際あったことを素材として書いた作品だった。

축구 경기를 응원하기 위해 많은 사람이 시청 앞에 모였다.
サッカーを応援するために多くの人が市庁前に集まった。

완벽한 한국어는 아니었지만 의사소통에는 아무런 문제가 없었다.
完璧な韓国語ではなかったが，意思疎通には何の問題もなかった。

예전에는 방과 후에 밖에서 노는 아이들을 많이 볼 수 있었다.
以前は放課後に外で遊ぶ子どもたちをたくさん見ることができた。

태양열을 이용해 전기를 만드는 연구가 주목을 받고 있다.
太陽熱を利用して電気を作る研究が注目されている。

짜서 물을 많이 부었더니 결국 싱거워져서 소금을 더 넣었어요.
しょっぱくて水をたくさん入れたら結局薄くなって塩をさらに入れました。

공공 장소에서 상식이 없는 행동을 하는 사람들이 많아요.
公共の場所で常識のない行動をする人が多いです。

상표만 보고 샀다가 후회하는 경우도 있으니까 꼭 입어보세요.
メーカーだけ見て買ってから後悔する場合もあるから必ず試着してみてください。

학생들은 학교의 일방적인 결정에 반발해 수업을 거부하고 있다.
学生たちは学校の一方的な決定に反発して授業を拒否している。

'어버이 날'에는 부모님의 가슴에 카네이션을 달아 드립니다.
「両親の日」には両親の胸にカーネーションを付けてあげます。

| □ 식품 | □ 연기하다 | □ 조금씩 | □ 외식하다 |
| □ 활용하다 | □ 떠올리다 | □ 집다 | |

0256 □□□□□ [행:보카다]
행복하다
形 幸福だ，幸せだ 閔 행복을 빌다: 幸せを祈る
反 불행하다: 不幸だ／불우하다: 不遇だ

0257 □□□□□
실천하다
動 実践する ❖계획을 실천하다: 計画を実践する
閔 실천력: 実践力

0258 □□□□□ [이키다]
익히다
動 身につける，慣らす ❖낯을 익히다: 顔を覚える
❖기본 동작을 익히다: 基本動作を身につける

0259 □□□□□
입금하다
動 入金する，振り込む 閔 송금하다: 送金する
類 넣다: 入れる 反 출금하다: 出金する

0260 □□□□□
실험
名 実験 ❖임상 실험: 臨床試験
類 시험: 試験／검사: 検査

0261 □□□□□
미치다
動 狂う
類 돌다: 狂う／실성하다: 狂う

0262 □□□□□ [낙따]
낡다
形 古い ❖낡은 사고방식: 時代遅れの考え方
類 오래되다: 古くなる

0263 □□□□□
방문하다
動 訪問する，訪れる
閔 가정 방문: 家庭訪問 類 찾아가다: 訪ねていく

0264 □□□□□
지배되다
動 支配される 閔 지배자: 支配者
類 지배 당하다: 支配される

0265 □□□□□
이하
名 以下 ❖이하 생략[동문]: 以下省略 [同文]
類 아래: 下 反 이상: 以上

0266 □□□□□ [참서카다]
참석하다
動 参席する ❖집회에 참석하다: 集会に参席する
類 참가하다: 参加する／참여하다: 参与する

0267 □□□□□
해결하다
動 解決する ❖사건을 해결하다: 事件を解決する
閔 해결책: 解決策 類 풀다: 解く

0268 □□□□□
저장하다
動 貯蔵する，保存する
類 저축하다: 貯蓄する／비축하다: 備蓄する

0269 □□□□□ [숨:따]
숨다
動 隠れる ❖숨은 실력자: 隠れた実力者
類 사라지다: 消える 反 찾다: 探す

0270 □□□□□
전원
名 電源 ❖전원을 연결하다: 電源を繋ぐ
❖전원을 넣다[끄다]: 電源を入れる[消す]

諺 & 慣用句
미처 날뛰다
気が狂ったかのように騒ぎたてること

022

達成率
15 %

웨딩드레스를 입은 친구 모습은 행복해 보였어요.
ウェディングドレスを着た友人の姿は**幸せそうに見えました**。

말한 대로 실천하기란 결코 쉬운 일이 아니에요.
言ったとおり実践することは決して容易なことではありません。

독립하기 위해서는 하루라도 빨리 기술을 익혀야 한다.
独立するためには一日も早く**技術を身につけなければならない**。

내일까지 수강료를 입금해 주시기 바랍니다.
明日までに**受講料を振り込んで**いただくようお願いいたします。

실험에 실험을 거듭한 결과 드디어 원하는 데이터가 나왔어요.
実験に実験を重ねた結果とうとう望んでいたデータが出ました。

그 친구는 도박에 미쳐서 재산도 다 날리고 부인에게 이혼당했대요.
その友人は**ギャンブルに狂って**財産も全部失い奥さんに離婚されたそうです。

친정집이 너무 낡아서 이번에 내부 공사를 하기로 했어요.
実家が古すぎて今回内装工事をすることにしました。

오후에 귀사를 방문하고 싶은데 시간이 괜찮으시겠습니까?
午後に**貴社を訪問したい**のですがお時間は大丈夫ですか。

기자라면 감정에 지배되는 일 없이 냉정하게 보도를 해야 합니다.
記者なら**感情に支配されることなく**冷静に報道をしなければなりません。

150 달러 이하는 관세가 부과되지 않습니다.
150 **ドル以下は**関税が賦課されません。

바쁘신 가운데도 이번 행사에 참석해 주신 분들께 감사의 인사를 드립니다.
お忙しい中，今回の**行事に参席して**くださった方々に感謝の言葉を申し上げます。

직원들이 문제를 빨리 해결한 덕분에 큰 문제로 확산하지 않았다.
職員たちが**問題を早く解決したおかげで**大きな問題に至らなかった。

파일을 중간 중간 저장해 가면서 작업을 하세요.
ファイルを途中途中で**保存しながら**作業をしてください。

나는 도둑이 집에서 나갈 때까지 조용히 옷장에 숨어 있었다.
私は泥棒が家から出るまで静かに**タンスに隠れていた**。

디자인이 너무 심플해서 전원이 어디 있는지 못 찾겠어요.
デザインがシンプルすぎて**電源がどこにあるのか**見つかりません。

| □ 예전 | □ 전기 | □ 붓다 | □ 상식 |
| □ 상표 | □ 거부하다 | □ 달다 | |

0271 ☐☐☐☐☐
접수하다
動 **受付をする**　関 접수증: 受付証
類 신청하다: 申請する／등록하다: 登録する

0272 ☐☐☐☐☐　[회(훼)보카다]
회복하다
動 **回復する**　✧ 신뢰를 회복하다: 信頼を回復する
類 낫다: 治る／좋아지다: よくなる

0273 ☐☐☐☐☐
제시간
名 **定時，定刻**
✧ 제시간에 도착하다[마치다]: 定時に到着する[終える]

0274 ☐☐☐☐☐
무시하다
動 **無視する**　✧ 충고를 무시하다: 忠告を無視する
反 중시하다: 重視する

0275 ☐☐☐☐☐
관찰하다
動 **観察する**　✧ 주의 깊게 관찰하다: 注意深く観察する
類 살피다, 살펴보다: 調べる／관측하다: 観測する

0276 ☐☐☐☐☐
눈빛
名 **目つき，目の色**　✧ 눈빛을 보내다: 眼差しを送る
類 안광: 眼光

0277 ☐☐☐☐☐
중고
名 **中古**
✧ 중고차: 中古車 ✧ 중고품: 中古品

0278 ☐☐☐☐☐　[감:따]
감다
動 《目を》**閉じる**
類 졸다: 居眠りをする　反 뜨다: 開ける

0279 ☐☐☐☐☐
신분
名 **身分**　✧ 신분증: 身分証明書
類 자격: 資格／지위: 地位

0280 ☐☐☐☐☐
직진하다
動 **直進する**　✧ 쭉 직진하다: まっすぐ直進する
関 우회전: 右折／좌회전: 左折

0281 ☐☐☐☐☐
아마도
副 **たぶん，おそらく**
＊아마の強調。

0282 ☐☐☐☐☐
오직
副 **ただ，もっぱら，唯一**
類 단지, 다만: ただ／오로지: 唯一

0283 ☐☐☐☐☐
증거
名 **証拠**　✧ 증거를 대다: 証拠を出す
類 증명: 証明／근거: 根拠

0284 ☐☐☐☐☐
둥글다
形 **丸い** ■語幹■　✧ 성격이 둥글다: 性格が丸い
類 동그랗다: 丸い／원만하다: 円満だ

0285 ☐☐☐☐☐
세금
名 **税金**　✧ 세금을 걷다: 税金を取り立てる
関 세무소: 税務署　類 조세: 租税

暗記度チェック
☐ 행복하다　　☐ 실천하다　　☐ 익히다　　☐ 입금하다
☐ 실험　　　　☐ 미치다　　　☐ 낡다　　　☐ 방문하다

마감 날에는 복잡할 테니까 미리 가서 <u>원서를 접수하세요</u>.
締切日は混んでいるだろうから前もって行って**願書の受け付けをしてください**。

수술은 잘 끝났으니까 이제는 <u>건강하게 회복하는</u> 일만 남았다.
手術は無事に終わったので後は**健康に回復する**ことだけだ。

내일은 일정이 많아서 기다릴 수 없으니까 <u>제시간에 오세요</u>.
明日は予定が多くて待っていられないので**定時に来てください**。

아버지가 이야기하는데 아들은 <u>무시하면서 밖으로 나가버렸다</u>.
父が話しているのに息子は**無視しながら外へ出ていってしまった**。

형사들은 사람들의 행동을 <u>관찰하는 습관</u>이 있다.
刑事たちは人々の行動を**観察する習慣**がある。

아이가 나쁜 일을 했는지 안 했는지는 <u>눈빛만 봐도</u> 알 수 있어요.
子どもが悪いことをしたのかしていないのかは**目だけみても**わかります。

경제적으로 여유가 없어서 가전제품을 <u>모두 중고로</u> 샀어요.
経済的に余裕がないので家電製品を**みんな中古で買いました**。

잠이 너무 안 와서 <u>눈을 감고</u> 마음속으로 양을 셌다.
なかなか眠れないので**目を閉じて**心の中で羊を数えた。

<u>신분을 속이고</u> 계속 만나고 있기는 한데 솔직히 괴롭네요.
身分を隠してずっと会ってはいるけれど正直辛いですね。

여기에서 500m쯤 <u>직진하면</u> 사거리가 나올 겁니다.
ここから500mくらい**直進すると**交差点に出ます。

<u>아마도</u> 그 두 사람이라면 어려운 상황을 잘 이겨낼 거예요.
たぶんあの2人なら大変な状況をうまく乗り越えられるでしょう。

아무도 나를 믿어 주지 않을 때 <u>오직</u> 부모님만 나를 믿어 주었다.
誰も私を信じてくれなかった時，**唯一**両親だけが私を信じてくれた。

자신은 범인이 아니라며 경찰에 <u>증거를 요구했다</u>.
自分は犯人ではないと言いながら警察に**証拠を要求した**。

아이들이 넘어져도 다치지 않게 가구의 끝을 <u>둥글게 깎아서</u> 만들었습니다.
子どもたちが倒れても怪我をしないように家具の角を**丸く削って**作りました。

<u>올라가는 세금</u>과 줄어드는 복지 혜택으로 국민들의 불만은 커져 갔다.
上がっていく税金と減っていく社会保障によって国民たちの不満は膨らんでいった。

| □ 지배되다 | □ 이하 | □ 참석하다 | □ 해결하다 |
| □ 저장하다 | □ 숨다 | □ 전원 | |

0286 □□□□□
차이
名 **差, 違い** ❖차이점: 相違点

❖세대 차이: ジェネレーション・ギャップ

0287 □□□□□
경험하다
動 **経験する** 慣 **경험을 쌓다**: 経験を積む

類 체험하다: 体験する／겪다: 経験する

0288 □□□□□
또다시
副 **また**

類 또: また／재차: 再度／거듭: 重ねて

0289 □□□□□
불안하다
形 **不安だ** ❖정세가 불안하다: 情勢が不安だ

類 걱정스럽다: 心配になる 反 편안하다: 楽だ

0290 □□□□□
덮다
動 **ふたをする, 覆う** ❖책을 덮다: 本を閉じる

類 씌우다: 被せる 反 벗기다: 剥がす

0291 □□□□□
앞서다
動 **先を行く** ❖감정이 앞서다: 感情が先立つ

類 앞장서다: 先頭に立つ 反 뒤지다, 뒤떨어지다: 遅れる

0292 □□□□□
자격
名 **資格** ❖응시 자격: 応募資格

類 권리: 権利／능력: 能力

0293 □□□□□
통제하다
動 **統制する** ❖출입을 통제하다: 出入を統制する

慣 통제 구역: 統制区域 類 제한하다: 制限する

0294 □□□□□
끄덕이다
動 **うなずく**

類 수긍하다: うなずく／끄덕거리다: しきりにうなずく

0295 □□□□□
반영하다
動 **反映する** ❖예산에 반영하다: 予算に反映する

類 나타내다: 示す

0296 □□□□□
성장하다
動 **成長する**

慣 성장 속도[발달 지수]: 成長速度[発達指数] 類 자라다: 育つ

0297 □□□□□
장사
名 **商売** ❖장사가 잘되다: 商売がうまくいく

類 사업: 事業

0298 □□□□□
제한
名 **制限** ❖속도[연령] 제한: 速度[年齢]制限

類 통제: 統制 反 무제한: 無制限

0299 □□□□□
한숨
名 **ため息** ❖한숨을 짓다: ため息をつく

❖안도의 한숨: 安堵の息

0300 □□□□□ [구이파다]
구입하다
動 **購入する**

類 매입하다, 구매하다: 購入する 反 판매하다: 販売する

暗記度チェック			
□ 접수하다	□ 회복하다	□ 제시간	□ 무시하다
□ 관찰하다	□ 눈빛	□ 중고	□ 감다

024 達成率 17 %

예상했던 디자인과는 좀 차이가 있지만 이것도 괜찮네요.
予想していたデザインとは**少し差があるけど**，これもよいですね。

외국 생활에서 경험한 것들이 나중에 큰 힘이 될 것입니다.
外国生活で経験したことが後で大きな力になるものです。

이런 좋은 기회가 또다시 찾아오지 않을 것 같아서 도전하기로 했다.
こんなによいチャンスは**二度と**訪れないと思ったので挑戦することにした。

뉴스를 듣고 나니 전쟁이 일어날 것 같아서 불안했다.
ニュースを聞いていたら戦争が起きそうで**不安だった**。

국물이 넘칠 수도 있으니까 냄비 뚜껑은 덮지 마십시오.
汁がこぼれるかもしれないので**鍋のふたはしないでください**。

언제나 저보다 한발 앞서 있는 친구라서 배울 점이 많아요.
いつも私より**一歩先を行っている**友人なので学ぶ点が多いです。

좋은 부모가 되기 위해서도 자격이 필요한 세상이 되었다.
よい親になるためにも**資格が必要な**世の中になった。

이번 기사로 국가가 언론을 통제하고 있다는 의심이 커지고 있다.
今回の記事で国家が**言論を統制している**という疑惑が大きくなっている。

선생님께서는 고개만 끄덕일 뿐 아무 대답도 없었다.
先生は**うなずくだけで**何の返事もなかった。

학생들의 의견을 반영해 주었기 때문에 모두 즐거워했습니다.
学生たちの**意見を反映して**くれたのでみんな喜んでました。

아시아 국가들은 경제적으로 급속히 성장하고 있다.
アジアの国家は経済的に**急速に成長している**。

비슷한 가게가 모여 있는 곳이 의외로 장사가 더 잘된다.
似たようなお店が集まっている所のほうが意外と**商売がもっとうまくいく**。

나이나 성별의 제한 없이 누구나 참가할 수 있는 대회이다.
年齢や性別の制限なしで誰でも参加できる大会だ。

무슨 고민이 있는지 계속 한숨만 쉴 뿐 말을 안 하네요.
何か悩みがあるのかずっと**ため息をつくばかり**でしゃべらないですね。

첫 월급을 받자마자 그동안 사고 싶었던 물건들을 구입하러 갔다.
初任給をもらうやいなや，今まで買いたかった**物を購入しに**行った。

| □ 신분 | □ 직진하다 | □ 아마도 | □ 오직 |
| □ 증거 | □ 둥글다 | □ 세금 | |

61

QR コードの音声を聞き，韓国語を書いてみよう！

聞き取れなかったら，対応した見出し語番号の単語を再チェック。　　　　025

0241 (	)	小遣い	**0271** (	)	受付する
0242 (	)	万が一，もし	**0272** (	)	回復する
0243 (	)	供給する	**0273** (	)	定時，定刻
0244 (	)	埋める，満たす	**0274** (	)	無視する
0245 (	)	総長	**0275** (	)	観察する
0246 (	)	実際	**0276** (	)	目つき，目の色
0247 (	)	応援する	**0277** (	)	中古
0248 (	)	意思疎通	**0278** (	)	閉じる
0249 (	)	昔，以前	**0279** (	)	身分
0250 (	)	電気	**0280** (	)	直進する
0251 (	)	注ぐ	**0281** (	)	たぶん
0252 (	)	常識	**0282** (	)	ただ，もっぱら
0253 (	)	商標，メーカー	**0283** (	)	証拠
0254 (	)	拒否する	**0284** (	)	丸い
0255 (	)	付ける，揚げる	**0285** (	)	税金
0256 (	)	幸福だ，幸せだ	**0286** (	)	差，違い
0257 (	)	実践する	**0287** (	)	経験する
0258 (	)	身につける	**0288** (	)	また
0259 (	)	入金する	**0289** (	)	不安だ
0260 (	)	実験	**0290** (	)	ふたをする
0261 (	)	狂う	**0291** (	)	先を行く
0262 (	)	古い	**0292** (	)	資格
0263 (	)	訪問する	**0293** (	)	統制する
0264 (	)	支配される	**0294** (	)	うなずく
0265 (	)	以下	**0295** (	)	反映する
0266 (	)	参席する	**0296** (	)	成長する
0267 (	)	解決する	**0297** (	)	商売
0268 (	)	貯蔵する	**0298** (	)	制限
0269 (	)	隠れる	**0299** (	)	ため息
0270 (	)	電源	**0300** (	)	購入する

부동산	不動産	주택	住宅
아파트	マンション，アパート	빌라	共同住宅
전세	家賃をまとめて払って一定期間借りること	월세	月極で借りること
전셋집	貸し切りの家	전셋값 / 전세금	貸し切り金
월셋집	月極めの借家	보증금	保証金
매매	売買	부동산 중개업자	不動産仲介者

참가하다，참여하다，참석하다の使い分け

참가하다（参加する），**참여하다**（参与する），**참석하다**（参席する）の使い分けは難しいですが，それぞれ以下のような意味合いが含まれています。

① 참가하다
발표회에 참가할 거예요.（＝발표회에 가서 발표를 할 거예요.）
発表会に**参加する**つもりです。（＝発表会に行って発表をするつもりです。）

② 참여하다
발표회에 참여할 거예요.（＝발표회를 준비하고 발표도 할 거예요.）
発表会に**参与する**つもりです。（＝発表会を準備して発表もするつもりです。）

③ 참석하다
발표회에 참석할 거예요.（＝발표회에 가서 발표를 볼 거예요.）
発表会に**参席する**つもりです。（＝発表会に行って発表を見るつもりです。）

0301 □□□□□
동기
图 動機, きっかけ ❖동기를 밝히다: 動機を明かす
❖범행 동기: 犯行動機 類 계기: きっかけ

0302 □□□□□
순수하다
形 純粋だ ❖순수한 마음: 純粋な心
反 불순하다: 不純だ

0303 □□□□□ [출려카다]
출력하다
動 出力する, 印刷する
関 출력물: 印刷物 反 입력하다: 入力する

0304 □□□□□ [출쌩]
출생
图 出生
類 탄생: 誕生 反 사망: 死亡

0305 □□□□□
집중하다
動 集中する ❖정신을 집중하다: 精神を集中する
反 분산하다: 分散する

0306 □□□□□ [거:진말]
거짓말
图 嘘 ❖거짓말 탐지기: 嘘発見器
類 거짓: 嘘 反 정말: 本当

0307 □□□□□
지치다
動 疲れきる, うんざりだ ❖몸이 지치다: くたびれる
類 힘들다: 大変だ/피로하다, 피곤하다: 疲れている

0308 □□□□□
확대하다
動 拡大する ❖사업을 확대하다: 事業を拡大する
類 늘리다: 増やす/넓히다: 広げる 反 축소하다: 縮小する

0309 □□□□□
마침
副 ちょうど
類 때마침: ちょうど/다행히: 幸い/우연히: 偶然に

0310 □□□□□
신용
图 信用 ❖신용 카드: クレジットカード
類 믿음: 信心

0311 □□□□□
정
图 情
❖애정: 愛情 ❖우정: 友情 類 마음: 心

0312 □□□□□
출연하다
動 出演する ❖프로그램에 출연하다: 番組に出演する
関 출연자: 出演者

0313 □□□□□
강제
图 強制 ❖강제로 시키다: 無理やりにやらせる
❖강제 노동: 強制労働

0314 □□□□□
건너다
動 渡る
関 건너편: 向かい側 類 횡단하다: 横断する

0315 □□□□□
깨다
動 覚める ❖마취에서 깨다: 麻酔から醒める
類 일어나다: 起きる 反 잠들다: 眠る

諺 & 慣用 句

말 한마디에 천 냥 빚도 갚는다
誠意のこもった一言ならば困難なことも解決できる

026

達成率
18 %

저희 회사에 지원한 동기를 말씀해 보시겠습니까?
当社に志願した動機をお話ししてくださいますか。

사장님께서는 신입 사원의 생각을 순수하게 받아들이셨다.
社長は新入社員の考えを純粋に受け入れられた。

보고서는 다 작성했으니까 인원수대로 출력하시면 됩니다.
報告書は全部作成したので人数分印刷すればよいです。

아이가 태어나면 14일 이내에 출생 신고를 잊지 말고 꼭 하세요.
子どもが生まれたら14日以内に出生届を忘れずに必ず出してください。

주변이 시끄러울 때는 음악을 들으면 집중할 수 있어요.
周りがうるさい時は音楽を聴けば集中できます。

그 친구는 거짓말을 자주 해서 이젠 믿을 수가 없어요.
その友達は嘘をしょっちゅうつくのでもう信じることができません。

똑같은 말을 계속하는 것도 이제 지쳐서 포기했어요.
同じ言葉を繰り返すことももううんざりしたので諦めました。

정부는 흡연자를 줄이기 위해 금연 구역을 확대하기로 했다.
政府は喫煙者を減らすために禁煙エリアを拡大することにした。

마침 제가 그쪽으로 가려던 참이었으니까 조금만 기다려 주세요.
ちょうど私がそちらへ行こうとしているところなので少々お待ちください。

신용을 할 만한 회사이니까 믿고 투자하셔도 될 겁니다.
信用に値する会社だから信じて投資されてもよいでしょう。

짧은 기간이었지만 정이 든 것 같아서 헤어지기 섭섭하네요.
短い期間でしたが情がわいたようで別れるのが寂しいですね。

제가 출연하는 요리 프로그램을 보신 적이 있으세요?
私が出演する料理番組を見たことがおありですか。

불법 체류자에게 강제 출국 명령이 떨어졌어요.
不法滞在者に強制出国命令が下されました。

길을 건널 때는 전후좌우 잘 살핀 후에 건너시기 바랍니다.
道を渡る時は前後左右をよく確認した後に渡るようお願いします。

졸려서 집중을 못 하고 있었는데 사장님이 들어오시는 바람에 잠이 확 깼다.
眠くて集中できずにいたけど、社長が入って来られたために眠気が一気に覚めた。

| □ 끄덕이다 | □ 반영하다 | □ 성장하다 | □ 장사 |
| □ 제한 | □ 한숨 | □ 구입하다 | |

65

0316 ☐☐☐☐☐
다가가다

🔟 近づく　❖바짝 다가가다: ぴったり近寄る

🔟 근접하다: 近接する／접근하다: 接近する

0317 ☐☐☐☐☐
뛰어들다

🔟 飛び込む　ㄹ語幹

❖정치에 뛰어들다: 政界に入る

0318 ☐☐☐☐☐
묻다

🔟 付く, くっつく　❖때가 묻다: 垢がつく

🔟 붙다: 付く

0319 ☐☐☐☐☐
요금

🔟 料金　❖요금 인상[인하]: 料金引き上げ[引き下げ]

🔟 가격: 価格／값: 値段

0320 ☐☐☐☐☐
전자

🔟 電子

❖전자 제품: 電子製品　❖전자 공학: 電子工学

0321 ☐☐☐☐☐
진행하다

🔟 進行する　🔗 진행자: 司会者

🔟 전진하다: 前進する／계속하다: 継続する

0322 ☐☐☐☐☐
가리다

🔟 見分ける

❖음식을 가리다: 偏食する

0323 ☐☐☐☐☐ [퇴(퉤):지카다]
퇴직하다

🔟 退職する　❖정년 퇴직하다: 定年退職する

🔟 퇴임하다: 退任する

0324 ☐☐☐☐☐
몰래

🔟 こっそり　❖몰래 감추다: こっそり隠す

🔟 슬쩍: こっそりと／살며시: 静かに／살짝: そっと

0325 ☐☐☐☐☐
부근

🔟 付近

🔟 근처: 近所／주위: 周囲／주변: 周辺

0326 ☐☐☐☐☐
판매하다

🔟 販売する　🔗 판매자: 販売者

🔟 팔다: 売る　🔟 구입하다: 購入する

0327 ☐☐☐☐☐
평등하다

🔟 平等だ　🔗 양성 평등: 男女平等

🔟 동등하다: 同等だ　🔟 불평등하다: 不平等だ

0328 ☐☐☐☐☐
폭발하다

🔟 爆発する　❖화산이 폭발하다: 火山が爆発する

🔟 터지다: 破裂する

0329 ☐☐☐☐☐
외교

🔟 外交　❖외교 활동: 外交活動

🔟 국교: 国交

0330 ☐☐☐☐☐
연기

🔟 煙　❖연기가 나다: 煙が出る

❖연기를 마시다: 煙を吸う

暗記度 チェック

☐ 동기	☐ 순수하다	☐ 출력하다	☐ 출생
☐ 집중하다	☐ 거짓말	☐ 지치다	☐ 확대하다

낯을 가리다
人見知りをする

027

達成率
18 %

집중해서 공부하고 있는 친구에게 <u>조용히 다가가서</u> 깜짝 놀라게 했다.
集中して勉強している友達に**静かに近づいて**驚かせた。

바다에 도착하자마자 아이들은 옷을 입은 채로 <u>뛰어들었다</u>.
海に到着するやいなや子どもたちは服を着たまま**飛び込んだ**。

옷에 <u>흙이</u> 잔뜩 <u>묻어</u> 있어서 따로 빨래를 했어요.
洋服に**土が**いっぱい**付いて**いたので分けて洗濯をしました。

이달 <u>전기 요금</u>이 생각보다 많이 나와서 절약해야겠어요.
今月の**電気料金**が思ったより多くかかったので節約しなければなりません。

요즘은 기내에서 전파가 발생하는 <u>전자 기기</u>도 사용할 수 있습니다.
このごろは機内で電波が発生する**電子機器**も使用できます。

행사를 <u>순조롭게 진행하기</u> 위해 미리 해야 할 일을 써 놨다.
行事を**順調に進行する**ために前もってやるべきことを書いておいた。

거의 동시에 들어와서 눈으로는 <u>승부를 가리기가</u> 힘들었다.
ほとんど同時に入ってきたので目では**勝負を見分けるのが**難しかった。

부모님께서는 <u>퇴직하시면</u> 고향으로 내려가신다고 하셨어요.
両親は**退職したら**故郷に帰ると言いました。

<u>몰래</u> 찍은 사진이라서 그런지 표정이 훨씬 더 자연스럽네요.
こっそり撮った写真だからか，表情がずっと自然ですね。

새로 이사 온 <u>맨션 부근</u>에 큰 슈퍼마켓이 있어서 편리해요.
新しく引越してきた**マンション付近**に大きなスーパーマーケットがあるので便利です。

더 많은 <u>상품을 판매하기</u> 위해 영업부는 매주 기획 회의를 합니다.
より多くの**商品を販売する**ために営業部は毎週企画会議をします。

모든 인간은 <u>법 앞에서 평등하다</u>고 합니다.
すべての人間は**法の前で平等だ**といいます。

가스관이 <u>폭발하는 사고</u>가 발생했지만 다친 사람은 없었다.
ガス管が**爆発する事故**が発生したが怪我をした人はいなかった。

국회 의원의 잘못된 발언이 <u>외교 문제로까지</u> 확대될 것으로 보인다.
国会議員の間違った発言が**外交問題にまで**拡大することと思われる。

방문을 열자마자 <u>담배 연기</u>로 숨이 막힐 것 같았다.
部屋のドアを開けるやいなや**タバコの煙**で息が詰まりそうだった。

□ 마침	□ 신용	□ 정	□ 출연하다
□ 강제	□ 건너다	□ 깨다	

0331 ☐☐☐☐☐
기온
[名] **気温**
❖ 최저[최고] 기온: 最低[最高]気温

0332 ☐☐☐☐☐ [항문]
학문
[名] **学問** ❖ 학문을 닦다: 学問を修める
❖ 학문 분야: 学問分野 [類] 학업: 学業

0333 ☐☐☐☐☐
비판하다
[動] **批判する**
[関] 비판적: 批判的 [類] 비평하다: 批評する

0334 ☐☐☐☐☐
쉬다
[動] **息をする, 呼吸する**
[関] 숨쉬기: 呼吸

0335 ☐☐☐☐☐
일부러
[副] **わざと**
[類] 굳이: あえて/모처럼: せっかく

0336 ☐☐☐☐☐
접근하다
[動] **接近する, アプローチする** [関] 접근전: 接近戦
[類] 다가오다, 가까이하다: 近づく

0337 ☐☐☐☐☐
갈다
[動] **取り替える, 交換する** [ㄹ語幹]
[類] 바꾸다: 変える/교환하다: 交換する/교체하다: 交替する

0338 ☐☐☐☐☐
교류
[名] **交流** ❖ 교류가 끊어지다: 交流が途切れる
❖ 문화 교류: 文化交流

0339 ☐☐☐☐☐
내내
[副] **ずっと, 始終**
[類] 줄곧, 쭉: ずっと/항상: 常に

0340 ☐☐☐☐☐
섞이다
[動] **混ざる** ❖ 잡음이 섞이다: 雑音が混ざる
[類] 혼합되다: 混合される/어울리다: 混ざっている

0341 ☐☐☐☐☐ [심니]
심리
[名] **心理** ❖ 심리학: 心理学
[類] 내면: 内面/의식: 意識

0342 ☐☐☐☐☐
쏘다
[動] **撃つ** ❖ 한마디 쏘다: 一言鋭く言い放つ
[類] 발사하다: 発射する

0343 ☐☐☐☐☐
위치하다
[動] **位置する** ❖ 중심에 위치하다: 中心に位置する
[関] 지리적 위치: 地理的位置

0344 ☐☐☐☐☐
행동하다
[動] **行動する** [関] 행동력: 行動力
[類] 움직이다: 動く/활동하다: 活動する

0345 ☐☐☐☐☐
감동하다
[動] **感動する** [関] 감동적: 感動的
[類] 감격하다: 感激する/흥분하다: 興奮する

暗記度チェック	☐ 다가가다	☐ 뛰어들다	☐ 묻다	☐ 요금
	☐ 전자	☐ 진행하다	☐ 가리다	☐ 퇴직하다

입에 쓴 약이 병에는 좋다
良薬は口に苦し

028

아침에 일어날 때마다 기온이 뚝 떨어지는 걸 실감해요.
朝起きるたびに**気温がぐっと下がった**のを実感します。

학문 연구가 더 적성에 맞다고 생각해서 대학원에 진학했다.
学問研究がより適性に合うと思って大学院に進学した。

비판할 때는 비판의 근거와 이유를 정확하게 이야기해야 한다.
批判する時は**批判の根拠**と理由を正確に話さなければならない。

발견 당시 숨을 쉬고 있지 않았지만 빠른 조치 덕분에 살릴 수 있었다.
発見当時, **息をしていなかったが**迅速な処置のおかげで助けることができた。

걱정할까 봐 일부러 얘기하지 않았는데 오히려 기분을 상하게 했나 봐요.
心配すると思って**わざと話さなかったのに**, かえって機嫌を損ねたようです。

해결 방법을 다른 방향에서 접근해 보는 건 어떨까요?
解決方法を別の方向から**アプローチしてみる**のはどうでしょうか。

자동차 타이어가 오래돼서 어제 안전을 위해서 갈았어요.
自動車のタイヤが古くなったので昨日, **安全のために取り替えました**。

이번 정상 회담을 통해서 남북 간 교류가 활발해지길 바란다.
今回の首脳会議を通じて南北間の**交流が活発になる**ことを願う。

그 영화가 너무 재미가 없어서 보는 내내 지루했어요.
その映画があまりにもおもしろくなかったので**見ている間ずっと**退屈でした。

예전에는 가끔 쌀에 돌이 섞여 있어서 씻을 때 조심해야 했다.
以前はたまに米に**石が混ざっていた**ので洗う時に気を付けなければならなかった。

심심할 때 친구들과 같이 심리 테스트를 하곤 한다.
退屈な時, 友人と一緒に**心理テスト**をしたりもする。

선수가 쏜 화살이 카메라 렌즈 중앙에 꽂혔다.
選手が**撃った矢**がカメラレンズの中央に突き刺さった。

사무실이 어디에 위치해 있는지 정확하게 말씀해 주세요.
事務室が**どこに位置している**のか正確におっしゃってください。

다른 사람이 보지 않는 곳에서도 올바르게 행동해야 해요.
他人が見ていない所でも**正しく行動**しなければなりません。

졸업식에서 감사의 마음을 전하는 아이들의 모습에 감동했다.
卒業式で感謝の気持ちを伝える子どもたちの**姿に**感動した。

□ 몰래	□ 부근	□ 판매하다	□ 평등하다
□ 폭발하다	□ 외교	□ 연기	

頻出度	日 付	年 月 日	年 月 日	年 月 日	年 月 日	年 月 日
A	習得数	/15	/15	/15	/15	/15

0346 □□□□□   [구지]
굳이

副 **あえて，頑なに** ❖굳이 사양하다: あえて断る
類 일부러: わざと

0347 □□□□□
시도하다

動 **試みる，試す** ❖작전을 시도하다: 作戦を試みる
類 계획하다: 計画する

0348 □□□□□
인상

名 **印象** ❖인상에 남다: 印象に残る
❖첫인상: 第一印象

0349 □□□□□   [혼:자파다]
혼잡하다

形 **混雑だ，混み合う**
類 번잡하다: 煩雑だ／복잡하다: 複雑だ，混む

0350 □□□□□
긴장하다

動 **緊張する** 関 긴장이 풀리다: 緊張がほぐれる
類 떨리다: 震える

0351 □□□□□
화해하다

動 **和解する** ❖친구와 화해하다: 友達と和解する
関 화해 모드: 和解モード

0352 □□□□□
환기하다

動 **換気する**
関 환풍기: 換気扇／환기구: 換気口

0353 □□□□□
환전하다

動 **両替する**
関 환전소: 両替所／환율: 為替レート

0354 □□□□□
지원하다

動 **支援する** 関 지원책: 支援策／지원 물자: 支援物資
類 후원하다: 後援する

0355 □□□□□
짙다

形 **濃い** ❖화장이 짙다: 化粧が濃い
類 진하다: 濃い 反 옅다, 엷다: 薄い

0356 □□□□□
담당하다

動 **担当する** ❖청소를 담당하다: 掃除を担当する
関 담당자: 担当者 類 맡다: 引き受ける

0357 □□□□□
벗기다

動 **剥がす，脱がす** ❖누명을 벗기다: 濡れ衣を晴らす
類 깎다: 剥く／제거하다: 除去する 反 입히다: 着せる

0358 □□□□□   [완뼉카다]
완벽하다

形 **完璧だ** 関 완벽주의자: 完璧主義者
類 빈틈없다: 抜け目がない 反 미비하다: 不備がある

0359 □□□□□
완전하다

形 **完全だ** 関 완전 범죄: 完全犯罪
類 완벽하다: 完璧だ 反 불완전하다: 不完全だ

0360 □□□□□   [휴하카다]
휴학하다

動 **休学する**
関 휴학 기간: 休学期間／휴학계: 休学届

暗記度チェック □ 기온   □ 학문   □ 비판하다   □ 쉬다
         □ 일부러   □ 접근하다   □ 갈다   □ 교류

諺 & 慣 用 句
거짓말을 밥 먹듯 하다
しょっちゅう嘘をつく

029

達成率
20 %

내가 전해 준다고 해도 굳이 자기가 직접 전하고 싶다고 하네요.
私が伝えてあげると言っても**頑なに**自分が直接伝えたいと言うのですよ。

실패하면 모든 걸 잃겠지만 한번 시도해 볼 만한 일이라고 생각합니다.
失敗すればすべてを失うだろうけれど**一度試してみるだけの**ことはあると思います。

앞머리를 자르기만 했는데 인상이 달라 보이네요.
前髪を切っただけなのに**印象が変わって**見えますね。

연휴 첫날인 오늘 고속도로에는 시외로 나가는 차들로 혼잡합니다.
連休初日である今日、高速道路には市外へ向かう**車で混み合って**います。

첫 번째 발표자라서 긴장했지만 박수를 받고 나니까 긴장이 풀리네요.
一番目の発表者なので**緊張したけれど**拍手をもらうと緊張がほぐれますね。

화해하고 싶어도 만날 기회가 없어서 계속 못 하고 있어요.
和解したくても会う機会がないのでずっとできずにいます。

환기하려고 창문을 열었는데 너무 추워서 바로 닫았어요.
換気しようと窓を開けたけれど、寒すぎてすぐ閉めました。

공항에 도착하면 먼저 잊지 말고 환전하세요.
空港に到着したらまず忘れずに**両替してください**。

정부는 적극적으로 지원해 줄 것을 약속했습니다.
政府は**積極的に支援してくれる**と約束しました。

이 지역은 짙은 안개로 길을 잃는 등산객들이 많으니까 조심하십시오.
この地域は**濃い霧**で道に迷う登山客が多いから気を付けてください。

일을 빨리 진행하기 위해서 각자가 잘하는 분야를 담당해서 하기로 했어요.
仕事を速く進めるために各自が得意な**分野を担当して**行うことにしました。

환자가 혼자서 옷을 벗을 수 없어서 간호사가 벗겨 주었다.
患者が**ひとりで服を脱げ**なかったので看護師が**脱がして**あげた。

집안일과 회사 일을 완벽하게 하는 것은 여간 쉬운 일이 아니다.
家事と仕事を**完璧にこなす**のは非常に大変なことである。

사람의 마음을 완전하게 이해하기는 힘든 것 같습니다.
人の心を**完全に理解するのは**難しいようです。

최근에는 휴학하고 어학연수를 1년 동안 가는 사람들이 증가했다.
最近は**休学して**語学研修に１年間行く人が増加した。

| □ 내내 | □ 섞이다 | □ 심리 | □ 쏘다 |
| □ 위치하다 | □ 행동하다 | □ 감동하다 | |

71

0301 (	)	動機，きっかけ	0331 (	)	気温
0302 (	)	純粋だ	0332 (	)	学問
0303 (	)	出力する	0333 (	)	批判する
0304 (	)	出生	0334 (	)	息をする
0305 (	)	集中する	0335 (	)	わざと
0306 (	)	嘘	0336 (	)	接近する
0307 (	)	疲れきる	0337 (	)	取り替える
0308 (	)	拡大する	0338 (	)	交流
0309 (	)	ちょうど	0339 (	)	ずっと，始終
0310 (	)	信用	0340 (	)	混ざる
0311 (	)	情	0341 (	)	心理
0312 (	)	出演する	0342 (	)	撃つ
0313 (	)	強制	0343 (	)	位置する
0314 (	)	渡る	0344 (	)	行動する
0315 (	)	覚める	0345 (	)	感動する
0316 (	)	近づく	0346 (	)	あえて，頑なに
0317 (	)	飛び込む	0347 (	)	試みる，試す
0318 (	)	付く，くっつく	0348 (	)	印象
0319 (	)	料金	0349 (	)	混雑だ
0320 (	)	電子	0350 (	)	緊張する
0321 (	)	進行する	0351 (	)	和解する
0322 (	)	見分ける	0352 (	)	換気する
0323 (	)	退職する	0353 (	)	両替する
0324 (	)	こっそり	0354 (	)	支援する
0325 (	)	付近	0355 (	)	濃い
0326 (	)	販売する	0356 (	)	担当する
0327 (	)	平等だ	0357 (	)	剥がす，脱がす
0328 (	)	爆発する	0358 (	)	完璧だ
0329 (	)	外交	0359 (	)	完全だ
0330 (	)	煙	0360 (	)	休学する

覚えておきたい！ 짙다 を用いた表現

눈썹이 짙다	眉毛が濃い
어둠이 짙다	闇が深い
담배 연기가 짙다	タバコの煙が濃い
안개가 짙다	霧が深い
농도가 짙다	濃度が濃い
향기가 짙다	香りが強い
의혹이 짙다	疑惑が濃厚だ
화장이 짙다	化粧が濃い

짙다 と 진하다 の使い分け

両方とも「濃い」という意味があるが，**짙다** は特徴を表す物質が普通より多い場合に用い，**진하다** は液体の濃度や気体の密度が高いか，色・味・臭いなどが強いものに用います。

眉毛が [_____]
　눈썹이 짙다　　○
　눈썹이 진하다　○

コーヒーを [_____] 入れる
　커피를 짙게 타다　○
　커피를 진하게 타다　○

髪の毛が [_____]
　머리숱이 짙다　　○
　머리숱이 진하다　×

霧が [_____]
　안개가 짙다　　○
　안개가 진하다　×

73

0361 흥미 □□□□□
- 名 興味 ❖흥미를 가지다[붙이다]: 興味を持つ
- ❖흥미진진하다: 興味津々だ 類 관심: 関心

0362 희망 □□□□□ [히망]
- 名 希望 ❖희망을 품다: 希望を抱く
- 類 소망: 願い

0363 수입 □□□□□
- 名 収入 ❖수입이 늘다[줄다]: 収入が増える[減る]
- 反 지출: 支出

0364 그대로 □□□□□
- 副 そのまま ❖그대로 놔두다: そのまま放っておく
- 類 똑같이: 同じく/변함없이: 変わりなく

0365 다투다 □□□□□
- 動 争う ❖일분일초를 다투다: 一分一秒を争う
- 類 싸우다: 戦う

0366 생활하다 □□□□□
- 動 生活する
- 関 생활수준: 生活水準 類 지내다: 過ごす/살다: 暮らす

0367 이르다 □□□□□
- 形 早い ㄹ変
- 類 빠르다: 速い 反 늦다: 遅い

0368 젓다 □□□□□
- 動 かき混ぜる, 振る ㅅ変
- 類 섞다: 混ぜる

0369 높이 □□□□□
- 副 高く 名 高さ ❖높이 평가하다: 高く評価する
- ❖높이를 재다: 高さを測る

0370 떨리다 □□□□□
- 動 震える ❖덜덜 떨리다: ぶるぶる震える
- 類 흔들리다: 揺れる/긴장하다: 緊張する

0371 적당하다 □□□□□
- 形 適当だ
- 類 적합하다: 適合だ 反 부적당하다: 不当だ

0372 구분하다 □□□□□
- 動 区分する 関 구분법: 区分法
- 類 분류하다: 分類する 反 합치다: 合わせる

0373 금지 □□□□□
- 名 禁止 ❖출입 금지: 立ち入り禁止
- 類 제한: 制限 反 허락: 許諾/허가: 許可

0374 정식 □□□□□
- 名 正式 ❖정식으로 가입하다: 正式に加入する
- ❖정식 절차: 正式な手順 反 약식: 略式

0375 즉시 □□□□□
- 名 即時, すぐさま
- 類 곧, 바로: すぐ/즉각: 即座に/당장: ただちに

暗記度チェック
- □ 굳이 [구지]
- □ 시도하다
- □ 인상
- □ 혼잡하다
- □ 긴장하다
- □ 화해하다
- □ 환기하다
- □ 환전하다

諺 & 慣用句

고래 싸움에 새우 등 터진다
強い者どうしの争いに弱い者が巻き添えを食い被害を被ること

031

達成率
21 %

공부에는 <u>흥미가 없고</u> 노는 데만 정신이 팔려 있어요.
勉強には**興味がなく**遊ぶことばかりに気を取られています。

꼭 해낼 수 있다는 <u>희망을 가지고</u> 조금 더 노력합시다.
必ず成し遂げられるという**希望を持って**もう少し努力しましょう。

보너스를 받아서 생각하지도 못했던 <u>수입이 생겼습니다</u>.
ボーナスをもらって思ってもいなかった**収入ができました**。

당황하지 말고 지시가 있을 때까지 그 자리에 <u>그대로</u> 계십시오.
慌てないで指示がある時までその場所に**そのまま**いらしてください。

어렸을 때는 형과 많이 <u>다퉜지만</u> 지금은 사이가 좋다.
幼い時は兄とたくさん**争ったが**今は仲がよい。

외국에서 <u>혼자 생활하다 보면</u> 집밥이 자주 생각난다.
外国で**ひとりで生活していると**母の手料理がたびたび思い出される。

단 한 번의 성공으로 그 실험이 성공했다고 하기에는 아직 <u>이르다</u>.
たった一度の成功でその実験が成功したというにはまだ**早い**。

사람들은 그의 의견에 동의할 수 없다는 듯이 <u>고개를 저었다</u>.
人々は彼の意見に同意できないというように**首を横に振った**。

고개를 드니까 머리 위로 둥근 달이 높이 <u>떠</u> 있었다.
顔を上げると頭の上に丸い月が**高く昇って**いた。

그의 <u>떨리는 목소리</u>는 보는 사람들까지 긴장하게 만들었다.
彼の**震える声**は見ている人まで緊張させた。

이 정도 넓이면 크리스마스 파티를 하기에 <u>적당할 것 같아요</u>.
この程度の広さならばクリスマスパーティをするのに**適当なようです**。

가끔 동사와 형용사가 <u>구분하기 어려워서</u> 틀릴 때가 있다.
たまに動詞と形容詞が**区分しにくいので**間違える時がある。

<u>수입 금지 품목</u>을 신고 없이 가지고 들어오다가 걸렸다.
輸入禁止品目を申告なしに持ち込もうとして引っかかった。

오랜 논의 끝에 오늘 거래처와 <u>정식 계약</u>을 맺기로 했습니다.
長い議論の末に今日取引先と**正式契約**を結ぶことにしました。

중요한 일이니까 전화가 오면 <u>즉시</u> 연결해 주세요.
大事なことだから電話が来たら**すぐさま**繋いでください。

| □ 지원하다 | □ 짙다 | □ 담당하다 | □ 벗기다 |
| □ 완벽하다 | □ 완전하다 | □ 휴학하다 | |

0376 □□□□□
건축
名 建築　❖건축물: 建築物
類 건설: 建設　反 파괴: 破壊

0377 □□□□□
당황하다
動 慌てる, うろたえる
形 당황스럽다: 慌ただしい　類 황당하다: 途方に暮れる

0378 □□□□□
벌리다
動 開ける, 広げる
類 펴다: 広げる／넓히다: 広める

0379 □□□□□
상하다
動 傷む, 悪くなる　❖자존심이 상하다: 自尊心が傷つく
❖머릿결이 상하다: 髪が傷む　類 썩다: 腐る

0380 □□□□□
우연히
副 偶然に
関 우연의 일치: 偶然の一致　類 어쩌다가: 偶然に

0381 □□□□□
이만
副 もう
動 이만하다: ここまでにする

0382 □□□□□
적어도
副 少なくとも
類 최소한: 最小限

0383 □□□□□
석유
名 石油
関 유가: 原油価格　類 경유: 軽油／휘발유: ガソリン

0384 □□□□□
소리치다
動 叫ぶ
類 외치다, 부르다: 叫ぶ

0385 □□□□□
제대로
副 きちんと
類 완전히: 完全に

0386 □□□□□
적
名 敵
❖적으로 돌리다: 敵に回す

0387 □□□□□
찌르다
動 刺す　르変　❖핵심을 찌르다: 核心をつく
類 꽂다: 差し込む

0388 □□□□□
비난하다
動 非難する
関 비난을 받다: 非難を受ける(浴びる)

0389 □□□□□
예상되다
動 予想される　関 예상이 적중하다: 予想が的中する
類 추측되다: 推測される

0390 □□□□□　[위혀파다]
위협하다
動 脅かす
関 위협을 느끼다: 脅威を感じる　類 협박하다: 脅迫する

暗記度
チェック
□ 흥미　　□ 희망　　□ 수입　　□ 그대로
□ 다투다　□ 생활하다　□ 이르다　□ 젓다

諺 & 慣 用 句
벌린 입을 다물지 못하다
非常に感動するか，あっけにとられている

032

達成率
22 %

르네상스 시대의 대표적인 **건축 양식**을 도입해서 지었습니다.
ルネサンス時代の代表的な**建築様式**を導入して建てました。

준비하지 않은 부분에서 질문이 나와서 정말 **당황했습니다**.
準備していない部分から質問が出たので本当に**慌てました**。

지금부터 치료를 해야 하니까 입을 **크게 벌리세요**.
今から治療をしなければならないので口を**大きく開けてください**。

음식이 **상하기 쉬운 계절**이니까 남은 음식은 바로 냉장 보관하십시오.
料理が**傷みやすい季節**だから残った料理はすぐ冷蔵保存してください。

길에서 **우연히** 초등학교 동창을 만났는데 몰라보게 변해 있었어요.
道で偶然に小学校の同級生に会いましたが見違えるほど変わっていました。

일도 어느 정도 마무리됐고 시간도 늦었으니까 **이만 가 보겠습니다**.
仕事もある程度片付けたし，時間も遅くなったので**これで帰らせていただきます**。

한국어를 잘하기 위해서는 **적어도** 일주일에 3번 이상 공부하십시오.
韓国語がうまくなるためには**少なくとも**一週間に３回以上勉強してください。

석유의 발견으로 인간은 지금의 발전을 이룰 수 있었다.
石油の発見で人間は今の発展を成し遂げることができた。

도로 옆에서 어떤 여자가 살려 달라고 도와 달라고 **소리치고 있었다**.
道路の脇である女性が助けてくれ，助けてくれと**叫んでいた**。

새로운 사업을 시작할 때는 리스크에 대해 **제대로 알아봐야 한다**.
新しい事業を始める時はリスクについて**きちんと調べなければならない**。

어떤 싸움에서든지 이기려면 우선 **적을 잘 알아야 한다**.
どんな戦いでも勝とうと思うならまず**敵を知らなければならない**。

집주인이 들어오자 당황한 강도가 집주인을 **칼로 찌르고** 도망갔다.
家主が入ってくるやいなや慌てた強盗は家主を**刃物で刺して**逃げ出した。

잘못은 했지만 아무도 그 사람을 **비난할 자격**은 없다.
過ちは犯したが誰もその人を**非難する資格**はない。

이번 시험은 어려워서 합격자가 많지 않을 것으로 **예상되고 있다**.
今回の試験は難しかったので合格者が多くないだろうと**予想されている**。

아무렇지 않게 하는 행동들이 우리의 **안전을 위협할** 수도 있다.
何気なくしている行動が我々の**安全を脅かす**こともある。

| ☐ 높이 | ☐ 떨리다 | ☐ 적당하다 | ☐ 구분하다 |
| ☐ 금지 | ☐ 정식 | ☐ 즉시 | |

0391 ☐☐☐☐☐
이상

图 理想 ◆ 이상을 품다: 理想を抱く

◆ 이상형: 理想像　類 비전: ビジョン　反 현실: 現実

0392 ☐☐☐☐☐
공개하다

動 公開する　関 공개 석상: 公開の場

反 감추다, 숨기다: 隠す

0393 ☐☐☐☐☐
가늘다

形 細い ■語幹　◆ 가는 목소리: か細い声

類 날씬하다: スリムだ　反 굵다: 太い

0394 ☐☐☐☐☐
가능하다

形 可能だ　◆ 가능한 한: できる限り

反 불가능하다: 不可能だ

0395 ☐☐☐☐☐
값싸다

形 安い, 安価だ　◆ 값싼 동정: 安っぽい同情

類 싸다: 安い　反 값비싸다: 高価だ

0396 ☐☐☐☐☐
고유하다

形 固有だ　◆ 고유한 성질을 지니다: 固有の性質を持つ

関 고유어: 固有語　類 특유하다: 特有だ

0397 ☐☐☐☐☐
괴롭다

形 苦しい, 辛い ㅂ変

◆ 몸과 마음이 괴롭다: 心身ともに辛い　類 힘들다: 大変だ

0398 ☐☐☐☐☐ [국:따]
굵다

形 太い　◆ 팔뚝이 굵다: 腕が太い

反 가늘다: 細い

0399 ☐☐☐☐☐ [일쌍]
일상

图 日常　◆ 일상 생활: 日常生活

◆ 일상으로 돌아가다: 日常に戻る　類 보통: 普段

0400 ☐☐☐☐☐
깊다

形 深い　◆ 생각이 깊다: 思慮が深い

副 깊숙이: 奥深く　反 얕다: 浅い

0401 ☐☐☐☐☐
날씬하다

形 スリムだ

類 늘씬하다: すらっとしている　反 뚱뚱하다: 太っている

0402 ☐☐☐☐☐
단순하다

形 単純だ　◆ 단순한 구조: 単純な構造

類 간단하다: 簡単だ　反 복잡하다: 複雑だ

0403 ☐☐☐☐☐
대단하다

形 ものすごい, 甚だしい

類 굉장하다: ものすごい／훌륭하다: 立派だ

0404 ☐☐☐☐☐
향기

图 香り　◆ 향기를 맡다: 香りを嗅ぐ

類 향: 香り／냄새: 匂い　反 악취: 悪臭

0405 ☐☐☐☐☐
현지

图 現地　◆ 현지 소식통: 現地の消息筋

類 현장: 現場

暗記度チェック	☐ 건축	☐ 당황하다	☐ 벌리다	☐ 상하다
	☐ 우연히	☐ 이만	☐ 적어도	☐ 석유

諺 & 慣 用 句
싼 게 비지떡
安物買いの銭失い

033

達成率
23 %

어른이 되면서 이상과 현실의 차이에 실망하기도 한다.
大人になるにつれて理想と現実のギャップにがっかりすることもある。

그 미술관은 1년에 딱 한 달 동안만 일반인들에게 작품을 공개한다.
その美術館は年にたった1か月だけ一般客に作品を公開する。

그 가지는 너무 가늘어서 금방 부러질 것 같아요.
その枝はあまりにも細くて今にも折れそうです。

1%라도 가능하다면 포기하지 않고 도전해 보고 싶습니다.
1%でも可能であれば諦めずに挑戦してみたいです。

좋은 품질의 물건을 값싸게 공급하고자 합니다.
よい品質の品物を安く供給しようと考えております。

'고려청자'는 한국만의 고유한 도자기 제작 기법으로 만들어졌다.
「高麗青磁」は韓国だけの固有の陶磁器の製作技法で作られた。

밤마다 윗집에서 세탁기와 청소기를 돌리는 소리 때문에 잠을 못 자서 괴롭다.
毎晩，上の階の家からの洗濯機と掃除機をかける音のせいで寝られなくて辛い。

저는 가는 면보다는 굵은 면을 좋아하는 편이에요.
私は細麺よりは太麺が好きなほうです。

특별히 축하할 일이 없어도 케이크를 먹는 게 일상이 되었다.
特別にお祝いすることがなくてもケーキを食べるのが日常になった。

그곳은 수심이 깊어서 위험하니까 놀 때 조심해！
そこは水深が深くて危険だから遊ぶ時は気を付けて！

모델들은 날씬한 몸매를 유지하기 위해 꾸준히 운동을 한다.
モデルたちはスリムな体型を維持するため地道に運動をする。

그 사람은 정말 단순해서 한 번에 하나밖에 못 한다.
あの人は本当に単純なので1回にひとつのことしかできない。

이런 어려운 문제를 한 번 눈으로 보고 풀다니 정말 대단하네요.
こんな難しい問題を一度目を通すだけで解けるなんて本当にすごいですね。

그 집 앞을 지나갈 때는 장미꽃 향기가 진하게 났었다.
あの家の前を通り過ぎる時はバラの香りが強くした。

통신 시설이 아직 복구가 되지 않아서 현지 상황을 파악하기 힘듭니다.
通信施設がまだ復旧されていないので現地の状況を把握しにくいです。

| □ 소리치다 | □ 제대로 | □ 적 | □ 찌르다 |
| □ 비난하다 | □ 예상되다 | □ 위협하다 | |

79

0406 □□□□□
근무하다
- 動 **勤務する** ❖3교대로 근무하다: 3交代で勤務する
- 関 근무지: 勤務地

0407 □□□□□
멋지다
- 形 **素敵だ** ❖멋지게 성공하다: 見事に成功する
- 類 멋있다: 素敵だ／훌륭하다: 立派だ

0408 □□□□□
못생기다
- 形 **不細工だ, 醜い** 　類 못나다: 醜い, 愚かだ
- 反 잘나다: 秀でている／잘생기다: 格好いい

0409 □□□□□
미끄럽다
- 形 **滑らかだ** ㅂ変 ❖눈길이 미끄럽다: 雪道が滑る
- 類 미끌미끌하다: つるつるしている

0410 □□□□□　[어:새카다]
어색하다
- 形 **ぎこちない, 気まずい** ❖어색한 행동: ぎこちない行動
- 類 서투르다: 下手だ　反 자연스럽다: 自然だ

0411 □□□□□　[언따]
얹다
- 動 **載せる, 当てる**
- 類 올리다: 上げる　反 내려놓다: 下ろしておく

0412 □□□□□
부끄럽다
- 形 **恥ずかしい** ㅂ変
- 類 창피하다: 恥ずかしい　反 자랑스럽다: 誇らしい

0413 □□□□□
부럽다
- 形 **うらやましい** ㅂ変
- 動 부러워하다: うらやましがる　類 욕심나다: 欲が出る

0414 □□□□□　[사이조타]
사이좋다
- 形 **仲がよい** ❖사이좋게 지내다: 仲よく過ごす
- 類 친하다: 親しい

0415 □□□□□
상관없이
- 副 **かまわず** ❖조건에 상관없이: 条件にかまわず
- 動 상관없다: かまわない　類 관계없이: 関係なく

0416 □□□□□
건지다
- 動 **救う, 取り出す** ❖본전을 건지다: 元が取れる
- 類 꺼내다, 집어내다: 取り出す　反 빠뜨리다: 落とす

0417 □□□□□
방금
- 副 **たった今** ❖방금 전까지: 今さっきまで
- 類 금방, 막: たった今／곧: すぐ

0418 □□□□□　[솔찌카다]
솔직하다
- 形 **正直だ, 率直だ** ❖솔직하게 말하다: 率直に言う
- 類 정직하다: 正直だ

0419 □□□□□
임시
- 名 **臨時** ❖임시 정부: 臨時政府
- 類 잠정: 暫定　反 정기: 定期

0420 □□□□□
제거하다
- 動 **除去する, 消去する**
- 類 제외하다: 除外する／없애다: 消す

暗記度 チェック	□ 이상	□ 공개하다	□ 가늘다	□ 가능하다
	□ 값싸다	□ 고유하다	□ 괴롭다	□ 굵다

諺 & 慣用句
가슴에 손을 얹다
自分の良心に基づく

034

達成率
23 %

해외에서 근무하게 돼서 떠나기 전에 여기저기 인사 다니느라고 바빠요.
海外で勤務することになって出発する前にあちこち挨拶回りで忙しいです。

시합에는 졌지만 우승 팀에게 박수를 쳐 주는 선수들의 모습이 멋져 보였다.
試合には負けたが優勝チームに拍手を送る選手たちの姿が素敵に見えた。

우리 남편은 좀 못생겼지만 성격 하나는 보장합니다.
うちの旦那は少し不細工ですが性格だけは保証します。

기온이 떨어지면서 내린 눈이 얼어붙어 미끄러우니까 조심하시기 바랍니다.
気温が下がるにつれて積もった雪が凍って滑るので気を付けてくださいますようお願いいたします。

어색한 분위기를 바꾸려고 한 농담이 오히려 분위기를 더 어색하게 만들었다.
ぎこちない雰囲気を変えようと言った冗談がむしろ雰囲気をより不自然にしてしまった。

가슴에 손을 얹고 네가 무엇을 잘못했는지 다시 한번 생각해 봐.
胸に手を当ててあなたが何を誤ったのかもう一度考えてみてよ。

사람들 앞에서 발표하는 것이 너무 부끄러워서 동료에게 부탁했다.
人の前で発表するのがとても恥ずかしくて同僚に頼んだ。

이번 인사이동에서 동기가 과장으로 승진했는데 정말 부러워요.
今回の人事異動で同期が課長に昇進して本当にうらやましいです。

이번 일을 계기로 두 사람은 사이좋은 친구가 되었어요.
今回のことがきっかけで２人は仲のよい友達になりました。

수업은 초급·중급·고급 상관없이 모든 레벨의 학생이 들을 수 있습니다.
授業は初級・中級・高級にかまわず，すべてのレベルの学生が受けることができます。

바다에서 건져 올린 그물에는 생선이 가득했다.
海から引上げた網には魚がいっぱいだった。

거래처에서 방금 연락이 왔는데 도착이 좀 늦을 것 같다고 합니다.
取引先からたった今連絡がきましたが到着が少し遅れそうとのことです。

솔직하게 말하자면 그 남자는 내 스타일이 아니더라고.
率直に言うと，あの男性は私の好みではなかったわよ。

오늘은 개인적인 사정으로 인하여 임시 휴업을 하게 되었습니다.
本日は私用により臨時休業をすることになりました。

문제를 풀 때 고민이 된다면 답이 아닌 것을 제거해 가는 것도 좋은 방법이다.
問題を解く時，迷ったら答えではないものを消去していくのもよい方法だ。

| □ 일상 | □ 깊다 | □ 날씬하다 | □ 단순하다 |
| □ 대단하다 | □ 향기 | □ 현지 | |

81

0361 (	)	興味	0391 ( )	理想
0362 (	)	希望	0392 ( )	公開する
0363 (	)	収入	0393 ( )	細い
0364 (	)	そのまま	0394 ( )	可能だ
0365 (	)	争う	0395 ( )	安い
0366 (	)	生活する	0396 ( )	固有だ
0367 (	)	早い	0397 ( )	苦しい，辛い
0368 (	)	かき混ぜる	0398 ( )	太い
0369 (	)	高く，高さ	0399 ( )	日常
0370 (	)	震える	0400 ( )	深い
0371 (	)	適当だ	0401 ( )	スリムだ
0372 (	)	区分する	0402 ( )	単純だ
0373 (	)	禁止	0403 ( )	ものすごい
0374 (	)	正式	0404 ( )	香り
0375 (	)	即時，すぐさま	0405 ( )	現地
0376 (	)	建築	0406 ( )	勤務する
0377 (	)	慌てる	0407 ( )	素敵だ
0378 (	)	開ける，広げる	0408 ( )	不細工だ，醜い
0379 (	)	傷む，悪くなる	0409 ( )	滑らかだ
0380 (	)	偶然に	0410 ( )	ぎこちない
0381 (	)	もう	0411 ( )	載せる，当てる
0382 (	)	少なくとも	0412 ( )	恥ずかしい
0383 (	)	石油	0413 ( )	うらやましい
0384 (	)	叫ぶ	0414 ( )	仲がよい
0385 (	)	きちんと	0415 ( )	かまわず
0386 (	)	敵	0416 ( )	救う，取り出す
0387 (	)	刺す	0417 ( )	たった今
0388 (	)	非難する	0418 ( )	正直だ，率直だ
0389 (	)	予想される	0419 ( )	臨時
0390 (	)	脅かす	0420 ( )	除去する

①정, ②가리다, ③상하다 を用いた表現

①

정이 많다	情が多い
정을 주다	情をかける
정이 깊다	情が深い
정이 있다 [없다]	情がある [ない]
정이 들다	情がわく
정이 가다	情が移る
정이 안 가다	情が移らない
정이 떨어지다	愛想が尽きる

②

대소변을 가리다	おむつが取れる
낯을 가리다	人見知りをする
자기 앞을 가리다	自分のことは自分でできる
음식을 가리다	食べ物の好き嫌いがある（偏食する）
흑백을 가리다	白黒をつける
때와 장소를 가리다	時と場所をわきまえる
남녀노소를 가리지 않고	老若男女を問わず
승부를 가리다	勝負をつける
수단과 방법을 가리다	手段と方法を選ぶ
시비를 가리다	是非をはっきりさせる

③

물건이 상하다	物が壊れる／傷つく
고기가 상하다	肉が傷む
상한 음식	傷んだ（悪くなった）食べ物
몸이 상하다	体が弱る
얼굴이 상하다	やつれる
자존심이 상하다	プライドが傷つく
속이 상하다	むしゃくしゃする
마음이 상하다	心が痛む（傷つく）

0421 □□□□□
상상하다
動 **想像する**　関 **상상력**: 想像力
反 **경험하다**: 経験する

0422 □□□□□　[익쑤카다]
익숙하다
形 **慣れている**　❖**익숙한 솜씨**: 熟練した腕まえ
反 **낯설다**: 見慣れていない

0423 □□□□□
저렴하다
形 **低価格だ, 安価だ**　❖**값이 저렴하다**: 値段が安い
類 **값싸다**: 安価だ　反 **값비싸다**: 高価だ

0424 □□□□□
농담
名 **冗談**　❖**농담반 진담반**: 冗談半分本音半分
類 **유머**: ユーモア　反 **진담**: 本音

0425 □□□□□
도중
名 **途中**　❖**가는 도중에**: 行く途中に
類 **중간**: 中間

0426 □□□□□
평범하다
形 **平凡だ**　❖**평범하게 살다**: 平凡に暮らす
反 **비범하다**: 非凡だ／**특이하다**: 独特だ

0427 □□□□□
신호
名 **信号**　❖**신호를 잡다**: 信号を捉える
類 **사인**: サイン／**시그널**: シグナル

0428 □□□□□
의심하다
動 **疑う**
関 **의심되다**: 疑われる　反 **신뢰하다**: 信頼する

0429 □□□□□
화려하다
形 **華麗だ, 派手だ**　❖**화려한 무대**: 晴れ舞台
反 **수수하다**: 地味だ

0430 □□□□□
확실하다
形 **確実だ**
類 **분명하다**: はっきりしている　反 **불확실하다**: 不確実だ

0431 □□□□□
적용되다
動 **適用される**
関 **적용 사례**: 適用事例／**적용하다**: 適用する

0432 □□□□□
흔하다
形 **ありふれている**　❖**흔한 이름**: ありふれた名前
反 **드물다**: まれだ／**귀하다**: 貴重だ

0433 □□□□□
두드리다
動 **叩く**　❖**어깨를 두드리다**: 肩を叩く
類 **때리다**: 叩く

0434 □□□□□
빌다
動 **祈る, 懇願する** ■語幹■　❖**용서를 빌다**: 許しを請う
類 **기도하다**: 祈る

0435 □□□□□
썩다
動 **腐る, 腐敗する**
類 **상하다**: 傷む, 腐る

聴 & 慣用句

돌다리도 두들겨 보고 건너라
石橋を叩いて渡る

036

達成率
24 %

10년 후 자신의 모습을 상상해 본 후에 계획을 세우십시오.
10年後の自分の姿を想像してみた後に計画を立ててください。

처음 온 곳인데도 불구하고 마치 예전부터 살던 곳처럼 익숙하다.
初めて来た所にもかかわらず，まるで以前から住んでいた所のように慣れている。

아웃렛은 품질 좋은 물건들을 저렴하게 살 수 있어서 좋다.
アウトレットは品質のよいものを安価で買うことができるのでよい。

아무리 재미있는 농담이라도 상황과 분위기를 보고 해야지.
いくらおもしろい冗談でも状況と雰囲気を見て言わないとね。

사장님께서는 회의 도중에 나가셨는데 회의가 끝날 때까지 돌아오시지 않았다.
社長は会議の途中で出かけましたが，会議が終わるまでお戻りにならなかった。

상품을 개발할 때는 평범한 생각보다는 색다른 아이디어가 필요하다.
商品を開発する時は平凡な考えよりは変わったアイディアが必要だ。

신호가 바뀌면 출발하세요.
信号が変わったら出発してください。

교실에서 물건이 없어지면 제일 마지막까지 있었던 사람을 의심하게 된다.
教室で物が失くなると一番最後までいた人を疑うようになる。

화려한 옷을 입고 춤을 추는 댄서들에게서 눈을 뗄 수가 없었다.
華麗な服を着て踊りを踊るダンサーたちから目を離すことができなかった。

서류를 보내기는 했는데 받았는지 전화해 보는 게 제일 확실할 것 같아요.
書類を送りはしたけれど受け取ったかどうか電話してみるのが一番確実のようです。

이번에 새로 통과된 법안은 내년 3월 1일부터 적용될 예정입니다.
今度新たに通過した法案は来年３月１日から適用される予定です。

공공장소에서 전화를 하는 사람들을 요즘도 흔하게 볼 수 있다.
公共の場所で電話をする人たちを最近もよく見かける。

한밤중에 큰 소리로 문을 두드리는 소리에 깜짝 놀라 깼어요.
真夜中に大きな音で門をたたく音にびっくりして起きました。

시험 보는 날에는 부모님들은 아이들이 잘 보기를 빌고 또 빈다.
試験を受ける日には親たちは子どもたちが頑張れるように祈りに祈る。

냉장고에 넣는 것을 잊어버리고 여행을 갔다왔더니 다 썩어서 버렸다.
冷蔵庫に入れるのを忘れて旅行から帰ってきたら全部腐っていたので捨てた。

| □ 사이좋다 | □ 상관없이 | □ 건지다 | □ 방금 |
| □ 솔직하다 | □ 임시 | □ 제거하다 | |

85

0436 ☐☐☐☐☐
가리다

動 遮る，隠す

❖ 시야를 가리다: 視野を塞ぐ

0437 ☐☐☐☐☐
발견하다

動 発見する

関 새로운 발견: 新たな発見

0438 ☐☐☐☐☐
영원하다

形 永遠だ

関 영원 불멸: 永遠不滅

0439 ☐☐☐☐☐
햇빛

名 日差し　❖ 햇빛을 보다: 日の目を見る

類 햇볕: 日光／햇살: 日差し

0440 ☐☐☐☐☐　[노늬(니)하다]
논의하다

動 議論する

関 활발한 논의: 活発な議論　類 의논하다: 議論する

0441 ☐☐☐☐☐
대출하다

動 (物，お金を)借りる，ローンを組む

関 대출받다: 融資を受ける／대출금: ローン，借金

0442 ☐☐☐☐☐
반하다

動 反する　❖ 법에 반하다: 法に反する

類 반대하다: 反対する

0443 ☐☐☐☐☐
부정하다

動 否定する

関 부정적: 否定的　反 긍정하다: 肯定する

0444 ☐☐☐☐☐
익다

動 熟する，煮える　❖ 술이 익다: お酒が発酵する

類 맛들다: おいしくなる

0445 ☐☐☐☐☐
제출하다

動 提出する　❖ 사직서를 제출하다: 辞表を提出する

類 보고하다: 報告する

0446 ☐☐☐☐☐
흘러나오다

動 流れ出る

類 새다: 漏れる

0447 ☐☐☐☐☐
되게

副 ずいぶん，とても　❖ 되게 급하다: すごく急だ

類 몹시: 非常に

0448 ☐☐☐☐☐
운

名 運　❖ 운이 다하다: 運が尽きる

類 재수: 運／행운: 幸運

0449 ☐☐☐☐☐
진하다

形 濃い　❖ 화장이 진하다: 化粧が濃い

類 짙다: 濃い　反 옅다, 연하다: 薄い

0450 ☐☐☐☐☐
흘러가다

動 流れゆく　❖ 흘러가는 세월: 流れゆく歳月

類 지나가다: 過ぎゆく

暗記度チェック
☐ 상상하다　☐ 익숙하다　☐ 저렴하다　☐ 농담
☐ 도중　☐ 평범하다　☐ 신호　☐ 의심하다

諺 & 慣用句

날개 돋친 듯이 팔리다 (＝불티나게 팔리다)
とてもよく売れる，飛ぶように売れる

037

達成率
25 %

어두운 데다가 얼굴을 모자로 가리고 있어서 기억이 잘 안 나요.
暗いうえに**顔を帽子で隠して**いたのであまり覚えていません。

창고를 정리하다가 부모님의 연애편지를 발견했다.
倉庫を整理していて両親の**ラブレターを発見した。**

영원한 승자가 없는 것처럼 영원한 패자도 없는 법이다.
永遠の勝者がいないように**永遠の敗者**もいないものだ。

이 집은 창문이 크고 게다가 동쪽에 나 있어서 아침에 햇빛이 잘 들어온다.
この家は窓が大きくてそのうえ東側にあるので**朝に日が**よく**入ってくる。**

회의에서 논의하고 결정된 사항들을 정리해서 메일로 보내 드리겠습니다.
会議で議論し決定された事項を整理してメールでお送りいたします。

신혼집을 장만할 때 부족한 돈을 은행에서 대출했다.
新居を用意する時，足りなかった**お金を銀行で借りた。**

사춘기 때 부모님의 뜻에 반하는 행동을 많이 했다.
思春期の時，**親の意に反する**行動をたくさんした。

그는 신문과 인터넷에서 떠돌고 있는 소문들을 부정했다.
彼は新聞とインターネットで流れている**噂を否定した。**

가을이 되니까 누렇게 익은 벼들이 고개를 숙이고 있다.
秋になると**黄色く熟した**稲穂が頭を垂らしている。

다 작성한 보고서는 금요일까지 이메일로 제출해 주시기 바랍니다.
作成し終わった報告書は金曜日までに**Eメールで提出して**ください。

카페에서 책을 읽는데 귀에 익은 음악 소리가 흘러나왔다.
カフェで本を読んでいると，**聴き慣れた音楽**が流れ出た。

간단해 보여서 시작했는데 생각보다 되게 어려워서 시간이 걸리네요.
簡単に見えて始めましたが，思ったより**とても難しいので**時間がかかりますね。

2층에서 떨어졌는데 가벼운 상처만으로 끝나다니 운이 좋았어요.
2階から落ちたけど軽い傷だけで済んだなんて**運がよかったです。**

평소엔 진한 커피를 마시는 편이지만 오늘은 연한 커피를 마시고 싶네요.
普段は**濃いコーヒー**を飲みますが今日は**薄いコーヒー**が飲みたいですね。

요즘 너무 행복해서 흘러가는 시간이 이대로 멈췄으면 좋겠어요.
このごろあまりにも幸せなので，**流れゆく時間**がこのまま止まってほしいです。

| □ 화려하다 | □ 확실하다 | □ 적용되다 | □ 흔하다 |
| □ 두드리다 | □ 빌다 | □ 썩다 | |

0451 □□□□□
양해하다
動 了承する
関 양해를 구하다: 了承を求める

0452 □□□□□ [일쩡]
일정
名 日程 ❖ 일정 조정: 日程調整
類 스케줄: スケジュール

0453 □□□□□
추가하다
動 追加する
類 더하다: 加える／얹다: 載せる

0454 □□□□□
고민하다
動 悩む 関 고민거리: 悩みの種／고민 상담: 悩み相談
類 걱정하다: 心配する

0455 □□□□□
피로
名 疲労 ❖ 피로가 풀리다: 疲れがとれる
❖ 피로 회복: 疲労回復 ❖ 만성 피로: 慢性疲労

0456 □□□□□
당기다
動 引く, 引っ張る 関 밀고 당기기: 掛け合い
類 끌다: 引っ張る 反 밀다: 押す

0457 □□□□□
따르다
動 注ぐ 으変 ❖ 술을 따르다: お酒を注ぐ
❖ 따라 버리다: 流して捨てる 類 붓다: 注ぐ

0458 □□□□□
박수
名 拍手 ❖ 박수를 보내다: 拍手を送る
❖ 우뢰와 같은 박수: 割れるような拍手

0459 □□□□□ [실쓰파다]
실습하다
動 実習する
関 실습생: 実習生／교육 실습: 教育実習

0460 □□□□□
제법
副 案外, なかなか, 結構 ❖ 제법 잘하다: なかなか上手だ
類 꽤: かなり

0461 □□□□□
기초
名 基礎 ❖ 기초를 튼튼히 하다: 基礎をしっかりする
❖ 기초반: 基礎クラス 動 기초하다: 基づく

0462 □□□□□ [다파다]
답하다
動 応える ❖ 감사에 답하다: 感謝に報いる
類 응답하다: 応じる／대답하다: 答える

0463 □□□□□
웃기다
動 笑わせる ❖ 남을 웃기다: 人を笑わせる
反 울리다: 泣かせる

0464 □□□□□ [제자카다]
제작하다
動 製作する ❖ 공동으로 제작하다: 共同で製作する
関 제작자: 製作者

0465 □□□□□
팔리다
動 売れる, 奪われる
❖ 정신이 팔리다: 気が取られる

諺 & 慣用句

웃는 낯에 침 못 뱉는다
愛想のいい人は邪険に扱えない

038

達成率
26 %

잘못된 공지로 혼란스럽게 만든 점 널리 양해해 주시기 바랍니다.
間違った告知で混乱を招いた点どうかご了承くださいますようお願いいたします。

집에 돌아가자마자 여행 일정을 다시 확인해 보겠습니다.
家に帰ったらすぐに旅行の日程をもう一度確認してみます。

거의 완성된 계약서에 항목을 추가하고 싶다고 담당자에게 연락이 왔어요.
ほとんど完成した契約書に項目を追加したいと担当者から連絡が来ました。

진학을 하는 게 좋을지 취직을 하는 게 좋을지 요즘 고민하고 있어요.
進学をするのがよいか就職をするのがよいか，このごろ悩んでいます。

휴일 없이 계속 일을 했더니 피로가 쌓여서 움직일 힘도 없네요.
休みなしで仕事をし続けたら，疲労が溜まって動く元気もありませんね。

비상시에는 문 옆에 있는 레버를 당겨 주시기 바랍니다.
非常時にはドアの横にあるレバーを引っ張ってくださいますようお願いいたします。

한국에서는 비어 있는 잔에 술을 따르는 것이 예의입니다.
韓国では空いている杯にお酒を注ぐのが礼儀です。

공연이 끝나자 감동을 받은 관객들은 일제히 일어나서 박수를 쳤다.
公演が終わるやいなや，感動した観客たちは一斉に立ち上がって拍手をした。

오늘 처음으로 현장에 실습하러 왔는데 너무 긴장되네요.
今日初めて現場に実習しに来ましたが，とても緊張しますね。

아이가 3살이 되면서 제법 대화를 할 수 있게 되었어요.
子どもが３歳になって結構会話ができるようになりました。

참가한 사람들의 의견을 기초로 해서 제안서를 만들었습니다.
参加した人たちの意見を基にして提案書を作りました。

지금까지 응원해 주신 분들의 성원에 답하기 위해 노력하겠습니다.
今まで応援してくださった方々の声援に応えるために頑張ります。

사진 찍을 때 친구가 웃기는 바람에 사진이 흔들렸어요.
写真を撮る時，友達が笑わせたせいで写真がぼけました。

식탁을 놓고 싶은데 마음에 드는 제품이 없어서 제작하기로 했다.
食卓を置きたいが気に入った製品がなかったので製作することにした。

인기 있는 작가의 책이 서점에 놓이자마자 날개 돋친 듯이 팔렸다.
人気のある作家の本が書店に置かれるやいなや飛ぶように売れた。

| □ 익다 | □ 제출하다 | □ 흘러나오다 | □ 되게 |
| □ 운 | □ 진하다 | □ 흘러가다 | |

0466 □□□□□
휴식

名 休息
◆ 휴식 시간: 休憩時間

0467 □□□□□
지점

名 地点　◆ 통과 지점: 通過地点
類 위치: 位置

0468 □□□□□　[내려노타]
내려놓다

動 下ろす　◆ 짐을 내려놓다: 荷物を下ろす
反 올려놓다: 載せる

0469 □□□□□
불행하다

形 不幸だ　関 불행의 연속: 不幸の連続
反 행복하다: 幸せだ

0470 □□□□□
보장하다

動 保障する
関 사회 보장 제도: 社会保障制度

0471 □□□□□
갚다

動 返す　◆ 은혜를 갚다: 恩返しをする
◆ 원수를 갚다: 仇を討つ　類 보답하다: 報いる

0472 □□□□□
깨다

動 割る, 壊す　◆ 침묵을 깨다: 沈黙を破る
類 부수다: 壊す／깨뜨리다: 割る

0473 □□□□□　[다듬따]
다듬다

動 すく, 整える, 手入れする
類 손질하다: 手入れする／정리하다: 整理する

0474 □□□□□
당당하다

形 堂々としている
◆ 당당하게 싸우다: 堂々と戦う　関 정정당당: 正々堂々

0475 □□□□□　[불리하다]
분리하다

動 分離する, 分ける
関 분리 수거: 分別収集

0476 □□□□□
의지하다

動 頼る, 寄りかかる
関 의지가 되다: 頼られる　類 기대다: 頼る

0477 □□□□□
제발

副 どうか, 頼むから, 何卒
類 간절히: 切に

0478 □□□□□　[가드카다]
가득하다

形 いっぱいだ, 満ちている
◆ 가득히 담다: いっぱい盛る　関 가득 차다: いっぱいになる

0479 □□□□□
상자

名 箱　◆ 상자에 담다: 箱に詰める
類 박스: ボックス／통: 筒

0480 □□□□□　[결씸하다]
결심하다

動 決心する　◆ 굳게 결심하다: 固く決心する
類 마음먹다: 心を決める／결정하다: 決定する

暗記度
チェック
　□ 양해하다　　□ 일정　　　　□ 추가하다　　□ 고민하다
　□ 피로　　　　□ 당기다　　　□ 따르다　　　□ 박수

諺 & 慣用句
정신이 들다
我に返る，意識が戻る

039

達成率
27 %

열심히 하는 것도 중요하지만 <u>적당한 휴식을 취하는</u> 것 또한 중요합니다.
一生懸命にやるのも重要だけど，**適度な休息を取る**こともまた重要です。

다른 팀과의 <u>합류 지점</u>까지 얼마나 더 가야 합니까?
ほかのチームとの**合流地点**まであとどのくらい行けばよいですか。

가방이 많이 무거워 보이는데 좀 <u>내려놓고</u> 말씀하세요.
鞄がずいぶんと重そうに見えますが，ちょっと**下ろして**お話しください。

부모 없이 자란 그는 계속 <u>자기가 불행하다</u>고 생각하며 살아왔다.
両親を亡くして育った彼はずっと**自分が不幸だ**と思いながら生きてきた。

사업의 성패 여부는 아직 <u>보장할 수 있는 단계</u>는 아니다.
事業の成否はまだ**保障できる段階**ではない。

어머니는 남에게 신세를 지면 꼭 <u>갚으라</u>고 하셨어요.
母は誰かにお世話になったら必ず**返しなさい**と言っていました。

아이들이 방 안에서 놀다가 <u>유리창을 깼는데</u> 다행히 다치지 않았다.
子どもたちが部屋の中で遊んでいて**窓ガラスを割った**が幸い怪我しなかった。

전체적인 머리 모양은 마음에 드니까 <u>앞머리만 조금 다듬어</u> 주세요.
全体的なヘアスタイルは気に入ったので**前髪だけ少し整えて**ください。

쟤는 정말 뭘 믿고 항상 저렇게 <u>당당한지</u> 난 도대체 이해가 안 가.
あの子は本当に何を根拠にいつもあんな**堂々としていられるのか**私には到底理解できない。

종이는 종이대로 플라스틱은 플라스틱대로 <u>잘 분리하세요</u>.
紙は紙でプラスチックはプラスチックで**きちんと分けてください**。

가족은 내가 힘들 때 <u>의지할 수 있는</u> 가장 든든한 버팀목이다.
家族は私が大変な時に**頼ることができる**もっとも心強い存在だ。

오랫동안 준비해 왔던 시험이니까 이번에는 <u>제발</u> 합격했으면 좋겠어요.
長い間準備してきた試験なので今回は**どうか**合格してほしいです。

그 사람의 눈빛에는 승리에 대한 <u>기대감으로 가득했다</u>.
彼の目は**勝利への期待感で満ちていた**。

지금 당장 필요 없는 물건들은 <u>상자에 넣어서</u> 보관해 주세요.
今すぐ必要でない物は**箱に入れて**保管してください。

아무리 바빠도 아이들과 한 약속만은 <u>지키기로 결심했다</u>.
いくら忙しくても子どもたちと交わした約束だけは**守ろうと決心した**。

| □ 실습하다 | □ 제법 | □ 기초 | □ 답하다 |
| □ 웃기다 | □ 제작하다 | □ 팔리다 | |

91

0421 (	)	想像する	0451 (	)	了承する
0422 (	)	慣れている	0452 (	)	日程
0423 (	)	低価格だ	0453 (	)	追加する
0424 (	)	冗談	0454 (	)	悩む
0425 (	)	途中	0455 (	)	疲労
0426 (	)	平凡だ	0456 (	)	引く，引っ張る
0427 (	)	信号	0457 (	)	注ぐ
0428 (	)	疑う	0458 (	)	拍手
0429 (	)	華麗だ，派手だ	0459 (	)	実習する
0430 (	)	確実だ	0460 (	)	案外，なかなか
0431 (	)	適用される	0461 (	)	基礎
0432 (	)	ありふれている	0462 (	)	応える
0433 (	)	叩く	0463 (	)	笑わせる
0434 (	)	祈る	0464 (	)	製作する
0435 (	)	腐る	0465 (	)	売れる
0436 (	)	遮る，隠す	0466 (	)	休息
0437 (	)	発見する	0467 (	)	地点
0438 (	)	永遠だ	0468 (	)	下ろす
0439 (	)	日差し	0469 (	)	不幸だ
0440 (	)	議論する	0470 (	)	保障する
0441 (	)	借りる	0471 (	)	返す
0442 (	)	反する	0472 (	)	割る，壊す
0443 (	)	否定する	0473 (	)	すく，整える
0444 (	)	熟する	0474 (	)	堂々としている
0445 (	)	提出する	0475 (	)	分離する
0446 (	)	流れ出る	0476 (	)	頼れる
0447 (	)	ずいぶん	0477 (	)	どうか
0448 (	)	運	0478 (	)	いっぱいだ
0449 (	)	濃い	0479 (	)	箱
0450 (	)	流れゆく	0480 (	)	決心する

①따르다, ②끊기다 を用いた表現

①

유행을 따르다	流行を追う
관례에 따르다	慣例に従う
선생님을 따르다	先生についていく／従う
위험이 따르다	危険が伴う
규칙을 따르다	規則に従う

②

소식이 끊기다	便りが途絶える
길이 끊기다	道が断たれる
음악이 끊기다	音楽が止む
차가 끊기다	終電がなくなる
줄이 끊기다	ひもが切られる
필름이 끊기다	酔いつぶれて記憶をなくす
대화가 끊기다	会話が途切れる

자기 と 스스로 の使い分け

자기は「自己」，**스스로**は「自ら」という意味です。**스스로**は間接話法の表現にはあまり使いません。また，**자기로**という言い方はしません。

うちの子は [＿＿＿＿＿] 勉強をします。
　우리 아이는 자기가 공부를 해요.　　　　×
　우리 아이는 스스로 공부를 해요.　　　　○

今回のプロジェクトを [＿＿＿＿＿] するとしました。
　이번 프로젝트를 자기가 하겠다고 했어요. ○
　이번 프로젝트를 스스로 하겠다고 했어요. △

過ちを [＿＿＿＿＿] 告白した。
　잘못을 자기로 고백했다.　　　　　×
　잘못을 스스로 고백했다.　　　　　○

0481 □□□□□
식다

🎬 冷める　❖애정이 식다: 愛情が冷める

❖땀이 식다: 汗が引く

0482 □□□□□　[괄리하다]
관리하다

🎬 管理する　❖건강을 관리하다: 健康を管理する

🔄 처분하다: 処分する

0483 □□□□□　[발켜내다]
밝혀내다

🎬 明らかにする

❖진상을 밝혀내다: 真相を明かす

0484 □□□□□　[주:의(이)하다]
주의하다

🎬 注意する　🔗 주의를 환기하다: 注意を喚起する

🔄 경고하다: 警告する　🔄 부주의하다: 不注意だ

0485 □□□□□
매다

🎬 結ぶ

❖넥타이를 매다: ネクタイを結ぶ

0486 □□□□□　[명화카다]
명확하다

🔶 明確だ　❖명확한 입장: 明確な立場

🔄 분명하다: 明らかだ　🔄 불명확하다: 不明確だ

0487 □□□□□
도둑

📛 泥棒　❖도둑을 잡다: 泥棒を捕らえる

🔗 빈집털이: 空き巣狙い　🔄 강도: 強盗

0488 □□□□□
도전하다

🎬 挑戦する　🔗 도전장: 挑戦状

🔄 맞서다: 対立する　🔄 포기하다: 諦める

0489 □□□□□
수면

📛 睡眠　❖수면을 취하다: 睡眠を取る

❖수면 부족: 睡眠不足　🔄 잠: 睡眠

0490 □□□□□
지불하다

🎬 支払う　❖현금으로 지불하다: 現金で支払う

🔄 내다: 出す

0491 □□□□□　[결쏭]
결승

📛 決勝　❖결승에 오르다: 決勝に上がる

❖결승전: 決勝戦　❖결승 진출: 決勝進出

0492 □□□□□
녹다

🎬 溶ける　❖몸이 녹다: 体が温まる

🔄 풀리다: 溶ける　🔄 얼다: 凍る

0493 □□□□□　[수지파다]
수집하다

🎬 収集する, 集める

🔗 수집가: コレクター　🔄 모으다: 集める

0494 □□□□□　[공:겨카다]
공격하다

🎬 攻撃する　❖상대방을 공격하다: 相手を攻撃する

🔄 수비하다: 守備する

0495 □□□□□　[딱따카다]
딱딱하다

🔶 堅苦しい, 堅い　❖분위기가 딱딱하다: 雰囲気が窮屈だ

🔄 부드럽다: 柔らかい

暗記度 チェック	□ 휴식	□ 지점	□ 내려놓다	□ 불행하다
	□ 보장하다	□ 갚다	□ 깨다	□ 다듬다

식은 죽 먹기 (=땅 짚고 헤엄치기)
朝飯前，非常に容易いこと，とても簡単なこと

041

達成率
28 %

샤워하기 전에 끓였더니 다 <u>식어서</u> 다시 데워야겠네요.
シャワーする前に作ったら全部**冷めた**のでもう一回温めなくてはなりませんね。

<u>서버를 관리하는</u> 회사는 외부에 있어서 복구하는 데 시간이 좀 걸릴 듯하네요.
サーバーを管理する会社は外部にあるので復旧するのに時間がかかりそうですね。

무슨 일이 있어도 누구의 잘못인지 <u>내 손으로 밝혀내고야</u> 말겠다.
どんなことがあっても誰のミスなのか**自ら明らかにして**みせる。

한 번 실수한 부분에서 다시 틀리지 않도록 더 <u>주의하세요</u>.
一度失敗した部分で再び間違えないように，より**注意してください**。

산행을 시작하기 전에 각오를 다지며 등산화 <u>끈을 다시 맸다</u>.
登山を始める前に覚悟を決めて登山靴の**紐を結び直した**。

프레젠테이션을 할 때는 <u>명확한 비전</u>을 제시하는 게 포인트입니다.
プレゼンテーションをする時は**明確なビジョン**を提示するのがポイントです。

휴가철이라서 빈집만 노리는 <u>도둑</u>이 많다고 하니까 문단속을 잘 하시기 바라요.
休暇シーズンで空き家だけを狙う**泥棒**が多いというので戸締りをしっかりするようお願いします。

나이가 들어도 <u>새로운 것에 도전하는</u> 것이 젊음의 비결이라고 한다.
年をとっても**新しいものに挑戦する**ことが若さの秘訣だそうだ。

현대 사회에는 스트레스로 <u>수면 장애</u>를 겪고 있는 사람들이 많다고 합니다.
現代社会にはストレスで**睡眠障害**を患っている人が多いそうです。

<u>지불할 능력</u>도 없으면서 이렇게 많은 물건들을 구입하면 어떻게 하자는 거야?
支払い能力もないのにこんなに多くの品物を購入してどうするつもりなの？

드디어 결승! 세기의 대결이라고도 할 만한 빅 이벤트가 지금부터 시작됩니다.
とうとう決勝！　世紀の対決だとも言えるビックイベントが今から始まります。

남극과 북극의 빙하가 <u>녹으면서</u> 지구의 해수면이 점점 높아지고 있대요.
南極と北極の氷河が**溶ける**につれて地球の海水面が段々高くなっているそうです。

평생 동안 <u>수집해 온 작품</u>들을 사회를 위해 미술관에 기증했다.
生涯にわたり**収集してきた作品**を社会のため美術館に寄贈した。

그 사람의 능력이 아닌 외모나 배경으로 <u>공격하는</u> 것은 어른스럽지 못한 행동이다.
その人の能力ではなく外見や背景で**攻撃する**のは大人らしくない行動だ。

전공 서적은 <u>내용이 너무 딱딱해서</u> 읽는 재미가 없어요.
専攻の書籍は**内容が堅すぎて**読んでも面白味がありません。

□ 당당하다	□ 분리하다	□ 의지하다	□ 제발
□ 가득하다	□ 상자	□ 결심하다	

0496 □□□□□ **적응하다**	動 **適応する** ❖환경에 적응하다: 環境に適応する

0497 □□□□□ **악수**	名 **握手** ❖악수를 청하다[나누다]: 握手を求める[交わす]

0498 □□□□□ **예정되다**	動 **予定される** ❖예정된 대로: 予定された通り 類 예상되다: 予想される／계획되다: 計画される

0499 □□□□□ **표시하다**	動 **表示する, 印す** ❖성의를 표시하다: 誠意を表す 類 표현하다: 表現する／드러내다: さらけ出す

0500 □□□□□ **눈부시다**	形 **眩しい, 目覚ましい** ❖눈부신 업적: 目覚ましい業績 類 빛나다: 光る

0501 □□□□□ **뚜껑**	名 **ふた** ❖뚜껑을 열다: ふたを開ける 類 덮개: ふた

0502 □□□□□ **목록** [몽녹]	名 **目録, リスト** ❖목록을 작성하다: 目録を作成する 類 차례: 目次／리스트: リスト

0503 □□□□□ **반성하다**	動 **反省する** ❖잘못을 반성하다: 過ちを反省する 関 반성문: 反省文

0504 □□□□□ **보전하다**	動 **保全する** ❖환경을 보전하다: 環境を保全する 類 보호하다: 保護する／지키다: 守る

0505 □□□□□ **의논하다**	動 **相談する, 議論する** 類 논의하다: 論議する／상의하다: 相談する

0506 □□□□□ **교체하다**	動 **交替する, 入れ替える** 関 세대 교체: 世代交替 類 교대하다: 交代する／대체하다: 代替する

0507 □□□□□ **닫히다** [다치다]	動 **閉まる** ❖굳게 닫히다: 固く閉まる 反 열리다: 開く

0508 □□□□□ **불꽃**	名 **火花, 炎** 類 불빛: 光

0509 □□□□□ **전달하다**	動 **伝達する, 渡す** ❖편지를 전달하다: 手紙を渡す 類 전하다: 伝える

0510 □□□□□ **구별하다**	動 **区別する** ❖선악을 구별하다: 善悪を区別する 類 가리다, 나누다: 分ける／구분하다: 区分する

暗記度
チェック
□ 식다	□ 관리하다	□ 밝혀내다	□ 주의하다
□ 매다	□ 명확하다	□ 도둑	□ 도전하다

諺 & 慣用 句
불꽃이 튀다
争う様子が激しい

042

達成率
28 %

갑자기 환경이 바뀌어서 <u>적응하는 데</u> 시간이 좀 걸릴 것 같습니다.
急に環境が変わって**適応するのに**時間が少しかかりそうです。

휴전 협정을 맺은 후 양국의 대표는 <u>자리에서 일어나서 악수를 했다.</u>
休戦協定を結んだ後，両国の代表は**席から立ち上がり握手をした。**

세 번째로 예정되어 있었는데 첫 번째 발표가 취소되면서 순서가 빨라졌다.
3番目に**予定されていた**が最初の発表がキャンセルになり順序が早まった。

주의해야 할 곳에 잘 <u>표시해 두고</u> 시험 직전에 다시 한번 보세요.
注意しなければならない所にしっかり**印しておき**，試験直前にもう一度見てください。

그 도시는 올림픽 개최를 계기로 <u>눈부시게</u> 발전할 수 있었다.
その都市はオリンピック開催をきっかけに**目覚ましく**発展することができた。

풀을 쓴 후에는 <u>뚜껑을 잘 닫아</u> 놓으셔야 다음에 또 쓰죠.
糊を使った後には**ふたをちゃんと閉めて**おかないと次にまた使えなくなりますよ。

<u>필요한 물건의 목록을</u> 작성한 후에 장을 보러 가요.
必要なもののリストを作成した後に買い物に行きます。

자기 전에 하루를 돌아보며 <u>반성하는 시간</u>을 가져 봅시다.
寝る前に一日を振り返って**反省する時間**を設けてみましょう。

우리는 지금의 지구를 잘 가꾸고 <u>보전할 의무</u>가 있다.
我々は今の地球をしっかり育み**保全する義務**がある。

내 진로를 놓고 부모님과 <u>의논해 봤지만</u> 별 소득이 없었다.
私の進路について親と**相談してみた**が，あまり得たものがなかった。

감독이 그 순간에 <u>선수를 교체한</u> 것은 뛰어난 판단이었다.
監督がその瞬間に**選手を入れ替えた**のは卓越した判断だった。

<u>문도 닫혀</u> 있고 사무실에 아무도 없기에 아직 거래처에서 회의하고 있는 줄 알았어요.
ドアも閉まっていて事務室に誰もいなかったためまだ取引先で会議していると思いました。

여름에 해변에 가면 <u>불꽃놀이</u>를 하면서 즐겁게 노는 젊은이들을 많이 볼 수 있다.
夏に海辺に行くと**花火**をしながら楽しく遊ぶ若者たちをよく見かける。

친구에게 부탁받은 대로 <u>물건을 전달했을 뿐인데</u> 범인이라니요!
友達に頼まれたとおり**品物を渡した**だけなのに，犯人だなんて！

아기가 너무 예쁘게 생겨서 남자인지 여자인지 <u>구별하기가</u> 어렵네요.
赤ちゃんがあまりにもかわいいので男の子なのか女の子なのか**区別し**にくいですね。

| □ 수면 | □ 지불하다 | □ 결승 | □ 녹다 |
| □ 수집하다 | □ 공격하다 | □ 딱딱하다 | |

0511 ☐☐☐☐☐   [끈키다]
끊기다
- 動 **切られる** ❖연락이 끊기다: 連絡が途絶える
- ❖차가 끊기다: 終電がなくなる

0512 ☐☐☐☐☐
얼다
- 動 **凍る** ㄹ語幹 ❖무대에서 얼다: 舞台で凍り付く
- 類 얼어붙다: 凍り付く   反 녹다: 溶ける

0513 ☐☐☐☐☐   [설뜨카다]
설득하다
- 動 **説得する**
- 関 설득되다: 説得される

0514 ☐☐☐☐☐
적성
- 名 **適性** ❖적성 검사: 適性検査
- ❖적성을 고려하다: 適性を考慮する

0515 ☐☐☐☐☐
간접
- 名 **間接** ❖간접적: 間接的
- 反 직접: 直接

0516 ☐☐☐☐☐
의외로
- 副 **意外に**
- 類 뜻밖에: 意外に／우연히: 偶然に

0517 ☐☐☐☐☐
제시하다
- 動 **提示する** ❖증거로 제시하다: 証拠として提示する
- 類 내보이다: 見せる

0518 ☐☐☐☐☐   [틀리멉씨]
틀림없이
- 副 **間違いなく，確かな**
- 類 반드시: きっと／확실히: 確実に

0519 ☐☐☐☐☐
무리하다
- 動 **無理をする** 形 **無理だ** ❖무리한 요구: 無理な要求
- 類 불가능하다: 不可能だ

0520 ☐☐☐☐☐
선명하다
- 形 **鮮明だ** ❖화질이 선명하다: 画質が鮮明だ
- 類 뚜렷하다: 鮮明だ

0521 ☐☐☐☐☐
선호하다
- 動 **好む** ❖~을/를 더 선호하다: 〜をより好む
- 関 남아선호사상: 男児誕生を願う思想

0522 ☐☐☐☐☐
우수하다
- 形 **優秀だ** ❖성적이 우수하다: 成績が優秀だ
- 類 뛰어나다: 優れる

0523 ☐☐☐☐☐
강도
- 名 **強盗** ❖강도를 잡다: 強盗を捕らえる
- 類 도둑: 泥棒

0524 ☐☐☐☐☐
더욱더
- 副 **なお，もっと**
- 類 더욱: もっと／더욱이: さらに

0525 ☐☐☐☐☐
영하
- 名 **零下** ❖영하의 추위: 零下の寒さ
- 反 영상: 零度以上

暗証度チェック
☐ 적응하다   ☐ 악수   ☐ 예정되다   ☐ 표시하다
☐ 눈부시다   ☐ 뚜껑   ☐ 목록   ☐ 반성하다

諺 & 慣 用 句
무소식이 희소식
便りのないのはよい便り

043

達成率
29 %

전파가 약해서 그런지 전화가 몇 번이나 끊겨서 나중에 다시 통화하기로 했다.
電波が弱いからなのか電話が**何度も途切れたので**後でまた通話することにした。

나무를 심으려고 했는데 땅이 너무 단단하게 얼어서 삽이 안 들어가네요.
木を植えようとしたが土がとても**固く凍っているので**シャベルが入らないですね。

부모님이 반대를 하면 대화로 설득해야지 이렇게 화를 내면 어떻게 해?
親が反対をしたら**会話で説得しないといけないのに**, こんなに怒っていてどうするの?

금방 싫증을 내는 애가 가르치는 일이 적성에 잘 맞는지 계속 재미있다고 하네요.
すぐ飽きる子が, 教える仕事が**適性によく合うのか**ずっとおもしろいと言っていますね。

한국은 직접 선거를 통해 대통령을 선출하지만 일본은 간접 선거로 총리를 뽑는다.
韓国は**直接選挙**を通じて大統領を選出するが, 日本は**間接選挙**で総理を選ぶ。

가방이 커서 혼자 들고 가기 힘들 줄 알았는데 의외로 가벼워서 다행이었어요.
鞄が大きくてひとりで持っていくのが大変だと思ったのに**意外と軽くて**よかったです。

여러 가지 방법을 제시했지만 아무것도 마음에 들어 하지 않았다.
色々な方法を**提示**したけれど, 何も気に入ってもらえなかった。

제가 세 번이나 확인하고 다른 직원들도 확인했으니까 틀림없이 맞을 거예요.
私が3回も確認し, ほかの職員も確認したから**間違いなく**合うはずです。

아무리 중요한 일이라고 해도 너무 무리하는 것은 좋지 않아요.
どんなに重要な仕事だとしても**無理しすぎるのは**よくありません。

안경을 새로 맞췄더니 주변이 좀 더 선명하게 보이고 눈도 덜 피곤하네요.
眼鏡を新調したら周辺がもっと**鮮明に見えて**目もそれほど疲れませんね。

기존의 것과 새로운 것이 있을 때 한국인들은 새로운 것을 더 선호하는 편이다.
既存のものと新しいものがある時, 韓国人は新しいものを**より好むほうだ**。

대학을 우수한 성적으로 졸업하고 대기업에 취직해서 안정적인 생활을 하고 있습니다.
大学を**優秀な成績**で卒業して大企業に就職し安定的な生活をしています。

강도가 어린아이를 인질로 잡고 있어서 경찰이 체포하는 데에 어려움을 겪었다.
強盗が幼い子どもを人質にとっていたので警察は逮捕するのに苦労した。

지금까지의 고생도 알고 있지만 더욱더 연습을 해야 할 것 같습니다.
今までの苦労もわかっていますが, **もっと**練習をしないといけないようです。

갑자기 기온이 영하로 뚝 떨어지면서 병원을 찾는 감기 환자가 급증했습니다.
急に気温が**零下にぐっと下がるにつれて**病院を訪ねる風邪の患者が急増しました。

□ 보전하다	□ 의논하다	□ 교체하다	□ 닫히다
□ 불꽃	□ 전달하다	□ 구별하다	

0526 □□□□□　　　[종하파다]
종합하다
動 総合する，合わせる
反 나누다: 分ける

0527 □□□□□
양보하다
動 譲る　◈ 순서를 양보하다: 順番を譲る
類 물러나다: 退く

0528 □□□□□
자라나다
動 育つ　◈ 성숙하게 자라나다: 大人っぽく成長する
類 자라다: 育つ

0529 □□□□□
지다
動 沈む，散る
◈ 꽃이 지다: 花が散る　反 뜨다: 昇る／피다: 咲く

0530 □□□□□
후회하다
動 後悔する
◈ 잘못을 후회하다: 過ちを後悔する

0531 □□□□□　　　[가이파다]
가입하다
動 加入する
関 가입 신청서: 加入申請書　反 탈퇴하다: 脱退する

0532 □□□□□
고르다
形 揃っている，均等だ　르変
◈ 음정이 고르다: 音程が安定する

0533 □□□□□
동창
名 同窓，学生時代の友人
◈ 동창회: 同窓会　類 동문: 同門／동창생: 同窓生

0534 □□□□□
실망하다
動 失望する
◈ 실망한 눈빛: がっかりした眼差し

0535 □□□□□
면담
名 面談　◈ 학부모 면담: 保護者面談
類 상담: 相談

0536 □□□□□
봉지
名 袋　◈ 쓰레기 봉지: ゴミ袋
類 봉투: 封筒

0537 □□□□□
예선
名 予選　◈ 예선을 통과하다: 予選を通過する
関 결선: 決勝　類 예선전: 予選

0538 □□□□□
지점
名 支店　◈ 지점 발령: 支店勤務の辞令
関 본점: 本店　類 지부: 支部

0539 □□□□□
소화하다
動 消化する　◈ 무리없이 소화하다: 無理なく消化する
関 소화 불량: 消化不良／소화제: 消化剤

0540 □□□□□
조명
名 照明　◈ 조명 장치: 照明装置
◈ 조명이 밝다[어둡다]: 照明が明るい[暗い]

暗記度チェック
□ 끊기다　　□ 얼다　　　　□ 설득하다　　□ 적성
□ 간접　　　□ 의외로　　　□ 제시하다　　□ 틀림없이

날개를 펴다
考え，感情，勢いなどを力強く広げる

044

회의에서 나온 의견을 모두 종합해서 회의록을 작성한 후 보내세요.
会議で出てきた**意見を全部総合して**会議録を作成したあとに送ってください。

할머니께서 무거운 짐을 들고 서 계시기에 자리를 양보해 드렸습니다.
おばあさんが重い荷物を持って立っていらしたので**席を譲って**あげました。

공부를 잘하는 것보다 건강하게 자라나기만을 바랍니다.
勉強ができることより**健康に育つことだけ**を願っています。

해가 지기 시작하자 놀이터에서 놀던 아이들은 하나둘씩 집으로 돌아갔다.
日が沈み始めると遊び場で遊んでいた子どもたちは1人2人と家に帰っていった。

해도 후회, 안 해도 후회할 것 같으면 저는 도전해 보고 후회하겠습니다.
やっても後悔，やらなくても後悔するようならば，私は挑戦してみてから**後悔します**。

지금 가입하시면 5천 원짜리 쿠폰과 2만 점의 포인트를 선물로 드립니다.
今加入すると5,000ウォン分のクーポンと2万点のポイントをプレゼントとして差し上げます。

이가 고르지 않아 큰맘 먹고 치아 교정을 하려고 하는데 3년이나 걸린대요.
歯並びが**そろっていないので**思い切って歯の矯正をしようと思いますが3年もかかるそうです。

오랜만에 동창들을 만나니까 다시 학창 시절로 돌아간 것 같았다.
久しぶりに**学生時代の友人**たちに会ったら再び学生時代に戻ったようだった。

기대가 크면 클수록 실망할 가능성도 커지니까 너무 기대하지 마세요.
期待が大きければ大きいほど**失望する可能性**も大きくなるからあまり期待しないでください。

노동자들은 책임자들과의 면담을 수차례나 요구했지만 회신은 없었다.
労働者は責任者との**面談を**数回も**要求したが**返信はなかった。

손에 든 봉지에 뭐가 들어 있는지 보여 달라고 해도 무시하네요.
手に持った袋に何が入っているのか見せてくれと言っても無視していますね。

우승 후보로 주목을 받던 선수가 예선에서 탈락해서 승부를 예상하기 힘들어졌다.
優勝候補として注目を受けていた選手が**予選で脱落したので**勝負を予想することが難しくなった。

사업이 잘되어 가자 사장은 지방에도 지점을 낼 준비를 했다.
事業がうまくいくと社長は地方にも**支店を出す**準備をした。

이 안무는 초보자가 소화하기에는 좀 어려울 것 같은데 한번 해 봅시다.
この振り付けは初心者が**消化するには**ちょっと難しそうですが一度やってみましょう。

조명이 좀 어두워서 그런지 카메라가 자꾸 흔들리고 예쁘게 안 찍히네요.
照明が少し**暗いせいか**カメラがたびたび揺れてきれいに撮れませんね。

□ 무리하다	□ 선명하다	□ 선호하다	□ 우수하다
□ 강도	□ 더욱더	□ 영하	

0481 （ ）	冷める	0511 （ ）	切られる
0482 （ ）	管理する	0512 （ ）	凍る
0483 （ ）	明らかにする	0513 （ ）	説得する
0484 （ ）	注意する	0514 （ ）	適性
0485 （ ）	結ぶ	0515 （ ）	間接
0486 （ ）	明確だ	0516 （ ）	意外に
0487 （ ）	泥棒	0517 （ ）	提示する
0488 （ ）	挑戦する	0518 （ ）	間違いなく
0489 （ ）	睡眠	0519 （ ）	無理だ
0490 （ ）	支払う	0520 （ ）	鮮明だ
0491 （ ）	決勝	0521 （ ）	好む
0492 （ ）	溶ける	0522 （ ）	優秀だ
0493 （ ）	収集する	0523 （ ）	強盗
0494 （ ）	攻撃する	0524 （ ）	なお，もっと
0495 （ ）	堅苦しい	0525 （ ）	零下
0496 （ ）	適応する	0526 （ ）	総合する
0497 （ ）	握手	0527 （ ）	譲る
0498 （ ）	予定される	0528 （ ）	育つ
0499 （ ）	表示する	0529 （ ）	沈む，散る
0500 （ ）	眩しい	0530 （ ）	後悔する
0501 （ ）	ふた	0531 （ ）	加入する
0502 （ ）	目録，リスト	0532 （ ）	揃っている
0503 （ ）	反省する	0533 （ ）	同窓
0504 （ ）	保全する	0534 （ ）	失望する
0505 （ ）	相談する	0535 （ ）	面談
0506 （ ）	交替する	0536 （ ）	袋
0507 （ ）	閉まる	0537 （ ）	予選
0508 （ ）	火花，炎	0538 （ ）	支店
0509 （ ）	伝達する，渡す	0539 （ ）	消化する
0510 （ ）	区別する	0540 （ ）	照明

密閉するための「ふた」として **덮개, 마개, 뚜껑** がありますが，次のように用途が異なります。

덮개＝特別な道具や形はなく，ものを保護するためのもの

마개＝入口が狭いものを塞ぐ道具，入口の中に入って穴をふさぐ形態
   마개를 뽑다 (栓を抜く) ／ **마개를 따다** (栓を取る)

뚜껑＝入口が狭い必要はないが，ものを被せる道具，入口の上を被せる形態
   뚜껑을 열다 (ふたを開ける) ／ **뚜껑을 따다** (ふたを取る)

ワインの ☐

   와인 덮개　×
   와인 마개　○
   와인 뚜껑　△

ボールペンの ☐

   볼펜 덮개　×
   볼펜 마개　×
   볼펜 뚜껑　○

なべの ☐

   냄비 덮개　×
   냄비 마개　×
   냄비 뚜껑　○

0541 □□□□□   [착까카다]
착각하다
動 **錯覚する**
関 착각이 들다: 錯覚する

0542 □□□□□
경고하다
動 **警告する**
関 경고문: 警告文   類 주의하다: 注意する

0543 □□□□□
빨다
動 **洗う** 語幹   関 셀프 빨래방: コインランドリー
類 빨래하다: 洗いものをする／세탁하다: 洗濯する

0544 □□□□□
사무
名 **事務**   ❖ 사무직: 事務職
❖ 사무를 보다: 事務の仕事をする   類 업무: 業務

0545 □□□□□
이별하다
動 **離別する, 別れる**
類 헤어지다: 別れる／결별하다: 決別する

0546 □□□□□
출현하다
動 **出現する**
類 등장하다: 登場する／나타나다: 現れる

0547 □□□□□
시합
名 **試合**   ❖ 시합에 출전하다: 試合に出場する
類 경기: 競技／게임: ゲーム

0548 □□□□□
위반하다
動 **違反する**   ❖ 법을 위반하다: 法律に違反する
類 어기다: 破る

0549 □□□□□   [정:지카다]
정직하다
形 **正直だ**
❖ 정직하게 살다: 正直に生きる

0550 □□□□□   [만조카다]
만족하다
形 **満足だ**   動 **満足する**
関 만족감: 満足感   類 충족하다: 満ち足りる

0551 □□□□□
지도하다
動 **指導する**
関 지도자: 指導者   類 이끌다: 導く

0552 □□□□□
사망하다
動 **死亡する**
関 사망률: 死亡率   類 죽다: 死ぬ／숨지다: 息を引きとる

0553 □□□□□   [씩씨카다]
씩씩하다
形 **頼もしい, 凛々しい**
類 용감하다: 勇敢だ

0554 □□□□□
숙소
名 **宿, 宿所**
❖ 숙소를 잡다: 宿を取る

0555 □□□□□   [저랴카다]
절약하다
動 **節約する**   ❖ 자원을 절약하다: 資源を節約する
類 아끼다: 大切に使う   反 낭비하다: 浪費する

暗記度チェック
□ 종합하다   □ 양보하다   □ 자라나다   □ 지다
□ 후회하다   □ 가입하다   □ 고르다   □ 동창

語 & 信 用 句

떡 줄 사람은 꿈도 안 꾸는데 김칫국부터 마신다

取らぬ狸の皮算用

046

達成率
31 %

성함만 보고 남성이라고 <u>착각했는데</u> 이렇게 아름다운 여성일 줄은 몰랐어요.
お名前だけ見て男性だと**錯覚していました**がこんなに美しい女性とは知りませんでした。

물이 들어가면 고장 날 거라고 처음부터 <u>경고했는데</u> 왜 이제 와서 못 들은 척해!
水が入ると壊れるだろうと初めから**警告したの**になぜ今になって聞いていなかったふりをするの！

고춧가루 물은 <u>빨아도</u> 잘 없어지지 않으니까 앞치마하고 드세요.
唐辛子の**シミ**は**洗っても**よく消えないから前掛けをして召し上がってください。

저는 변호사 사무실에서 <u>사무 행정</u> 일을 하고 있습니다.
私は**弁護士事務所**で**事務行政**の仕事をしています。

오늘은 <u>그녀와 이별한 지</u> 1년이 되는 날이지만 저는 지금도 그녀가 좋습니다.
今日は**彼女と別れてから**1年になる日ですが私は今も彼女が好きです。

이 지역은 야생 동물들이 많이 <u>출현하는</u> 곳이니까 운전에 조심하시기 바랍니다.
この地域は野生動物が多く**出没する場所なので**運転に気を付けてくださいますようお願いいたします。

꼭 가고 싶지만 주말에 <u>야구 시합</u>이 있어서 이번 모임에는 참가하기 힘들 것 같아요.
是非行きたいのだけど週末に**野球の試合**があるので今回の集まりに参加するのは厳しいようです。

기다리는 게 싫다는 이유로 <u>신호를 위반하는</u> 사람들이 늘어나고 있답니다.
待つのが嫌だという理由で**信号を無視する**人が増えているそうです。

그는 <u>정직하고 성실해서</u> 믿을 만한 사람이라고 사람들이 입을 모아 칭찬한다.
彼は**正直で誠実なので**信用できる人だと人々は口を揃えて褒めている。

<u>만족할 만한 결과</u>가 나올 때까지 포기하지 않고 계속한 결과 성공할 수 있었어요.
満足できそうな結果が出るまで諦めずに継続した結果, 成功することができました。

공부뿐만 아니라 아이들이 <u>바른길로 갈 수 있도록 지도하는</u> 게 선생님의 역할이다.
勉強ばかりでなく子どもたちが**正しい道に進めるように指導する**のが先生の役割だ。

행방불명으로 신고되었던 30대의 <u>여성이 사망한</u> 것으로 밝혀졌습니다.
行方不明として通報されていた30代の**女性が死亡した**ことが明らかになりました。

옆집에 새로 이사 온 아이는 항상 <u>씩씩하게</u> 인사하고 남동생도 잘 보살펴요.
お隣に新しく引越してきた子はいつも**頼もしく**挨拶し, 弟の面倒もよく見ます。

인터넷으로 <u>숙소의 위치</u>와 부대 시설, 교통편 등을 알아보고 가는 게 편하다.
インターネットで**宿の位置**と付帯設備, 交通の便などを調べて行くのが楽だ。

돈을 모으려면 많이 버는 것도 중요하지만 제일 좋은 방법은 <u>절약하는</u> 것이다.
お金を集めるにはたくさん稼ぐのも大事だが, 一番よい方法は**節約すること**だ。

□ 실망하다	□ 면담	□ 봉지	□ 예선
□ 지점	□ 소화하다	□ 조명	

0556 □□□□□
지진
名 地震　❖ 지진이 나다: 地震が起きる
❖ 지진 피해: 地震被害

0557 □□□□□
수학
名 修学
❖ 수학 여행: 修学旅行

0558 □□□□□ [염:녀하다]
염려하다
動 心配する, 懸念する
類 걱정하다: 心配する

0559 □□□□□
간편하다
形 簡単だ　❖ 간편한 복장: 楽な服装
類 간단하다: 簡単だ

0560 □□□□□
연하다
形 柔らかい, 薄い　類 부드럽다: 柔らかい
反 질기다:《肉, 皮などが》固い／진하다: 濃い

0561 □□□□□
일회용
名 一回用, 使い捨て
❖ 일회용품: 使い捨て用品

0562 □□□□□ [침차카다]
침착하다
形 落ち着いている
類 차분하다: 落ち着いている

0563 □□□□□
쓰이다
動 書かれる
❖ 경고문이 쓰여 있다: 警告文が書かれている

0564 □□□□□
진심
名 真心, 本気
類 본심: 本心　反 거짓: 嘘

0565 □□□□□
졸다
動 居眠りする ㄹ語幹　❖ 꾸벅꾸벅 졸다: うとうと居眠りする
関 졸음운전: 居眠り運転

0566 □□□□□
코피
名 鼻血
❖ 코피가 터질 정도로 일하다: 鼻血が出るほど働く

0567 □□□□□ [모지파다]
모집하다
動 募集する　関 모집 인원[대상]: 募集人員[対象]
類 모으다: 集める

0568 □□□□□
소문나다
動 噂される
関 소문이 퍼지다: 噂が広がる　反 소문내다: 噂を流す

0569 □□□□□
찬성하다
動 賛成する
関 찬성률: 賛成率　反 반대하다: 反対する

0570 □□□□□
녹음하다
動 録音する
関 녹음기: 録音機／음성 녹음: 音声録音

暗記度チェック			
□ 착각하다	□ 경고하다	□ 빨다	□ 사무
□ 이별하다	□ 출현하다	□ 시합	□ 위반하다

諺 & 慣用句
소리 소문도 없이
目立たず何気なく

047

達成率
32 %

정부는 보다 정확한 지진 예보 체계를 구축하기 위해 연구 지원을 확대하기로 했다.
政府はより**正確な地震予報**システムを構築するため研究支援を拡大することにした。

사춘기 반항심에 고등학교 수학여행에 참가하지 않은 것이 지금은 정말 후회돼요.
思春期の反抗心で**高校の修学旅行**に参加しなかったことを今ではとても後悔しています。

문제가 발생한 공장에 전문가를 보내서 잘 마무리할 테니까 너무 염려하지 마세요.
問題が発生した工場に専門家を送ってきちんと後始末をするのであまり**心配しないでください**。

요즘은 혼자 사는 사람들이 간편하게 먹을 수 있는 식품들이 인기가 있어요.
このごろは一人暮らしの人たちが**簡単に食べられる**食品が人気があります。

불고기를 만들 때는 고기에 양념을 한 후에 재워 두면 연해진다.
ブルコギを作る時は肉に味付けをした後に寝かせておくと**柔らかくなる**。

편해서 일회용 제품을 많이 사용했는데 환경을 위해 지금은 줄이자는 의견이 많다.
楽なので**使い捨て製品**をたくさん使用していたが、環境のために今では減らそうという意見が多い。

평소에는 덜렁거리는 성격인데 일을 할 때는 침착하게 상황을 판단하고 처리한다.
普段はそそっかしい性格だが仕事をする時は**落ち着いて状況を判断して**処理する。

건강 검진을 오기 전에 안내문에 쓰여 있는 주의 사항을 잘 읽어 보고 오십시오.
健康診断に来る前に案内文に**書かれている**注意事項をよく読んでから来てください。

어렵고 힘들 때 찾아오면 최대한 도와주겠다던 그의 말은 진심이었다.
困難で大変な時に訪ねてきたら最大限手伝ってあげると言った彼の**言葉は本気**だった。

날씨 탓인지 강의가 재미없어서 그런지 여기저기에서 졸고 있는 사람들이 눈에 띄었다.
天気のせいなのか、講義がおもしろくないからか、あちこちで**居眠りをしている人**たちが目立った。

피곤하기는 했는데 발표하다가 갑자기 코피가 나서 모두를 놀라게 했다.
疲れてはいたけど、発表している途中でいきなり**鼻血が出て**みんなを驚かせた。

이번 행사를 도와줄 자원봉사자들을 홈페이지에 공고해서 모집하는 것은 어때요?
今回の行事を手伝ってくれるボランティアをホームページに告知して**募集する**のはどうですか。

맛있기로 유명한 집이라서 갔는데 '소문난 잔치에 먹을 것 없다'고 저는 별로였어요.
おいしいと有名な店なので行ったけれど「名物にうまいものなし」のように、私にはそれほどでした。

소비세 인상에 찬성하는 사람과 반대하는 사람이 뜨겁게 토론을 하고 있다.
消費税の引き上げに**賛成する人**と**反対する人**が熱く議論をしている。

취재를 할 때는 항상 메모도 열심히 하지만 녹음하는 것도 잊지 않아요.
取材をする時はいつもメモも一生懸命にするけれど**録音するの**も忘れません。

□ 정직하다　　□ 만족하다　　□ 지도하다　　□ 사망하다
□ 씩씩하다　　□ 숙소　　　　□ 절약하다

0571 □□□□□
복사하다
動 コピーする，複写する
関 복사기: コピー機　類 카피하다: コピーする

0572 □□□□□
유능하다
形 有能だ
反 무능하다: 無能だ

0573 □□□□□
추천하다
動 推薦する　関 추천서: 推薦書
類 소개하다: 紹介する／권하다: 勧める

0574 □□□□□
건조하다
動 乾燥する　形 乾燥している　関 건조기: 乾燥機
類 말리다: 乾かす, 干す　反 습하다: 湿り気がある

0575 □□□□□
가로
名 横　❖ 가로줄 무늬: 横縞模様
類 횡: 横　反 세로: 縦

0576 □□□□□
얕다
形 浅い　❖ 생각이 얕다: 考えが浅い
類 낮다: 低い　反 깊다: 深い

0577 □□□□□
정열
名 情熱　❖ 정열을 쏟다: 情熱を注ぐ
❖ 정열을 불태우다: 情熱を燃やす　類 열정: 熱情, 情熱

0578 □□□□□
초보
名 初歩　❖ 초보적인 실수: 初歩的なミス
❖ 초보자: 初級者

0579 □□□□□　[등노카다]
등록하다
動 登録する　❖ 사전 등록하다: 事前登録する
関 등록증: 登録証

0580 □□□□□
면접
名 面接　❖ 면접을 보다: 面接を受ける
❖ 면접에 붙다[떨어지다]: 面接に受かる[落ちる]

0581 □□□□□
재채기
名 くしゃみ　❖ 재채기가 나다: くしゃみが出る
動 재채기하다: くしゃみする

0582 □□□□□　[괄람]
관람
名 観覧　❖ 공연 관람: 公演観覧
❖ 관람차: 観覧車　❖ 관람객: 観覧客

0583 □□□□□
세로
名 縦　❖ 세로줄 무늬: 縦縞模様
類 종: 縦　反 가로: 横

0584 □□□□□
소비하다
動 消費する
関 소비세: 消費税／소비자 가격: 消費者価格

0585 □□□□□
수리하다
動 修理する　関 수리비: 修理費
類 고치다: 直す　反 고장 나다: 壊れる

諺 & 慣 用 句
소문난 잔치에 먹을 것 없다
世間の評判と実際とは一致しないことが多い
048

達成率
33 %

회의에서 사용할 자료니까 <u>사람 수대로 복사해서</u> 회의실로 가지고 오세요.
会議に使用する資料なので**人数分コピーして**会議室に持ってきてください。

회사 동료로서는 성격보다는 조금 개인주의적이더라도 <u>유능한 사람</u>이 더 좋아요.
会社の同僚としては，性格よりは多少個人主義でも**有能な人**のほうがよいです。

새 프로젝트의 책임자로 적당한 사람을 찾고 있다기에 <u>부장님을 추천했습니다.</u>
新しいプロジェクトの責任者として適切な人を探しているというので**部長を推薦しました**。

겨울이 되면 난방 때문에 <u>공기가</u> 많이 <u>건조해서</u> 가습기가 꼭 필요해요.
冬になると暖房のせいで**空気が**とても**乾燥するため**加湿器が必ず必要です。

어휘력 향상에는 <u>가로세로 낱말 맞추기</u>가 도움이 될 테니까 한번 해 보세요.
語彙力の向上には**クロスワードパズル**が役に立つだろうから一度やってみてください。

발이 바닥에 닿지 않으면 불안해하니까 <u>수심이 얕은</u> 풀장에서 아이들을 놀게 했다.
足が底につかないと不安がるので**水深が浅い**プールで子どもたちを遊ばせた。

재능은 없었지만 연극에 대한 <u>정열 하나만으로</u> 대스타가 될 수 있었다.
才能はなかったが演劇に対する**情熱ひとつで**大スターになることができた。

운전면허를 따고 나서 1년 동안은 <u>초보 운전 스티커</u>를 붙이는 게 안전해요.
運転免許を取ってから１年間は**初心者運転ステッカー**を貼るのが安全です。

<u>헬스클럽에 등록해</u> 놓고 계속 바빠서 이번 달에는 한 번도 못 갔어요.
ジムに登録しておいたのにずっと忙しくて今月は一度も行けなかったです。

1차도 2차도 통과하고 <u>최종 면접</u>만 남았는데 어떻게 준비해야 할지 모르겠다.
１次も２次も通過して**最終面接**だけが残ったがどう準備すればよいのかわからない。

봄이 되면 꽃가루 때문에 <u>재채기를 하는</u> 사람들을 쉽게 볼 수 있다.
春になると**花粉のせいでくしゃみをする**人たちをよく見かけます。

자극적인 장면이 있으니까 심장이 약한 분이나 임부, 노약자는 <u>관람을 삼가</u> 주십시오.
刺激的な場面があるので心臓が弱い方や妊婦，老弱者*は**観覧をお控え**ください。 ＊老人，子ども，病弱な人のこと。

옛날 신문을 봤는데 지금과는 다르게 <u>글이 세로로 쓰여 있어서</u> 조금 놀랐어요.
昔の新聞を見たが今とは違って**文字が縦に書かれていたので**少し驚きました。

일찍 끝날 줄 알았는데 생각보다 많은 <u>시간을 소비하는</u> 바람에 지각할 뻔했어요.
早く終わると思ったのに思ったより多くの**時間を消費した**せいで遅刻するところでした。

<u>조금씩 수리하다가 보니까</u> 수리비가 자전거 가격보다 더 많이 들어서 후회하고 있어요.
少しずつ修理していたら修理費が自転車の価格よりもっと多くかかったので後悔しています。

| □ 진심 | □ 좋다 | □ 코피 | □ 모집하다 |
| □ 소문나다 | □ 찬성하다 | □ 녹음하다 | |

頻出度	日 付	年 月 日	年 月 日	年 月 日	年 月 日	年 月 日
A	習得数	/15	/15	/15	/15	/15

0586 □□□□□
열리다
動 実がなる，実る ❖과일이 열리다: 果物が実る
類 맺다: 実る

0587 □□□□□
이혼하다
動 離婚する
反 결혼하다: 結婚する

0588 □□□□□
입사하다
動 入社する
関 입사 지원[시험]: 入社志願[試験]　反 퇴사하다: 退社する

0589 □□□□□
걱정되다
動 心配になる
関 걱정하다: 心配する

0590 □□□□□
퇴원하다
動 退院する
関 퇴원 수속: 退院手続き　反 입원하다: 入院する

0591 □□□□□
게으르다
形 怠ける ［르変］
関 게으름뱅이: 怠け者　反 부지런하다: 勤勉だ

0592 □□□□□　[입꾸카다]
입국하다
動 入国する　関 출입국: 出入国／입국 심사: 入国審査
反 출국하다: 出国する

0593 □□□□□
냉방
名 冷房　❖냉방 기기: 冷房機器
反 난방: 暖房

0594 □□□□□
빗
名 櫛（くし）
❖빗으로 빗다: 櫛でブラッシングする

0595 □□□□□　[결써카다]
결석하다
動 欠席する　関 무단 결석: 無断欠席
類 결근하다: 欠勤する　反 출석하다: 出席する

0596 □□□□□
영상
名 零度以上の気温
反 영하: 零下

0597 □□□□□　[출써카다]
출석하다
動 出席する　関 출석자: 出席者
反 결석하다: 欠席する

0598 □□□□□　[일키다]
읽히다
動 読ませる，読まれる　❖시를 읽히다: 詩を読ませる
❖수가 읽히다: 先手が読まれる

0599 □□□□□
마중가다
動 迎えに行く
反 배웅하다: 見送る／마중오다: 迎えに来る

0600 □□□□□
배웅하다
動 見送る
名 배웅: 見送り　反 마중가다: 迎えに行く

暗記度チェック
□ 복사하다　　□ 유능하다　　□ 추천하다　　□ 건조하다
□ 가로　　　　□ 얕다　　　　□ 정열　　　　□ 초보

諺 & 慣 用 句
발등에 불이 떨어지다
尻に火が付く、とても切迫している

049

達成率
33 %

대추는 열매가 많이 열려서 한국에서는 다산의 상징이라고 합니다.
ナツメは**実が**たくさん**なるので**韓国では多産の象徴だそうです。

이혼하는 부부들에게 이유에 대해서 물어보면 대부분이 성격 차이 때문이라고 한다.
離婚する夫婦たちに理由について聞いてみると大部分が性格の不一致のせいだという。

입사하면 부서 배치를 받기 전에 업무에 필요한 연수를 받게 될 겁니다.
入社したら部署が配属される前に業務に必要な研修を受けることになります。

출발했다고 했는데 아직 연락도 없고 안 와서 사고라도 난 건 아닌지 걱정되네요.
出発したと言っていたけれど、まだ連絡もなく来ないので、事故でも起きたのではないかと**心配になりますよ**。

의사 선생님 덕분에 빨리 회복되어서 건강한 모습으로 퇴원할 수 있게 되었습니다.
お医者さんのおかげで早期回復して健康な姿で**退院できるように**なりました。

너무 게을러서 일을 계속 미루고 미루다가 발등에 불이 떨어지면 그제야 시작한다.
怠けすぎて仕事をずっと後回しにしてきて、尻に火が付いてようやく始める。

범죄를 저지르고 도망가던 그는 미국에서 입국하려다가 공항에서 잡혔다.
犯罪を犯し逃げていた彼はアメリカで**入国しようとしたところ**空港で捕まった。

냉방 시설이 잘 갖춰져 있지 않아서 다른 집들보다 가격이 싸게 나왔습니다.
冷房施設がきちんと備わっていないのでほかの家より価格が安く出ています。

곱슬머리라서 자기 전에 빗으로 머리를 잘 빗고 나서 자지 않으면 아침에 고생해요.
くせ毛なので寝る前に**櫛で髪を**ちゃんととかしてから寝ないと朝苦労します。

선생님, 내일 비자 때문에 출입국 관리 사무소에 가야 해서 결석할 것 같습니다.
先生、明日はビザのため出入国管理事務所に行かなければならないので**欠席します**。

요 며칠 동안 기온이 영상으로 올라가자 나무들도 봄을 맞이할 준비를 시작했다.
ここ何日間、気温が**零度以上**に上がり木々も春を迎える準備を始めた。

학점은 다 따서 걱정 없는데 출석한 날짜가 모자라서 1년을 더 다녀야 할 것 같습니다.
単位は全部取ったので心配ないけれど、**出席した日数**が足りなくてもう１年通わないとならないようです。

선생님은 학생들의 발음 연습을 위해 몇 번씩 반복하며 큰 소리로 책을 읽혔다.
先生は学生たちの発音練習のため何回も繰り返しながら大きな声で**本を読ませた**。

친구가 오늘 외국에서 한국에 처음으로 와서 공항에 마중 가는 길이에요.
友達が今日外国から韓国に初めてくるので**空港に迎えに行く**ところです。

파티가 끝나고 집에 돌아가는 친구를 역까지 배웅하고 돌아왔다.
パーティが終わり家に帰る友達を**駅まで見送り**して帰ってきた。

□ 등록하다　　□ 면접　　　□ 재채기　　□ 관람
□ 세로　　　　□ 소비하다　□ 수리하다

QR コードの音声を聞き，韓国語を書いてみよう！

聞き取れなかったら，対応した見出し語番号の単語を再チェック。

050

0541 (	)	錯覚する	**0571** (	)	コピーする
0542 (	)	警告する	**0572** (	)	有能だ
0543 (	)	洗う	**0573** (	)	推薦する
0544 (	)	事務	**0574** (	)	乾燥する
0545 (	)	離別する	**0575** (	)	横
0546 (	)	出現する	**0576** (	)	浅い
0547 (	)	試合	**0577** (	)	情熱
0548 (	)	違反する	**0578** (	)	初歩
0549 (	)	正直だ	**0579** (	)	登録する
0550 (	)	満足する	**0580** (	)	面接
0551 (	)	指導する	**0581** (	)	くしゃみ
0552 (	)	死亡する	**0582** (	)	観覧
0553 (	)	頼もしい	**0583** (	)	縦
0554 (	)	宿	**0584** (	)	消費する
0555 (	)	節約する	**0585** (	)	修理する
0556 (	)	地震	**0586** (	)	実がなる，実る
0557 (	)	修学	**0587** (	)	離婚する
0558 (	)	心配する	**0588** (	)	入社する
0559 (	)	簡単だ	**0589** (	)	心配になる
0560 (	)	柔らかい，薄い	**0590** (	)	退院する
0561 (	)	一回用	**0591** (	)	怠ける
0562 (	)	落ち着いている	**0592** (	)	入国する
0563 (	)	書かれる	**0593** (	)	冷房
0564 (	)	真心，本気	**0594** (	)	櫛
0565 (	)	居眠りする	**0595** (	)	欠席する
0566 (	)	鼻血	**0596** (	)	零度以上の気温
0567 (	)	募集する	**0597** (	)	出席する
0568 (	)	噂される	**0598** (	)	読ませる
0569 (	)	賛成する	**0599** (	)	迎えに行く
0570 (	)	録音する	**0600** (	)	見送る

아쉽다（惜しい），**안타깝다**（もどかしい），**섭섭하다**（残念だ），**서운하다**（名残惜しい），
아깝다（もったいない）は次のような場合に用います。

会うやいなや別れることになって_____。

만나자마자 헤어지게 되어 아쉬워요.　　○

만나자마자 헤어지게 되어 안타까워요.　×

만나자마자 헤어지게 되어 섭섭해요.　　○

만나자마자 헤어지게 되어 서운해요.　　○

만나자마자 헤어지게 되어 아까워요.　　×

1点の差で落ちるだなんて_____。

1점 차이로 떨어지다니 아쉽네요.　　○

1점 차이로 떨어지다니 안타깝네요.　　○

1점 차이로 떨어지다니 섭섭하네요.　　×

1점 차이로 떨어지다니 서운하네요.　　×

1점 차이로 떨어지다니 아깝네요.　　○

私にだけ秘密にして本当に_____。

나한테만 비밀로 해서 정말 아쉬웠어요.　　×

나한테만 비밀로 해서 정말 안타까웠어요.　×

나한테만 비밀로 해서 정말 섭섭했어요.　　○

나한테만 비밀로 해서 정말 서운했어요.　　○

나한테만 비밀로 해서 정말 아까웠어요.　　×

1回しか使ってないのに壊れて_____。

한 번 밖에 안 썼는데 고장 나서 아쉬워요.　×

한 번 밖에 안 썼는데 고장 나서 안타까워요.　×

한 번 밖에 안 썼는데 고장 나서 섭섭해요.　　×

한 번 밖에 안 썼는데 고장 나서 서운해요.　　×

한 번 밖에 안 썼는데 고장 나서 아까워요.　　○

0601 □□□□□
반대하다
- 動 **反対する** 関 반대표: 反対票
- 類 항의하다: 抗議する 反 찬성하다: 賛成する

0602 □□□□□
가꾸다
- 動 **手入れする, 飾る**
- ◆ 외모를 가꾸다: 外見をおしゃれにする 類 다듬다: 整える

0603 □□□□□
가리키다
- 動 **指す** ◆ 4시를 가리키다: 4時を指す
- 類 지적하다: 指摘する

0604 □□□□□
갈다
- 動 **研ぐ, 擦る** ㄹ語幹 ◆ 이를 갈다: 歯ぎしりをする
- ◆ 콩을 갈다: 豆を擦る

0605 □□□□□
겹치다
- 動 **重なる** ◆ 겹쳐 입다: 重ねて着る
- 類 중복되다: 重複する

0606 □□□□□
과장하다
- 動 **誇張する, 大げさだ** 関 과장이 심하다: ほらを吹く
- 類 부풀리다: 膨らます／불리다: 膨れさせる

0607 □□□□□
망설이다
- 動 **ためらう, 迷う** ◆ 대답을 망설이다: 答えをためらう
- 類 주저하다: 躊躇する

0608 □□□□□
생명
- 名 **生命, 命** ◆ 생명의 은인: 命の恩人
- 類 목숨: 命

0609 □□□□□
당시
- 名 **当時** ◆ 당시의 상황: 当時の状況
- 類 그때: その時

0610 □□□□□
더욱
- 副 **なお**
- 類 한층: いっそう／더, 더욱이: もっと／더욱더: なおさら

0611 □□□□□
뽑다
- 動 **選ぶ, 抜く** ◆ 대표를 뽑다: 代表を選ぶ
- 類 고르다: 選ぶ／빼내다: 取り除く 反 박다: 埋め込む

0612 □□□□□
기업
- 名 **企業** ◆ 대기업: 大企業 ◆ 중소기업: 中小企業
- 関 주식회사: 株式会社 類 회사: 会社

0613 □□□□□
선거
- 名 **選挙** ◆ 선거를 치르다: 選挙を行う
- ◆ 선거철: 選挙のシーズン 関 투표: 投票

0614 □□□□□
현상
- 名 **現象**
- ◆ 노화 현상: 老化現象

0615 □□□□□
구조
- 名 **構造** ◆ 권력 구조: 権力構造
- ◆ 구조도: 構造図 類 형태: 形態

暗記度チェック
□ 열리다	□ 이혼하다	□ 입사하다	□ 걱정되다
□ 퇴원하다	□ 게으르다	□ 입국하다	□ 냉방

諺 & 慣 用 句
우물 안 개구리
井の中の蛙大海を知らず

051

達成率
34 %

아버지께서는 연예인이 되고 싶다는 딸의 말을 듣고 그 자리에서 반대하셨다.
父は，芸能人になりたいという娘の話を聞いて**その場で**反対しました。

정년퇴직 후 정원 가꾸기가 아버지의 유일한 취미세요.
定年退職後，**庭造り**が父の唯一の趣味です。

아이는 원하는 장난감을 손가락으로 가리켰다.
子どもは欲しいおもちゃを**指でさ**した。

매일 아침 식사하기 전에 사과를 갈아서 마셔요.
毎朝食事する前に**リンゴをすりおろして**飲みます。

스케줄을 확인해 보고 나서 약속이 겹친 걸 알았어요.
スケジュールを確認してみたら**約束が重なっていた**ことに気付きました。

그는 뭐든지 과장해서 이야기하는 편이에요.
彼は何でも**大げさに話す**ほうです。

한번 결정했으면 망설이지 말고 바로 행동으로 옮기세요.
一度決定したら**ためらわずに**すぐ行動に移してください。

의사로서 환자의 생명을 구하는 건 당연한 일입니다.
医者として**患者の生命**を救うのは当然のことです。

그 당시에는 남성들의 긴 머리가 유행이었습니다.
その当時には男性の長い髪が流行りでした。

앞으로도 저희 회사에 더욱 관심을 가져 주시기 바랍니다.
今後も当社に**さらなるご関心**をお持ちいただきますようお願い申し上げます。

아파도 계속 참고 있었는데 결국에는 사랑니를 뽑았다.
痛くてもずっと我慢していたが結局は**親知らずを抜いた**。

최근 많은 기업들은 CSR 활동을 통해 사회 공헌을 하고 있다.
最近**多くの企業**は CSR 活動を通じて社会貢献をしている。

선거 기간이 되면 후보자들은 많은 공약을 내세운다.
選挙期間になると候補者たちは多くの公約を掲げる。

게임을 설치해서 그런지 컴퓨터가 느려지는 현상이 계속되고 있어요.
ゲームを設置したからか**コンピュータが遅くなる現象**が続いています。

먼저 문단의 구조를 파악하면 내용을 이해하기 쉬울 거예요.
まず段落の**構造を把握すれば**内容を理解しやすくなるでしょう。

| □ 빗 | □ 결석하다 | □ 영상 | □ 출석하다 |
| □ 읽히다 | □ 마중가다 | □ 배웅하다 | |

0616 ☐☐☐☐☐
오히려
副 かえって，むしろ
類 도리어: かえって／차라리: いっそのこと

0617 ☐☐☐☐☐
잠들다
動 寝入る，眠りにつく ㄹ語幹
類 잠자다: 寝る 反 일어나다: 起きる

0618 ☐☐☐☐☐
산업
名 産業 ❖1차 산업: 1次産業
❖산업 발달: 産業発達

0619 ☐☐☐☐☐
작업
名 作業 ❖준비 작업: 準備作業
❖작업량: 作業量 類 노동: 労働

0620 ☐☐☐☐☐
쳐다보다
動 見上げる，見つめる
❖창밖을 쳐다보다: 窓の外を見上げる 類 바라보다: 眺める

0621 ☐☐☐☐☐
취하다
動 酔う，陶酔する ❖분위기에 취하다: 雰囲気に酔う
類 도취하다: 陶酔する

0622 ☐☐☐☐☐
기관
名 機関 ❖정보기관: 情報機関
類 조직: 組織

0623 ☐☐☐☐☐
입장
名 立場 ❖입장의 차이: 立場の違い
類 관점: 観点

0624 ☐☐☐☐☐
단계
名 段階 ❖각 단계: 各段階
類 과정: 過程／차례: 順番／순서: 順序

0625 ☐☐☐☐☐
올리다
動 上げる ❖가격을 올리다: 価格を上げる
類 높이다: 高める 反 내리다: 下げる

0626 ☐☐☐☐☐
의원
名 議員 ❖국회 의원: 国会議員
関 의석: 議席

0627 ☐☐☐☐☐
가사
名 家事 ❖가사에 쫓기다: 家事に追われる
❖가사 노동: 家事労働 類 집안일: 家事

0628 ☐☐☐☐☐
노동
名 労働 ❖노동 조합: 労働組合
類 근로: 勤労

0629 ☐☐☐☐☐
가치
名 価値 ❖가치가 높다: 価値が高い
❖가치관: 価値観 類 의의: 意義／중요성: 重要性

0630 ☐☐☐☐☐
장관
名 長官 ❖행정부 장관: 行政部長官
関 대신: 大臣

暗記度チェック
☐ 반대하다 ☐ 가꾸다 ☐ 가리키다 ☐ 갈다
☐ 겹치다 ☐ 과장하다 ☐ 망설이다 ☐ 생명

바람을 피우다
浮気をする

🎧 052

達成率 35 %

사과하기는커녕 오히려 화를 내서 너무 당황스러웠다.
謝るどころかかえって怒ったのでひどく呆気にとられた。

아버지는 잠드시기 전에 물 한 잔을 드시는 습관이 있습니다.
父は寝る前にお水一杯を飲む習慣があります。

영국의 산업 혁명 이후, 세계는 하루가 다르게 변화하고 있다.
イギリスの産業革命以後、世界は日ごとに変化している。

작업 중에 일어난 사고는 보험 처리가 가능합니다.
作業中に起きた事故は保険の処理が可能です。

어머니께서는 제 얼굴을 빤히 쳐다보기만 하셨다.
母は私の顔をじっと見つめるだけでした。

어제 너무 취해서 집에 어떻게 돌아갔는지도 모르겠어요.
昨日ひどく酔っ払ったので家にどうやって帰ったのかもわかりません。

다음 주까지 해당 기관에 보고서와 구비 서류를 제출하십시오.
来週まで該当機関に報告書と必要書類を提出してください。

제 입장만 생각하고 너무 무리한 부탁을 드렸나 봐요.
私の立場だけ考えて、とても無理なお願いをしたようですね。

초급 단계에서는 몰랐는데 단계가 올라가면 올라갈수록 벽이 높다는 걸 느껴요.
初級段階ではわからなかったけれど、段階が上がれば上がるほど壁が高いことを実感しています。

아이들의 성적을 올릴 수 있는 좋은 방법이 없을까요?
子どもたちの成績を上げるよい方法はないでしょうか。

참석 의원의 과반수 이상이 찬성해야 통과됩니다.
参席議員の過半数以上が賛成しないと通過されません。

가사는 해도 해도 끝이 없는데 안 하면 바로 알 수 있어요.
家事はやってもやっても切りがないけれど、やらないとすぐにわかってしまいます。

노동의 대가로 월급을 받아서 생활을 하고 있습니다.
労働の代価で給料をもらって生活をしています。

하려는 일이 지금 일을 포기할 만큼 가치가 있다고 생각해요?
やろうとしていることが今やっていることをやめるほどの価値があると思いますか。

각 부처의 장관들이 모여서 이번 사태의 대책을 논의하고 있다.
各部署の長官たちが集まって今度の事態の対策を論議している。

| □ 당시 | □ 더욱 | □ 뽑다 | □ 기업 |
| □ 선거 | □ 현상 | □ 구조 | |

0631 □□□□□
우주
名 宇宙
❖ 우주 비행사: 宇宙飛行士

0632 □□□□□
시기
名 時期　❖ 시기를 놓치다: 時期を逃す
❖ 시기가 오다: 時期が来る　類 기회: 機会

0633 □□□□□
원인
名 原因　❖ 원인을 밝히다: 原因を明かす
類 요인: 要因／동기: 動機　反 결과: 結果

0634 □□□□□
당하다
動 やられる, 被る
❖ 사고를 당하다: 事故に遭う

0635 □□□□□ [삼:따]
삼다
動 見なす, ～にする　❖ 거울로 삼다: 手本にする
❖ 양자[후계자]로 삼다: 養子[後継者]にする

0636 □□□□□ [일딴]
일단
副 いったん, 一応
類 우선: まず／먼저: 先に／잠깐: ちょっと

0637 □□□□□
조직
名 組織　❖ 조직을 구성하다: 組織を構成する
類 기구: 機構／기관: 機関

0638 □□□□□
구멍
名 穴
❖ 구멍을 내다: 穴を開ける

0639 □□□□□
달리
副 別に, ほかに, ～と違って
反 같이: 一緒に／똑같이: 同じく

0640 □□□□□
인물
名 人物　❖ 등장인물: 登場人物
❖ 인물을 보다: 顔を見る　類 인재: 人材

0641 □□□□□
다만
副 ただ
類 단, 단지: ただ／오로지: ひたすら

0642 □□□□□
대다
動 当てる　❖ 자금을 대다: 資金を出す
類 접하다: 接する　反 떼다: 離す

0643 □□□□□
무대
名 舞台
関 객석: 客席　類 배경: 背景

0644 □□□□□
잇다
動 繋ぐ, 続ける ㅅ変
類 맺다: 結ぶ　反 끊다, 자르다: 切る

0645 □□□□□
기부하다
動 寄付する
類 기증하다: 寄贈する

118

諺 & 慣用句
쥐구멍에도 볕 들 날 있다
待てば海路の日和あり

053

達成率
36 %

민간인의 <u>우주여행</u>이 실현될 날도 머지않았습니다.
民間人の**宇宙旅行**が実現される日も遠くありません。

집이 비어 있어서 당장 팔고 싶은데 <u>시기가</u> 별로 <u>안</u> 좋네요.
家が空いているのですぐ売りたいけれど**時期が**あまりよくないですね。

기계 <u>오동작의 원인</u>을 전문가들이 찾고 있는 중입니다.
機械の**誤作動の原因**を専門家たちが探しているところです。

남에게 나쁜 행동을 하면 자기가 한만큼 <u>당하기 마련이다</u>.
他人に悪い行動をすれば自分がした分**やられるものだ**。

죽은 아들과 너무 닮아서 <u>아들로 삼고 싶네요</u>.
亡くなった息子ととても似ているので**息子にしたく**なりますね。

<u>일단 참가하기로 해 놓고</u> 구체적인 일정은 나중에 얘기합시다.
いったん参加することにしておいて具体的な日程は後で話しましょう。

사업 확장을 위한 대규모의 <u>조직 개편</u>이 예상된다.
事業拡張のための大規模な**組織改編**が予想される。

친구 집에 놀러 갔는데 <u>양말에 구멍이 나서</u> 창피했어요.
友人の家に遊びに行ったけれど**靴下に穴が開いていて**恥ずかしかったです。

호기심이 많은 <u>동생과 달리</u> 형은 겁이 많았다.
好奇心が多い**弟と違って**兄は臆病だった。

드라마의 <u>등장인물</u>들이 개성이 넘쳐서 보는 재미가 있어요.
ドラマの**登場人物**たちは個性が溢れていて、見る楽しみがあります。

외국 생활에 잘 적응하겠지만 <u>다만</u> 건강이 <u>걱정입니다</u>.
外国生活にはうまく順応するでしょうが、**ただ**健康が**心配です**。

좋아하던 술을 한 방울도 <u>입에 대지 않고</u> 기다리고 있었다.
好きだったお酒を一滴も**口にしないで**待っていた。

상상을 뛰어넘는 <u>무대 연출</u>로 관객들의 시선을 사로잡았다.
想像を超える**舞台演出**で観客たちの視線を虜にした。

<u>가업을 잇기</u> 위해 하던 일을 그만두고 고향으로 내려왔다.
家業を続けるためにやっていた仕事を辞めて故郷へ帰ってきた。

평생 힘들게 모은 돈을 장학 재단에 <u>기부한</u> 할머니가 화제입니다.
一生涯苦労して貯めたお金を奨学財団に**寄付した**おばあさんが話題です。

□ 단계	□ 올리다	□ 의원	□ 가사
□ 노동	□ 가치	□ 장관	

0646
대책
☐☐☐☐☐

图 **対策** ◆대책을 마련하다: 対策を設ける

類 방안: 方案／대응책: 対応策

0647
결코
☐☐☐☐☐

副 **決して** 《否定語とともに用いる》

類 결단코: 決して／절대로: 絶対に

0648
경쟁
☐☐☐☐☐

图 **競争**

◆경쟁률: 競争率 類 다툼: 争い

0649
규모
☐☐☐☐☐

图 **規模**

◆예산 규모: 予算規模 類 크기: 大きさ

0650
갖추다
☐☐☐☐☐

動 **備える, 整える** ◆자격을 갖추다: 資格を備える

類 장만하다: 用意する／준비하다: 準備する

0651
현장
☐☐☐☐☐

图 **現場** ◆사건 현장: 事件現場

◆현장 답사[실습]: 現場踏査[実習]

0652
건설
☐☐☐☐☐

图 **建設** ◆건설 현장: 建設現場

類 건축: 建築 反 파괴: 破壊

0653
존재하다
☐☐☐☐☐

動 **存在する** 関 존재 가치: 存在価値／존재감: 存在感

類 실존하다: 実存する

0654
유지하다
☐☐☐☐☐

動 **維持する** ◆몸매를 유지하다: 体型を維持する

類 지속하다: 持続する 反 중단하다: 中断する

0655
거치다
☐☐☐☐☐

動 **経る**

類 밟다: 踏む／지나다: 通る

0656
나아가다
☐☐☐☐☐

動 **進む** ◆앞으로 나아가다: 前に進む

類 전진하다: 前進する 反 후퇴하다: 後退する

0657
지식
☐☐☐☐☐

图 **知識** ◆지식을 얻다: 知識を得る

◆전문 지식: 専門知識

0658
여전히
☐☐☐☐☐

副 **相変わらず**

◆여전히 아름답다: 相変わらず美しい

0659
인류 [일류]
☐☐☐☐☐

图 **人類** ◆최초의 인류: 最初の人類

◆인류의 번영: 人類の繁栄

0660
형식
☐☐☐☐☐

图 **形式** ◆형식을 맞추다: 形式を合わせる

類 장르: ジャンル 反 내용: 内容

諺 & 慣用句
손이 크다
気前がいい，けちけちしない

054

達成率
37 %

지진이 일어나자 정부는 시청에 대책 본부를 세웠다.
地震が起きると政府は市庁に**対策本部**を立てた。

아무리 힘들어도 결코 그 일을 포기하지 않을 거예요.
どんなに大変でも**決して**そのことを諦めません。

좋은 회사에 들어가기 위한 경쟁이 치열해지고 있습니다.
よい会社に入るための**競争が激しくなって**います。

이런 규모가 큰 행사는 저희 회사만으로는 힘들 것 같습니다.
こんな**規模の大きい行事**は当社だけでは難しそうです。

이 캠핑장은 캠프에 필요한 모든 장비를 갖추고 있습니다.
このキャンプ場はキャンプに必要なすべての**装備を備えて**います。

이것이 현장에 유일하게 남아 있던 증거품입니다.
これが**現場に唯一残っていた**証拠品です。

올림픽 개최 준비를 위해 많은 경기장이 건설 중이다.
オリンピック開催準備のため，多くの競技場が**建設中**だ。

지구상에는 7,100여 개의 언어가 존재한다고 합니다.
地球上には7,100個余りの言語が**存在する**そうです。

새로운 관계를 만드는 것보다 유지하는 게 더 어렵다.
新しい関係を作ることより**維持する**ほうがもっと難しい。

심사를 거쳐서 본선에 올라왔기 때문에 실력에는 자신 있다.
審査を経て本選に上がってきたので実力には自信がある。

이러한 논쟁도 더 좋은 방향으로 나아가기 위한 과정입니다.
このような論争も**よりよい方向へ進む**ための過程です。

똑똑한 사람은 지식보다 지혜가 있는 사람이다.
賢い人は**知識より**知恵がある人だ。

운동과 식생활에 신경을 쓰는데도 콜레스테롤 수치가 여전히 높다.
運動と食生活に気を付けているのにコレステロール数値が**相変わらず高い**。

이번 유적의 발견으로 인류는 진화의 역사를 새로 쓰게 될 거다.
今回の遺跡の発見で**人類**は進化の歴史を新たに書くことになるだろう。

형식이 따로 정해져 있는 것은 아니니까 자유롭게 쓰세요.
形式が特別**決まっている**ものではないので自由に書いてください。

☐ 달리	☐ 인물	☐ 다만	☐ 대다
☐ 무대	☐ 잇다	☐ 기부하다	

QR コードの音声を聞き，韓国語を書いてみよう！

聞き取れなかったら，対応した見出し語番号の単語を再チェック。

055

0601 ( )	反対する	
0602 ( )	手入れする	
0603 ( )	指す	
0604 ( )	研ぐ，擦る	
0605 ( )	重なる	
0606 ( )	誇張する	
0607 ( )	ためらう，迷う	
0608 ( )	生命	
0609 ( )	当時	
0610 ( )	なお	
0611 ( )	選ぶ，抜く	
0612 ( )	企業	
0613 ( )	選挙	
0614 ( )	現象	
0615 ( )	構造	
0616 ( )	かえって	
0617 ( )	寝入る	
0618 ( )	産業	
0619 ( )	作業	
0620 ( )	見上げる	
0621 ( )	酔う，陶酔する	
0622 ( )	機関	
0623 ( )	立場	
0624 ( )	段階	
0625 ( )	上げる	
0626 ( )	議員	
0627 ( )	家事	
0628 ( )	労働	
0629 ( )	価値	
0630 ( )	長官	

0631 ( )	宇宙	
0632 ( )	時期	
0633 ( )	原因	
0634 ( )	やられる，被る	
0635 ( )	見なす	
0636 ( )	いったん，一応	
0637 ( )	組織	
0638 ( )	穴	
0639 ( )	別に，ほかに	
0640 ( )	人物	
0641 ( )	ただ	
0642 ( )	当てる	
0643 ( )	舞台	
0644 ( )	繋ぐ，続ける	
0645 ( )	寄付する	
0646 ( )	対策	
0647 ( )	決して	
0648 ( )	競争	
0649 ( )	規模	
0650 ( )	備える，整える	
0651 ( )	現場	
0652 ( )	建設	
0653 ( )	存在する	
0654 ( )	維持する	
0655 ( )	経る	
0656 ( )	進む	
0657 ( )	知識	
0658 ( )	相変わらず	
0659 ( )	人類	
0660 ( )	形式	

①올리다, ②대다, ③갈다 を用いた表現

①

능률을 올리다	能率を上げる
속도를 올리다	速度を上げる
결혼식을 올리다	結婚式を挙げる
짐을 올리다	荷物を上げる
입에 올리다	口にする
안건을 올리다	案件を上げる

②

귀에 대고 이야기하다	耳元で話す
입에 대다	《食べ物など》口にする，口に当てる
손을 대다	触る，手をつける，手を出す
칼을 대다	ナイフを当てる，手術をする
변호사를 대다	弁護士をつける
논에 물을 대다	田に水を引き入れる
이유를 대다	理由を述べる
알리바이를 대다	アリバイを言う
핑계를 대다	言い訳をする，口実をつける
증거를 대다	証拠を出す

③

부품을 갈다	部品を交換する
칼을 갈다	刃物を研ぐ
무를 갈다	大根をおろす
이를 갈다	歯ぎしりをする
맷돌에 갈다	臼でひく
밭을 갈다	畑を耕す

0661 □□□□□
걸치다
動 掛ける，及ぶ　❖옷을 걸치다: 服を掛ける
類 걸다: 掛ける／이어지다: 繋がる

0662 □□□□□
과연
副 やはり，果たして
類 역시: やはり

0663 □□□□□
인정하다
動 認定する，認める
類 시인하다: 認める　反 부인하다: 否認する

0664 □□□□□
불구하다
動 かかわらない
❖~에도 불구하고: ～にもかかわらず

0665 □□□□□　[평까]
평가
名 評価　❖평가를 내리다: 評価を下す
類 감정: 鑑定／측정: 測定

0666 □□□□□
비다
動 空(あ)く　❖빈손: 手ぶら
反 차다: 満ちる

0667 □□□□□　[물찔]
물질
名 物質　❖유해 물질: 有害物質
類 물체: 物体　反 정신: 精神

0668 □□□□□
불과하다
形 (～に)過ぎない　❖추측에 불과하다: 推測に過ぎない
副 불과: わずか

0669 □□□□□　[파아카다]
파악하다
動 把握する
類 이해하다: 理解する

0670 □□□□□
방안
名 方案　❖방안이 떠오르다: 方案が浮かぶ
類 대책: 対策／방책: 方策

0671 □□□□□
분명하다
形 明らかだ，はっきりしている　❖분명한 증거: 確かな証拠
類 뚜렷하다: はっきりしている／명확하다: 明確だ

0672 □□□□□
요구
名 要求　❖요구에 응하다: 要求に応じる
類 요청: 要請

0673 □□□□□
등장하다
動 登場する　❖무대에 등장하다: 舞台に登場する
類 출현하다: 出演する　反 퇴장하다: 退場する

0674 □□□□□
차다
動 満ちる，いっぱいになる
類 가득하다: いっぱいになる　反 비다: 空く

0675 □□□□□
한계
名 限界　❖한계를 넘다: 限界を超える
類 한도: 限度

暗記度 チェック	□ 대책	□ 결코	□ 경쟁	□ 규모
	□ 갖추다	□ 현장	□ 건설	□ 존재하다

빈 수레가 요란하다
中身のない人ほど知ったかぶりをして騒ぐ

056

達成率
38 %

담요가 있길래 추워서 좀 걸쳤는데 괜찮죠?
毛布があったので寒いからちょっと掛けたんだけどかまわないでしょ?

이런 어려운 문제를 한 번에 풀다니 과연 선생님이네요.
こんなに難しい問題を1回で解くなんてやはり先生ですね。

솔직하게 자기 잘못을 인정할 줄 아는 것이 진정한 자존심이다.
率直に自分の誤りを認めることができるのが本当のプライド(自尊心)だ。

수십 번의 실패에도 불구하고 그는 계속 도전했다.
数十回の失敗にもかかわらず彼は絶え間なく挑戦した。

제도 개선보다는 평가 기준의 마련이 시급합니다.
制度改善よりは評価基準の準備のほうが急を要します。

지금은 빈방이 없으니까 더 이상 손님을 받지 마세요.
今は空室がないのでこれ以上お客様を受け入れないでください。

유명 회사의 냉동식품에서 유해 물질이 나와서 문제가 되고 있어요.
有名会社の冷凍食品から有害物質が出たので問題になっています。

경력은 1년에 불과하지만 열정과 능력은 보장합니다.
経歴は1年に過ぎないけれど情熱と能力は保証します。

현재의 상황을 잘 파악하는 대로 보고해 주십시오.
現在の状況をきちんと把握し次第, 報告してください。

문제 해결을 위한 좋은 방안을 찾고 있는 중입니다.
問題解決のためによい方案を探しているところです。

망설이지 말고 자신의 의사를 분명하게 말하세요.
躊躇しないで自分の意志をはっきり話してください。

중요한 거래처이지만 그 많은 요구 사항을 다 들어줄 수 없었다.
大事な取引先だがあんなに多くの要求事項をすべて聞き入れることはできなかった。

주인공이 갑자기 관객석에서 등장해서 사람들을 놀라게 했다.
主人公が急に観客席から登場して人々を驚かせた。

늦게 신청했더니 인원이 다 차서 대기자 명단에 넣었어요.
遅く申し込んだら満員になったのでウェイティングリストに入れられました。

마음과는 달리 체력의 한계를 느껴서 은퇴를 결심하게 됐습니다.
気持ちとは違って体力の限界を感じたので, 引退を決心することになりました。

| □ 유지하다 | □ 거치다 | □ 나아가다 | □ 지식 |
| □ 여전히 | □ 인류 | □ 형식 | |

0676 □□□□□
신경
名 神経　✦ 시신경: 視神経
✦ 신경질적: 神経質　類 감각: 感覚

0677 □□□□□
시선
名 視線
✦ 시선을 느끼다[모으다]: 視線を感じる[集める]

0678 □□□□□
투자
名 投資　✦ 투자를 유치하다: 投資を誘致する
✦ 투자가: 投資家　類 출자: 出資

0679 □□□□□
피해
名 被害　✦ 피해지: 被害地　✦ 피해 복구: 被害復旧
✦ 피해를 받다[입다]: 被害を受ける[被る]

0680 □□□□□
여기다
動 思う　✦ 가볍게 여기다: 軽く思う
類 생각하다: 考える

0681 □□□□□
출신
名 出身　✦ 출신지: 出身地
✦ 서울 출신: ソウル出身

0682 □□□□□
경향
名 傾向
✦ 경향을 보이다: 傾向を見せる

0683 □□□□□
기록
名 記録　✦ 기록을 갱신하다: 記録を更新する
✦ 신기록: 新記録　類 문헌: 文献

0684 □□□□□
반면
名 反面　✦ (으)ㄴ/는 반면에: 〜する反面
類 한편: 一方

0685 □□□□□
입시
名 入試
類 입학시험: 入学試験

0686 □□□□□
다루다
動 扱う　✦ 전문으로 다루다: 専門に扱う
類 처리하다: 処理する／취급하다: 取り扱う

0687 □□□□□　[구쾨[궤]]
국회
名 国会　✦ 국회를 열다: 国会を開く
✦ 국회 의원: 国会議員 ✦ 임시 국회: 臨時国会

0688 □□□□□
세월
名 歳月
✦ 세월이 흐르다: 月日が流れる

0689 □□□□□
깨닫다
動 悟る ㄷ変　✦ 운명을 깨닫다: 運命を悟る
類 알다: 知る

0690 □□□□□
도대체
副 いったい
類 대체: いったい

諺 & 慣用 句
신경을 쓰다
気にかける, 気を遣う

057

達成率
38 %

신경에 이상이 있는지는 정밀 검사를 해 봐야 알 것 같습니다.
神経に異常があるのかは精密検査をしてみないとわかりません。

지하철 안에서 화장을 하고 있는 여성에게 시선이 집중되었어요.
地下鉄の中で化粧をしている女性に**視線が集**まりました。

주식 투자는 전문가와 상담한 후에 하는 것이 안전하다.
株の投資は専門家と相談した後にするのが安全だ。

다음 주까지 정확한 피해 상황을 보고하세요.
来週までに正確な**被害状況**を報告してください。

성공한 사람들은 모두 시간 관리를 중요하게 여긴다.
成功した人々はみんな時間管理を**大事に思う。**

알고 보니까 같은 고향 출신에 대학교도 1년 선배였어요.
後でわかりましたが、**同じ故郷出身**で大学も1年先輩でした。

그 선생님은 시험의 최신 경향을 잘 파악해서 인기가 많다.
あの先生は試験の最新**傾向をよく把握**しているので大人気だ。

기록만 보면 우리 팀이 유리하지만 시합은 해 봐야 안다.
記録だけ見ると我々のチームが有利だが試合はやってみないとわからない。

이 일은 힘든 반면에 보람을 느낄 수 있어서 계속하고 싶어요.
この仕事は**大変な反面**やり甲斐を感じられるので継続してやりたいです。

방학이 되면 입시 학원에는 강의를 들으려는 학생들로 붐빈다.
休みになると**予備校**は講義を聴こうとする学生で混み合う。

온도에 굉장히 민감한 물질이라서 다루기가 어렵습니다.
温度にものすごく敏感な物質なので**扱いにくいです。**

국회는 이번 법안을 통과시키기로 결정했다.
国会は今回の法案を通過させることに決めた。

'세월이 약'이라는 말처럼 괴로운 것도 시간이 지나면 괜찮아진다.
「**歳月が薬**」という言葉のように辛いことも時間が経てば平気になる。

이번 경험을 통해서 자신이 얼마나 부족한지 깨닫게 되었습니다.
今回の経験を通じて自分がどれだけ**未熟だった**のか悟りました。

계속 생각해 봤는데 도대체 누가 이 메일을 보냈을까요?
ずっと考えてみたけれど**いったい誰が**このメールを送ったのでしょうか。

| □ 파악하다 | □ 방안 | □ 분명하다 | □ 요구 |
| □ 등장하다 | □ 차다 | □ 한계 | |

0691 □□□□□
보험
图 保険
❖ 보험금: 保険金　❖ 보험료: 保険料

0692 □□□□□
다소
副 图 多少　❖ 다소의 의견 차이: 多少の意見の違い
類 약간: 若干

0693 □□□□□ [부주의[이]]
부주의
图 不注意
類 과실: 過失／방심: 油断　反 주의: 注意

0694 □□□□□
위원
图 委員　❖ 위원으로 활동하다: 委員として活動する
❖ 위원장: 委員長

0695 □□□□□
법칙
图 法則
類 규칙: 規則／원칙: 原則／제도: 制度

0696 □□□□□
참여
图 参与
類 참가: 参加／참석: 参席／출석: 出席

0697 □□□□□
불친절하다
形 不親切だ
類 불손하다: 不遜だ　反 친절하다: 親切だ

0698 □□□□□
범죄
图 犯罪　❖ 범죄 단속: 犯罪取締り
類 죄: 罪／위법 행위: 違法行為

0699 □□□□□ [놀리]
논리
图 論理　❖ 논리를 펴다: 論理を広げる
類 이치: 道理／원리: 原理

0700 □□□□□
시각
图 視角, 視点
類 관점: 観点／시점: 視点

0701 □□□□□
기울이다
動 傾ける　❖ 몸을 기울이다: 体を傾ける
❖ 심혈을 기울이다: 心血を注ぐ

0702 □□□□□
개방되다
動 開放される　関 시장 개방: 市場開放
類 공개되다: 公開される　反 폐쇄되다: 閉鎖される

0703 □□□□□
반응
图 反応　❖ 반응이 빠르다: 反応が早い
❖ 반응을 얻다: 反応を得る　❖ 화학 반응: 科学反応

0704 □□□□□
세대
图 世代
❖ 젊은 세대: 若い世代　❖ 신[구]세대: 新[旧]世代

0705 □□□□□ [극뽀카다]
극복하다
動 克服する　❖ 어려움을 극복하다: 困難を克服する
類 뛰어넘다: 超える／이기다: 勝つ

暗記度チェック
□ 신경　　□ 시선　　□ 투자　　□ 피해
□ 여기다　□ 출신　　□ 경향　　□ 기록

쇠뿔도 단김에 빼라
鉄は熱いうちに打て

058

해외여행 갈 때 여행자 보험에 가입할 것을 추천합니다.
海外旅行をする時，旅行者保険に加入することをお勧めします。

상황이 이렇게까지 된 데에는 당신에게도 다소 책임이 있어요.
状況がこんなにまでなったのにはあなたにも多少の責任があります。

등산객의 부주의로 일어난 산불의 피해가 너무 컸다.
登山客の不注意で起きた山火事の被害があまりにも大きかった。

위원회의 위원 3분의 2 이상이 출석해야 성립된다.
委員会の委員3分の2以上が出席しないと成り立たない。

떨어지는 사과를 보고 뉴턴은 만유인력의 법칙을 발견했다고 한다.
落ちてくるリンゴを見てニュートンは万有引力の法則を発見したそうだ。

다음 달에 열리는 세미나에 관심 있는 분들의 많은 참여 바랍니다.
来月に開かれるセミナーに関心のある方々のたくさんのご参加お願いいたします。

직원의 불친절한 태도가 동영상으로 나가자 항의 전화가 이어졌다.
職員の不親切な態度が映像で流れたとたん抗議の電話が相次いだ。

최근 실제 있었던 범죄를 다룬 영화나 드라마가 많이 제작되고 있다.
最近実際にあった犯罪を扱った映画やドラマがたくさん制作されている。

그의 논리에는 많은 비약과 모순이 있어서 끝까지 듣지 않고 방을 나왔어요.
彼の論理には多くの飛躍と矛盾があったので最後まで聞かず部屋を出ました。

외국인의 시각에서 본 한국인의 모습이 잘 나타난 작품이다.
外国人の視点から見た韓国人の姿がよく表れている作品だ。

아이들은 할머니의 옛날이야기에 귀를 기울여서 듣고 있었어요.
子どもたちはおばあさんの昔ばなしに耳を澄まして聞いていました。

이 기간 동안에는 일요일이라도 연구소가 개방되니까 아이들과 들러 보세요.
この期間中には日曜日でも研究所が開放されますので子どもたちといらしてみてください。

신제품에 대한 반응이 별로 좋지 않아서 대책을 세워야 할 것 같아요.
新製品に対する反応があまりよくないので対策を立てないといけないようです。

어느 시대든지 세대 간의 의식의 차이는 늘 있는 법입니다.
どの時代でも世代間の意識の差は常にあるものです。

장애를 극복한 천재 과학자의 이야기가 영화화되었다.
障害を克服した天才科学者の話が映画化された。

| □ 반면 | □ 입시 | □ 다루다 | □ 국회 |
| □ 세월 | □ 깨닫다 | □ 도대체 | |

0706 □□□□□
불법

名 **不法**

類 위법: 違法／비합법: 非合法　反 합법: 合法

0707 □□□□□
면도하다

動 **ひげを剃る**

関 면도기: ひげ剃り　類 수염을 깎다: ひげを剃る

0708 □□□□□
이념

名 **理念**　❖근본 이념: 根本理念

❖건국 이념: 建国理念　類 사상: 思想

0709 □□□□□
문화재

名 **文化財**　❖문화재로 지정되다: 文化財に指定される

❖무형[유형] 문화재: 無形[有形]文化財

0710 □□□□□　[독트카다]
독특하다

形 **独特だ**　❖독특한 냄새: 独特な臭い

類 특별하다: 特別だ　反 평범하다: 平凡だ

0711 □□□□□
사례

名 **事例**　❖사례가 생기다: 事例が生じる

類 예: 例／보기: 見本

0712 □□□□□
추진하다

動 **推進する, 進める**　❖계획을 추진하다: 計画を推進する

関 추진력: 推進力

0713 □□□□□
틀

名 **枠, 型**　❖빵틀: パンの型

類 체제: 体制／구조: 構造

0714 □□□□□
평균

名 **平均**　❖평균을 구하다: 平均を求める

❖평균 가격: 平均価格　❖평균치: 平均値

0715 □□□□□　[훌·련]
훈련

名 **訓練**　❖단체 훈련: 団体訓練

❖강화 훈련: 強化訓練　類 단련: 鍛練

0716 □□□□□
위기

名 **危機**　❖위기에 빠지다: 危機に陥る

❖위기감: 危機感　類 위험: 危険

0717 □□□□□
송금하다

動 **送金する**

関 해외 송금: 海外送金／송금 수수료: 送金手数料

0718 □□□□□
정당

名 **政党**　❖정당을 결성하다: 政党を結成する

関 여당: 与党／야당: 野党　類 당: 党

0719 □□□□□　[퐁녁]
폭력

名 **暴力**　❖폭력 조직[행위]: 暴力組織[行為]

❖폭력을 행사하다: 暴力を行使する

0720 □□□□□
절차

名 **手続き, 手順**　❖절차를 밟다: 手続きを踏む

類 수속: 手続き

暗記度チェック	□ 보험	□ 다소	□ 부주의	□ 위원
	□ 법칙	□ 참여	□ 불친절하다	□ 범죄

諺 & 慣用句
틀에 박히다
型にはまる

059

達成率
40 %

허가 없이 산에 쓰레기를 버리는 불법 차량이 늘고 있어요.
許可なしで山にゴミを捨てる**不法車両**が増えています。

이발소에 가면 머리를 잘라 줄 뿐만 아니라 시원하게 면도해 줘서 참 좋아요.
床屋に行くと髪を切ってくれるばかりではなく、気持ちよく**ひげも剃ってくれるので**本当によいですよ。

올림픽은 인종과 이념을 넘어선 전 세계인의 축제이다.
オリンピックは人種と**理念を超えた**世界中の人々のお祭りだ。

귀중한 문화재가 한 사람의 바보 같은 행동으로 불에 타버렸다.
貴重な文化財が１人の馬鹿げた行動で焼かれてしまった。

이 작품은 그의 독특한 정신세계를 잘 표현했다고 평가되고 있습니다.
この作品は彼の**独特な精神世界**をよく表現したとして評価されています。

지금까지 사례가 없는 일이라서 어떻게 처리해야 할지 모르겠습니다.
今まで**事例のないこと**なのでどう処理したらよいのかわかりません。

프로젝트를 빠르게 추진하기 위해 회사는 여러 방면에서 지원해 주고 있다.
プロジェクトを**早く進める**ため会社はあらゆる面で支援してくれている。

반죽을 이 틀에 넣어서 구우면 식빵이 됩니다.
生地をこの**型に入れて**焼けば食パンになります。

평균이 60점 이하인 학생들을 대상으로 보충 수업을 실시한다.
平均が60点**以下である**学生を対象に補習授業を実施する。

부상에서 회복되는 대로 동계 훈련에 참가할 겁니다.
負傷から回復し次第、冬季**訓練に参加する**予定です。

위기가 왔을 때 포기하지 말고 기회라고 생각을 바꿔 보세요.
危機に面した時、諦めないでチャンスだと考えを変えてみてください。

부모님께 매달 꼬박꼬박 생활비를 송금하고 있습니다.
両親に毎月きちんきちんと**生活費を送金し**ています。

뜻이 맞는 사람들이 모여서 국민을 위한 새로운 정당을 만들었습니다.
志の合う人たちが集まり、国民のための新しい**政党を作りました。**

어떤 경우라도 폭력을 사용하시면 안 됩니다.
どんな場合でも**暴力を使って**はいけません。

금방 끝날 줄 알았는데 비자 발급 절차가 생각보다 복잡하네요.
すぐ終わると思ったのに**ビザ発行の手続き**は思ったより複雑ですね。

| □ 논리 | □ 시각 | □ 기울이다 | □ 개방되다 |
| □ 반응 | □ 세대 | □ 극복하다 | |

0661 (	)	掛ける，及ぶ	0691 (	)	保険
0662 (	)	やはり	0692 (	)	多少
0663 (	)	認定する	0693 (	)	不注意
0664 (	)	かかわらない	0694 (	)	委員
0665 (	)	評価	0695 (	)	法則
0666 (	)	空く	0696 (	)	参与
0667 (	)	物質	0697 (	)	不親切だ
0668 (	)	(〜に)過ぎない	0698 (	)	犯罪
0669 (	)	把握する	0699 (	)	論理
0670 (	)	方案	0700 (	)	視角，視点
0671 (	)	明らかだ	0701 (	)	傾ける
0672 (	)	要求	0702 (	)	開放される
0673 (	)	登場する	0703 (	)	反応
0674 (	)	満ちる	0704 (	)	世代
0675 (	)	限界	0705 (	)	克服する
0676 (	)	神経	0706 (	)	不法
0677 (	)	視線	0707 (	)	ひげを剃る
0678 (	)	投資	0708 (	)	理念
0679 (	)	被害	0709 (	)	文化財
0680 (	)	思う	0710 (	)	独特だ
0681 (	)	出身	0711 (	)	事例
0682 (	)	傾向	0712 (	)	推進する
0683 (	)	記録	0713 (	)	枠，型
0684 (	)	反面	0714 (	)	平均
0685 (	)	入試	0715 (	)	訓練
0686 (	)	扱う	0716 (	)	危機
0687 (	)	国会	0717 (	)	送金する
0688 (	)	歳月	0718 (	)	政党
0689 (	)	悟る	0719 (	)	暴力
0690 (	)	いったい	0720 (	)	手続き，手順

①
기쁨에 차다	喜びに満ちる
희망에 차다	希望に満ちる
눈에 차다	気に入って満足する
물이 허리까지 차다	水が腰まで浸る
달이 차다	月が満ちる，満月だ
정원이 차다	定員に達する
차면 넘친다	満ちれば溢れる（何事も盛りを過ぎると衰退するものだ）

②
시선을 느끼다	視線を感じる
시선이 집중되다	視線が集まる
시선이 따갑다	視線が熱い，注目される
시선을 돌리다	視線をそらす
시선을 피하다	視線を避ける
차가운 시선	冷たい視線
날카로운 시선	鋭い視線
시선을 잡다	視線を捉える

③
문제를 다루다	問題を扱う／処理する
기계를 다루다	機械を操作する
함부로 다루다	ぞんざいに扱う
병을 초기에 다루다	病気を初期に治療する

頻出度

B

▶ **721-1440**

0721 □□□□□   [소카다]
속하다
動 属する
類 소속되다: 所属する／매이다: 縛られる

0722 □□□□□
외치다
動 叫ぶ
名 외침: 叫び   類 지르다: 叫ぶ

0723 □□□□□
수수료
名 手数料
❖ 수수료가 붙다: 手数料が付く

0724 □□□□□
자원
名 資源   ❖ 자원이 풍부하다: 資源が豊富だ
❖ 자원 부족: 資源不足   類 물자: 物資

0725 □□□□□
물체
名 物体   ❖ 미확인 물체: 未確認物体
類 물질: 物質

0726 □□□□□
어쨌든
副 とにかく
類 아무튼, 여하튼, 여하간: とにかく

0727 □□□□□
고장
名 地域，地方   ❖ 살기 좋은 고장: 住み心地のよい地方
類 지방: 地方／마을: 村

0728 □□□□□   [눈낄]
눈길
名 視線   ❖ 눈길을 끌다: 人目を引く，目を奪う
類 시선: 視線

0729 □□□□□
널리
副 広く
❖ 널리 퍼지다: 広く拡散する

0730 □□□□□
소재
名 素材   ❖ 소재로 삼다: 素材にする
❖ 다양한 소재: 多様な素材   類 재료: 材料

0731 □□□□□
결론
名 結論   ❖ 결론을 내리다: 結論を下す
類 결과: 結果   反 서론: 序論

0732 □□□□□
부문
名 部門   ❖ 민간 부문: 民間部門
類 분야: 分野

0733 □□□□□
규정
名 規定
❖ 규정 요금: 規定料金

0734 □□□□□
개선하다
動 改善する   ❖ 문제점을 개선하다: 問題点を改善する
類 수정하다: 修正する

0735 □□□□□
거두다
動 収める   *縮約形は걷다。
❖ 성과를 거두다: 成果を収める

暗記度チェック
□ 불법	□ 면도하다	□ 이념	□ 문화재
□ 독특하다	□ 사례	□ 추진하다	□ 틀

136

諺 & 慣用句
모르면 약이요 아는 게 병
知らぬが仏

061

達成率
41 %

고래는 바다에 살지만 <u>포유류에 속한다</u>.
クジラは海に住んでいるが**哺乳類に属する**。

공연이 끝나자 공연장은 <u>앙코르를 외치는</u> 관객들의 소리로 가득했다.
公演が終わるやいなや場内は**アンコールを叫ぶ**観客の声でいっぱいになった。

인터넷 뱅킹을 이용하면 <u>수수료가 안 듭니다</u>.
インターネットバンキングを利用すれば**手数料がかかりません**。

<u>천연자원</u>의 양이 적어지면서 대체 에너지 개발이 활발해지고 있다.
天然資源の量が少なくなるにつれて代替エネルギーの開発が活発になっている。

안경을 쓰니까 <u>물체가 선명하게 보이네요</u>.
メガネをかけたら**物体が鮮明に見えます**ね。

여러 가지 의견이 있는데 <u>어쨌든</u> 오늘 결론을 냅시다.
いろいろな意見があるけれど**とにかく**今日結論を出しましょう。

젊은 사람들이 <u>자신의 고장</u>을 살리기 위해 여러 가지 활동을 한다.
若い人たちが**地元**を盛り上げるためにさまざまな活動をする。

사람들의 <u>눈길을 피하기</u> 위해 변장하려던 것이 오히려 눈에 띄었다.
人々の**視線を避ける**ため変装しようとしたのがかえって目立った。

스마트폰은 그 편리성 때문에 <u>널리 사용되고</u> 있다.
スマートフォンはその利便性のため**広く使われて**いる。

한국의 전래 동화를 <u>소재로 한</u> 이 작품은 모든 세대에게 인기가 있다.
韓国の昔ばなしを**素材にした**この作品は全世代に人気がある。

서로 자기 의견만 강하게 주장해서 <u>결론을 내지 못하고</u> 있다.
お互いに自分の意見ばかり強く主張するので**結論を出せずに**いる。

인터넷 시장이 커지자 네트워크 부문에 인원을 확충하기로 했다.
インターネット市場が大きくなるやいなや**ネットワーク部門**に人員を拡充することにした。

<u>회사 규정에 따라서</u> 환불에는 영수증과 결제한 카드가 필요합니다.
会社規定によって払戻しには領収証と決済したカードが必要です。

문제가 발생해도 <u>개선하지 않으니</u> 고객이 떠나는 게 당연합니다.
問題が発生しても**改善しないから**顧客が離れるのは当然です。

해외 원정 경기에서 <u>승리를 거둔</u> 선수의 인터뷰를 하고 있어요.
海外遠征試合で**勝利を勝ち取った**選手のインタビューをしています。

| □ 평균 | □ 훈련 | □ 위기 | □ 송금하다 |
| □ 정당 | □ 폭력 | □ 절차 | |

頻出度	日 付	年 月 日	年 月 日	年 月 日	年 月 日	年 月 日
B	習得数	/15	/15	/15	/15	/15

0736 ☐☐☐☐☐
대형
图 大型 ❖대형 트럭: 大型トラック
❖대형 사고: 大事故 ❖초대형: 超大型 反 소형: 小型

0737 ☐☐☐☐☐ [지저카다]
지적하다
動 指摘する
❖실수를 지적하다: 失敗を指摘する

0738 ☐☐☐☐☐
짝
图 ペア, 1対のものの片方 ❖짝을 짓다: ペアを組む
❖신발 한 짝: 履物の片方

0739 ☐☐☐☐☐
참으로
副 本当に, 実に
類 정말로, 참말로: 本当に／실로: 実に

0740 ☐☐☐☐☐
예산
图 予算 ❖예산을 짜다: 予算を組む
反 결산: 決算

0741 ☐☐☐☐☐ [혐녀카다]
협력하다
動 協力する
類 손잡다: 手を握る／돕다: 手伝う

0742 ☐☐☐☐☐
애쓰다
動 努める, 手助けする, 力を尽くす 으要
類 고생하다: 苦労する／노력하다: 努力する／힘쓰다: 尽くす

0743 ☐☐☐☐☐
단위
图 単位
❖~단위로 계산하다: ～単位で計算する

0744 ☐☐☐☐☐
소득
图 所得 ❖연 소득: 年(間)所得
類 수익: 収益／이득: 利得／이익: 利益

0745 ☐☐☐☐☐ [인시카다]
인식하다
動 認識する 関 인식표: 認識札
類 의식하다: 意識する／깨닫다: 悟る

0746 ☐☐☐☐☐
열람하다
動 閲覧する ❖서적을 열람하다: 書籍を閲覧する
関 열람실: 閲覧室

0747 ☐☐☐☐☐
대체로
副 大体
類 주로: 主に／대개: 大体

0748 ☐☐☐☐☐
때리다
動 殴る, 叩く
類 치다: 打つ／손대다: 手を出す 反 맞다: 殴られる

0749 ☐☐☐☐☐
문득
副 ふと
類 문뜩: ふと／갑자기: 急に

0750 ☐☐☐☐☐
의도
图 意図 ❖의도가 전달되다: 意図が伝わる
❖의도적: 意図的 類 목적: 目的

暗記度チェック	☐ 속하다	☐ 외치다	☐ 수수료	☐ 자원
	☐ 물체	☐ 어쨌든	☐ 고장	☐ 눈길

諺 & 慣 用 句
눈길을 모으다
みんなの視線を集める

062

達成率
42 %

대형 쓰레기를 버리려면 우선 주민 센터에 연락해야 해요.
大型ゴミを捨てるにはまず住民センターに連絡しないといけません。

남의 잘못을 지적하는 건 쉬워도 자기가 지적당한 것은 고치기 힘들다.
他人の**間違い**を指摘するのは容易でも自分が指摘されたことは直しにくい。

빨래만 하면 양말이 한 짝씩 없어져서 짝이 하나도 안 맞아요.
洗濯をするたびに靴下が**片方ずつ**なくなるので１つもペアにならないです。

화상을 치료하는 모습을 보기가 참으로 괴로웠다.
火傷を治療する姿を見るのが**実に**辛かった。

이번 달 말까지 내년도 예산을 세워서 제출해 주시기 바랍니다.
今月末までに**来年度の予算を立てて**ご提出くださいますようお願いいたします。

동료들이 협력해 줘서 문제없이 끝낼 수 있었습니다.
同僚たちが協力してくれたので，問題なく終えることができました。

창립 때부터 회사를 위하여 애써 오신 분이십니다.
創立時から会社のために**力を尽くして**こられた方です。

나라마다 화폐 단위가 달라서 계산하기 귀찮아요.
国によって**貨幣の単位**が違うので計算するのが面倒くさいです。

일본의 주민세는 1년 동안의 소득을 기준으로 부과됩니다.
日本の住民税は**1年間の所得**を基準に賦課されます。

컴퓨터가 USB 메모리를 인식하지 못하네요.
パソコンが USB メモリーを**認識できません**ね。

이 책은 열람하실 수는 있지만 대여는 불가합니다.
この本は**閲覧すること**はできますが貸し出しは不可です。

분위기나 서비스 면에서 대체로 만족스럽습니다.
雰囲気やサービス面で**大体満足**です。

잘못을 고치기 위해서라고 해도 아이를 때리는 것은 잘못이다.
過ちを正すためだといっても子どもを**殴るのは間違い**だ。

길을 가다가 문득 고향 친구 얼굴이 떠올랐습니다.
道を歩いていて**ふと**故郷の友人の**顔**が思い浮かびました。

작가가 말하고자 하는 의도를 잘 모르겠어요.
作家が**言おうとする意図**がよくわかりません。

□ 널리	□ 소재	□ 결론	□ 부문
□ 규정	□ 개선하다	□ 거두다	

0751 ☐☐☐☐☐
대개
副 **大概**
類 대강: 大概／대체로: 大体／거의: ほとんど

0752 ☐☐☐☐☐ [강녀카다]
강력하다
形 **強力だ**
類 강하다: 強い／힘세다: 力強い　反 약하다: 弱い

0753 ☐☐☐☐☐ [범뉼]
법률
名 **法律**
類 법: 法／규칙: 規則／규범: 規範

0754 ☐☐☐☐☐ [질리]
진리
名 **真理**　❖불변의 진리: 不変の真理
類 사실: 事実／진실: 真実　反 가설: 仮説

0755 ☐☐☐☐☐
균형
名 **均衡, バランス**
類 평형: 平衡　反 불균형: 不均衡

0756 ☐☐☐☐☐
개성
名 **個性**　❖개성이 있다: 個性がある
類 특징: 特徴

0757 ☐☐☐☐☐ [띠:다]
띠다
動 **目立つ**
＊뜨이다の縮約形。

0758 ☐☐☐☐☐
동작
名 **動作**　❖춤 동작: 振り付け
類 행위: 行為／움직임: 動き

0759 ☐☐☐☐☐ [통:하파다]
통합하다
動 **統合する, 合併する**
❖회사를 통합하다: 会社を併合する　反 분할하다: 分割する

0760 ☐☐☐☐☐
양식
名 **様式**　❖생활 양식: 生活様式
類 패턴: パターン

0761 ☐☐☐☐☐ [의:시카다]
의식하다
動 **意識する**　関 의식적으로 피하다: 意識的に避ける
類 인식하다: 認識する

0762 ☐☐☐☐☐
둘러싸다
動 **取り囲む, 巡る**　❖적을 둘러싸다: 敵を包囲する
類 포위하다: 包囲する

0763 ☐☐☐☐☐
보도하다
動 **報道する**　❖기사를 보도하다: 記事を報道する
類 전하다: 伝える／알리다: 知らせる

0764 ☐☐☐☐☐
살피다
動 **伺う, 確認する**
類 살펴보다: 調べる／관찰하다: 観察する

0765 ☐☐☐☐☐ [실씨되[뒈]다]
실시되다
動 **実施される**
類 시행되다: 施行される／실행되다: 実行される

밑 빠진 독에 물 붓기
焼け石に水

063

그 작가의 작품은 <u>대개</u> 사랑 이야기를 다루고 있다.
その作家の作品は**大概**ラブストーリーを扱っている。

이번 대회의 <u>강력한 우승 후보</u>는 어느 팀입니까?
今回の大会の**強力な優勝候補**はどのチームですか。

저작권과 관련된 부분은 <u>법률 전문가</u>와 이야기해 주십시오.
著作権と関連した部分は**法律専門家**とお話しください。

모두가 인정하고 보편적인 것이라고 해서 그것이 <u>반드시 진리는 아니다</u>.
みんなが認めており普遍的なものだとしてもそれが**必ずしも真理ではない**。

성장기 아이들은 <u>균형 잡힌 식사</u>를 해야 튼튼하게 자란다.
成長期の子どもたちは**バランスの取れた食事**をしないと丈夫に育たない。

그 친구는 <u>개성이 너무 강해</u> 친한 친구가 없는 것 같다.
その友人は**個性が強すぎて**親しい友人がいないようだ。

꾸준히 연습해서 그런지 작문할 때 실수가 <u>눈에 띄게</u> 줄어들었어요.
こつこつと練習したためか作文する時、ミスが**目に見えて**減りました。

말뿐만 아니라 <u>동작마저 느려서</u> 보고 있으면 답답해요.
話だけでなく**動作まで遅いので**見ているとじれったいです。

학생들의 수가 감소하자 교육부는 두 학교를 <u>통합하기로</u> 결정했다.
学生の数が減少すると教育部は両学校を**合併する**ことに決定した。

유럽에 가 보면 동양과 다른 <u>건축 양식</u>을 볼 수 있어 재미있어요.
ヨーロッパに行ってみると東洋とは違う**建築様式**が見られるのでおもしろいです。

<u>남의 눈을 너무 의식한 나머지</u> 하고 싶은 말을 한마디도 못 하고 나왔다.
人の目を意識しすぎたあまり言いたいことを一言も言えず出てきた。

사건의 <u>범인을 둘러싼</u> 여러 소문들이 퍼져 나갔다.
事件の**犯人を巡って**いろいろな噂が広がっていった。

뉴욕타임스가 <u>보도한</u> 북한 관련 <u>기사</u>가 사실로 밝혀졌다.
ニューヨークタイムズが**報道した**北朝鮮関連の**記事**が事実として明らかになった。

차가 오는지 잘 <u>살핀 후</u>에 길을 건너야 해요.
車が来ているか**よく確認した後**に道を渡らなければなりません。

일본의 대체공휴일제는 2000년 1월 1일<u>부터</u> 실시되었습니다.
日本のハッピーマンデー制度は 2000 年 1 月 1 日**から**実施されました。

□ 소득　　　　□ 인식하다　　　□ 열람하다　　　□ 대체로
□ 때리다　　　□ 문득　　　　　□ 의도

141

0766 □□□□□
운명
图 **運命** ❖운명에 맡기다: 運命に任せる
関 사주팔자: 四柱八字(四柱推命)

0767 □□□□□
대규모
图 **大規模** ❖대규모 공사: 大規模工事
反 소규모: 小規模

0768 □□□□□
민간
图 **民間**
❖민간 전승[요법]: 民間伝承[療法]

0769 □□□□□
법원
图 **法廷，裁判所**
関 재판소: 裁判所／대법원: 最高裁判所

0770 □□□□□
지대
图 **地帯** ❖평야[고산] 지대: 平野[高山]地帯
類 지구: 地区

0771 □□□□□
판단하다
動 **判断する** 関 판단을 내리다: 判断を下す
類 판정하다: 判定する／판결하다: 判決する

0772 □□□□□
지위
图 **地位** ❖사회적 지위: 社会的地位
類 신분: 身分／계급: 階級

0773 □□□□□
용기
图 **勇気** ❖용기를 얻다: 勇気をもらう
反 겁: 恐れ

0774 □□□□□
상당하다
形 **相当だ**
関 상당수: 相当数 類 굉장하다: ものすごい

0775 □□□□□
제사
图 **祭祀**
関 차례: 祭祀, 茶礼 類 제: 祭

0776 □□□□□
지혜
图 **知恵** ❖지혜를 모으다: 知恵を集める
形 지혜롭다: 賢い 類 지성: 知性

0777 □□□□□
사고
图 **思考** ❖사고 능력: 思考能力
類 생각: 考え

0778 □□□□□
위대하다
形 **偉大だ**
類 훌륭하다: 立派だ／뛰어나다: 優れる

0779 □□□□□
거대하다
形 **巨大だ** ❖조직이 거대하다: 組織が巨大だ
類 커다랗다: 大きい 反 작다: 小さい

0780 □□□□□
매달리다
動 **ぶら下がる** ❖연구에 매달리다: 研究にかかりきりになる
類 붙들다: つかむ

142

諺 & 慣用句
두 손을 들다
お手上げ, 降参する

064

達成率
43 %

우연이 여러 번 겹치니까 운명이라는 생각이 들었어요.
偶然が何回か重なると**運命だという気**がしました。

다음 달엔 대규모의 군사 훈련이 있을 예정입니다.
来月には**大規模の軍事訓練**がある予定です。

한일 양국의 민간 차원에서의 교류는 활발히 이루어지고 있다.
日韓両国の**民間レベル**での交流は活発に行われている。

법원은 부당한 대우를 받아온 노동자들의 손을 들어 주었다.
法廷は不当な待遇を受けてきた労働者たちの味方になってくれた。

한국은 산악 지대가 많아서 등산이 취미인 사람이 많다.
韓国は**山岳地帯**が多くて登山が趣味の人が多い。

실험 결과가 애매해서 성공 여부를 판단하기가 쉽지 않다.
実験の結果が曖昧なので, 成否を**判断するのが容易**でない。

존경을 받고 싶으면 그 지위에 맞는 행동을 해야 된다.
尊敬されたいならその**地位に合った行動**をすべきだ。

기뻐하는 모습을 보자 솔직하게 말할 용기가 나지 않았다.
喜んでいる姿を見ると率直に話す**勇気が出**なかった。

한국인처럼 읽고 쓸 수 있게 되려면 상당한 시간이 걸릴 겁니다.
韓国人のように読み書きができるようになるまでには**相当な時間**がかかるでしょう。

조상님이 돌아가신 날 지내는 게 제사고 명절 아침에 지내는 게 차례예요.
先祖が亡くなった日に**行うのがチェサ**(祭祀)で, 名節の朝に**行うのがチャレ**(茶礼)です。

이럴 때는 어른들의 지혜를 빌릴 필요가 있을 것 같아요.
こんな時は大人たちの**知恵を借りる**必要があるようです。

논리적인 사고가 가능하도록 아이들에게 다양한 분야의 토론을 시켰다.
論理的な思考ができるように子どもたちに多様な分野の討論をさせた。

한국 문학사에 위대한 업적을 남기신 분이세요.
韓国文学史に**偉大な功績**を残した方です。

박물관 입구에 들어가자 거대한 고래가 관람객들을 환영해 주었다.
博物館の入口に入ると**巨大なクジラ**が観覧客を歓迎してくれた。

아기 원숭이는 어미 원숭이의 등에 매달려 성인이 될 때까지 생활한다.
赤ちゃん猿はお母さん猿の**背中にぶら下**がって大人になるまで生活する。

| □ 통합하다 | □ 양식 | □ 의식하다 | □ 둘러싸다 |
| □ 보도하다 | □ 살피다 | □ 실시되다 | |

143

QR コードの音声を聞き，韓国語を書いてみよう！

聞き取れなかったら，対応した見出し語番号の単語を再チェック。

065回

0721 (	)	属する	**0751** (	)	大概
0722 (	)	叫ぶ	**0752** (	)	強力だ
0723 (	)	手数料	**0753** (	)	法律
0724 (	)	資源	**0754** (	)	真理
0725 (	)	物体	**0755** (	)	均衡
0726 (	)	とにかく	**0756** (	)	個性
0727 (	)	地域，地方	**0757** (	)	目立つ
0728 (	)	視線	**0758** (	)	動作
0729 (	)	広く	**0759** (	)	統合する
0730 (	)	素材	**0760** (	)	様式
0731 (	)	結論	**0761** (	)	意識する
0732 (	)	部門	**0762** (	)	取り囲む，巡る
0733 (	)	規定	**0763** (	)	報道する
0734 (	)	改善する	**0764** (	)	伺う，確認する
0735 (	)	収める，世話する	**0765** (	)	実施される
0736 (	)	大型	**0766** (	)	運命
0737 (	)	指摘する	**0767** (	)	大規模
0738 (	)	ペア	**0768** (	)	民間
0739 (	)	本当に，実に	**0769** (	)	法廷
0740 (	)	予算	**0770** (	)	地帯
0741 (	)	協力する	**0771** (	)	判断する
0742 (	)	努める	**0772** (	)	地位
0743 (	)	単位	**0773** (	)	勇気
0744 (	)	所得	**0774** (	)	相当だ
0745 (	)	認識する	**0775** (	)	祭祀
0746 (	)	閲覧する	**0776** (	)	知恵
0747 (	)	大体	**0777** (	)	思考
0748 (	)	殴る，叩く	**0778** (	)	偉大だ
0749 (	)	ふと	**0779** (	)	巨大だ
0750 (	)	意図	**0780** (	)	ぶら下がる

① 애를 쓰다	非常に努力する，尽くす，努める
애가 타다	気が焦る，気が気でない，苛立つ
애가 끓다	心配で気が気でない，やきもきする，断腸の思いだ
애를 태우다	心配をかける，気を揉む
애를 먹다	苦労をする
애를 먹이다	心配をかける，苦労させる
애가 달다	大変気にかかってイライラする

② 성공을 거두다	成功を収める
회비를 거두다	会費を集める
세금을 거두다	税金を取りたてる
사람을 거두다	(引き取って)世話をする，面倒を見る
눈물을 거두다	泣くのを止める

③ 사람을 때리다	人を殴る
창문을 때리다	窓を叩きつける／打ち付ける
가슴을 때리다	胸を打つ
신문에서 때리다	新聞で非難する

頻出度	日　付	年　月　日	年　月　日	年　月　日	年　月　日	年　月　日
B	習得数	/15	/15	/15	/15	/15

0781 □□□□□
목숨

图 **命** ❖목숨을 건지다: 命を救う

類 생명: 生命

0782 □□□□□
빠져나가다

動 **抜け出す** ❖포위망을 빠져나가다: 包囲網を抜け出す

反 빠져나오다: 抜け出る

0783 □□□□□
여론

图 **世論** ❖여론 조사: 世論調査

類 공론: 公論

0784 □□□□□
체조

图 **体操**

❖맨손 체조: ラジオ体操　❖체조 경기: 体操競技

0785 □□□□□
화제

图 **話題**

類 화젯거리: 話題／이야깃거리: 話の種

0786 □□□□□
의문

图 **疑問** ❖의문을 품다: 疑問を抱く

類 의심: 疑い　反 확신: 確信

0787 □□□□□
실리다

動 **載せられる** ❖글이 실리다: 文が載る

類 게재되다: 掲載される／기재되다: 記載される

0788 □□□□□　[암녁]
압력

图 **圧力** ❖압력을 받다: 圧力を受ける

❖압력 밥솥: 圧力鍋　❖압력계: 圧力計

0789 □□□□□
재판

图 **裁判**

❖재판소: 裁判所 ❖재판관: 裁判官

0790 □□□□□
구역

图 **区域** ❖출입 금지 구역: 出入禁止区域

類 지역: 地域／지구: 地区

0791 □□□□□
발휘하다

動 **発揮する** ❖진가를 발휘하다: 真価を発揮する

類 드러내다: 現す／나타내다: 示す

0792 □□□□□
지르다

動 **叫ぶ** 르変

類 외치다: 叫ぶ

0793 □□□□□
계층

图 **階層** ❖상류 계층: 上流階層

類 계급: 階級／신분: 身分

0794 □□□□□
인상

图 **引き上げ** ❖요금 인상: 料金引き上げ

類 상승: 上昇　反 인하: 引き下げ

0795 □□□□□　[철쩌하다]
철저하다

形 **徹底している** ❖철저한 수사: 徹底した捜査

類 꼼꼼하다: 几帳面だ

暗記度チェック
□ 운명　　□ 대규모　　□ 민간　　□ 법원
□ 지대　　□ 판단하다　□ 지위　　□ 용기

146

諺 & 慣用句
세월이 약이다
辛いことや悲しいことも歳月が経つと自然に消えるものだ

066

達成率
44 %

제발 목숨만 살려주시면 무슨 일이든 다 하겠습니다.
どうぞ**命さえ助けてくださるなら**何でもいたします。

철저하게 감시하고 있었는데 어떻게 빠져나갔는지 모르겠습니다.
徹底的に監視していたのに**どうやって抜け出したのか**わかりません。

새로운 정책을 발표하기 전에 국민 여론 조사를 실시했다.
新しい政策を発表する前に**国民世論調査**を実施した。

일본에서는 여름 방학에 아이들이 아침 일찍 일어나 라디오 체조를 합니다.
日本では夏休みに子どもたちが朝早く起きて**ラジオ体操**をします。

이번 주 화제의 인물을 소개해 드리겠습니다.
今週の**話題の人物**をご紹介いたします。

사건을 조사해 가는 과정에서 의문이 하나씩 생기기 시작했다.
事件を調査していく過程で**疑問が**ひとつずつ**生まれ**始めた。

처음으로 쓴 글이 잡지에 실렸을 때의 기쁨을 잊을 수 없다.
初めて書いた文が**雑誌に載せられた**時のうれしさが忘れられない。

경쟁 업체가 압력을 가해 결국 계약은 체결되지 못했다.
競争会社が**圧力を加えた**ので結局契約は締結できなかった。

이번 재판은 국민참여재판으로 하게 될 것 같습니다.
今回の**裁判は国民参与裁判**(裁判員裁判)で行うことになりそうです。

다 같이 움직이는 것보다는 각자 구역을 맡아서 하는 게 빠르겠어요.
みんな一緒に動くよりは各自**区域を担当して**やるのが早そうです。

너무 긴장한 탓에 실력을 제대로 발휘하지 못한 것 같아 아쉬워요.
緊張しすぎたせいで**実力を**ちゃんと**発揮できなかった**ようで残念です。

그 장면에서 갑자기 살인범이 등장하자 관객들은 일제히 비명을 질렀다.
その場面で突然殺人犯が登場すると観客たちは一斉に**悲鳴をあげた**。

그 작품은 모든 계층에게 사랑받는 작품이었다.
その作品は**すべての人**(階層)から愛される作品であった。

임금 동결과 세금 인상으로 국민들의 경제적 부담이 가중되었다.
賃金凍結と**増税**で国民たちの経済的な負担が増大した。

기계 고장의 원인을 설계 과정에서부터 철저하게 조사하고 있습니다.
機械の故障の原因を設計の過程から**徹底的に調査**しています。

□ 상당하다	□ 제사	□ 지혜	□ 사고
□ 위대하다	□ 거대하다	□ 매달리다	

0796 ☐☐☐☐☐
드디어
副 **とうとう**
類 마침내, 끝내: とうとう／결국 結局

0797 ☐☐☐☐☐
민주
名 **民主**
❖민주주의: 民主主義　❖민주화: 民主化

0798 ☐☐☐☐☐
운영하다
動 **運営する**　❖기업을 운영하다: 企業を運営する
類 경영하다: 経営する

0799 ☐☐☐☐☐
감추다
動 **隠す**　❖눈물을 감추다: 涙を隠す
類 묻다: 埋める

0800 ☐☐☐☐☐
부위
名 **部位**　❖상처 부위: 傷口
類 부분: 部分

0801 ☐☐☐☐☐
비우다
動 **空ける**　❖자리를 비우다: 席を外す
類 비다: 空く　反 채우다: 満たす

0802 ☐☐☐☐☐ [덛뿌치다]
덧붙이다
動 **加える**
類 첨가하다: 添加する／더하다: 加える／첨부하다: 添付する

0803 ☐☐☐☐☐
처지
名 **立場, 都合**　❖처지가 같다: 立場が同じだ
類 상황: 状況／사정: 事情

0804 ☐☐☐☐☐
타다
動 **燃える, 日焼けする**
類 연소하다: 延焼する

0805 ☐☐☐☐☐
형편
名 **都合, 状況**　❖형편이 어렵다: 都合が悪い
類 상황: 状況／상태: 状態

0806 ☐☐☐☐☐
비치다
動 **映る**　❖그림자가 비치다: 影が差す
類 나타나다: 現れる／드러나다: 明らかになる

0807 ☐☐☐☐☐
서서히
副 **徐々に**
類 천천히: ゆっくり／조금씩: 少しずつ／차차: だんだん

0808 ☐☐☐☐☐ [초쩜]
초점
名 **焦点**　❖초점을 맞추다: 焦点を合わせる
類 핀트: ピント

0809 ☐☐☐☐☐
강화하다
動 **強化する**　❖수비를 강화하다: 守備を強化する
反 약화하다: 弱化する

0810 ☐☐☐☐☐
공포
名 **恐怖, ホラー**　❖공포에 떨다: 恐怖に怯える
類 무서움: 怖さ／겁: 恐れ

諺 & 慣用句
속이 타다 (=애가 타다)
心配になって落ち着かない, じれったい

🎧
067

達成率
45 %

드디어 긴 유학 생활을 끝내고 귀국하게 되어 기뻐요.
とうとう長い留学生活を**終えて**帰国することになってうれしいです。

민주 정치가 뿌리를 내리려면 아직 많은 시간과 희생이 따를 것이다.
民主政治が根を下ろすにはまだ多くの時間と犠牲が伴うだろう。

대학교 앞에서 남편과 둘이서 작은 식당을 운영하고 있어요.
大学の前で旦那と２人で小さな**レストランを営ん**でいます。

아이는 어머니의 얼굴을 보자마자 뒤로 성적표를 감췄다.
子どもはお母さんの顔を見るやいなや**後ろに**成績表を**隠した**。

부위에 따라 고기 맛이 이렇게 다른 줄 몰랐어요.
部位によって肉の味がこんなに違うとは知りませんでした。

욕심을 버리고 마음을 비우면 잘 할 수 있을 거예요.
欲を捨てて**心を空っぽにしたら**うまくいくはずです。

한마디만 덧붙여 말한다는 것이 잔소리가 되었네요.
一言だけ加えて言うつもりが小言になってしまいましたね。

어려운 처지에 놓여 있는 친구를 모른 척할 순 없었어요.
困った立場に**置かれ**ている友人を知らないふりはできませんでした。

장작이 다 타기 전에 보충해 주세요.
薪が全部**燃える**前に補充してください。

사정은 잘 알겠지만 저도 남을 도와줄 형편이 못 됩니다.
事情はよくわかりますが私も**他人を助けてあげる状況**ではありません。

거울에 비친 자신의 모습에 매우 만족해했다.
鏡に映った自分の姿にとても満足した。

버려졌던 개가 새 주인에게 서서히 마음을 열기 시작했다.
捨てられた犬が新しい飼い主に**徐々に心を開き**始めた。

눈의 초점이 점점 흐려지더니 결국 그 자리에서 쓰러졌다.
目の**焦点**がだんだん**ぼやけて来て**結局その場で倒れた。

개인 정보가 유출되지 않도록 보안을 더 강화해야 할 것 같습니다.
個人情報が流出されないように**セキュリティをもっと強化**しなければならないようです。

시사회 표가 아깝긴 한데 공포 영화는 별로 안 좋아해서요.
試写会のチケットがもったいないとは思うけど**ホラー映画**はあまり好きではないので。

| □ 재판 | □ 구역 | □ 발휘하다 | □ 지르다 |
| □ 계층 | □ 인상 | □ 철저하다 | |

0811 □□□□□ **영양**	图 **栄養** ❖영양을 보충하다: 栄養を補充する	
	❖영양 실조: 栄養失調	
0812 □□□□□ **대기**	图 **大気** ❖대기 오염: 大気汚染	
	類 공기: 空気	
0813 □□□□□ **간부**	图 **幹部** ❖간부를 뽑다: 幹部を選ぶ	
	❖간부 후보: 幹部候補	
0814 □□□□□ [도:이파다] **도입하다**	動 **導入する**	
	❖이론을 도입하다: 理論を取り入れる	
0815 □□□□□ **소속**	图 **所属**	
	❖소속을 밝히다: 所属を明かす	
0816 □□□□□ **마련되다**	動 **用意される** ❖술자리가 마련되다: 飲み会が用意される	
	反 마련하다: 準備する	
0817 □□□□□ [시쩜] **시점**	图 **時点**	
	❖전환의 시점: 転換点	
0818 □□□□□ **의사**	图 **意思** ❖의사를 존중하다: 意思を尊重する	
	類 의도: 意図／생각: 考え	
0819 □□□□□ **의존하다**	動 **依存する, 頼る** ❖약물에 의존하다: 薬物に依存する	
	類 의지하다: 頼る	
0820 □□□□□ **더욱이**	副 **なお, さらに**	
	類 더욱: もっと／더더욱: さらに／더욱더: よりいっそう	
0821 □□□□□ **솜씨**	图 **腕前**	
	❖익숙한 솜씨: 熟練した腕前	
0822 □□□□□ **나란히**	副 **並んで** ❖나란히 앉다: 並んで座る	
	類 가지런히: 並んで	
0823 □□□□□ **수행하다**	動 **随行する**	
	❖국회 의원을 수행하다: 国会議員に随行する	
0824 □□□□□ **인연**	图 **縁, 因縁** ❖인연이 깊다: 縁が深い	
	❖인연을 맺다: 縁を結ぶ	
0825 □□□□□ **일행**	图 **一行** (いっこう), **同行者** ❖일행을 찾다: 仲間を探す	
	❖일행과 헤어지다: 仲間と別れる	

諺 & 慣用句

같은 값이면 다홍치마
同じ値段ならきれいなものがよい

068

達成率
46 %

충분한 영양을 공급하는데도 불구하고 건강이 회복되고 있지 않다.
充分な栄養を供給しているのにもかかわらず健康が回復していない。

오늘은 대기가 불안정해서 곳곳에서 소나기가 내릴지도 모르겠습니다.
今日は大気が不安定なので所々でにわか雨が降るかもしれません。

매주 금요일 오후에 간부 회의가 있어요.
毎週金曜日の午後に幹部会議があります。

보다 나은 서비스를 제공하기 위해 새 시스템을 도입하기로 했다.
よりよいサービスを提供するために新しいシステムを導入することにした。

국립연구소 소속 직원들이 일본으로 연수를 갔어요.
国立研究所所属の職員たちが日本へ研修に行きました。

회의실 입구 옆에 마실 것들이 마련되어 있습니다.
会議室の入口の横に飲み物が用意されています。

선수가 넘어진 시점에서 경기가 종료되었다.
選手が倒れた時点で競技が終了した。

상대방이 오해를 하지 않도록 자신의 의사를 분명히 하세요.
相手が誤解しないように自分の意思をはっきりしてください。

대학교를 졸업하고도 경제적으로 아직 부모님께 의존하고 있어요.
大学を卒業しても経済的にまだ親に頼っています。

내 방은 창문이 넓고 더욱이 남향이라 아주 밝습니다.
私の部屋は窓が大きく、そのうえ南向きなのでとても明るいです。

혼자 자취를 하고 있어서 그런지 요리 솜씨가 많이 늘었네요.
一人暮らしをしているせいか料理の腕がずいぶんと上がりましたね。

노부부가 손잡고 나란히 걸어가는 모습이 정말 아름답네요.
老夫婦が手を繋いで並んで歩いていく姿が本当に美しいですね。

대통령의 안전을 위해 수행하는 경호원의 인원을 늘렸다.
大統領の安全のため随行するボディーガードの人数を増やした。

결혼은 하고 싶은데 아직 좋은 인연을 만나지 못해서 혼자 살고 있어요.
結婚はしたいのですが、まだよい縁に巡り合えずひとりで暮らしています。

잠깐 물을 마시는 동안 일행과 떨어지는 바람에 지금 연락 중입니다.
ちょっと水を飲んでいる間に仲間と離れてしまったので今連絡しています。

☐ 타다	☐ 형편	☐ 비치다	☐ 서서히
☐ 초점	☐ 강화하다	☐ 공포	

0826 ☐☐☐☐☐
호흡

图 呼吸

関 심호흡: 深呼吸　類 숨쉬기: 呼吸／숨: 息

0827 ☐☐☐☐☐
기후

图 気候　❖ 고온 다습한 기후: 高温多湿な気候

❖ 난대성 기후: 温帯性気候　類 날씨: 天気

0828 ☐☐☐☐☐
대응하다

動 対応する　関 대응법: 対応法／대응책: 対応策

類 응하다: 応じる／마주하다: 迎える

0829 ☐☐☐☐☐
형사

图 刑事　❖ 사복 형사: 私服刑事

❖ 형사 소송[처벌]: 刑事訴訟[処罰]

0830 ☐☐☐☐☐　　[물끼]
물기

图 水気　❖ 물기를 닦다: 水気を拭く

類 수분: 水分／습기: 湿気

0831 ☐☐☐☐☐
경계

图 境界, 境　❖ 경계를 분명히 하다: 境界をはっきりする

❖ 경계선: 境界線

0832 ☐☐☐☐☐
공식

图 公式　❖ 공식 발표: 公式発表

❖ 수학 공식: 数式　反 비공식: 非公式

0833 ☐☐☐☐☐
명예

图 名誉　❖ 명예를 훼손하다: 名誉を毀損する

類 영예: 栄誉　反 불명예: 不名誉

0834 ☐☐☐☐☐
표면

图 表面　❖ 표면이 매끄럽다: 表面が滑らかだ

類 바깥: 表／겉: うわべ

0835 ☐☐☐☐☐
구석

图 隅　❖ 구석구석: 隅々

類 모서리: 角

0836 ☐☐☐☐☐　　[엄껴카다]
엄격하다

形 厳格だ, 厳しい　❖ 엄격하게 키우다: 厳しく育てる

類 엄하다: 厳しい

0837 ☐☐☐☐☐
버티다

動 耐える　❖ 간신히 버티다: かろうじて持ちこたえる

類 견디다: 耐える

0838 ☐☐☐☐☐
전개

图 展開　❖ 상상 밖의 전개: 予想外の展開

動 전개되다: 展開される

0839 ☐☐☐☐☐
접촉

图 接触　❖ 접촉을 피하다: 接触を避ける

❖ 접촉 불량: 接触不良　類 연락: 連絡

0840 ☐☐☐☐☐
경기

图 景気　❖ 경기가 좋다[나쁘다]: 景気がよい[悪い]

❖ 경기 전망: 景気展望　❖ 불경기: 不景気

暗記度チェック

☐ 영양	☐ 대기	☐ 간부	☐ 도입하다
☐ 소속	☐ 마련되다	☐ 시점	☐ 의사

諺 & 慣用句
표가 나다
よく目につく, 目立つ

069

達成率
47 %

계단을 뛰어 올라왔는지 호흡도 거칠고 땀도 많이 흘렸다.
階段を駆け上がってきたのか**呼吸も荒いし**汗もたくさんかいた。

급격한 기후 변화로 농작물 피해가 갈수록 심해지고 있다.
急激な**気候の変化**で農作物の被害が日に日にひどくなっている。

관련 법이 바뀌면서 기업들은 대응할 방법을 찾는 중이다.
関連の法律が変わって企業は**対応する方法**を探っている。

끝까지 포기하지 않고 수사를 한 형사 덕분에 사건이 해결되었다.
最後まで諦めずに捜査をした**刑事のおかげで**事件が解決された。

소금에 절인 배추는 씻은 후 물기를 잘 빼 주세요.
塩に浸けた白菜は洗った後, **水気をよく切って**ください。

38선을 경계로 한반도는 남한과 북한으로 나누어져 있다.
38度線を**境に**朝鮮半島は南と北に分かれている。

아직 공식 발표는 없었지만 다음 주 중에 인사이동이 있을 겁니다.
まだ**公式発表**はなかったが来週中に人事異動がありそうです。

10년 동안 계속 우승을 해 왔던 학교의 명예를 걸고 열심히 하겠습니다.
10年間続けて優勝してきた学校の**名誉をかけて**一生懸命にやります。

표면은 탔는데 안쪽은 아직 덜 익은 것 같네요.
表面は焦げたけど中はまだ火が通ってないようですね。

며칠째 청소를 못 했더니 집 안 구석구석이 먼지로 가득합니다.
何日も掃除ができなかったので, 家の中の**隅々**が埃でいっぱいです。

사적인 자리에서는 굉장히 친절한데 일에서는 엄격해요.
プライベートの場ではとても親切だが仕事では**厳格です**。

응원해 주는 사람들 덕분에 힘든 시간을 버틸 수 있었다.
応援してくれる人々のおかげで**苦しい時間を耐える**ことができた。

이 드라마는 이야기 전개가 빨라서 시청자들의 반응이 좋았다.
このドラマは**話の展開が速くて**視聴者たちの反応がよかった。

기자는 이번 사건에 관련된 핵심 인물들과 접촉을 여러 번 시도했다.
記者は今回の事件に関連した核心人物たちと**接触**を何回も**試みた**。

정부는 경기 회복을 위해 여러 가지 대책을 세우고는 있지만 효과는 없었다.
政府は**景気回復**のためいろいろな対策を立ててはいるが効果はなかった。

| □ 의존하다 | □ 더욱이 | □ 솜씨 | □ 나란히 |
| □ 수행하다 | □ 인연 | □ 일행 | |

QRコードの音声を聞き，韓国語を書いてみよう！

聞き取れなかったら，対応した見出し語番号の単語を再チェック。

070

0781 ( )	命	**0811** ( )	栄養
0782 ( )	抜け出す	**0812** ( )	大気
0783 ( )	世論	**0813** ( )	幹部
0784 ( )	体操	**0814** ( )	導入する
0785 ( )	話題	**0815** ( )	所属
0786 ( )	疑問	**0816** ( )	用意される
0787 ( )	載せられる	**0817** ( )	時点
0788 ( )	圧力	**0818** ( )	意思
0789 ( )	裁判	**0819** ( )	依存する
0790 ( )	区域	**0820** ( )	なお，さらに
0791 ( )	発揮する	**0821** ( )	腕前
0792 ( )	叫ぶ	**0822** ( )	並んで
0793 ( )	階層	**0823** ( )	随行する
0794 ( )	引き上げ	**0824** ( )	縁，因縁
0795 ( )	徹底している	**0825** ( )	一行
0796 ( )	とうとう	**0826** ( )	呼吸
0797 ( )	民主	**0827** ( )	気候
0798 ( )	運営する	**0828** ( )	対応する
0799 ( )	隠す	**0829** ( )	刑事
0800 ( )	部位	**0830** ( )	水気
0801 ( )	空ける	**0831** ( )	境界，境
0802 ( )	加える	**0832** ( )	公式
0803 ( )	立場，都合	**0833** ( )	名誉
0804 ( )	燃える	**0834** ( )	表面
0805 ( )	都合，状況	**0835** ( )	隅
0806 ( )	映る	**0836** ( )	厳格だ，厳しい
0807 ( )	徐々に	**0837** ( )	耐える
0808 ( )	焦点	**0838** ( )	展開
0809 ( )	強化する	**0839** ( )	接触
0810 ( )	恐怖	**0840** ( )	景気

覚えておきたい！ ①목숨，②비우다，③인연 を用いた表現

①

목숨을 잃다	命を落とす
목숨을 바치다	命を捧げる
목숨을 거두다	息を引き取る
목숨을 버리다	命を捨てる
목숨을 끊다	命を絶つ
목숨이 왔다 갔다 하다	生死をさまよう
죽은 목숨	死んだ命
파리 목숨	はかない命

②

술잔을 비우다	お酒を飲み干す
집을 비우다	家を留守にする
자리를 비우다	席を外す
방을 비우다	部屋を空ける／明け渡す
마음을 비우다	心を空にする，欲や期待を捨てる

③

인연을 맺다	縁を結ぶ
인연을 끊다	縁を切る
인연이 깊다	縁が深い
인연이 닿다	縁がある
옷깃만 스쳐도 인연이다	袖振り合うも他生の縁

0841 □□□□□
앞장서다

動 先立つ, 先頭に立つ

類 앞서다: 先立つ／나서다: 前に出る／지휘하다: 指揮する

0842 □□□□□
요청하다

動 要請する　❖도움을 요청하다: 助けを要請する

類 청구하다: 請求する／요구하다: 要求する

0843 □□□□□
일치하다

動 一致する　❖의견이 일치하다: 意見が一致する

類 맞다: 合う／똑같다: 同じだ

0844 □□□□□
대비하다

動 備える　❖노후를 대비하다: 老後に備える

類 준비하다: 準備する

0845 □□□□□
차별

名 差別　❖남녀 차별: 男女差別

❖차별 대우: 差別待遇　反 평등: 平等

0846 □□□□□
의무

名 義務　❖의무를 다하다: 義務を果たす

類 책임: 責任

0847 □□□□□
아무튼

副 とにかく

類 어쨌든: とにかく／어떻든: どうであれ

0848 □□□□□
동일하다

形 同一だ

類 똑같다: 同じだ　反 다르다: 違う

0849 □□□□□
업종

名 業種

❖업종을 변경하다: 業種を変更する

0850 □□□□□
사전

名 事前, 未然　❖사전 승인: 事前承認

❖사전 등록: 事前登録　反 사후: 事後

0851 □□□□□
[인격]
인격

名 人格　❖인격을 존중하다: 人格を尊重する

類 됨됨이: 人柄／인품: 品位

0852 □□□□□
좀처럼

副 なかなか, めったに《否定語とともに用いる》

類 도무지: 到底

0853 □□□□□
표

名 表

❖표를 작성하다: 表を作成する

0854 □□□□□
품목

名 品目

❖수입 품목: 輸入品目

0855 □□□□□
잠기다

動 浸かる, 沈む　❖생각에 잠기다: 物思いにふける

類 가라앉다: 沈む

暗記度チェック			
□ 호흡	□ 기후	□ 대응하다	□ 형사
□ 물기	□ 경계	□ 공식	□ 명예

諺 & 慣 用 句

우물을 파도 한 우물만 파라
石の上にも三年，何事にもひとつのことに励めば成功する

071

達成率
48 %

모두가 망설이는 일에 항상 <u>앞장서서</u> 행동하는 그의 모습에 반했다.
みんなが躊躇する仕事にいつも**先頭に立って**行動する彼の姿に惹かれた。

인원을 보충해 달라고 본부에 <u>요청했지만</u> 아직 연락이 없다.
人員を補充してくれと本部に**要請したが**まだ連絡がない。

두 사람의 <u>이야기가 일치하는</u> 것을 보면 사실인 것 같습니다.
２人の**話が一致する**のをみると事実のようです。

<u>면접시험에 대비해</u> 예상 문제를 뽑아서 실전처럼 연습을 했다.
面接試験に備えて予想問題を選別して本番さながらに練習をした。

비정규직 <u>차별이 더 심화하기 전에</u> 정부는 대책을 세워야 한다.
非正規雇用の**差別がもっと深刻になる前に**政府は対策を立てなければならない。

대통령은 국가와 국민의 안전을 <u>지켜야 할 의무가</u> 있다.
大統領は国家と国民の安全を**守るべき義務が**ある。

여기저기에서 말들이 많지만 <u>아무튼</u> 저는 신경 안 쓰려고 해요.
あちこちで言われることが多いけれど，**とにかく**私は**気にしない**つもりです。

<u>동일한 조건</u>에서 빛의 양만 조절해서 실험을 해 봤습니다.
同じ条件で光の量だけ調節して実験をしてみました。

취업난과 고용 불안으로 <u>안정적인 업종</u>을 선택하려는 사람들이 늘고 있다.
就職難と雇用の不安で**安定的な業種**を選択しようとする人が増えている。

<u>사전에 연락을 줬다면</u> 이런 실수는 없었을 텐데.
事前に連絡をくれたならこんな間違いはなかったはずなのに。

부모의 행동은 아이의 <u>인격 형성에</u> 큰 영향을 준다.
親の行動は子どもの**人格形成に**大きな影響を与える。

이 수학 문제는 간단해 보이는데 <u>좀처럼 풀리지 않는다.</u>
この数学の問題は簡単に見えるけれど**なかなか解けない**。

이 설문 결과를 <u>정리한 표</u>는 그래프로 만들어서 설명하는 게 효과적인 것 같아요.
このアンケートの結果を**整理した表**はグラフで作って説明するのが効果的でしょう。

어제 확인해 봤는데 <u>주문한 품목</u>과 실제 도착한 물건이 달랐어요.
昨日確認してみたけれど，**注文した品目**と実際に届いた品物が違いました。

댐 건설로 어렸을 때 살던 집이 <u>물에 잠겼다.</u>
ダムの建設で幼い時に住んでいた家が**水に沈んだ**。

□ 표면	□ 구석	□ 엄격하다	□ 버티다
□ 전개	□ 접촉	□ 경기	

0856 ☐☐☐☐☐
지지하다
動 支持する ❖정당을 지지하다: 政党を支持する
類 후원하다: 後援する

0857 ☐☐☐☐☐
논쟁
名 論争 ❖논쟁적: 論争的
類 말다툼, 말싸움: □喧嘩

0858 ☐☐☐☐☐
품질
名 品質 ❖품질이 뛰어나다[떨어지다]: 品質が優れる[劣る]
❖품질 향상: 品質向上 類 질: 質

0859 ☐☐☐☐☐
훔치다
動 盗む ❖마음을 훔치다: 心を盗む
類 빼앗다: 奪う／도둑질하다: 盗む

0860 ☐☐☐☐☐
흔적
名 痕跡, 跡形 ❖흔적을 지우다: 痕跡を消す
類 자국: 跡／종적: 足跡

0861 ☐☐☐☐☐
사설
名 社説 ❖신문 사설: 新聞の社説
類 논설: 論説

0862 ☐☐☐☐☐ [구피다]
굽히다
動 曲げる, 折る, 屈する
❖뜻을[허리를] 굽히다: 志[腰]を曲げる

0863 ☐☐☐☐☐
홍보
名 広報 ❖홍보물: 広報物
類 광고: 広告

0864 ☐☐☐☐☐
내다보다
動 見通す, 眺める ❖창밖을 내다보다: 窓の外を眺める
類 예측하다: 予測する

0865 ☐☐☐☐☐
대량
名 大量 ❖대량 주문: 大量注文
類 다량: 多量 反 소량: 少量

0866 ☐☐☐☐☐
동행하다
動 同行する 関 동행을 요청하다: 同行を要請する
類 동반하다: 同伴する

0867 ☐☐☐☐☐ [바키다]
박히다
動 はまる, 突き刺さる
❖가시가 박히다: トゲが刺さる

0868 ☐☐☐☐☐
아깝다
形 惜しい, もったいない ㅂ変
❖목숨이 아깝다: 命が惜しい 類 안타깝다: もどかしい

0869 ☐☐☐☐☐
아쉽다
形 物足りない ㅂ変 ❖아쉬운 대로: 物足りないまま
名 아쉬움: 物足りなさ

0870 ☐☐☐☐☐
호기심
名 好奇心
❖호기심이 많다: 好奇心が旺盛だ

暗記度チェック
☐ 앞장서다 ☐ 요청하다 ☐ 일치하다 ☐ 대비하다
☐ 차별   ☐ 의무   ☐ 아무튼   ☐ 동일하다

부족한 저를 지지하고 뽑아 주신 분들께 감사의 말을 전합니다.
未熟な私を支持して選んでくださった方々に感謝の言葉をお伝えします。

사형 제도의 폐지를 놓고 양측이 뜨거운 논쟁을 벌였다.
死刑制度の廃止をめぐって双方が熱い**論争を繰り広げた**。

품질은 좋은데 가격이 너무 비싸서 살까 말까 고민되네요.
品質はよいけど価格が高すぎて買おうか止めようか悩みますね。

스트레스로 인해 습관적으로 물건을 훔치는 사람들의 뉴스가 보도됐다.
ストレスにより習慣的に**物を盗む**人たちのニュースが報道された。

정말 맛있었는지 아이들이 흔적도 남기지 않고 다 먹어 버렸어요.
本当においしかったのか子どもたちは**跡形もなく**全部食べてしまいました。

사설을 읽으면 현재 무엇이 가장 화제가 되고 있는지 알 수 있다.
社説を読むと現在何が一番話題になっているのかわかる。

자신이 옳다고 생각하면 절대로 의지를 굽히지 않는다.
自分が正しいと思ったら絶対に**意志を曲げない**。

이번 사업의 성패 여부는 홍보에 달려 있다고 해도 과언이 아니다.
今度の事業の成功のカギは**広報にかかっている**と言っても過言ではない。

선견지명이 있는 사람들은 미리 미래를 내다보고 대비를 한다.
先見の明がある人々は前もって**未来を見通して**備えをする。

대량 생산으로 제품의 단가를 낮춰 판매량을 늘릴 수 있었다.
大量生産で製品の単価を下げたので販売量を増やすことができた。

유럽 출장은 사장님께서도 동행하신다고 합니다.
ヨーロッパ出張は社長も**同行なさる**そうです。

공사 현장에서 일을 했더니 손에 굳은살이 박혀서 거칠다.
工事現場で仕事をしたら手に**タコができて**荒れている。

10년이나 해 온 공부를 여기에서 그만두기에는 너무 아깝네요.
10 年間もやってきた勉強をここでやめるにはあまりにも**もったいないですね**。

사실은 버터가 좋은데 없다니 아쉬운 대로 마가린으로 만들지요.
本当はバターがよいのにないというから**物足りないまま**マーガリンで作りましょう。

아이는 호기심을 참지 못하고 부모님 몰래 크리스마스 선물을 열어 봤다.
子どもは**好奇心を抑えきれず**親に隠れてクリスマスプレゼントを開けてみた。

| □ 업종 | □ 사전 | □ 인격 | □ 좀처럼 |
| □ 표 | □ 품목 | □ 잠기다 | |

0871 □□□□□
기획
名 企画　❖기획 상품: 企画商品
❖기획서[팀]: 企画書[チーム]　類 계획: 計画

0872 □□□□□
대충
副 いい加減, 大体　❖대충 짐작하다: おおよそ見当がつく
類 적당히: 適当に

0873 □□□□□
박다
動 打つ, はめる, はめ込む　❖사진을 박다: 写真を撮る
類 넣다: 入れる　反 뽑다: 抜く

0874 □□□□□
올바르다
形 正しい 	❖올바른 가치관: 正しい価値観
類 진실하다: 真実だ／바르다, 옳다: 正しい

0875 □□□□□
본성
名 本性　❖본성이 나타나다: 本性が現れる
❖본성을 숨기다: 本性を隠す

0876 □□□□□
처벌하다
動 処罰する　❖책임자를 처벌하다: 責任者を処罰する
類 벌하다: 罰する

0877 □□□□□
검토하다
動 検討する
❖대안을 검토하다: 代案を検討する

0878 □□□□□　[기뻡]
기법
名 技法　❖촬영 기법: 撮影技法
類 기술: 技術／테크닉: テクニック

0879 □□□□□
살인
名 殺人　❖살인을 저지르다: 殺人を犯す
❖살인범: 殺人犯　類 살해: 殺害

0880 □□□□□
성질
名 性質, 気性　❖성질을 부리다: かんしゃくを起こす
❖성질이 급하다: せっかちだ　類 성격: 性格

0881 □□□□□
잇따르다
動 相次ぐ 	❖불행이 잇따르다: 不幸が相次ぐ
❖잇따른 사고: 相次ぐ事故　類 잇달다: 相次ぐ

0882 □□□□□
전기
名 前期
関 초기: 初期／중기: 中期／후기: 後期／말기: 末期

0883 □□□□□
지시하다
動 指示する
関 지시에 따르다: 指示に従う

0884 □□□□□
근원
名 根源, 源　❖소문의 근원: 噂の根源
❖근원지: 根源地　類 근본: 根本

0885 □□□□□
불러일으키다
動 引き起こす, 呼び起こす
❖오해를 불러일으키다: 誤解を招く

諺 & 慣用句
수박 겉 핥기
物事の本質を見抜けず表面だけ見て行うこと

073

達成率
49 %

이번 기획이 성공할 수 있었던 건 김 대리의 아이디어 덕분이에요.
今回の企画が成功できたのはキム代理のアイディアのおかげです。

내 남동생은 모든 일을 '수박 겉 핥기' 식으로 대충한다.
私の弟はあらゆる事に対して表面的で**いい加減にやる**。

선물 받은 시계를 벽에 걸려고 지금 못을 박는 중이에요.
プレゼントにもらった時計を壁に掛けようと今**釘を打つ**ところです。

건강을 위해서는 평소에 올바른 식습관을 가지는 것이 중요하다.
健康のためには普段の**正しい食習慣**をつけるのが重要だ。

아무리 숨기려 해도 결국 본성은 드러나기 마련이다.
いくら隠そうとしても結局**本性は現れる**ものだ。

이번 재판 결과를 두고 과도하게 처벌한 것이 아니냐는 의견이 많다.
今回の裁判の結果において**過度に処罰した**のではないかという意見が多い。

계획서를 전체적으로 다시 한번 검토해 보고 연락드리겠습니다.
計画書を全体的に**もう一度検討して**みてご連絡差し上げます。

더 뛰어난 예술 작품을 만들기 위해 새로운 표현 기법을 연구 중이다.
もっと優れた芸術作品を作るために新しい**表現技法**を研究中だ。

최근 '묻지마 살인 사건'에 대한 뉴스를 자주 듣게 됩니다.
最近「**通り魔殺人事件**」に関するニュースをしばしば耳にします。

그 개는 성질이 사나워서 처음 보는 사람들이 다가오면 계속 짖는다.
その犬は**気性が荒い**ので初めて見る人が近づいてくると絶えず吠える。

공사 현장에서 선사시대의 유적이 잇따라 발견되었다.
工事現場で先史時代の遺跡が**相次いで発見された**。

조선 시대 전기에는 여성의 활동 제약이 심하지 않았었다.
朝鮮時代の**前期**には女性の活動の制約がひどくなかった。

오전에 부장님이 지시하신 일들은 모두 처리했습니다.
午前に部長が**指示された**ことは全部処理しました。

현대인의 만병의 근원은 스트레스라고 의사들은 말한다.
現代人の**万病の根源**はストレスだと医者たちは言う。

관객들의 흥미를 불러일으키는 광고 덕분에 주문량이 폭주했다.
観客たちの**興味を呼び起こす**広告のおかげで注文が殺到した。

| □ 내다보다 | □ 대량 | □ 동행하다 | □ 박히다 |
| □ 아깝다 | □ 아쉽다 | □ 호기심 | |

0886 ☐☐☐☐☐
직전

名 直前
類 전: 前　反 직후: 直後

0887 ☐☐☐☐☐　　[짐자카다]
짐작하다

動 見当がつく，推量する　❖짐작한 대로: 思ったとおりに
類 추측하다: 推測する／짐작 가다: 見当がつく

0888 ☐☐☐☐☐
가구

名 世帯　❖다세대 가구: 多世帯住宅
類 식구: 家族／세대: 世帯

0889 ☐☐☐☐☐
거꾸로

副 逆に，逆さまに　❖거꾸로 매달다: 逆さまにぶら下げる
❖거꾸로 입다: 反対に着る　類 반대로: 反対に

0890 ☐☐☐☐☐　　[그키]
극히

副 極めて　❖극히 드물다: 極めてまれだ
類 지극히: この上なく

0891 ☐☐☐☐☐
기여하다

動 寄与する　圏 결정적인 기여: 決定的な寄与
類 공헌하다: 貢献する

0892 ☐☐☐☐☐
뒤따르다

動 伴う，後を追う 回変　❖책임이 뒤따르다: 責任が伴う
類 따르다: 従う／계승하다: 継承する

0893 ☐☐☐☐☐
변동

名 変動　❖물가[지각] 변동: 物価[地殻]変動
❖변동 사항: 変動事項　類 변화: 変化

0894 ☐☐☐☐☐
불가피하다

形 不可避だ，避けられない
❖불가피한 사정: やむを得ない事情

0895 ☐☐☐☐☐
손해

名 損害　❖손해 배상: 損害賠償
❖손해를 입다: 損害を被る　反 이익: 利益

0896 ☐☐☐☐☐
자존심

名 自尊心，プライド　❖자존심이 세다: プライドが高い
類 프라이드: プライド

0897 ☐☐☐☐☐　　[주저안따]
주저앉다

動 しゃがむ，座り込む，つまずく
類 포기하다: 諦める

0898 ☐☐☐☐☐
두렵다

形 怖い，恐ろしい ㅂ変　❖두려운 생각: 恐ろしい考え
類 무섭다: 怖い

0899 ☐☐☐☐☐
비율

名 比率，割合　❖황금 비율: 黄金比率
❖비율이 높다[낮다]: 比率が高い[低い]

0900 ☐☐☐☐☐
소음

名 騒音　❖소음이 심하다: 騒音がひどい
❖소음 공해: 騒音公害

暗記度チェック
☐ 기획　　☐ 대충　　☐ 박다　　☐ 올바르다
☐ 본성　　☐ 처벌하다　　☐ 검토하다　　☐ 기법

목이 빠지도록 기다리다
首を長くして待つ

074

집을 나오기 직전까지 와야 하는지 말아야 하는지 고민했어요.
家を出る直前まで来るべきかやめるべきか悩みました。

굳게 닫은 그의 입에서 어떤 말이 나올지 전혀 짐작하지도 못하겠어요.
堅く閉じた彼の口からどんな言葉が出るのかまったく見当もつきません。

최근 고령화 사회로 1인 가구가 늘어나고 있다.
最近の高齢化社会で一人世帯が増えてきている。

상대방의 기분이 어떨지 거꾸로 생각해 보는 것을 '역지사지'라고 한다.
相手の気分がどうなのかを逆に(相手の身になって)考えてみることを「易地思之」という。

그 사람을 나쁘게 평가하는 것은 극히 일부의 사람들이라고 생각합니다.
あの人を悪く評価するのは極めて一部の人々だと思います。

저의 연구가 인류 발전에 기여할 수 있다면 좋겠다는 생각입니다.
私の研究が人類の発展に寄与することができるならよいと思います。

떠돌이 개에게 한 번 먹이를 줬더니 자꾸 나를 뒤따라 다닌다.
野良犬に一回餌をあげたらずっと私の後をついてくる。

유가 변동이 심해지면서 석유 관련 주식도 불안정한 상태를 보인다.
原油価格の変動が激しくなるにつれて石油関連株も不安定な状態を見せる。

세계 무역 자유화로 인해 외국 농산물과의 경쟁이 불가피하다.
世界の貿易自由化によって外国の農産物との競争が避けられない。

경제적으로 좀 손해를 보더라도 사람을 최우선으로 생각하고 싶다.
経済的に少し損害を被っても人を最優先に考えたい。

자존심은 조금 상했지만 라이벌에게 도움을 요청한 것은 잘한 일이었다.
プライドは少し傷つきましたがライバルに助けを求めたのはよかったことであった。

비록 실패는 했지만 여기에서 주저앉아 포기할 수는 없다.
たとえ失敗はしたものの、ここでつまずいて諦めることはできない。

실패가 두려워 시도조차 하지 않는다면 절대 성공할 수 없다.
失敗を恐れて挑戦すらしなければ絶対成功することはできない。

달걀노른자와 식용유를 적당한 비율로 섞어서 마요네즈를 만듭니다.
卵の黄身とサラダ油を適切な割合で混ぜてマヨネーズを作ります。

아파트는 생활 소음이 심해서 밤에 잠을 자기 힘들어요.
アパートは生活騒音がひどくて夜は寝つきにくいです。

| □ 살인 | □ 성질 | □ 잇따르다 | □ 전기 |
| □ 지시하다 | □ 근원 | □ 불러일으키다 | |

0841 (	)	先立つ	0871 (	)	企画
0842 (	)	要請する	0872 (	)	いい加減，大体
0843 (	)	一致する	0873 (	)	打つ，はめる
0844 (	)	備える	0874 (	)	正しい
0845 (	)	差別	0875 (	)	本性
0846 (	)	義務	0876 (	)	処罰する
0847 (	)	とにかく	0877 (	)	検討する
0848 (	)	同一だ	0878 (	)	技法
0849 (	)	業種	0879 (	)	殺人
0850 (	)	事前，未然	0880 (	)	性質
0851 (	)	人格	0881 (	)	相次ぐ
0852 (	)	なかなか	0882 (	)	前期
0853 (	)	表	0883 (	)	指示する
0854 (	)	品目	0884 (	)	根源，源
0855 (	)	浸かる，沈む	0885 (	)	引き起こす
0856 (	)	支持する	0886 (	)	直前
0857 (	)	論争	0887 (	)	見当がつく
0858 (	)	品質	0888 (	)	世帯
0859 (	)	盗む	0889 (	)	逆に，逆さまに
0860 (	)	痕跡，跡形	0890 (	)	極めて
0861 (	)	社説	0891 (	)	寄与する
0862 (	)	曲げる，折る	0892 (	)	伴う，後を追う
0863 (	)	広報	0893 (	)	変動
0864 (	)	見通す，眺める	0894 (	)	不可避だ
0865 (	)	大量	0895 (	)	損害
0866 (	)	同行する	0896 (	)	自尊心
0867 (	)	はまる	0897 (	)	しゃがむ
0868 (	)	惜しい	0898 (	)	怖い
0869 (	)	物足りない	0899 (	)	比率，割合
0870 (	)	好奇心	0900 (	)	騒音

覚えておきたい！ ①박다，②잠기다，③굽히다 を用いた表現

①		
못을 박다	釘を打つ	
이름을 박다	名前を刻む	
옷을 박다	ミシンがけをする	
뿌리를 박다	根を下ろす	
머리를 박다	頭を打ち付ける	

②		
문이 잠기다	門が閉ざされる	
목소리가 잠기다	声がかれる	
집이 잠기다	家が浸水する	
추억에 잠기다	思い出にふける	
슬픔에 잠기다	悲しみに沈む	

③		
몸을 굽히다	体をかがめる	
철근을 굽히다	鉄筋を曲げる	
신념을 굽히다	信念を曲げる	

0901 ☐☐☐☐☐
조각

图 切れ(端)、はぎれ
❖ 종이 조각: 紙切れ　❖ 조각을 내다: 粉々にする

0902 ☐☐☐☐☐　　[항:이(의)]
항의

图 抗議
❖ 항의를 받다: 抗議を受ける　❖ 항의 시위: 抗議デモ

0903 ☐☐☐☐☐
해당되다

動 該当する
関 해당 사항: 該当事項／해당자: 該当者

0904 ☐☐☐☐☐
확보하다

動 確保する
関 인원[자금] 확보: 人員[資金]確保

0905 ☐☐☐☐☐
긴급

图 緊急
❖ 긴급 출동[대피/상황]: 緊急出動[待避／状況]

0906 ☐☐☐☐☐
꺾다

動 折る、摘む
❖ 기를 꺾다: くじく　❖ 상대팀을 꺾다: 相手チームを破る

0907 ☐☐☐☐☐
애정

图 愛情　❖ 애정이 담기다: 愛情がこもる
反 미움: 憎しみ／증오: 増悪

0908 ☐☐☐☐☐　　[저파다]
접하다

動 接する　❖ 국경을 접하고 있다: 国境を接している
類 가까이하다: 親しむ

0909 ☐☐☐☐☐
정성

图 誠意、真心　❖ 정성을 다하다: 誠意を尽くす
副 정성껏: 誠意をこめて

0910 ☐☐☐☐☐
제약

图 制約
❖ 제약을 받다: 制約を受ける

0911 ☐☐☐☐☐
가하다

動 加える　❖ 박차를 가하다: 拍車をかける
類 더하다: 足す

0912 ☐☐☐☐☐
외면하다

動 顔を背ける　❖ 현실을 외면하다: 現実を無視する
類 무시하다: 無視する／등돌리다: 背を向ける

0913 ☐☐☐☐☐
원고

图 原稿
❖ 원고 마감: 原稿の締め切り　❖ 원고료: 原稿料

0914 ☐☐☐☐☐
지출

图 支出　❖ 지출을 줄이다: 支出を減らす
反 수입: 収入

0915 ☐☐☐☐☐
계좌

图 口座　❖ 계좌를 개설하다: 口座を開設する
❖ 예금[은행] 계좌: 預金[銀行]口座　❖ 계좌 번호: 口座番号

가는 말이 고와야 오는 말이 곱다
売り言葉に買い言葉

076

達成率
51 %

쓰고 남은 천 조각을 붙여서 작은 손가방을 만들었어요.
使い残した**はぎれ**を繋いで小さな手提げを作りました。

학생들은 선생님의 성적 채점 방식에 불만을 나타내며 항의를 했다.
学生たちが，先生の成績の採点方式に**不満を示し抗議**した。

이 서비스는 처음 오시는 고객들에게만 해당됩니다.
このサービスは初めていらっしゃるお客様にのみ**該当します**。

충분한 자본과 인프라를 확보한 후에 사업을 시작하세요.
充分な資本とインフラを**確保した後**に事業を始めてください。

재난에 대비해 긴급 구조 훈련을 두 달에 한 번씩 진행하고 있습니다.
災難に備えて**緊急救助訓練**を 2 か月に一度ずつ行っています。

정원에 핀 갖가지 꽃들을 꺾어서 꽃병에 꽂아 놓았더니 방이 환해진 것 같아요.
庭に咲いたいろいろな**花を摘んで**花瓶に挿しておいたら部屋が明るくなったようです。

부모의 사랑을 제대로 받지 못한 아이들은 애정 결핍이 되기 쉽다.
親の愛をきちんと受けられなかった子どもたちは**愛情欠乏**になりやすい。

해외여행이 자유롭지 못했던 시절에는 외국 문화를 접할 기회가 적었다.
海外旅行が自由にできなかった時代には**外国の文化と接する**機会が少なかった。

선물은 가격보다는 그것을 준비한 사람의 정성이 중요하다.
プレゼントは価格よりそれを準備した人の**真心**が大事だ。

한정된 예산에서 많은 일을 하려고 하니 여러 가지 제약이 따르네요.
限られた予算で多くのことをしようとしたらさまざまな**制約が伴います**ね。

정부는 사건의 빠른 해결을 위해 경찰청에 압력을 가했다.
政府は事件の早い解決のため警視庁に**圧力を加えた**。

내가 도움을 요청했지만 길을 가던 사람들은 나를 못 본 척 외면했다.
私が助けを求めたが道を歩いていた人々は私を見ないふりをしながら**顔を背けた**。

다음 주에 발표를 해야 하는데 아직 원고 작성을 시작도 못 했어요.
来週発表をしないといけないのにまだ**原稿作成**を始めてもいません。

이번 달에는 경조사가 많아서 예상하지 못한 지출이 많았어요.
今月は慶弔事が多くて**予期せぬ支出**が多かったです。

오늘 일한 일당은 이번 달 말에 본인 계좌로 입금될 겁니다.
今日働いた日当は今月末に本人の**口座に入金されます**。

□ 불가피하다	□ 손해	□ 자존심	□ 주저앉다
□ 두렵다	□ 비율	□ 소음	

0916 □□□□□
문서

图 文書 ❖문서를 작성하다: 文書を作成する

類 서류: 書類

0917 □□□□□
자율

图 自律 ❖자율 신경: 自律神経

❖자율적: 自律的 反 타율: 他律

0918 □□□□□
파다

動 掘る, 彫る ❖사건을 파다: 事件を深く掘り下げる

反 묻다: 埋める

0919 □□□□□ [가라안따]
가라앉다

動 沈む, 沈殿する ❖흥분이 가라앉다: 興奮が静まる

反 뜨다: 浮かぶ

0920 □□□□□
감싸다

動 巻く, かばう, くるむ ❖담요로 감싸다: 毛布でくるむ

類 보호하다: 保護する

0921 □□□□□
깔다

動 敷く, 広げる ㄹ語幹

❖방석을[자리를] 깔다: 座布団[布団]を敷く

0922 □□□□□
매장

图 売場 ❖매장이 들어서다: 売場が設けられる

類 점포: 店舗

0923 □□□□□
짜다

動 編む, 織る, 組む ❖계획을 짜다: 計画を立てる

❖스웨터를 짜다: セーターを編む

0924 □□□□□
체력

图 体力

❖체력이 붙다[떨어지다]: 体力がつく[落ちる]

0925 □□□□□
귀하다

形 貴重だ, 尊い ❖귀하게 자라다: 大事に育つ

類 값지다: 値打ちがある 反 흔하다: ありふれている

0926 □□□□□ [대:까]
대가

图 代価 ❖대가가 따르다: 代価が伴う

❖대가를 치르다[받다]: 代価を払う[もらう]

0927 □□□□□
예외

图 例外 ❖예외 없이: 例外なく

❖예외적: 例外的 ❖예외 규정: 例外規定

0928 □□□□□ [품:따]
품다

動 抱く

❖희망[의혹]을 품다: 希望[疑惑]を抱く

0929 □□□□□
굳다

動 固まる 形 固い ❖굳게 맹세하다: 固く誓う

❖굳은 결심: 固い決心

0930 □□□□□ [굼:따]
굶다

動 食事を抜く, 飢える

❖굶어 죽다: 飢え死にする

暗記度チェック □ 조각　　　　□ 항의　　　　□ 해당되다　　　□ 확보하다
□ 긴급　　　　□ 꺾다　　　　□ 애정　　　　□ 접하다

諺 & 慣用句
갈피를 못 잡다
見当がつかない，要領がつかめない，あれこれ迷う

077

達成率
52 %

프로젝트가 끝난 후에도 관련 문서는 5년 동안 보관하도록 되어 있습니다.
事業が終わった後も関連文書は5年間保管することになっています。

자율 학습이 끝나고 집에 돌아가면 언제나 밤 11시였어요.
自主学習が終わって家に帰るといつも夜11時でした。

초등학생 때 반 친구들과 함께 운동장 구석에 땅을 파서 타임캡슐을 묻었다.
小学生の時，クラスメートとともに運動場の隅に**土を掘って**タイムカプセルを埋めた。

배가 서서히 가라앉기 시작하자 승무원들은 승객을 재빨리 대피시켰다.
船が徐々に**沈み**始めると乗務員たちは乗客を素早く避難させた。

어머니는 야단을 치기보다는 오히려 따뜻하게 감싸 주셨다.
母は叱るよりはむしろ**温かくかばって**くださった。

벚꽃이 진 거리는 예쁜 카펫을 깔아 놓은 것처럼 아름다웠다.
桜の花びらが散った街はきれいな**カーペットを敷いた**かのように美しかった。

우리 회사는 다음 주부터 백화점에 매장을 엽니다.
当社は来週からデパートに**売り場を設け**ます。

올해 크리스마스에는 남자 친구에게 손수 짠 목도리를 선물했다.
今年のクリスマスには彼氏に**手編みの**マフラーをプレゼントした。

요즘 운동도 못 하고 일만 계속했더니 체력이 많이 떨어졌어요.
最近運動もできず，ずっと仕事ばかりしていたら**体力が**ずいぶん**落ち**ました。

목숨보다 귀한 것은 없는데 요즘은 너무 가볍게 여기는 것 같다.
命より**貴重な**ものはないのに最近はとても軽く考えるようだ。

잘못을 했으면 그에 맞는 대가를 지불해야 하는 법이다.
過ちを犯したならそれに**見合う代価を**払わなければならないものだ。

모든 법칙에는 예외가 있으므로 완벽하지 않은 것을 인정해야 한다.
すべての法則には**例外があるから**完璧ではないのを認めなければならない。

아이는 군고구마가 식을까 봐 가슴에 품고 집까지 달려왔다.
子どもは焼きイモが冷めるのではないかと**胸に抱いて**家まで走ってきた。

뚜껑을 닫지 않고 그냥 놔두었더니 딱딱하게 굳었어요.
ふたを閉めないでそのまま置いておいたら**硬く固まり**ました。

다이어트를 한다고 하루 종일 굶었더니 좀 어지럽네요.
ダイエットをするといって一日中**食事を抜いた**ら少しめまいがしますね。

| □ 정성 | □ 제약 | □ 가하다 | □ 외면하다 |
| □ 원고 | □ 지출 | □ 계좌 | |

169

0931 ☐☐☐☐☐
기기

名 機器
❖ 전기[최신] 기기: 電気[最新]機器

0932 ☐☐☐☐☐
뒤지다

動 くまなく探す
❖ 집안을 뒤지다: 家中をくまなく探す

0933 ☐☐☐☐☐
맛보다

動 味わう, 経験する, 味見する
❖ 고생을 맛보다: 苦労を経験する　類 시식하다: 試食する

0934 ☐☐☐☐☐
묻다

動 埋める, 葬る　❖ 마음에 묻다: 心の中にしまう
❖ 사건을 묻다: 事件を葬る　反 캐다: 掘る

0935 ☐☐☐☐☐
영업

名 営業　❖ 영업부: 営業部　❖ 영업 사원: 営業社員
❖ 영업 정지: 営業停止

0936 ☐☐☐☐☐
완성되다

動 完成する
類 이루다: 成し遂げる　反 미완성되다: 未完成となる

0937 ☐☐☐☐☐
유리하다

形 有利だ　❖ 유리한 조건: 有利な条件
類 이롭다: 得だ　反 불리하다: 不利だ

0938 ☐☐☐☐☐
증명하다

動 証明する　❖ 무죄를 증명하다: 無罪を証明する
類 밝히다: 明かす

0939 ☐☐☐☐☐　[함니적]
합리적

名 合理的　❖ 합리적인 사고 방식: 合理的な考え方
類 이성적: 理性的　反 비합리적: 非合理的

0940 ☐☐☐☐☐　[해:서카다]
해석하다

動 解釈する　❖ 잘못 해석하다: 間違った解釈をする
関 해석문: 解釈文　類 풀다: 解く

0941 ☐☐☐☐☐
날리다

動 飛ばす
❖ 이름을 날리다: 名をあげる

0942 ☐☐☐☐☐
덜다

動 減らす, 省く, 《食べ物などを》分ける ㄹ語幹
❖ 수고를 덜다: 手間を省く　反 더하다: 増やす

0943 ☐☐☐☐☐
맞이하다

動 迎える　❖ 새해를 맞이하다: 新年を迎える
類 맞다: 迎える　反 배웅하다: 見送る

0944 ☐☐☐☐☐
신고하다

動 申告する, 届ける
関 혼인신고를 하다: 婚姻届けを出す　類 알리다: 知らせる

0945 ☐☐☐☐☐
연속

名 連続
❖ 연속극: 連続ドラマ　❖ 연속적: 連続的

諺 & 慣用句
굶기를 밥 먹듯 한다
たびたびご飯を抜くような貧しい状況

078

達成率
53 %

하루가 다르게 새로운 전자 기기가 출시되어 전자상가에 가면 재미있다.
日ごとに新しい**電子機器**が発売されるので電気街に行くとおもしろい。

방을 모두 뒤졌는데도 열쇠가 없는 걸 보면 아무래도 잃어버린 것 같아요.
部屋を全部**くまなく探した**にもかかわらず鍵がないところをみるとどうも失くしたようです。

한 번 승리의 기쁨을 맛본 사람들은 최고의 자리를 지키려고 더 노력한다.
一度勝利の**喜びを味わった**人たちは最高の位置を守ろうとさらに努力する。

학교에서 돌아온 아이는 이불에 얼굴을 묻고 울고 있었다.
学校から帰ってきた子どもは布団に**顔を埋めて**泣いていた。

지난달 영업 실적이 최저라서 이번 달에는 열심히 하지 않으면 안 된다.
先月の**営業実績**が最低だったので今月は一生懸命に働かないといけない。

3년 동안 개발해 온 상품이 마침내 완성되어 오늘부터 판매합니다.
3年間開発してきた商品が**とうとう完成して**今日から販売します。

상대 팀 선수의 퇴장으로 우리 팀이 유리하다고 생각했지만 졌다.
相手チーム選手の退場でうちのチームが**有利だと思った**が負けた。

자신의 가능성을 증명하기 위해서는 더욱더 노력하는 수밖에 없다.
自分の**可能性を証明する**ためにはよりいっそう頑張るしかない。

흥분만 하지 말고 누구의 계획이 더 합리적인지 잘 생각해 봅시다.
興奮してばかりいないで誰の計画がもっと**合理的なのか**よく考えてみましょう。

위인의 말은 해석하는 사람에 따라 그 의미가 달라지게 마련이다.
偉人の言葉は**解釈する人によって**その意味が違ってくるものだ。

아이들은 자기들이 만든 비행기를 하늘에 날려 보냈다.
子どもたちは自分たちが作った飛行機を空に**飛ばした**。

음식이 많은 것 같으면 다른 그릇에 좀 덜어 놓고 드세요.
料理が多いようならほかの器に少し**分けておいて**召し上がってください。

30주년을 맞이하여 고객 감사 세일을 하기로 했습니다.
30**周年を迎えて**お客様感謝セールをすることにしました。

지하철역 안에서 이상한 물건을 발견하면 즉시 신고해 주시기 바랍니다.
地下鉄の駅内で不審物を発見したらただちに**届けていただくよう**お願いいたします。

상대는 3년 연속 우승을 한 팀이라 마음을 놓을 수 없어요.
相手は3年**連続優勝**をしたチームなので気を抜くことができません。

□ 체력	□ 귀하다	□ 대가	□ 예외
□ 품다	□ 굳다	□ 굶다	

171

0946 □□□□□
유물
图 遺物　❖유물 전시관: 遺物展示館
❖구시대의 유물: 旧時代の遺物

0947 □□□□□
저절로
副 自然に　❖저절로 열리다: 自然に開く
❖저절로 낫다: 自然に治る　類 자연히: 自然に

0948 □□□□□
정비
图 整備
❖정비사: 整備士　❖정비 공장: 整備工場

0949 □□□□□　[지버너타]
집어넣다
動 放り込む, つまんで入れる
類 넣다: 入れる

0950 □□□□□
통계
图 統計　❖통계를 내다: 統計を出す
❖통계치: 統計値　❖통계학: 統計学

0951 □□□□□
돌아다니다
動 歩き回る, さまよう
❖여기저기 돌아다니다: あちこち歩き回る

0952 □□□□□
반발
图 反発　❖반발이 심하다: 反発がひどい
❖반발심: 反発心　❖반발을 사다: 反発を買う

0953 □□□□□
배다
動 しみる, にじむ
❖몸에 배다: 身につく　❖입에 배다: 口癖になる

0954 □□□□□
음성
图 音声　❖음성학: 音声学　❖음성 분석: 音声分析
❖귀에 익은 음성: 聞き慣れた声

0955 □□□□□
장식
图 装飾, 飾り
❖화려한 장식: 派手な飾り　❖장식품: 装飾品

0956 □□□□□
풍습
图 風習　❖풍습을 따르다: 風習に従う
❖풍습이 남아 있다: 風習が残っている

0957 □□□□□
한정되다
動 限定される, 限られる
関 한정품: 限定品　類 제한되다: 制限される

0958 □□□□□
흉내
图 まね　❖흉내를 내다: まねをする
類 모방: 模倣

0959 □□□□□
감옥
图 監獄, 刑務所　❖감옥에 가다: 監獄に入る
類 교도소, 형무소: 刑務所

0960 □□□□□
건전하다
形 健全だ
❖건전한 관계: 健全な関係

暗記度
チェック
□ 기기　　　　　□ 뒤지다　　　　　□ 맛보다　　　　　□ 묻다
□ 영업　　　　　□ 완성되다　　　　□ 유리하다　　　　□ 증명하다

諺 & 慣用句
찬물을 끼얹다
上手くいっていることに茶々を入れて雰囲気をしらけさせる，水を差す

079

達成率
53 %

유물과 유적 연구를 통해 조상들의 생활상을 알 수 있다.
遺物と**遺跡**の研究を通じて先祖の生活ぶりを知ることができる。

할 생각이 전혀 없었는데 저절로 손이 움직이더라고요.
するつもりがまったくなかったけど**自然に**手が動いていたのですよ。

평소에 자동차 정비를 잘 해 놓아서 문제없이 여행을 다녀왔어요.
普段，**車の整備**をきちんとしておいたので問題なく旅行に行ってきました。

급하게 나오는 바람에 손수건을 챙겼다고 생각했는데 양말을 집어넣었네요.
急いで出てきたせいでハンカチを入れたと思ったのに靴下を**放り込んで**いましたね。

정책 결정 전에는 통계 자료를 근거로 국민들의 생각을 확인해야 한다.
政策決定前には**統計資料**をもとに国民の考えを確認するべきだ。

휴일에는 목적없이 그냥 돌아다니는 것을 좋아해요.
休日には当てもなく**ただ歩き回る**のが好きです。

정부의 이번 사건에 대한 대응에 국민들의 강한 반발이 예상된다.
政府の今回の事件についての対応に国民たちの**強い反発**が予想される。

자기 순서를 앞둔 그의 손에는 긴장한 탓인지 땀이 배어 있었다.
自分の番を控えた彼の手には緊張したせいか**汗がにじんで**いた。

몸이 자유롭지 못한 사람들을 위한 음성 인식 장치의 개발이 활발하다.
体が不自由な人々のための**音声認識装置**の開発が活発だ。

장식을 많이 하는 것보다는 심플한 게 세련돼 보여요.
装飾をたくさんするよりはシンプルなものがおしゃれに見えます。

각 나라의 풍습을 이해하는 것부터 언어 공부는 시작된다.
各国の風習を理解することから言語の勉強は始まる。

자원은 한정되어 있으므로 재생 가능한 자원을 효율적으로 이용해야 한다.
資源は限られているので再生可能な資源を効率的に利用しなければならない。

아이들은 어른들의 말과 행동을 흉내 내면서 습득을 한다.
子どもたちは大人たちの言葉と行動を**まねしながら**習得をする。

딱 한 번 잘못된 길로 들어섰을 뿐인데 감옥까지 오게 될 줄 몰랐다.
たった一度誤った道に入ったばかりに**刑務所**まで来ることになるとは思わなかった。

서로가 칭찬해 주고 잘못은 용서해 줄 수 있는 건전한 사회에서 살고 싶다.
お互いが褒め合い，過ちは許し合える**健全な社会**で暮らしたい。

□ 합리적	□ 해석하다	□ 날리다	□ 덜다
□ 맞이하다	□ 신고하다	□ 연속	

0901 (	)	切れ(端)	0931 (	)	機器
0902 (	)	抗議	0932 (	)	くまなく探す
0903 (	)	該当する	0933 (	)	味わう，経験する
0904 (	)	確保する	0934 (	)	埋める，葬る
0905 (	)	緊急	0935 (	)	営業
0906 (	)	折る	0936 (	)	完成する
0907 (	)	愛情	0937 (	)	有利だ
0908 (	)	接する	0938 (	)	証明する
0909 (	)	誠意，真心	0939 (	)	合理的
0910 (	)	制約	0940 (	)	解釈する
0911 (	)	加える	0941 (	)	飛ばす
0912 (	)	顔を背ける	0942 (	)	減らす，省く
0913 (	)	原稿	0943 (	)	迎える
0914 (	)	支出	0944 (	)	申告する
0915 (	)	口座	0945 (	)	連続
0916 (	)	文書	0946 (	)	遺物
0917 (	)	自律	0947 (	)	自然に
0918 (	)	掘る	0948 (	)	整備
0919 (	)	沈む，沈殿する	0949 (	)	放り込む
0920 (	)	巻く，かばう	0950 (	)	統計
0921 (	)	敷く，広げる	0951 (	)	歩き回る
0922 (	)	売場	0952 (	)	反発
0923 (	)	編む，織る	0953 (	)	しみる，にじむ
0924 (	)	体力	0954 (	)	音声
0925 (	)	貴重だ，尊い	0955 (	)	装飾，飾り
0926 (	)	代価	0956 (	)	風習
0927 (	)	例外	0957 (	)	限定される
0928 (	)	抱く	0958 (	)	まね
0929 (	)	固まる	0959 (	)	監獄，刑務所
0930 (	)	食事を抜く	0960 (	)	健全だ

《診療科》

내과	内科	안과	眼科	치과	歯科
산부인과	産婦人科	외과	外科	정신과	精神科
소아과	小児科	이비인후과	耳鼻咽喉科	피부과	皮膚科

《症状》

증세 / 증상	症状	멍들다	あざが出来る
아픔 / 통증	痛み	가렵다	かゆい
상처	傷口，傷	출산하다	出産する
복통	腹痛	성인병	成人病
두통	頭痛	눈병	眼病
질환	疾患	독감	インフルエンザ
질병	疾病	몸살감기	関節の痛みが伴う風邪
병들다	病気になる	여드름	ニキビ
삐다	くじく	비만	肥満
앓다	患う，苦しむ	암	がん
편찮다	具合が悪い	불면증	不眠症

《治療》

입원하다	入院する	처방전	処方箋
퇴원하다	退院する	주사	注射
진찰하다	診察する	두통약	頭痛薬
치료하다	治療する	한약	漢方薬
성형하다	整形する	물약 / 시럽	シロップ
간호하다	看護する	알약	錠剤
낫다	治る	설사약	下痢止め
문병 / 병문안	お見舞い	해열제	解熱剤
응급실	応急室	진통제	鎮痛剤
수술실	手術室	소화제	消化剤

0961 ☐☐☐☐☐
끼우다
動 挟む，差し込む ◆코드를 끼우다: コードを差し込む
類 꽂다: 挿す，差し込む

0962 ☐☐☐☐☐
다름없다
形 同様だ 副 다름없이: 同様に，変わりなく
類 동일하다: 同一だ／마찬가지다: 同様だ

0963 ☐☐☐☐☐
두뇌
名 頭脳 ◆두뇌 발달: 脳の発達
◆두뇌 플레이: 頭脳プレー

0964 ☐☐☐☐☐
벌
名 罰
◆벌을 받다[주다]: 罰を受ける[与える] ◆벌금: 罰金

0965 ☐☐☐☐☐
오염되다
動 汚染される ◆하천이 오염되다: 河川が汚れる
関 공기 오염: 大気汚染

0966 ☐☐☐☐☐
오해
名 誤解
◆오해를 사다[풀다]: 誤解を生む[解く]

0967 ☐☐☐☐☐
의식
名 儀式
◆의식을 거행하다: 儀式を執り行う

0968 ☐☐☐☐☐
존중하다
動 尊重する
◆의견을 존중하다: 意見を尊重する

0969 ☐☐☐☐☐
초반
名 序盤 関 중반: 中盤／후반: 後半
◆초반부터 우세하다: 序盤から優勢だ

0970 ☐☐☐☐☐ [퐁널따]
폭넓다
形 幅広い，広い
◆폭넓은 지식: 幅広い知識

0971 ☐☐☐☐☐
허가하다
動 許可する ◆영업을 허가하다: 営業を許可する
関 허가를 받다: 許可をもらう 類 허락하다: 許諾する

0972 ☐☐☐☐☐
가장
名 家長，大黒柱 ◆소년 소녀 가장: 少年少女家長
類 호주: 戸主

0973 ☐☐☐☐☐
꽂다
動 挿す，差し込む ◆꽃을 꽂다: 花を挿す
類 끼우다: 挟む，差し込む

0974 ☐☐☐☐☐
무리
名 群れ，連中 ◆무리를 짓다: 群れをなす
類 떼: 群れ／집단: 集団

0975 ☐☐☐☐☐
별다르다
形 特に変わっている 語変 ◆별다른 내용: 変わった内容
◆별다르지 않다: さほど変わらない

諺 & 慣用句
아니 땐 굴뚝에 연기 날까
火のない所に煙は立たぬ

081

達成率
54 %

이제 신랑은 신부에게 <u>결혼반지를 끼워</u> 주세요.
これより新郎は新婦に**結婚指輪をはめて**ください。

사고 나서 한 번밖에 사용 안 해서 <u>새것이나 다름없어요.</u>
買ってから一回しか使っていないので**新品同様です。**

아침을 먹는 것이 안 먹는 것보다 <u>두뇌 회전</u>에는 더 좋다고 합니다.
朝ご飯を食べるほうが食べないより**頭の回転**にはもっとよいそうです。

지각해서 모두를 <u>기다리게 한 벌로</u> 오늘 점심은 제가 사겠습니다.
遅刻して皆を**待たせた罰として**今日のお昼ご飯は私がご馳走します。

비가 많이 온 날에 <u>오염된 물</u>을 강에 흘려보내는 사례가 많았다.
雨がたくさん降った日に**汚染された水**を川に流す事例が多かった。

이번 계약 실패는 담당자 간의 <u>오해에서 시작되었다.</u>
今回の契約失敗は担当者間の**誤解から始まった。**

결혼식이란 남남이었던 두 사람이 한 가족이 되었음을 알리는 <u>의식</u>이다.
結婚式とは他人同士であった２人がひとつの家族になったことを知らせる**儀式**だ。

내가 <u>상대를 존중하면</u> 상대도 나를 <u>존중해 주는</u> 법이다.
私が**相手を尊重すれば**相手も私を**尊重してくれる**ものだ。

<u>경기 초반에는</u> 백팀의 압승이 예상되었지만 결국 청팀의 승리로 끝났다.
試合の序盤では白チームの圧勝が予想されたが結局青チームの勝利で終わった。

그 영화는 남녀노소, 국적에 상관없이 많은 사람의 <u>폭넓은 지지</u>를 받았다.
その映画は老若男女，国籍に関係なく多くの人の**幅広い支持**を得た。

비자(VISA)란 국가가 외국인에게 <u>입국을 허가하는</u> 증명서다.
ビザ(VISA)とは国家が外国人に**入国を許可する**証明書だ。

그는 16살이라는 어린 나이에 <u>집안의 가장</u>이 되어 가족을 책임졌다.
彼は１６歳という若さで**家の大黒柱**になって家族を守った。

항상 <u>꽂아</u> 놓았던 플러그를 뽑는 것만으로도 전기를 절약할 수 있다.
いつも**差し込んだ**ままのコンセントを抜くだけで電気を節約できる。

싸움 구경에 흥미를 잃은 그는 <u>무리 속을 빠져나와</u> 집으로 돌아갔다.
喧嘩の見物に興味をなくした彼は**群衆の中を抜け出して**家に帰った。

신제품의 평가는 꽤 좋은데 지난번 상품과 <u>별다른 점</u>을 못 찾겠다.
新製品の評判は結構よいが，前回の商品と**特に変わった点**は見つけられない。

| □ 음성 | □ 장식 | □ 풍습 | □ 한정되다 |
| □ 흉내 | □ 감옥 | □ 건전하다 | |

0976 ☐☐☐☐☐
부품

图 部品, パーツ
❖부품 교환: 部品交換　❖부품 공장: 部品工場

0977 ☐☐☐☐☐
속담

图 ことわざ
関 관용어: 慣用語／사자성어: 四字熟語

0978 ☐☐☐☐☐
심사

图 審査　❖공정한 심사: 公正な審査
❖심사 위원: 審査委員　類 검사: 検査

0979 ☐☐☐☐☐
앞세우다

動 先立てる, 主張する　❖말만 앞세우다: 口先だけだ
類 내걸다: 掲げる

0980 ☐☐☐☐☐
유사하다

形 類似する, 似る
関 유사점: 類似点　類 비슷하다: 似てる

0981 ☐☐☐☐☐
의욕

图 意欲, やる気　❖의욕이 생기다: 意欲が生じる
❖의욕을 가지다[잃다]: 意欲を持つ[失くす]

0982 ☐☐☐☐☐
인근

图 近隣　❖인근 도로: 近隣道路
類 주변: 周辺／근처: 近所

0983 ☐☐☐☐☐
작성하다

動 作成する　❖기획안을 작성하다: 企画案を作成する
関 서류 작성: 書類作成

0984 ☐☐☐☐☐
정기

图 定期　❖정기 간행물: 定期刊行物　❖정기적: 定期的
❖정기 주주 총회: 定期株主総会　反 임시: 臨時

0985 ☐☐☐☐☐
창조하다

動 創造する
関 창조력: 創造力

0986 ☐☐☐☐☐ [강렬하다]
강렬하다

形 強烈だ　❖강렬한 빛: 強烈な光
類 인상적이다: 印象的だ

0987 ☐☐☐☐☐
실현되다

動 実現される　❖이상이 실현되다: 理想が実現される
類 이루어지다: 叶う

0988 ☐☐☐☐☐
투표하다

動 投票する　❖무기명으로 투표하다: 無記名で投票する
関 투표 용지: 投票用紙／투표율: 投票率／투표소: 投票所

0989 ☐☐☐☐☐
파괴되다

動 破壊される
関 파괴적: 破壊的／파괴하다: 破壊する

0990 ☐☐☐☐☐
홀로

副 ひとりで　❖홀로 지내다[남다]: ひとりで過ごす[残る]
類 혼자서: ひとりで

暗記度
チェック
☐ 끼우다　　　☐ 다름없다　　　☐ 두뇌　　　☐ 벌
☐ 오염되다　　☐ 오해　　　　☐ 의식　　　☐ 존중하다

諺 & 慣用句
다리를 놓다
橋渡しをする

082

達成率
55 %

중고차 수출은 **부품**도 같이 팔 수 있는 매력적인 사업인 것 같아요.
中古車の輸出は**部品**も一緒に売ることができる魅力的な事業のようです。

한국 사람은 이야기 중간에 **속담**을 인용해서 쓰는 경우가 많아요.
韓国人は話の中に**ことわざ**を引用して使う場合が多いです。

면접관들은 면접을 보기 전에 **심사 기준**을 다시 한번 확인했다.
面接官たちは面接をする前に**審査基準**をもう一度確認した。

자기 의견만 **앞세우다** 보면 진짜 중요한 것들을 놓치기 쉽다.
自分の意見ばかり**主張していたら**本当に重要なものを逃しやすい。

한국어와 일본어는 **유사한 부분이 많기 때문에** 혼란스러울 때도 있다.
韓国語と日本語は**類似する部分が多いせいで**混乱する時もある。

의욕은 높이 평가하지만 그만큼 실력이 따라 주지 않는 게 유감이다.
意欲は高く評価するがそれほど実力が伴っていないのが残念だ。

인근 주민들의 말로는 평소 조용하고 성실한 사람이었다고 합니다.
近隣の住民たちの話では普段もの静かで誠実な人だったそうです。

오늘 중으로 **보고서를 작성해서** 내일 아침에 부장님께 보고할 수 있도록 준비하세요.
今日中に**報告書を作成して**明日の朝、部長に報告できるように準備してください。

매주 수요일은 저희 가게의 **정기 휴일**이니 이용에 유의하시기 바랍니다.
毎週水曜日は当店の**定休日**ですのでご利用にご注意くださいますようお願いいたします。

무에서 유를 창조하는 작업은 언제나 쉽지 않은 작업이다.
無から有を生み出す作業はいつも容易ではない作業だ。

그의 **강렬한 등장**에 관객들은 모두 자리에서 일어나 환호를 질렀다.
彼の**強烈な登場**に観客はみんな総立ちで歓声を上げた。

하늘을 나는 자동차에 대한 **꿈이 실현될** 날도 그리 멀지않았습니다.
空を飛ぶ自動車への**夢が実現される**日もそう遠くありません。

이번 **선거에 투표하겠다**고 응답한 사람은 50%를 넘지 않았다고 합니다.
今回の**選挙に投票する**と答えた人は 50%を超えなかったそうです。

무분별한 개발로 인해 **환경이 파괴되어** 지구 온난화 등의 문제점이 발생했다.
分別のない開発によって**環境が破壊され**地球温暖化などの問題点が発生した。

사회생활을 통해서 힘든 일이 있어도 **홀로 이겨내는** 법을 배웠다.
社会生活を通して辛いことがあっても**ひとりで耐え抜く**方法を学んだ。

| □ 초반 | □ 폭넓다 | □ 허가하다 | □ 가장 |
| □ 꽂다 | □ 무리 | □ 별다르다 | |

0991 ☐☐☐☐☐
강요하다

動 **強要する，押しつける**

❖ 자백을 강요하다: 自白を強要する　類 요구하다: 要求する

0992 ☐☐☐☐☐
낮추다

動 **低くする，下げる**　❖ 소리를 낮추다: 音を下げる

反 높이다: 高める

0993 ☐☐☐☐☐
내주다

動 **明け渡す，譲る**

❖ 자리를 내주다: 座を譲る

0994 ☐☐☐☐☐
물러나다

動 **退く，下がる，辞任する**

類 퇴장하다: 退場する／사임하다: 辞任する

0995 ☐☐☐☐☐　[밀쩌파다]
밀접하다

形 **密接だ**　❖ 밀접한 사이: 密接な仲

類 가깝다: 近い

0996 ☐☐☐☐☐　[수:업씨]
수없이

副 **数え切れないほど**

類 많이: 多く／무수히: 無数に

0997 ☐☐☐☐☐
승진하다

動 **昇進する**

類 진급하다: 進級する／올라가다: 上がる

0998 ☐☐☐☐☐
지속되다

動 **持続される**

関 지속력: 持続力／지속 시간: 持続時間

0999 ☐☐☐☐☐
하도

副 **あまりにも**　❖ 하도 기가 막혀서: 呆れすぎて

類 너무: とても

1000 ☐☐☐☐☐　[가치다]
갇히다

動 **閉じ込められる**　❖ 감옥에 갇히다: 監獄に閉じ込められる

類 감금되다: 監禁される

1001 ☐☐☐☐☐　[글:로]
근로

名 **勤労，労働**

❖ 근로 조건: 労働条件　類 노동: 労働

1002 ☐☐☐☐☐　[몸찓]
몸짓

名 **身振り，ジェスチャー**

類 동작: 動作／행동: 行動

1003 ☐☐☐☐☐
부담하다

動 **負担する**

❖ 경비를 부담하다: 経費を負担する

1004 ☐☐☐☐☐
성실하다

形 **誠実だ**　❖ 성실한 태도: 誠実な態度

類 부지런하다: 勤勉だ　反 불성실하다: 不誠実だ

1005 ☐☐☐☐☐
잦다

形 **頻繁だ**　❖ 왕래가 잦다: 往来が頻繁だ

❖ 잦은 실수: 頻繁なミス　類 빈번하다: 頻繁だ

暗記度
チェック
☐ 부품　　　　☐ 속담　　　　☐ 심사　　　　☐ 앞세우다
☐ 유사하다　　☐ 의욕　　　　☐ 인근　　　　☐ 작성하다

180

속담 & 관용구

천 리 길도 한 걸음부터
千里の道も一歩から

083

達成率
56 %

자신이 이루지 못한 꿈을 자식들에게 강요하는 부모들이 있다.
自分が叶えられなかった夢を子どもたちに押しつける親がいる。

자기를 내세우는 것도 중요하지만 자신을 낮추는 것도 때로는 필요하다.
自分を主張するのも重要だが自分を低めることも時には必要だ。

어머니는 차곡차곡 모아 두셨던 적금 통장을 말없이 내주셨다.
母はこつこつと貯めておいた積立金の通帳を何も言わずに渡してくれた。

무책임한 행동으로 결국 대표 이사 자리에서 물러나게 되었다.
無責任な行動により結局代表取締役の席から退くことになった。

유가와 환율의 변동은 서로 밀접한 관계가 있다.
原油価格と為替の変動は互いに密接な関係がある。

수없이 많은 좌절과 실패를 경험했지만 결코 포기하지는 않았다.
数え切れないほど多くの挫折と失敗を経験したが決して諦めはしなかった。

이번 인사이동에서 3년 만에 차장으로 승진할 수 있었다.
今回の人事異動で３年ぶりに次長に昇進することができた。

이 약의 효과는 사흘 정도 지속되므로 복용 시 전문가와 상의하십시오.
この薬の効果は３日ほど持続されるので服用時専門家と相談してください。

사람들이 하도 좋다고 해서 써 봤는데 저는 잘 모르겠더라고요.
人々があまりにもよいというので使ってみたけれど私はよくわからなかったのよ。

그 사람은 자기가 만들어 놓은 틀에 갇혀서 벗어나려는 시도조차 하지 않았다.
その人は自分が作った枠に囚われて抜け出そうと試みようとさえしなかった。

근로기준법의 강화로 근로자들의 근로 환경이 많이 개선되었다.
労働基準法の強化で労働者たちの労働環境がずいぶん改善された。

말은 통하지 않았지만 포기하지 않고 몸짓으로라도 내 뜻을 전했어요.
言葉は通じなかったけれど諦めずに身振りででも自分の意思を伝えました。

배송료와 그 외의 비용은 모두 저희 회사에서 부담하도록 하겠습니다.
配送料とそれ以外の費用はすべて当社で負担することにします。

비가 오나 눈이 오나 묵묵히 자기 일을 하는 성실한 사람입니다.
雨が降っても雪が降っても黙々と自分の仕事をする誠実な人です。

이곳은 사고가 잦은 곳이니 운전에 주의하시기 바랍니다.
ここは事故が頻繁にある所なので運転に注意するようお願いいたします。

| □ 정기 | □ 창조하다 | □ 강렬하다 | □ 실현되다 |
| □ 투표하다 | □ 파괴되다 | □ 홀로 | |

1006 ☐☐☐☐☐
절망하다
動 **絶望する** ✦ 절망한 나머지: 絶望のあまり
関 절망감: 絶望感

1007 ☐☐☐☐☐
접다
動 **折る，畳む**
✦ 우산을 접다: 傘を畳む　✦ 꿈을 접다: 夢を諦める

1008 ☐☐☐☐☐
주방
名 **厨房，台所**　✦ 주방장: コック長
関 식당: 食堂　類 부엌: 台所／조리실: 調理室

1009 ☐☐☐☐☐
진출하다
動 **進出する**
✦ 해외로 진출하다: 海外に進出する

1010 ☐☐☐☐☐
투명하다
形 **透明だ**　✦ 투명한 눈동자: 澄んだ瞳
反 불투명하다: 不透明だ

1011 ☐☐☐☐☐
확산되다
動 **拡散する，広がる**
関 확산 속도: 拡散速度　類 퍼지다: 広がる

1012 ☐☐☐☐☐ [경녁]
경력
名 **経歴**　✦ 경력을 알아보다: 経歴を調べる
✦ 경력자 우대: 経歴者優待　類 이력: 履歴

1013 ☐☐☐☐☐ [골:란하다]
곤란하다
形 **困難だ，困る**　✦ -기 곤란하다: ～しにくい
類 힘들다: 大変だ

1014 ☐☐☐☐☐
공해
名 **公害**　✦ 공해가 심하다: 公害がひどい
✦ 소음 공해: 騒音公害

1015 ☐☐☐☐☐ [귀찬타]
귀찮다
形 **面倒だ**　✦ 귀찮은 손님: 面倒な客
✦ 귀찮은 일: わずらわしい仕事

1016 ☐☐☐☐☐
기대다
動 **頼る，もたれる，寄りかかる**
✦ 벽에 기대다: 壁にもたれる　類 의지하다: 頼る

1017 ☐☐☐☐☐
깨어나다
動 **覚める**　✦ 꿈에서 깨어나다: 夢から覚める
類 깨다: 覚める／일어나다: 起きる

1018 ☐☐☐☐☐
대다수
名 **大多数**
類 대부분: 大部分

1019 ☐☐☐☐☐
상징하다
動 **象徴する**　✦ 평화를 상징하다: 平和を象徴する
関 상징적 존재: 象徴的な存在

1020 ☐☐☐☐☐
안정되다
動 **安定する**　✦ 안정된 직장: 安定した職場
✦ 병세가 안정되다: 病状が安定する

暗記度
チェック

☐ 강요하다　　☐ 낮추다　　　☐ 내주다　　　☐ 물러나다
☐ 밀접하다　　☐ 수없이　　　☐ 승진하다　　☐ 지속되다

못을 박다
人の心を傷つける，念を押す，釘を刺す

자신 있게 제출한 제안서가 하나도 통과되지 않아 절망했다.
自信を持って提出した提案書がひとつも通らなかったので**絶望**した。

입원한 친구를 위해 어린이집에서 우리 아이가 학을 접었어요.
入院した友達のために保育園でうちの子が**鶴を折り**ました。

할머니 세대는 남자가 주방에 들어가는 것을 아주 싫어하세요.
おばあさん世代は男が**台所に入る**のをとても嫌がります。

우리 회사가 아프리카에 진출하는 국내 최초의 기업이 될 것입니다.
当社がアフリカに**進出する**国内最初の企業になるでしょう。

입찰 과정 공개를 통해 시스템을 보다 투명하게 만들 필요가 있다.
入札過程の公開を通じてシステムをより**透明にする**必要がある。

정부는 에볼라 바이러스가 확산될까 불안해하며 검역을 강화했다.
政府はエボラウイルスが**拡散する**のではないかと懸念し検疫を強化した。

한국 회사에서 아르바이트했던 것도 경력으로 인정되나요?
韓国の会社でアルバイトしていたのも**経歴として**認められますか。

안 된다고 거절했는데도 불구하고 계속 부탁하시면 정말 곤란해요.
できないと断ったにもかかわらず何度もお願いされると本当に**困ります**。

공항 인근의 주민들은 소음 공해로 인한 스트레스가 심하다고 합니다.
空港付近の住民たちは**騒音公害**によるストレスがひどいと言われます。

대답하기도 귀찮다는 듯 고갯짓으로 그가 있는 자리를 가리켰다.
返事することも**面倒か**のように首だけ動かして彼がいる席を指した。

갑자기 문이 열릴 수도 있으니까 안전을 위해 기대지 마십시오.
急にドアが開くこともあるので安全のため**寄り掛からない**でください。

수술이 끝나고 마취에서 깨어나자 전신에 통증이 밀려왔다.
手術が終わって**麻酔から覚めると**全身に痛みが押し寄せた。

한국 직장인 대다수가 모바일 기기를 2대 소유하고 있다고 한다.
韓国の会社員の**大多数**がモバイル機器を2台所有しているそうだ。

한복과 김치는 한국을 상징하는 대표적인 것들이라 하겠다.
韓服とキムチは**韓国を象徴する**代表的なものだと言えるだろう。

계속 상승하던 물가가 정부의 적절한 대응으로 안정되었다.
継続的に上昇していた物価が政府の適切な対応で**安定した**。

| □ 하도 | □ 갇히다 | □ 근로 | □ 몸짓 |
| □ 부담하다 | □ 성실하다 | □ 잦다 | |

0961 (	)	挟む，差し込む	0991 (	)	強要する
0962 (	)	同様だ	0992 (	)	低くする
0963 (	)	頭脳	0993 (	)	明け渡す，譲る
0964 (	)	罰	0994 (	)	退く，下がる
0965 (	)	汚染される	0995 (	)	密接だ
0966 (	)	誤解	0996 (	)	数え切れないほど
0967 (	)	儀式	0997 (	)	昇進する
0968 (	)	尊重する	0998 (	)	持続される
0969 (	)	序盤	0999 (	)	あまりにも
0970 (	)	幅広い，広い	1000 (	)	閉じ込められる
0971 (	)	許可する	1001 (	)	勤労，労働
0972 (	)	家長，大黒柱	1002 (	)	身振り
0973 (	)	挿す，差し込む	1003 (	)	負担する
0974 (	)	群れ，連中	1004 (	)	誠実だ
0975 (	)	特に変わっている	1005 (	)	頻繁だ
0976 (	)	部品，パーツ	1006 (	)	絶望する
0977 (	)	ことわざ	1007 (	)	折る，畳む
0978 (	)	審査	1008 (	)	厨房
0979 (	)	先立てる	1009 (	)	進出する
0980 (	)	類似する，似る	1010 (	)	透明だ
0981 (	)	意欲，やる気	1011 (	)	拡散する
0982 (	)	近隣	1012 (	)	経歴
0983 (	)	作成する	1013 (	)	困難だ
0984 (	)	定期	1014 (	)	公害
0985 (	)	創造する	1015 (	)	面倒だ
0986 (	)	強烈だ	1016 (	)	頼る，もたれる
0987 (	)	実現される	1017 (	)	覚める
0988 (	)	投票する	1018 (	)	大多数
0989 (	)	破壊される	1019 (	)	象徴する
0990 (	)	ひとりで	1020 (	)	安定する

①
감수성	感受性	가능성	可能性	계획성	計画性	관련성	関連性
다양성	多様性	상대성	相対性	우수성	優秀性	위험성	危険性
인간성	人間性	중요성	重要性	특수성	特殊性	필요성	必要性

②
경쟁력	競争力	경제력	経済力	기억력	記憶力	상상력	想像力
생산력	生産力	영향력	影響力	이해력	理解力	집중력	集中力
생명력	生命力	설득력	説得力	독해력	読解力	지구력	持久力

③
걱정거리	心配の種	먹을거리	食べ物	안줏거리	つまみ類
볼거리	見るもの	마실거리	飲み物	반찬거리	おかずの材料
말썽거리	争いの種	화젯거리	話題の種	골칫거리	悩みの種

깜빡	ちらっと，うっかり	멍멍	ワンワン
깜짝	びっくり，ぱちぱち	야옹	ニャーン
꽉	ぎゅっと	살짝	そっと
딱	カチンと，ばったり	탁	ごつんと，ばたっと
또박또박	コツコツ	텅	がらんと
반짝반짝	キラキラ	활짝	ぱあっと
중얼중얼	ぶつぶつ	벌떡	ぱっと
두리번두리번	きょろきょろ	쿵	どしん

1021 ☐☐☐☐☐
연설
名 演説 ◆연설문: 演説文
◆훌륭한 연설: 立派な演説　類 강연: 講演

1022 ☐☐☐☐☐
갖가지
名 いろいろ, さまざま　＊가지가지の縮約形。
類 온갖: あらゆる

1023 ☐☐☐☐☐
거절하다
動 断る, 拒絶する　◆요구를 거절하다: 要求を断る
反 허락하다: 承諾する

1024 ☐☐☐☐☐
다행
名 幸い　◆불행 중 다행: 不幸中の幸い
副 다행히: 幸いに

1025 ☐☐☐☐☐
마무리
名 後片付け, 仕上げ　◆마무리 단계: 仕上げ段階
◆마무리를 짓다: 仕上げる　類 마감: 仕上げ

1026 ☐☐☐☐☐
못
名 釘
◆못질: 釘打ち　◆못을 빼다: 釘を抜く

1027 ☐☐☐☐☐
묘사하다
動 描写する
◆심리를 묘사하다: 心理を描写する

1028 ☐☐☐☐☐
비명
名 悲鳴　◆즐거운 비명: うれしい悲鳴
◆비명을 지르다: 悲鳴を上げる

1029 ☐☐☐☐☐
시각
名 時刻　◆시각을 다투다: 時を争う
類 시점: 時点

1030 ☐☐☐☐☐　[탈라카다]
탈락하다
動 脱落する
関 예선 탈락: 予選脱落

1031 ☐☐☐☐☐
전용
名 専用　◆전용 면적: 専用面積
反 겸용: 兼用／공용: 公用

1032 ☐☐☐☐☐
국산
名 国産　◆국산품: 国産品
反 외국산: 外国産

1033 ☐☐☐☐☐
면적
名 面積　◆면적이 넓다[좁다]: 面積が広い[狭い]
類 넓이: 広さ

1034 ☐☐☐☐☐
보상
名 補償
◆보상금: 補償金　類 배상: 賠償

1035 ☐☐☐☐☐
빚
名 借金　◆빚을 지다[갚다]: 借金をする[返す]
関 사채: 闇金　類 부채: 負債

諺 & 慣用句
그림의 떡
高嶺の花

086

達成率
58 %

미국의 역대 대통령들의 연설은 영어 공부에 많은 도움이 된다.
アメリカの歴代**大統領たちの演説**は英語の勉強に大いに役に立つ。

갖가지 방법으로 설득을 했지만 그는 마음을 바꾸려고 하지 않았다.
いろいろな方法で説得をしたが彼は気持ちを変えようとしなかった。

이 제안을 거절한 이유에 대해서 설명을 부탁드려도 될까요?
この**提案を断った理由**について説明をお願いしてもよろしいでしょうか。

큰 지진이 났다고 들었는데 무사하다니 다행이네요.
大地震が起きたと聞いたけど無事だというから**よかったですね**。

나머지는 제가 마무리를 할 테니 먼저 들어가세요.
残りは私が**仕上げます**から先にお帰りください。

해 주는 것은 좋은데 못 박을 때 손을 다치지 않게 조심하세요.
やってくれるのはよいけど，**釘を打つ時**に手を怪我しないように気を付けてください。

마치 사건 현장에 있었던 것처럼 그때의 상황을 자세히 묘사했다.
まるで事件現場にいたかのようにその時の**状況を詳しく**描写した。

사람들의 비명 소리를 듣고 나서야 놀이공원에 와 있다는 게 실감 났다.
人々の**悲鳴を聞いて**からやっと遊園地に来ているという実感がわいた。

지금 현재 시각 9시 10분 35초, 체감 기온은 25도입니다.
今現在の時刻9時10分35秒，体感気温は25度です。

아무도 그 선수가 대표팀에서 탈락하게 될 줄 몰랐다.
誰もその選手が**代表チームから脱落する**ことになるとは知らなかった。

수술 환자를 위한 전용 엘리베이터이므로 일반 방문객들은 이용을 삼가 주십시오.
手術患者のための**専用エレベーター**なので一般訪問者はご利用をお控えください。

국산 기술로 개발된 비행기가 오늘 처음으로 공개됩니다.
国産技術で開発された飛行機が今日初めて公開されます。

일본의 국토 면적은 대한민국 국토 면적의 3.8배입니다.
日本の**国土面積**は大韓民国の**国土面積**の3.8倍です。

주변 지역의 피해 보상에 대한 논의가 계속되고 있습니다.
周辺地域への**被害補償**についての論議がずっと続いています。

열심히 모은 돈으로 집을 사고 싶었지만 부족해서 결국 은행에 빚을 냈다.
頑張って集めたお金で家を買いたかったが足りなくて結局銀行に**借金をした**。

| □ 공해 | □ 귀찮다 | □ 기대다 | □ 깨어나다 |
| □ 대다수 | □ 상징하다 | □ 안정되다 | |

1036 ☐☐☐☐☐
선정되다

動 選定される

関 선정 기준: 選定基準　類 지정되다: 指定される

1037 ☐☐☐☐☐
세다

動 数える　❖ 숫자를 세다: 数字を数える

❖ 셀 수 없이 많다: 数え切れないほど多い

1038 ☐☐☐☐☐
소수

名 少数　❖ 소수에 불과하다: 少数に過ぎない

反 다수: 多数

1039 ☐☐☐☐☐ [예:츠카다]
예측하다

動 予測する　❖ 변화를 예측하다: 変化を予測する

類 추측하다: 推測する

1040 ☐☐☐☐☐
용도

名 用途

❖ 개인적인 용도: 個人的な用途

1041 ☐☐☐☐☐
이동하다

動 移動する

関 인사이동: 人事異動　類 옮기다: 移す

1042 ☐☐☐☐☐ [자:그카다]
자극하다

動 刺激する

❖ 호기심을 자극하다: 好奇心を刺激する

1043 ☐☐☐☐☐
재빨리

副 素早く　❖ 재빨리 도망가다: 素早く逃げる

類 얼른: 素早く

1044 ☐☐☐☐☐ [저카파다]
적합하다

形 適合する, 適する, ふさわしい

類 알맞다: 合う　反 부적합하다: 不適合だ

1045 ☐☐☐☐☐
조절하다

動 調節する　❖ 체중을 조절하다: 体重を調節する

関 조절기: 調節機　類 맞추다: 合わせる

1046 ☐☐☐☐☐
지급되다

動 支給される　❖ 수당이 지급되다: 手当が支給される

関 지급증: 支給証

1047 ☐☐☐☐☐
논하다

動 論ずる　❖ 인생을 논하다: 人生を論ずる

類 논의하다: 論議する

1048 ☐☐☐☐☐
도덕

名 道徳　❖ 도덕성: 道徳性　❖ 도덕관: 道徳観

類 윤리: 倫理

1049 ☐☐☐☐☐
보고하다

動 報告する　❖ 경과를 보고하다: 経過を報告する

類 통보하다: 通報する

1050 ☐☐☐☐☐
선언하다

動 宣言する　❖ 개회[폐회]를 선언하다: 開会[閉会]を宣言する

関 독립 선언서: 独立宣言書

諺 & 慣 用 句
간판을 걸다
開業をしたり団体が活動を始めること

087

達成率
58 %

세계 7대 자연경관으로 선정된 제주도로 여행을 가 보는 건 어떠신가요?
世界7大自然景観に選定された済州島に旅行に行ってみるのはいかがでしょうか。

버스가 출발하기 전에 인원수가 맞는지 다시 한번 세 보세요.
バスが出発する前に人数が合うかもう一度**数えて**みてください。

아무리 소수의 의견이라도 귀 기울여 듣고 받아들여야 한다.
いくら少数の意見でも耳を傾けて受け入れなければならない。

아무도 예측하지 못한 결과라 대응책을 찾는 데도 시간이 걸릴 듯하다.
誰も予測できなかった結果なので対応策を探すのにも時間がかかりそうだ。

이 설문 조사는 정해진 용도 외에는 사용을 금합니다.
このアンケートは決められた用途以外には使用を禁じます。

한파를 몰고 온 고기압이 점차 북쪽으로 이동하고 있는 모습입니다.
寒波をもたらした高気圧が徐々に**北へ移動して**いる様子です。

두 사람은 서로를 자극하며 성장하는 좋은 라이벌 관계입니다.
2人は**互いを刺激しながら**成長するよきライバル関係です。

큰 지진이 일어나면 하던 일을 모두 멈추고 재빨리 대피소로 이동하십시오.
大地震が起きたらやっていたことを全部止めて**素早く**避難所に移動してください。

혈액형이 일치하더라도 이식에 적합한지는 다시 검사를 해 봐야 압니다.
血液型が一致したとしても**移植に適しているか**は再び検査をしてみないとわかりません。

학생들의 수준을 생각하면 문제 출제 범위를 좀 조절해야 할 것 같습니다.
学生たちの水準を考えると問題の出題範囲を少し**調節しないとならない**ようです。

보험료는 신청서를 내신 후 심사가 끝나는 대로 지급됩니다.
保険料は申込書を出した後、審査が終わり次第**支給**されます。

잘잘못을 논하기보다는 실패의 원인을 파악하는 게 시급할 것 같은데요.
白黒を論するよりは失敗の原因を把握することが急を要するようですが。

그는 마치 도덕 교과서에 나오는 것처럼 바른 생활을 한다.
彼はまるで**道徳の教科書**に出てくるように正しい生活をする。

기다렸다가 완성되면 바로 팀장님께 보고하도록 하세요.
待っていて完成したらすぐリーダーに**報告する**ようにしてください。

대통령은 이번 사건이 일어난 후 테러와의 전쟁을 선언했다.
大統領は今回の事件が起きた後、テロとの戦争を**宣言**した。

□ 시각	□ 탈락하다	□ 전용	□ 국산
□ 면적	□ 보상	□ 빚	

1051 □□□□□
소원
名 願い ❖소원을 이루다: 願いを叶える
類 소망: 願い事／꿈: 夢

1052 □□□□□
유적
名 遺跡 ❖유적 발굴: 遺跡発掘
❖구석기 시대의 유적: 旧石器時代の遺跡

1053 □□□□□
차다
動 《時計などを》はめる ❖수갑을 차다: 手錠をはめる
類 착용하다: 着用する 反 벗다: 脱ぐ

1054 □□□□□
창작
名 創作 ❖창작물: 創作物
❖창작 활동[의욕]: 創作活動[意欲]

1055 □□□□□
축소하다
動 縮小する
類 줄이다: 減らす 反 확대하다: 拡大する

1056 □□□□□
취향
名 趣向, 好み ❖취향을 바꾸다: 趣向を変える
類 취미: 趣味

1057 □□□□□
탄생하다
動 誕生する
関 탄생석: 誕生石 類 태어나다: 生まれる

1058 □□□□□
간
名 塩加減 ❖간이 싱겁다: 塩味が薄い
❖간을 하다: 塩加減をみる 類 소금기: 塩気

1059 □□□□□
간판
名 看板
❖간판집: 看板屋 ❖간판 스타: 看板スター

1060 □□□□□
근거
名 根拠 ❖근거를 두다: 根拠に基づく
❖과학적인 근거: 科学的根拠

1061 □□□□□
금액
名 金額 ❖막대한 금액: 膨大な金額
❖대출 금액: 融資金額 類 가격: 価格

1062 □□□□□
달래다
動 あやす, 慰める ❖마음을 달래다: 心を癒す
❖슬픔을 달래다: 悲しみを慰める 類 위로하다: 慰める

1063 □□□□□ [성닙뙤[뛔]다]
성립되다
動 成立する
❖계약이[알리바이가] 성립되다: 契約[アリバイ]が成立する

1064 □□□□□
수명
名 寿命 ❖수명이 다하다: 寿命が尽きる
類 생명: 生命

1065 □□□□□
신기하다
形 不思議だ ❖신기한 현상: 不思議な現象
類 신비롭다: 神秘的だ

暗記度チェック □ 선정되다 □ 세다 □ 소수 □ 예측하다
□ 용도 □ 이동하다 □ 자극하다 □ 재빨리

190

금강산도 식후경
花より団子

088

어렸을 때는 언니와 방을 따로 쓰는 것이 제일 간절한 소원이었다.
幼い時は姉と部屋を別々に使うことが一番切実な願いでした。

한국은 고인돌 왕국이라고 불릴 정도로 많은 고인돌 유적이 있다.
韓国はコインドル（支石墓）王国と呼ばれるほど多くのコインドル遺跡がある。

오늘은 운동을 할 거니까 웬만해서는 가죽 시계는 차고 가지 마.
今日は運動するから，できれば皮の時計ははめて行かないで。

아이들의 두뇌 발달에 좋은 창작 동화가 있다면 좀 소개해 주세요.
子どもたちの脳の発達によい創作童話があれば紹介してください。

사건에 관계가 있는 사람들은 피해 규모를 축소하려고 애썼다.
事件に関係のある人たちは被害の規模を縮小しようと努力した。

자신의 취향에 맞게 원하시는 색과 향기를 고르실 수 있어요.
自分の趣向に合うように欲しい色と香りをお選びできます。

여러분은 지금 새로운 피겨의 여왕이 탄생하는 순간을 지켜보고 계십니다.
皆さんは今新しいフィギュアの女王が誕生する瞬間を目の当たりにしています。

국물이 좀 짠 것 같은데 간이 맞는지 좀 봐주세요.
スープが少ししょっぱいようですが塩加減がちょうどよいかちょっと見てください。

오후부터 비가 온다고 하니까 밖에 내놓은 간판 좀 가지고 들어와라!
午後から雨が降るというから外に出しておいた看板を持って入ってきて！

객관적인 사실을 근거로 판단하셔야 나중에 후회하지 않을 겁니다.
客観的な事実を根拠として判断しないと後で後悔するでしょう。

새로 살 돈이 없어서 그러는데 수리한다면 금액은 얼마 정도 들까요?
新しく買うお金がないのですが，修理するなら金額はどのくらいかかるでしょうか。

엄마를 찾으며 우는 아이를 달래는 데 이것 만한 게 없어요.
お母さんを探しながら泣いている子どもをあやすにはこれが一番よいです。

전체 주주의 30% 이상의 참가로 이번 주주 총회가 성립되었습니다.
すべての株主の30%以上の参加で今回の株主総会が成立しました。

평균 수명의 연장으로 정부의 노인 복지 예산이 점차 증가하고 있다.
平均寿命の延長で政府の老人福祉予算がだんだん増加している。

한 살밖에 안 된 애가 벌써 말을 하다니 정말 신기하네요.
1歳にしかなっていない子がもうしゃべれるだなんて本当に不思議ですね。

□ 적합하다	□ 조절하다	□ 지급되다	□ 논하다
□ 도덕	□ 보고하다	□ 선언하다	

1066 ☐☐☐☐☐
예감

图 予感 ❖불길한 예감: 不吉な予感

❖예감 적중: 予感的中 類 예상: 予想

1067 ☐☐☐☐☐
천

图 布 ❖천을 자르다[대다]: 布を切る[あてる]

類 옷감: 生地／헝겊: 布

1068 ☐☐☐☐☐
쾌감

图 快感 ❖쾌감을 맛보다: 快感を味わう

反 불쾌감: 不快感

1069 ☐☐☐☐☐ [고지파다]
고집하다

動 固執する 関 고집이 세다: 我が強い

形 고집스럽다: 強情だ

1070 ☐☐☐☐☐
대처하다

動 対処する 関 대처 방안: 対処方案

類 대비하다: 対備する／조치하다: 処置する

1071 ☐☐☐☐☐ [발꺼름]
발걸음

图 足取り ❖가벼운[무거운] 발걸음: 軽い[重い]足取り

❖발걸음을 돌리다: きびすを返す 類 발길: 足取り

1072 ☐☐☐☐☐
신규

图 新規

❖신규 가입[채용]: 新規加入[採用]

1073 ☐☐☐☐☐
심판

图 審判 ❖공정한 심판: 公正な審判

❖심판을 받다[-에 맡기다]: 審判を受ける[-に委ねる]

1074 ☐☐☐☐☐
안기다

動 抱かれる

❖책임을 안기다: 責任を負わせる

1075 ☐☐☐☐☐
양심

图 良心

❖양심의 가책: 良心の呵責

1076 ☐☐☐☐☐
이자

图 利子 ❖이자를 붙이다: 利子をつける

❖무이자: 無利子 類 금리: 金利

1077 ☐☐☐☐☐
제안하다

動 提案する ❖대안을 제안하다: 代案を提案する

類 제의하다: 申し入れる

1078 ☐☐☐☐☐
진급

图 進級 ❖진급 시험: 進級試験

類 승급: 昇級

1079 ☐☐☐☐☐
표준

图 標準 ❖표준어: 標準語 ❖표준화: 標準化

❖표준 규격: 標準規格

1080 ☐☐☐☐☐
허용하다

動 許容する 関 허용 범위: 許容範囲

類 인정하다: 認定する 反 금지하다: 禁止する

諺 & 慣用句
발걸음이 떨어지지 않는다
気掛かりになってその場を離れられない

089

達成率
60 %

아침부터 오늘 하루 좋은 일이 있을 것 같은 <u>예감이 들더라.</u>
朝から今日一日よいことがあるような**予感がしていた**わ。

옷을 직접 만들고 싶은데 <u>천을 사려면</u> 어디로 가야 해요?
服を自分で作りたいのですが，**布を買う**にはどこに行けばよいですか。

해결되지 않았던 <u>문제가 풀렸을 때의 쾌감</u> 때문에 공부를 하는 것 같아요.
解決していなかった**問題が解けた時の快感**のために勉強をするようです。

자기 의견만 <u>고집하지 말고</u> 가끔은 다른 사람의 의견에도 귀 기울여 보세요.
自分の意見だけに**固執しないで**たまには他人の意見にも耳を傾けてみてください。

쓰러졌을 때 <u>바로 대처한 덕분에</u> 생명에 지장은 없을 듯합니다.
倒れた時**すぐ対処したおかげで**命に別状はなさそうです。

그를 만나고 나서 집으로 돌아가는 <u>발걸음이 날아갈 듯 가벼웠다.</u>
彼に会った後，家に帰る**足取りは飛ぶように軽かった**。

쉬다가 다시 시작하시는 거라면 <u>신규 등록</u> 기간에 등록해 주십시오.
休んでからまた始めるのなら**新規登録**期間に登録してください。

<u>심판의 판정</u>에 선수들은 강력히 항의했지만 받아들여지지 않았다.
審判の判定に選手たちは強く抗議したが受け入れられなかった。

그 아기는 배가 부르자 울음을 그치고 엄마의 <u>품에 안겨</u> 잠들었다.
その赤ちゃんはお腹がいっぱいになるやいなや泣き止んでお母さんの**胸に抱かれて**眠った。

출세를 하기 위해 <u>양심을 속이고 해 온</u> 행동들을 지금은 모두 후회하고 있다.
出世をするために**良心を騙してやってきた**行動を今は全部後悔している。

은행 <u>이자가 너무 낮아</u> 적금을 붓는 사람들이 줄어들고 있다.
銀行の**利子が低すぎて**積み立てる人たちが減りつつある。

저기에서 전화하고 있는 분이 이번 시스템 도입을 <u>제안하신</u> 분이세요.
あそこで電話している方が今回のシステム導入を**提案なさった**方です。

열심히 노력한 건 아는데 이 점수로는 <u>상급반 진급</u>은 좀 힘들 것 같네요.
一生懸命に努力していたのはわかるけど，この点数では**上級クラスへの進級**はちょっと難しそうですね。

새로운 기술을 만들려면 <u>기술 표준</u>을 참고로 해야 한다.
新しい技術を作るには**技術標準**を参考にしなければならない。

다 이긴 게임이라고 생각했는데 긴장이 풀려 종료 직전에 <u>동점 골을 허용했다.</u>
もう勝ったゲームだと思っていたが緊張がゆるんで終了直前に**同点ゴールを許してしまった**。

| □ 간판 | □ 근거 | □ 금액 | □ 달래다 |
| □ 성립되다 | □ 수명 | □ 신기하다 | |

1021 ( )	演説	
1022 ( )	いろいろ	
1023 ( )	断る	
1024 ( )	幸い	
1025 ( )	後片付け	
1026 ( )	釘	
1027 ( )	描写する	
1028 ( )	悲鳴	
1029 ( )	時刻	
1030 ( )	脱落する	
1031 ( )	専用	
1032 ( )	国産	
1033 ( )	面積	
1034 ( )	補償	
1035 ( )	借金	
1036 ( )	選定される	
1037 ( )	数える	
1038 ( )	少数	
1039 ( )	予測する	
1040 ( )	用途	
1041 ( )	移動する	
1042 ( )	刺激する	
1043 ( )	素早く	
1044 ( )	適する	
1045 ( )	調節する	
1046 ( )	支給される	
1047 ( )	論ずる	
1048 ( )	道徳	
1049 ( )	報告する	
1050 ( )	宣言する	

1051 ( )	願い	
1052 ( )	遺跡	
1053 ( )	はめる	
1054 ( )	創作	
1055 ( )	縮小する	
1056 ( )	趣向	
1057 ( )	誕生する	
1058 ( )	塩加減	
1059 ( )	看板	
1060 ( )	根拠	
1061 ( )	金額	
1062 ( )	あやす，慰める	
1063 ( )	成立する	
1064 ( )	寿命	
1065 ( )	不思議だ	
1066 ( )	予感	
1067 ( )	布	
1068 ( )	快感	
1069 ( )	固執する	
1070 ( )	対処する	
1071 ( )	足取り	
1072 ( )	新規	
1073 ( )	審判	
1074 ( )	抱かれる	
1075 ( )	良心	
1076 ( )	利子	
1077 ( )	提案する	
1078 ( )	進級	
1079 ( )	標準	
1080 ( )	許容する	

覚えておきたい！ ①-스럽다，②-롭다，③-답다 を用いた表現

① -스럽다は名詞に付いて形容詞を作り，「～(ら)しい，～の様子がうかがわれる，～げだ，～そうだ」の意味になります。

例 만족 (満足) **＋** -스럽다 ⇨ 만족스럽다 (満足だ，満足している)

어른스럽다	大人っぽい	걱정스럽다	心配している
수다스럽다	おしゃべりだ	짜증스럽다	苛立たしい
자연스럽다	自然だ	고급스럽다	高級っぽい
고통스럽다	苦痛だ	한심스럽다	嘆かわしい
자랑스럽다	自慢げだ	사랑스럽다	愛らしい

② -롭다は名詞・冠形詞(連体形)などに付いて形容詞を作り，「～(らし)い，～(そう)だ」の意味になります。ただ，名詞に付かないものもあります。

例 자유 (自由) **＋** -롭다 ⇨ 자유롭다 (自由だ，自由らしい)

평화롭다	平和らしい	슬기롭다	賢い，知恵がある
흥미롭다	興味深い	해롭다	害になる，有害だ
신비롭다	神秘的だ	이롭다	有益だ，有利だ
풍요롭다	豊かだ	새롭다	新しい
까다롭다	気難しい	날카롭다	鋭い

③ -답다は名詞に付いて形容詞を作り，「～らしい，～にふさわしい」の意味になります。特に制限なくほとんどの名詞で使えます。

例 남자 (男) **＋** -답다 ⇨ 남자답다 (らしい)

여자답다	女らしい	학생답다	学生らしい
사람답다	人間らしい	너답다	君らしい
아이답다	子どもらしい	선생님답다	先生らしい
군인답다	軍人らしい	정답다	睦まじい，愛情深い

1081 ☐☐☐☐☐
간신히
副 かろうじて, やっと **類** 가까스로: かろうじて
❖ 간신히 통과하다: かろうじて通過する

1082 ☐☐☐☐☐ [감:따]
감다
動 《糸などを》巻く ❖ 테이프를 감다: テープを巻く
類 감싸다: 取り巻く **反** 풀다: 解く

1083 ☐☐☐☐☐
보조
名 歩調
❖ 보조가 맞다: 歩調が合う

1084 ☐☐☐☐☐
불리하다
形 不利だ ❖ 불리한 조건[입장]: 不利な条件[立場]
反 유리하다: 有利だ

1085 ☐☐☐☐☐
방황하다
動 さまよう, 迷う
類 거리를 방황하다: 街をさまよう

1086 ☐☐☐☐☐ [예이[의]]
예의
名 礼儀 ❖ 예의를 다하다: 礼儀を尽くす
❖ 예의에 어긋나다: 礼儀に反する **類** 예절: 礼儀

1087 ☐☐☐☐☐
이내
名 以内
類 안: 中 **反** 이외: 以外

1088 ☐☐☐☐☐
재능
名 才能 ❖ 타고난 재능: 天賦の才
❖ 재능을 살리다: 才能を生かす **類** 소질: 素質

1089 ☐☐☐☐☐
공공
名 公共 ❖ 공공 시설: 公共施設
類 공동: 共同

1090 ☐☐☐☐☐
교양
名 教養
❖ 교양을 갖추다: 教養を身につける

1091 ☐☐☐☐☐
냉동
名 冷凍
❖ 냉동식품[보존]: 冷凍食品[保存]

1092 ☐☐☐☐☐
승객
名 乗客 ❖ 승객을 태우다: 乗客を乗せる
類 탑승객: 搭乗客

1093 ☐☐☐☐☐
외모
名 外見 ❖ 외모 지상주의: 容貌至上主義
類 겉모양: 外見

1094 ☐☐☐☐☐
인공
名 人工 ❖ 인공 호흡[수정]: 人口呼吸[受精]
類 가공: 加工 / 인조: 人造 **反** 자연: 自然 / 천연: 天然

1095 ☐☐☐☐☐
제자리
名 元の場所
❖ 제자리를 찾다[지키다]: 元の場所を探す[守る]

옥의 티
玉に瑕 (きず)

1년 동안 잠을 줄여가면서 열심히 준비해서 <u>간신히 합격할 수 있었다.</u>
１年間睡眠時間を削りながら一生懸命に準備して，**かろうじて合格することができた。**

조금 아파도 괜찮으니까 움직일 때 붕대가 <u>풀리지 않게 잘 감아</u> 주세요.
少し痛くてもかまわないから動く時に包帯が**解けないようにしっかり巻いて**ください。

다리가 좀 불편하니까 저에게 <u>보조를 좀 맞춰</u> 주셨으면 좋겠습니다.
足が少し不便だから私に**歩調を合わせて**くださると助かります。

결석이 많으면 학생 비자를 신청하실 때 <u>불리하게</u> 작용할 수도 있습니다.
欠席が多いと学生ビザを申請する時，**不利に働く**場合もあります。

누구나 <u>방황하고 고민하는</u> 시기가 한 번씩은 오지만 그때를 잘 넘겨야 한다.
誰でも**迷ったり思い悩む時期**が一度は来るがその時をうまく乗り越えなければならない。

할머니 덕분에 아주 <u>예의 바른</u> 청년으로 자랄 수 있었다고 봅니다.
祖母のおかげでとても**礼儀正しい**青年に成長することができたと思います。

환불하고 싶으시면 <u>일주일 이내에</u> 영수증을 가지고 오시면 됩니다.
払戻したければ**一週間以内に**領収証を持って来られるとよいです。

일찍부터 <u>재능을 알아보고</u> 지원해 준 부모님 덕분에 지금의 제가 있어요.
早くから**才能を見抜いて**支援してくれた両親のおかげで今の私がいます。

<u>공공장소</u>에서는 최소한의 예의는 좀 지켜 주셨으면 좋겠습니다.
公共の場では最低限のマナーは守ってくださると助かります。

평소 무척 <u>교양 있는 척</u>을 했지만 그의 행동은 무식해 보였다.
普段，大変**教養のあるふり**をしていたが彼の行動は非常識に見えた。

집에 돌아가는 대로 바로 <u>냉동 보관하는</u> 게 좋을 거예요.
家に帰り次第，すぐに**冷凍保存する**のがよいでしょう。

<u>승객</u> 여러분의 편안한 여행을 위해 최선을 다하겠습니다.
乗客の皆様の快適な旅行のために最善を尽くします。

저는 <u>외모보다는</u> 저랑 말이 통하는 사람이 좋아요.
私は**外見よりは**私と話が合う人のほうがよいです。

관리비 절약을 위해 우리 경기장은 <u>인공 잔디</u>를 사용하고 있습니다.
管理費の節約のために当競技場は**人口芝生**を使っています。

분명 정상을 향해 가고 있었는데 다시 살펴보니 <u>제자리만</u> 뱅뱅 돌고 있었다.
確かに頂上に向かっていたが，もう一度よく見てみたら**元の場所**でぐるぐる回っていた。

| □ 안기다 | □ 양심 | □ 이자 | □ 제안하다 |
| □ 진급 | □ 표준 | □ 허용하다 | |

1096
지루하다

形 退屈だ ❖지루한 일상: 退屈な日常

類 심심하다: 退屈だ

1097
화재

名 火災

❖화재 경보기[보험]: 火災報知器[保険]

1098
가르다

動 分ける, 切り裂く [ㄹ変] ❖배를 가르다: 腹を切る

類 구별하다: 区別する 反 합치다: 合わせる

1099
간격

名 間隔 ❖간격을 넓히다: 間隔を広げる

類 틈: 隙間／사이: 間

1100
끝없이 [끄덥씨]

副 限りなく, 絶えず ❖끝없이 펼쳐지다: 限りなく広がる

類 한없이: 限りなく

1101
동의하다 [동의[이]하다]

動 同意する ❖전적으로 동의하다: 全面的に同意する

関 동의를 구하다: 同意を求める

1102
부서

名 部署 ❖부서를 옮기다: 部署を移す

❖관련 부서: 関連部署 類 파트: パート

1103
소형

名 小型 ❖소형화: 小型化

❖초소형: 超小型 反 대형: 大型

1104
신인

名 新人 ❖초대형 신인: 超大型新人

❖신인상: 新人賞 ❖신인 발굴: 新人発掘

1105
입맛 [임맏]

名 食欲 ❖입맛을 돋우다[-이 당기다]: 食欲をそそる[-がそそられる]

類 식욕: 食欲

1106
절대 [절때]

副 名 絶対(に) ❖절대 평가: 絶対評価

❖절대로 필요하다: 絶対に必要だ

1107
지나치다

形 度が過ぎる 動 通り過ぎる

❖지나친 농담[요구]: 度が過ぎた冗談[要求]

1108
통로 [통노]

名 通路

❖통로를 막다[차단하다]: 通路を塞ぐ[遮断する]

1109
혜택 [혜[헤]:택]

名 恵み, 特典 ❖자연의 혜택: 自然の恵み

類 덕택, 덕분: おかげ

1110
확

副 すっと, かっと, がらりと

❖확 바뀌다: がらりと変わる

諺 & 慣用句
제자리에 머물다
その場にとどまる，進歩がない

092

達成率
62 %

재미있다고 해서 봤는데 지루해서 하품만 나네요.
おもしろいと言われて見たけれど，**退屈で**あくびばかり出ますね。

가정집에서 난 불이 화학 공장으로까지 옮겨붙어 큰 화재로 번졌다.
住宅から出た火事が化学工場にまで移り**大きな火災に広がった**。

이런 상황에서 편을 갈라서 싸우는 건 아무런 도움이 되지 않아요.
こんな状況で**敵味方に分けて争う**のは何の役にも立ちません。

단체 사진을 찍고 싶으니까 옆 사람과의 간격을 좁혀 주세요.
団体写真を撮りたいので隣の人との**間隔を詰めて**ください。

나름대로 열심히 하고 있는데 끝없이 문제가 생긴다.
自分なりに一生懸命にやっているのに**絶えず**問題が起きる。

오늘 이 내용으로 프레젠테이션하는 것에 대해 모두 동의하는 거죠?
今日，この内容でプレゼンテーションすることについてみんな**同意しますよね**？

다음 주부터 우리 부서에서 같이 일하게 되실 분이니 서로 인사 나누십시오.
来週からうちの**部署**で一緒に働くことになった方ですのでお互いに挨拶してください。

최근 소형 카메라로 불법 촬영한 동영상이 악용돼 문제가 되고 있다.
最近小型カメラで違法撮影した動画が悪用され問題になっている。

그는 신인답지 않은 연기로 관객들의 칭찬을 한 몸에 받았다.
彼は**新人らしくない**演技で観客たちの称賛を一身に受けた。

저는 입맛이 없을 때는 매운 음식을 먹으면서 기분 전환을 해요.
私は**食欲がない**時は辛い物を食べながら気分転換をします。

오늘은 무슨 일이 있어도 절대 지각하면 안 돼요.
今日はどんなことがあっても**絶対**遅刻してはいけません。

빵 하나 훔친 걸로 감옥에 간다니 벌이 좀 지나치다고 생각합니다.
パンひとつ盗んだことで監獄に行くだなんて**刑がちょっと重すぎる**と思います。

저는 비행기나 기차 모두 창가 자리보다는 통로 자리를 선호해요.
私は飛行機であれ列車であれ，どちらも**窓際の席**よりは**通路の席**を好みます。

회원이 되시면 편의점에서 할인 혜택을 받으실 수 있습니다.
会員になったらコンビニで**割引の特典**を受けられます。

숲길을 빠져나가자 시야가 확 트이면서 아름다운 경치가 펼쳐졌다.
林道を抜けたら**視野がすっと開けて**美しい景色が広がっていた。

| □ 공공 | □ 교양 | □ 냉동 | □ 승객 |
| □ 외모 | □ 인공 | □ 제자리 | |

1111 ▢▢▢▢▢ **골고루**	副 **均等に，等しく** ＊고루고루の縮約形。	
	❖ 골고루 나누다: 均等に分ける	
1112 ▢▢▢▢▢ **발전** [발쩐]	名 **発電**	
	❖ 발전소: 発電所 ❖ 자가 발전: 自家発電	
1113 ▢▢▢▢▢ **본인**	名 **本人**	
	類 당사자: 当事者／자신: 自身	
1114 ▢▢▢▢▢ **상점**	名 **商店** ❖ 상점을 열다: 商店を開く	
	❖ 상점가: 商店街 類 점포: 店舗	
1115 ▢▢▢▢▢ **이중**	名 **二重** ❖ 이중 삼중으로: 二重三重に	
	❖ 이중 국적[구조]: 二重国籍[構造]	
1116 ▢▢▢▢▢ **행하다**	動 **行う，やる，する**	
	類 실행하다: 実行する	
1117 ▢▢▢▢▢ **개별**	名 **個別** ❖ 개별 방문: 個別訪問	
	類 따로따로: 別々 反 종합: 総合	
1118 ▢▢▢▢▢ **별명**	名 **別名，あだ名** ❖ 별명을 붙이다[짓다]: あだ名をつける	
	類 별칭: 別称	
1119 ▢▢▢▢▢ **소유하다**	動 **所有する** ❖ 토지를 소유하다: 土地を所有する	
	類 보유하다: 保有する	
1120 ▢▢▢▢▢ **알아내다**	動 **究明する，見抜く，調べる**	
	類 발견하다: 発見する／찾아내다: 探し出す	
1121 ▢▢▢▢▢ **야단**	名 **大騒ぎ，叱り**	
	動 야단하다: 騒ぐ／야단맞다: 叱られる	
1122 ▢▢▢▢▢ **연결**	名 **連結** ❖ 연결을 끊다: 繋がりを絶つ	
	類 접속: 接続 反 분리: 分離	
1123 ▢▢▢▢▢ **용서하다**	動 **許す**	
	慣 용서를 빌다[구하다]: 許しを請う[求める]	
1124 ▢▢▢▢▢ **우정**	名 **友情**	
	❖ 우정을 나누다: 友情を交わす	
1125 ▢▢▢▢▢ **참조하다**	動 **参照する** ❖ 문헌을 참조하다: 文献を参照する	
	類 참고하다: 参考にする	

諺 & 慣用句
불난 집에 부채질한다
火に油を注ぐ

093

達成率
63 %

아무리 싫어해도 이것저것 <u>골고루</u> 먹이는 게 아이의 건강을 위해 좋습니다.
いくら嫌がってもあれこれ**均等に**食べさせるのが子どもの健康のためによいです。

햇빛을 이용해 전기를 만드는 것을 <u>태양광 발전</u>이라고 한다.
太陽の光を利用して電気を作ることを**太陽光発電**という。

은행 계좌를 만드려면 <u>본인 확인</u>을 위해 신분증이 필요합니다.
銀行の口座を作るには**本人確認**のため身分証が必要です。

축제 때 할 공연을 위해 <u>상점을 돌아다니면서</u> 후원을 부탁했다.
お祭の時に行う公演のため**商店を回りながら**後援をお願いした。

보기에는 얇아 보여도 천이 <u>이중으로 되어</u> 있어서 생각보다 따뜻해요.
見た目は薄く見えても布が**二重になって**いるので思ったより暖かいです。

항의는 본인이 <u>행해야 할 의무</u>를 다 한 후에 해야 설득력이 있다.
抗議は本人が**やるべき義務**をすべて果たした後にしてこそ説得力がある。

면접의 합격 여부는 이메일로 <u>개별 공지</u>하도록 하겠습니다.
面接の合否はEメールで**個別通知**するようにします。

친구들은 이름보다는 나의 모습을 그대로 닮은 <u>별명으로 불렀다</u>.
友達は名前よりも私の姿をそのまま表した**あだ名で呼んだ**。

이번 법률 개정안은 <u>부동산을</u> 2개 이상 <u>소유한</u> 사람들에게 불리하다.
今回の法律改定案は**不動産を**2つ以上**所有する**人たちに不利だ。

이런 말도 안 되는 이야기를 퍼트린 사람이 누구인지 당장 <u>알아내세요</u>.
こんなとんでもない話を言い触らした人が誰なのかすぐ**調べてください**。

여동생은 어머니에게 디즈니랜드에 <u>데려가 달라고 야단</u>이다.
妹は母にディズニーランドに**連れていってくれと大騒ぎ**だ。

계속 시도는 하는데 지하에 있어서 그런지 <u>인터넷 연결</u>이 잘 안 되네요.
ずっと試しているけれど地下にいるせいか**インターネット接続**がなかなかできないですね。

죽이고 싶을 만큼 미운 사람도 그 사람의 마음을 이해하면 <u>용서할 수 있어요</u>.
殺したくなるほど憎い人もその人の気持ちを理解すれば**許すことができます**。

<u>우정이냐 사랑이냐로</u> 고민을 하는 사람들이 의외로 많다.
友情なのか愛なのかで悩む人が意外と多い。

회식 장소는 첨부한 <u>파일을 참조해</u> 주시기 바랍니다.
会食の場所は添付した**ファイルを参照して**くださいますようお願いいたします。

| □ 신인 | □ 입맛 | □ 절대 | □ 지나치다 |
| □ 통로 | □ 혜택 | □ 확 | |

1126 □□□□□
타고나다
動 生まれつきだ，恵まれる
❖ 미모를 타고나다: 美貌に恵まれる

1127 □□□□□
가정하다
動 仮定する
類 상상하다: 想定する　反 확정하다: 確定する

1128 □□□□□
대표하다
動 代表する
関 대표 이사: 取締役／대표자: 代表者

1129 □□□□□
밀리다
動 滞る　❖ 방세가 밀리다: 家賃が滞る
❖ 길이 밀리다: 道が渋滞する

1130 □□□□□
예방하다
動 予防する　❖ 충치를 예방하다: 虫歯を予防する
関 예방책: 予防策

1131 □□□□□ [유의[이]하다]
유의하다
動 留意する，注意する
❖ 유의해서 듣다: 注意して聞く

1132 □□□□□
인하하다
動 引き下げる
関 금리 인하: 金利引き下げ　反 인상하다: 引き上げる

1133 □□□□□
잘리다
動 切れる
❖ 회사에서 잘리다: 会社をクビになる

1134 □□□□□
전환하다
動 転換する　❖ 기분을 전환하다: 気分を転換する
類 바꾸다: 換える

1135 □□□□□ [지반닐]
집안일
名 家事　❖ 집안일을 돌보다: 家事をする
類 가사: 家事／살림: 生計

1136 □□□□□
깨우다
動 起こす
類 일으키다: 起こす　反 재우다: 寝かす

1137 □□□□□ [끄니멉씨]
끊임없이
副 絶え間なく　❖ 끊임없이 노력하다: 絶え間なく努力する
類 꾸준히: たゆます／항상: 常に

1138 □□□□□
본부
名 本部　❖ 수사 본부: 捜査本部
反 지부: 支部

1139 □□□□□ [성수카다]
성숙하다
動 成熟する
類 익다: 熟す　反 미숙하다: 未熟だ

1140 □□□□□
순식간
名 一瞬
反 영원: 永遠

暗記度
チェック
□ 골고루　　　　□ 발전　　　　　□ 본인　　　　　□ 상점
□ 이중　　　　　□ 행하다　　　　□ 개별　　　　　□ 별명

諺 & 慣用句

전망이 있다[없다]
見込みがある〔ない〕

094

達成率
63 %

그는 타고난 말솜씨로 사람들을 모두 자기편으로 만들었다.
彼は**生まれつきの話術**で人々をすべて自分の味方にした。

일을 시작하기 전에는 항상 최악의 상황을 가정한 후에 대책을 세워 놔야 한다.
仕事を始める前にはいつも**最悪の状況を仮定した**後，対策を立てておかねばならない。

수료식 때 제가 우리 반을 대표해서 모두의 앞에서 인사를 하기로 했어요.
終了式の時，私が**うちのクラスを代表して**みんなの前で挨拶をすることになりました。

여행 가 있는 동안 밀렸던 집세와 공과금을 오늘 다 냈어요.
旅行に行っている間**滞っていた家賃**と光熱費を今日全部払いました。

감기를 예방하기 위해 집에 돌아오자마자 손을 씻고 입을 헹굽니다.
風邪を予防するために家に帰ったらすぐに手を洗ってうがいします。

유의해야 할 사항은 아래와 같으니 참조하시기 바랍니다.
留意すべき事項は下記のとおりですのでご参照くださいますようお願いいたします。

고객에게 감사의 마음을 표현하기 위해 가격을 인하하기로 결정했습니다.
お客様に感謝の気持ちを表すために**価格を引き下げること**に決定しました。

부엌칼을 새로 샀더니 고기가 정말 잘 잘려서 요리할 때 너무 편해요.
包丁を新しく買ったら肉が本当に**よく切れる**ので料理する時とても楽です。

핵폐기물의 처리 방법을 신고제에서 허가제로 전환하는 데 합의했습니다.
核廃棄物の処理方法を申告制から許可制に**転換すること**に合意しました。

남편은 집안일은커녕 자기가 벗은 양말조차 빨래통에 넣지 않는다.
旦那は**家事**どころか自分が脱いだ靴下さえ洗濯かごに入れない。

혼자 생활하는 딸한테서 내일 아침 5시에 좀 깨워 달라는 메일이 왔다.
ひとりで生活する娘から明日の朝5時に**起こしてくれ**というメールが来た。

불합리한 시스템을 바꾸자고 끊임없이 요구했지만 받아들여지지 않았다.
非合理的なシステムを変えようと**絶え間なく要求したが**受け入れられなかった。

저희는 그냥 본부의 지시에 따를 뿐 따로 보고 받은 사항은 없습니다.
私たちはただ**本部の指示に従っただけで**ほかに報告された事項はありません。

헤어스타일을 바꾸니까 나이에 비해 좀 성숙해 보이는 것 같네요.
髪型を変えたら年齢に比べて少し**大人っぽく見えますね**。

너무 순식간에 벌어진 일이라서 자세한 사항은 저도 잘 모르겠어요.
あまりにも**一瞬の間に**起きたことなので詳しいことは私もよくわかりません。

□ 소유하다	□ 알아내다	□ 야단	□ 연결
□ 용서하다	□ 우정	□ 참조하다	

1081 (	)	かろうじて	1111 (	)	均等に，等しく
1082 (	)	〈糸などを〉巻く	1112 (	)	発電
1083 (	)	歩調	1113 (	)	本人
1084 (	)	不利だ	1114 (	)	商店
1085 (	)	さまよう	1115 (	)	二重
1086 (	)	礼儀	1116 (	)	行う，やる
1087 (	)	以内	1117 (	)	個別
1088 (	)	才能	1118 (	)	別名，あだ名
1089 (	)	公共	1119 (	)	所有する
1090 (	)	教養	1120 (	)	究明する
1091 (	)	冷凍	1121 (	)	大騒ぎ，叱り
1092 (	)	乗客	1122 (	)	連結
1093 (	)	外見	1123 (	)	許す
1094 (	)	人工	1124 (	)	友情
1095 (	)	元の場所	1125 (	)	参照する
1096 (	)	退屈だ	1126 (	)	生まれつきだ
1097 (	)	火災	1127 (	)	仮定する
1098 (	)	分ける	1128 (	)	代表する
1099 (	)	間隔	1129 (	)	滞る
1100 (	)	限りなく	1130 (	)	予防する
1101 (	)	同意する	1131 (	)	留意する
1102 (	)	部署	1132 (	)	引き下げる
1103 (	)	小型	1133 (	)	切れる
1104 (	)	新人	1134 (	)	転換する
1105 (	)	食欲	1135 (	)	家事
1106 (	)	絶対（に）	1136 (	)	起こす
1107 (	)	度が過ぎる	1137 (	)	絶え間なく
1108 (	)	通路	1138 (	)	本部
1109 (	)	恵み，特典	1139 (	)	成熟する
1110 (	)	すっと，かっと	1140 (	)	一瞬

覚えておきたい！ よく使う被動詞（受動態）

● 被動詞（〜れる，〜られる）は「이/히/리/기」を入れて表します。

　　例 놓다 (置く) ⇨ 놓 + 이 + 다 ⇨ 놓이다 (置かれる)

- 이 -		
놓다 ⇨ **놓이다**	置かれる
바꾸다 ⇨ **바뀌다**	変える
보다 ⇨ **보이다**	見える，見られる
쌓다 ⇨ **쌓이다**	積もる
쓰다 ⇨ **쓰이다**	書かれる
잠그다 ⇨ **잠기다**	沈む，浸かる
담다 ⇨ **담기다**	盛られる

- 히 -		
닫다 ⇨ **닫히다**	閉じられる
막다 ⇨ **막히다**	止められる
먹다 ⇨ **먹히다**	食べられる
밟다 ⇨ **밟히다**	踏まれる
업다 ⇨ **업히다**	背負われる
읽다 ⇨ **읽히다**	読まれる
잡다 ⇨ **잡히다**	捕らえられる

- 리 -		
걸다 ⇨ **걸리다**	かかる
듣다 ⇨ **들리다**	聞こえる
물다 ⇨ **물리다**	噛まれる
열다 ⇨ **열리다**	開かれる
팔다 ⇨ **팔리다**	売れる
풀다 ⇨ **풀리다**	解ける

- 기 -		
끊다 ⇨ **끊기다**	切られる
담다 ⇨ **담기다**	盛られる
빼앗다 ⇨ **빼앗기다**	奪われる
안다 ⇨ **안기다**	抱かれる
쫓다 ⇨ **쫓기다**	追われる
찢다 ⇨ **찢기다**	破られる

1141 ☐☐☐☐☐
예비

图 予備
❖ 예비군: 予備軍　❖ 예비 검사: 予備検査

1142 ☐☐☐☐☐
이력서

图 履歴書
❖ 이력서 양식: 履歴書様式

1143 ☐☐☐☐☐
중대하다

形 重大だ
❖ 중대한 발표[결정]: 重大な発表[決定]

1144 ☐☐☐☐☐
한층

副 いっそう
類 더욱: もっと／한결: さらに

1145 ☐☐☐☐☐
내버리다

動 捨てる, 見捨てる, 放つ
❖ 목숨을 내버리다: 命を捨てる　類 버리다: 捨てる

1146 ☐☐☐☐☐
설명되다

動 説明される
関 설명서: 説明書

1147 ☐☐☐☐☐　[섭써파다]
섭섭하다

形 残念だ, 心残りだ
類 서운하다: 心残りだ／아깝다: もったいない

1148 ☐☐☐☐☐
세련되다

形 洗練されている, おしゃれである
❖ 세련된 문장: 洗練された文章　反 촌스럽다: ダサい

1149 ☐☐☐☐☐
위로하다

動 慰める
関 위로의 말: 慰めの言葉

1150 ☐☐☐☐☐
재생하다

動 再生する
❖ 동영상을 재생하다: 動画を再生する

1151 ☐☐☐☐☐
특이하다

形 変わっている　❖ 특이한 현상: 特異な現象
類 색다르다: 変わっている　反 평범하다: 平凡だ

1152 ☐☐☐☐☐
강도

图 強度　❖ 강도를 늦추다: 強度を緩める
類 세기: 強さ

1153 ☐☐☐☐☐　[그피]
급히

副 急に, 急いで
類 갑자기: 急に　反 천천히: ゆっくり

1154 ☐☐☐☐☐
전망

图 展望, 見通し, 見込み　❖ 전망대: 展望台
類 경관: 景観

1155 ☐☐☐☐☐
홍수

图 洪水　❖ 홍수 피해[대책]: 洪水被害[対策]
反 가뭄: 日照り

暗記度 チェック	☐ 타고나다	☐ 가정하다	☐ 대표하다	☐ 밀리다
	☐ 예방하다	☐ 유의하다	☐ 인하하다	☐ 잘리다

諺 & 慣用句
우물에 가 숭늉 찾는다
急ぐあまり事の順序をわきまえないこと。せっかちでじっくり待てない

096

達成率
64 %

갑자기 일어날 사고에 대비해 <u>예비 인력</u>을 뽑기로 했다.
突然起きる事故に備えて**予備人員**を採ることにした。

<u>제출하신 이력서</u>는 그 어떤 이유가 있더라도 돌려 드리지 않습니다.
提出された履歴書はいかなる理由があってもお返しすることはできません。

정부는 오늘 오후 3시에 기자들을 모아 놓고 세제 개혁에 대한 <u>중대한 발표</u>를 했다.
政府は今日午後３時に記者たちを集めて税制改革についての**重大な発表**をした。

설명을 들은 후에 문제를 읽으니 <u>한층 더</u> 쉽게 느껴졌다.
説明を聞いた後に問題を読むと**よりいっそう**易しく感じた。

성인이 되었으니 참견하지 말고 본인이 하고 싶은 대로 <u>내버려 두는</u> 게 좋을 것 같아요.
成人になったから干渉せずに本人がしたいように**放っておく**のが良さそうです。

심리학 책에 <u>설명되어 있는 내용</u>을 읽으니 그 사람의 이상한 행동들이 이해되었다.
心理学の本に**説明されている内容**を読むと、あの人の不思議な行動が理解できた。

나에게만 비밀로 하고 이런 파티를 준비했다니 좀 <u>섭섭하네요</u>.
私にだけ秘密にしてこんなパーティを準備したなんてちょっと**残念ですね**。

머리를 좀 짧게 자르고 모노톤의 옷을 입으면 좀 더 <u>세련돼</u> 보일 것 같은데요.
髪の毛を少し短くカットしてモノトーンの服を着るともう少し**おしゃれ**に見えそうですけど。

시험에 떨어진 걸 <u>위로하기</u> 위해 이번 여행을 준비했다고 하더라고요.
試験に落ちたのを**慰める**ために今回の旅行を準備したそうですよ。

아까 그가 노래를 부르던 장면을 다시 보고 싶은데 <u>한 번 더 재생해</u> 주세요.
さっき彼が歌っていた場面をまた見たいので**もう一回再生して**ください。

지금까지 한 번도 본 적이 없는 <u>특이한 행동</u>으로 모두를 깜짝 놀라게 했다.
今まで一度も見たことのない**変わった行動**でみんなを驚かせた。

다이아몬드는 어떤 광물보다도 <u>강도가 높아</u> 단단한 금속을 자를 때 이용되고 있다.
ダイヤモンドはどんな鉱物よりも**強度が高い**ので固い金属を切る時に利用されている。

오늘 중으로 <u>급히 처리해야</u> 할 일이 있으니 퇴근하지 말고 기다려 주세요.
今日中に**急いで処理しなければならない**ことがあるから退勤しないで待っていてください。

신제품 출시 뉴스가 발표되자 주식이 오를 것이라는 <u>전망이 나오고 있다</u>.
新製品発売のニュースが発表されると株が上がるという**見込みが出てきている**。

갑작스러운 집중 호우로 <u>홍수가 나</u> 주변 일대가 모두 물에 잠겼다.
突然のゲリラ豪雨で**洪水になって**周辺一帯がみんな水に浸かった。

□ 전환하다	□ 집안일	□ 깨우다	□ 끊임없이
□ 본부	□ 성숙하다	□ 순식간	

1156 □□□□□
가뭄

名 日照り ❖가뭄이 들다: 日照りになる

反 홍수: 洪水

1157 □□□□□
건네다

動 手渡す ❖말을 건네다: 言葉をかける

類 넘기다, 넘겨주다: 渡す

1158 □□□□□
귀중하다

形 貴重だ ❖귀중한 자료: 貴重な資料

関 귀중품: 貴重品 類 귀하다: 貴重だ

1159 □□□□□ [극따]
긁다

動 掻く

❖돈을 긁어 모으다: 金を掻き集める

1160 □□□□□
단독

名 単独 ❖단독 인터뷰[보도]: 単独インタビュー[報道]

反 공동: 共同／집단: 集団

1161 □□□□□
어기다

動 破る ❖법을 어기다: 法を犯す

類 깨다: 破る／범하다: 犯す 反 지키다: 守る

1162 □□□□□
연애

名 恋愛

❖연애 결혼[상담]: 恋愛結婚[相談]

1163 □□□□□ [요야카다]
요약하다

動 要約する

❖내용을 요약하다: 内容を要約する

1164 □□□□□ [찌키다]
찍히다

動 押される, 撮られる

❖몰래 찍히다: こっそり撮られる

1165 □□□□□
나뉘다

動 分かれる, 分断される

❖남북으로 나뉘다: 南北に分断される

1166 □□□□□
다정하다

形 睦まじい ❖다정한 눈빛: 優しいまなざし

類 사이좋다: 仲がよい 反 냉정하다: 冷たい

1167 □□□□□
모범

名 模範 ❖모범을 보이다: 模範を示す

❖모범 택시: 模範タクシー 類 본보기: 見本

1168 □□□□□
방해하다

動 妨害する, 邪魔する

関 공무 집행 방해: 公務執行妨害 類 막다: 防ぐ

1169 □□□□□ [상:뉴]
상류

名 上流 ❖상류 사회: 上流社会

反 하류: 下流

1170 □□□□□
소규모

名 小規模 ❖소규모 거래: 小規模取引

反 대규모: 大規模

暗記度
チェック
□ 예비　　　　　□ 이력서　　　　　□ 중대하다　　　　　□ 한층
□ 내버리다　　　□ 설명되다　　　　□ 섭섭하다　　　　　□ 세련되다

諺 & 慣用句
발등을 찍히다
人に裏切られる

097

達成率
65 %

연일 계속되는 가뭄으로 인해 농작물 가격이 폭등해 배추 값이 금값이라고 한다.
連日の日照りにより農作物の価格が暴騰し白菜の値段が金の値段のようだ。

오늘은 부동산 중개업자와 집주인을 만나 계약금을 건네기로 한 날이에요.
今日は不動産仲介人と大家さんに会って契約金を**手渡す**ことにした日です。

모르는 사람들과 한 달 동안 같이 여행을 한 것은 귀중한 경험이 되었다.
知らない人々と1か月間一緒に旅行をしたのは**貴重な経験**になった。

상처가 나으면서 좀 가려울 텐데 긁으면 상처가 심해지니까 좀 참으세요.
傷が治りかけの時は少しかゆくなりますが，**掻くと傷口が悪化する**ので少し我慢してください。

다른 사람의 의견은 모두 무시하고 단독으로 결정하다니….
他人の意見は全部無視して**単独で**決定するだなんて…。

그 사람이 약속을 어기는 게 하루 이틀도 아닌데 화내는 사람이 손해예요.
あの人が**約束を破る**のは今日に始まった事でもないので怒る人が損です。

최근에는 연애는 하면서도 결혼에는 관심이 없는 사람들이 늘고 있다.
最近は**恋愛はしつつも**結婚には関心がない人々が増えている。

그러니까 지금까지 이야기를 한마디로 요약하면 처음부터 다시 하자는 거지요?
ですから今までの話を**一言で要約すると**初めからやり直そうということでしょう？

여기 이렇게 당신의 도장이 찍혀 있는데 왜 안 했다고 거짓말을 해요?
ここにこのようにあなたの**ハンコが押されているの**になぜ押さなかったと嘘をつくのですか。

한국 전쟁으로 한반도는 북한과 남한으로 나뉘어 현재 유일한 분단 국가이다.
朝鮮戦争で朝鮮半島は**北朝鮮と韓国に分かれて**現在唯一の分断国家だ。

덕수궁 돌담길에는 다정하게 손을 잡고 걸어가는 연인의 모습을 많이 볼 수 있다.
德寿宮の石垣の道では**睦まじく手をつないで**歩いて行く恋人同士の姿がよく見られる。

시험을 보고 난 후에 홈페이지에 나와 있는 모범 답안을 확인해 봤습니다.
試験を受けた後にホームページに出ている**模範答案**を確認してみました。

집중해서 공부를 하고 싶었는데 친구들이 방해해서 결국 같이 노래방에 갔다.
集中して勉強をしたかったが友達が**邪魔して**結局一緒にカラオケに行った。

연어는 알을 낳기 위해 강 상류를 향해 죽을힘을 다해 올라간다.
鮭は卵を産むために川の**上流に向かって**死ぬ気でのぼっていく。

자본이 부족해서 어쩔 수 없이 이번 이벤트는 소규모로 진행하기로 했습니다.
資本が足りなくて仕方がなく今回のイベントは**小規模で進行**することにしました。

□ 위로하다	□ 재생하다	□ 특이하다	□ 강도
□ 급히	□ 전망	□ 홍수	

1171 □□□□□
수시로

副 随時, 何度も
類 시도 때도 없이: 四六時中　反 가끔: たまに

1172 □□□□□
시야

名 視野
❖ 시야가 넓다[좁다]: 視野が広い[狭い]

1173 □□□□□
유형

名 類型　❖ 유형별로 나누다: 類型別に分ける
類 패턴: パターン

1174 □□□□□
정상

名 正常　❖ 국교정상화 50주년: 国交正常化 50周年
反 비정상: 非正常／이상: 異常

1175 □□□□□
해설

名 解説　❖ 해설자: 解説者
類 설명: 説明

1176 □□□□□
경비

名 経費　❖ 경비 절약: 経費節約
❖ 경비를 대다: 経費を出す

1177 □□□□□
금하다

動 禁ずる　❖ 금할 길이 없다: 抑えがたい
類 금지하다: 禁止する

1178 □□□□□
단단하다

形 固い, 丈夫だ
類 딱딱하다: 固い／견고하다: 強固だ

1179 □□□□□
대체

副 名 いったい, おおよそ, 大体
❖ 대체 모르겠다: まったく知らない　類 도대체: いったい

1180 □□□□□　[무치다]
묻히다

動 付ける, まぶす　❖ 치약을 묻히다: 歯みがき粉を付ける
類 찍다: つける／바르다: 塗る

1181 □□□□□
미혼

名 未婚　❖ 미혼 남녀: 未婚男女
類 독신: 独身　反 기혼: 既婚

1182 □□□□□
방지하다

動 防止する, 防ぐ　❖ 재발을 방지하다: 再発を防止する
関 방지법: 防止法　類 막다: 防ぐ

1183 □□□□□
사표

名 辞表　❖ 사표를 수리하다: 辞表を受理する
類 사직서: 辞表

1184 □□□□□
삼가다

動 慎む, 控える
❖ 술·담배를 삼가다: 酒・タバコを控える

1185 □□□□□
짜다

動 絞る
❖ 지혜를 짜다: 知恵を絞る

暗記度
チェック
□ 가뭄	□ 건네다	□ 귀중하다	□ 굵다
□ 단독	□ 어기다	□ 연애	□ 요약하다

긁어 부스럼
寝た子を起こす、やぶへび

배탈이 났는지 가만히 있지를 못하고 <u>수시로</u> 화장실을 <u>왔다갔다</u> 하네요.
お腹を壊したのかじっとしていられなくて**何度も**トイレを**行ったり来たり**していますね。

비와 안개가 심한 날은 <u>시야 확보</u>에 어려움이 있으니 운전을 조심히 해야 한다.
雨と霧がひどい日は**視野の確保**が大変だから運転に気を付けなければならない。

<u>이런 유형</u>의 사람들은 쉽게 사람들과 친해지며 후회를 하지 않는 것이 특징이다.
このような類の人々は簡単に人と親しくなり後悔をしないのが特徴だ。

크리스마스와 연말연시에 저희 가게는 <u>정상 영업</u>하니 많이 이용해 주시기 바랍니다.
クリスマスと年末年始に当店は**通常営業**ですので、たくさんご利用くださいますようお願いいたします。

경기에 집중하고 싶은데 해설이 도움이 되기는커녕 오히려 <u>방해가 되었다</u>.
試合に集中したいけれど**解説が**役に立つどころかむしろ**邪魔になった**。

<u>출장 경비</u>는 영수증을 제출하시면 월급날 일괄 입금해 드리겠습니다.
出張経費は領収書を提出すれば給料日に一括入金いたします。

여기는 상수원 보호 구역이라 낚시 및 취사를 <u>금하고</u> 있습니다.
ここは水源保護区域なので釣りおよび炊事を**禁じて**います。

<u>얼음이 단단하게 얼어서</u> 스케이트를 타도 문제없을 것 같네요.
氷が固く凍ったのでスケートをしても問題なさそうです。

다시 물어봤는데도 불구하고 <u>대체 무슨 이야기를 하는지</u> 알아듣기 힘들더라고요.
もう一度聞いてみたにもかかわらず、**いったい何の話をしているのか**理解しにくかったですよ。

아이는 입가에 소스를 <u>잔뜩 묻히고</u> 맛있다며 환하게 웃었다.
子どもは口元にソースを**いっぱい付けて**おいしいと言いながら明るく笑った。

저렇게 멋있는 사람이 <u>아직 미혼이라니</u> 사람의 인연이란 참 알 수 없네요.
あんなに素敵な人が**まだ未婚だなんて**人の縁というのは本当にわかりませんね。

불만이 커지는 것을 <u>방지하기</u> 위해 회사는 정기적으로 면담을 실시했다.
不満が大きくなるのを**防止する**ために会社は定期的に面談を実施した。

지금까지의 불만이 쌓여 상사와 다투고 흥분해서 <u>사표를 내고</u> 왔는데 후회가 되네요.
今までの不満が溜まって上司と喧嘩し、興奮して**辞表を出して**来ましたが後悔してますね。

다른 승객에게 폐를 끼치니 지하철 안에서는 <u>전화 통화를 삼가</u> 주시기 바랍니다.
ほかの乗客に迷惑をかけるので地下鉄の中では**通話を控えて**いただくようお願いいたします。

힘이 약해서 그런지 행주를 <u>힘껏 짰는데도</u> 아직도 이렇게 물기가 많네요.
力が弱いせいからか布巾を**力いっぱい絞ったけれど**まだこんなに水気が多いですね。

□ 찍히다	□ 나뉘다	□ 다정하다	□ 모범
□ 방해하다	□ 상류	□ 소규모	

1186 □□□□□
취재하다

動 取材する

関 취재 활동: 取材活動／취재에 응하다: 取材に応じる

1187 □□□□□
기다

動 這う

◆ 악어가 엉금엉금 기다: ワニがのそのそと這う

1188 □□□□□
변경하다

動 変更する　◆ 업종[노선]을 변경하다: 業種[路線]を変更する

関 변경안: 変更案

1189 □□□□□
손실

名 損失　◆ 손실을 입다: 損失を被る

類 손해: 損害　反 이익: 利益

1190 □□□□□
실컷

副 思う存分，思い切り

類 마음껏: 思い切り／한껏: いっぱい，精一杯

1191 □□□□□
운행

名 運行　◆ 버스 운행 노선: バスの運行路線

◆ 운행 시간: 運行時間　類 운항: 運航

1192 □□□□□
이대로

副 このまま

類 똑같이: 同じく

1193 □□□□□
포함되다

動 含まれる

◆ 대상에 포함되다: 対象に含まれる

1194 □□□□□
기호

名 記号　◆ 발음 기호: 発音記号

類 부호: 符号／사인: サイン

1195 □□□□□
낭비하다

動 浪費する，無駄にする

関 낭비벽: 浪費癖　反 절약하다: 節約する

1196 □□□□□
대략

名 大略　副 おおよそ

類 대체로: 大体／대개: おおよそ

1197 □□□□□
보존하다

動 保存する

◆ 원형을 보존하다: 原型を保存する

1198 □□□□□
빨다

動 吸う，舐める ㄹ語幹

◆ 빨대를 빨다: ストローを吸う

1199 □□□□□
사상

名 史上　◆ 사상 최대[최악]: 史上最大[最悪]

類 역사상: 歴史上

1200 □□□□□
선전

名 宣伝　◆ 흑색 선전: デマ

類 광고: 広告

물 쓰듯 하다
浪費する，湯水のように使う

099

達成率
67 %

공항에는 유명 연예인의 <u>입국을 취재하기 위한</u> 기자들로 발 디딜 틈도 없었다.
空港には有名な芸能人の**入国を取材するための**記者たちで足を踏み入れる隙間もなかった。

<u>아이가 기기 시작한</u> 게 어제 일 같은데 벌써 뛰어다니네요.
赤ちゃんがハイハイし始めたのが昨日のことのようなのにもう走り回っていますね。

급한 일이 생겨서 여행 <u>날짜를 변경해야 할</u> 것 같은데 가능하겠습니까?
急用ができて旅行の**日にちを変更しなければならない**ようですが可能でしょうか。

사업을 하다가 보면 이익이 날 수도 있고 <u>손실이 생길</u> 수도 있죠.
事業をしてみると利益が出ることもあれば**損失が出る**こともあるでしょう。

오랜만에 고향 집에 왔으니까 그동안 먹고 싶었던 음식 <u>실컷 먹고 가</u>.
久しぶりに実家にきたから今まで食べたかった料理を**思う存分食べていってね**。

<u>지하철의 운행 정보</u>는 홈페이지에 게시되어 있으니 확인해 보시기 바랍니다.
地下鉄の運行情報はホームページに掲載していますので確認してくださいますようお願いいたします。

저는 부족하다고 생각하는데 동료들은 <u>이대로도 괜찮다고</u> 바꾸지 말래요.
私は足りないと思っているのに同僚たちは**このままでもよいから**変えないと言っています。

계약서에 나와 있는 금액은 저희 회사의 <u>수수료도 포함된</u> 금액입니다.
契約書に出ている金額は当社の**手数料も含まれた**金額です。

강의가 너무 빨리 진행돼서 나만의 <u>기호를 만들어</u> 효율적으로 메모를 했다.
講義があまりにも速く進むので自分だけの**記号を作って**効率的にメモを取った。

한 번 결심하면 바뀌지 않는 사람이니 시간 <u>낭비하지 말고</u> 다른 방법을 찾아 봐.
一度決心すると変えない人だから**時間を無駄にしないで**ほかの方法を探してみたら？

지금까지의 진행 속도라면 앞으로 <u>대략 얼마나</u> 더 걸릴 것 같습니까?
今までの進み具合だと，これから**おおよそどのくらい**かかりそうですか。

이렇게 그릇에 공기가 들어가지 않게 해 놓으면 더 <u>장기간 보존할</u> 수 있습니다.
このように容器に空気が入らないようにしておけばもっと**長期間保存する**ことができます。

어렸을 때 불안해지면 <u>손가락을 빠는</u> 버릇이 있어 부모님이 많이 걱정을 했었다.
幼い時，不安になると**指をなめる**癖があったので親がとても心配をした。

이번 분기의 수익은 <u>사상 최대치</u>를 기록할 것으로 전망하고 있다.
今期の収益は**史上最大値**を記録するだろうと見込んでいる。

<u>선전만 보고</u> 물건을 구매했더니 생각했던 것과 너무 달라서 반품했어요.
宣伝だけみて品物を購入したら思っていたのとあまりにも違うので返品しました。

□ 대체	□ 묻히다	□ 미혼	□ 방지하다
□ 사표	□ 삼가다	□ 짜다	

1141 (	)	予備	**1171** (	)	随時，何度も
1142 (	)	履歴書	**1172** (	)	視野
1143 (	)	重大だ	**1173** (	)	類型
1144 (	)	いっそう	**1174** (	)	正常
1145 (	)	捨てる	**1175** (	)	解説
1146 (	)	説明される	**1176** (	)	経費
1147 (	)	残念だ	**1177** (	)	禁ずる
1148 (	)	洗練されている	**1178** (	)	固い，丈夫だ
1149 (	)	慰める	**1179** (	)	いったい
1150 (	)	再生する	**1180** (	)	付ける，まぶす
1151 (	)	変わっている	**1181** (	)	未婚
1152 (	)	強度	**1182** (	)	防止する
1153 (	)	急に，急いで	**1183** (	)	辞表
1154 (	)	展望	**1184** (	)	慎む，控える
1155 (	)	洪水	**1185** (	)	絞る
1156 (	)	日照り	**1186** (	)	取材する
1157 (	)	手渡す	**1187** (	)	這う
1158 (	)	貴重だ	**1188** (	)	変更する
1159 (	)	掻く	**1189** (	)	損失
1160 (	)	単独	**1190** (	)	思う存分
1161 (	)	破る	**1191** (	)	運行
1162 (	)	恋愛	**1192** (	)	このまま
1163 (	)	要約する	**1193** (	)	含まれる
1164 (	)	押される	**1194** (	)	記号
1165 (	)	分かれる	**1195** (	)	浪費する
1166 (	)	睦まじい	**1196** (	)	大略，おおよそ
1167 (	)	模範	**1197** (	)	保存する
1168 (	)	妨害する	**1198** (	)	吸う，舐める
1169 (	)	上流	**1199** (	)	史上
1170 (	)	小規模	**1200** (	)	宣伝

● 使役動詞（〜せる，〜させる）は動詞と形容詞に「이/히/리/기/우/구/추」を入れて
表します。

例 붙다 (付く) ⇨ 붙 ＋ 이 ＋ 다 ⇨ 붙이다 (付ける)

-이-		
속다	⇨ 속이다	騙す
줄다	⇨ 줄이다	減らす
죽다	⇨ 죽이다	殺す
끓다	⇨ 끓이다	沸かす
끝나다	⇨ 끝내다	終える
먹다	⇨ 먹이다	食べさせる
보다	⇨ 보이다	見せる
높다	⇨ 높이다	高める

-히-		
익다	⇨ 익히다	慣らす，火を通す
앉다	⇨ 앉히다	座らせる
맞다	⇨ 맞히다	当てる
잡다	⇨ 잡히다	捕まる
입다	⇨ 입히다	着せる
좁다	⇨ 좁히다	狭める
넓다	⇨ 넓히다	広める
밝다	⇨ 밝히다	明かす

-리-		
돌다	⇨ 돌리다	回す
울다	⇨ 울리다	泣かす
얼다	⇨ 얼리다	凍らせる
살다	⇨ 살리다	生かせる
물다	⇨ 물리다	噛ませる
듣다	⇨ 들리다	聞かせる
들다	⇨ 들리다	持たせる
알다	⇨ 알리다	知らせる

-기-		
웃다	⇨ 웃기다	笑わせる
남다	⇨ 남기다	残す
숨다	⇨ 숨기다	隠す
안다	⇨ 안기다	抱かれる
벗다	⇨ 벗기다	脱がせる
신다	⇨ 신기다	履かせる
씻다	⇨ 씻기다	洗わせる
감다	⇨ 감기다	閉じさせる

-우-		
깨다	⇨ 깨우다	起こす
비다	⇨ 비우다	空ける
새다	⇨ 새우다	明かす
서다	⇨ 세우다	立たせる
자다	⇨ 재우다	寝かす
타다	⇨ 태우다	乗せる，燃やす
지다	⇨ 지우다	背負わせる
차다	⇨ 채우다	満たす

- 구 -		
일다	⇨ 일구다	掘りおこす
돋다	⇨ 돋구다	高める

-추-		
맞다	⇨ 맞추다	合わせる
비치다	⇨ 비추다	映す，照らす
낮다	⇨ 낮추다	低める
늦다	⇨ 늦추다	遅らせる

1201 □□□□□
설립되다
動 設立される　関 설립 이념: 設立理念
類 세우다: 建てる／창립되다: 創立される

1202 □□□□□
수필
名 随筆，エッセイ　◆수필집: 随筆集
◆수필가: 随筆家　類 에세이: エッセイ

1203 □□□□□
신설하다
動 新設する　◆학과를 신설하다: 学科を新設する
関 신설 기관: 新設機関

1204 □□□□□
실감하다
動 実感する　◆어려움을 실감하다: 難しさを実感する
類 실감 나다: 実感する

1205 □□□□□
용기
名 容器　◆용기에 담다: 容器に入れる
◆플라스틱 용기: プラスチック容器　類 그릇: 器

1206 □□□□□
잡아당기다
動 引っ張る
類 당기다: 引く／끌다, 끌어당기다: 引っ張る

1207 □□□□□
점검
名 点検　◆정기 점검: 定期点検
◆점검 항목: 点検項目　類 검사: 検査

1208 □□□□□
조기
名 早期　◆조기 교육[졸업]: 早期教育[卒業]
◆조기 달성하다: 早期達成する

1209 □□□□□
칭찬하다
動 称賛する，褒める
関 칭찬을 받다: 称讃を受ける

1210 □□□□□
통일하다
動 統一する，そろえる
◆의상을 통일하다: 衣裳を統一する

1211 □□□□□
걷다
動 取り込む，まくる
◆소매를 걷다: 袖をまくる

1212 □□□□□　[급꺼키]
급격히
副 急激に
◆급격히 불어나다[감소하다]: 急激に増える[減少する]

1213 □□□□□
충실하다
形 忠実だ
◆임무에 충실하다: 任務に忠実だ

1214 □□□□□
대기하다
動 待機する
関 대기자 명단: ウェイティングリスト

1215 □□□□□
변명하다
動 弁明する，言い訳する
関 변명을 늘어놓다: 弁解を述べる　類 해명하다: 解明する

暗記度チェック
□ 취재하다　　□ 기다　　　　□ 변경하다　　□ 손실
□ 실컷　　　　□ 운행　　　　□ 이대로　　　□ 포함되다

諺 & 慣 用 句
뛰는 놈 위에 나는 놈
上には上がある

101

達成率
68 %

국제 연합이 설립되면서 각 국가 간의 소통이 더욱 활발해졌다.
国際連合が設立されて各国家間の疎通がいっそう活発になった。

소설보다는 작가의 생각이나 생활 모습을 그대로 볼 수 있는 수필이 좋더라고요.
小説よりは作家の考えや生活の様子をそのまま見ることができる**エッセイ**が好きですよ。

국민들의 생활 안정을 위해 정부는 관련 부서를 신설하기로 했다.
国民の生活安定のため政府は関連部署を**新設する**ことにした。

매일 일을 하면서도 느끼지 못했는데 첫 월급을 받고 사회인이 되었다는 걸 실감했어요.
毎日仕事をしていても感じられなかったけれど，初任給をもらって社会人になったことを**実感しました**。

비닐봉지에 보관하는 것도 좋지만 밀폐 용기에 담아 놓는 게 찾기 쉬울 거예요.
ビニール袋に保管するのもよいけど**密閉容器**に入れておくほうが探しやすいはずです。

어릴 때 남자애들이 내 긴 머리를 자꾸 잡아당겨서 어느 날 확 짧게 잘라 버렸다.
幼い時，男の子たちが私の**長い髪**をしょっちゅう**引っ張る**のである日ばっさりと短く切ってしまった。

차를 오랫동안 사용하려면 정기적으로 정비소에 가서 점검을 받으세요.
車を長く使用するには定期的に整備所に行って**点検を受けて**ください。

건강 검진 결과 암이 조기에 발견되어서 간단한 수술로 완치되었다.
健康診断の結果，がんが**早期に発見され**簡単な手術で完治できた。

'칭찬은 고래도 춤추게 한다'는 말처럼 작은 일이라도 서로 칭찬합시다.
「**称賛はクジラも躍らせる**」という言葉のように小さいことでもお互いを**褒め合いましょう**。

합창 대회 때 모두 옷을 검은색으로 통일해서 입는 것은 어때?
合唱大会の時，みんなで服を**黒にそろえて**着るのはどう？

비가 올 것 같으니까 베란다에 널어놓은 빨래 좀 걷어 줄래?
雨が降りそうだからベランダに干してある**洗濯物取り込んで**くれる？

역시 나이가 드니까 체력이 급격히 떨어져서 집중도 잘 안 되는군요.
やはり年を取ると**体力が急激に衰えて**なかなか集中もできませんね。

대학생 때는 동아리 활동보다는 학과 공부만 충실히 했다.
大学生の時はサークル活動より学科の勉強だけ**忠実に**行った。

태풍으로 비행기가 언제 출발할지 몰라 공항에서 계속 대기하고 있어요.
台風で飛行機がいつ出発するかわからないので**空港でずっと待機**しています。

잘못을 했으면 변명하지 말고 사과하고 잘못을 인정하는 게 좋다.
間違ったことをしたなら**言い訳せずに**謝って過ちを認めるのがよい。

□ 기호	□ 낭비하다	□ 대략	□ 보존하다
□ 빨다	□ 사상	□ 선전	

1216 □□□□□ **부상**	名 負傷　❖ 부상을 입다: 傷を負う 関 경상: 軽傷／중상: 重症
1217 □□□□□ **연출하다**	動 演出する, スタイリングする ❖ 연극을 연출하다: 演劇を演出する
1218 □□□□□ [열쭝하다] **열중하다**	動 熱中する, 夢中になる ❖ 연습에 열중하다: 練習に没頭する　類 전념하다: 専念する
1219 □□□□□ **유산**	名 遺産　❖ 문화[자연] 유산: 文化[自然]遺産 ❖ 유산을 물려주다: 遺産を譲り渡す　❖ 유산 상속: 遺産相続
1220 □□□□□ **재주**	名 才能　❖ 재주를 발휘하다: 才能を発揮する 類 재능: 才能／솜씨: 腕前
1221 □□□□□ **전설**	名 伝説　❖ 전설이 되다: 伝説になる 類 민간 설화: 民間説話
1222 □□□□□ **쫓겨나다**	動 追い出される ❖ 문 앞에서 쫓겨나다: 門前払いにされる
1223 □□□□□ **취업**	名 就業, 就職 類 취직: 就職　反 실직: 失職
1224 □□□□□ **칠하다**	動《塗料などを》塗る 類 바르다: 塗る／색칠하다: 色を塗る
1225 □□□□□ **해소하다**	動 解消する　❖ 궁금증을 해소하다: 気がかりを解消する 関 해소법: 解消法
1226 □□□□□ [허라카다] **허락하다**	動 許諾する, 許す　❖ 면회를 허락하다: 面会を許諾する 類 허가하다: 許可する　反 거절하다: 拒絶する
1227 □□□□□ **확신하다**	動 確信する　関 확신에 차다: 確信に満ちる 類 자신하다: 確信する　反 의심하다: 疑う
1228 □□□□□ **흥분하다**	動 興奮する 関 흥분 상태: 興奮状態　類 감격하다: 感激する
1229 □□□□□ [급쏘키] **급속히**	副 急速に ❖ 급속히 변화하다: 急速に変化する
1230 □□□□□ **급증하다**	動 急増する　❖ 수요가 급증하다: 需要が急増する 類 늘어나다: 増える　反 급감하다: 急減する

공든 탑이 무너지랴

誠意をこめて一生懸命にやったことは簡単に無駄にならない，努力は裏切らない

102

達成率 **68** %

어깨 부상으로 고통스러울 텐데도 투수는 전력을 다해 공을 던졌다.
肩の負傷で辛いはずなのに投手は全力を尽くしてボールを投げた。

곱슬머리를 자연스러운 웨이브로 연출하는 방법이 궁금합니다.
くせ毛を自然なウェーブに**スタイリングする**方法が気になります。

그는 일에 열중하고 있을 때는 제가 옆에 가도 전화가 와도 잘 모르더라고요.
彼は**仕事に熱中している**時は，私が隣に行っても電話が来ても気が付きませんでしたよ。

한글은 세종대왕이 후손들을 위해 남겨준 위대한 유산이다.
ハングルは世宗大王が子孫のために残してくれた**偉大な遺産**だ。

그 친구는 사람들을 웃기는 재주가 있어 분위기를 밝게 만든다.
その友達は人を笑わせる**才能があるので**雰囲気を明るくしてくれる。

이 탑에는 탑을 만든 석공과 관련된 전설이 내려오고 있다.
この塔には塔を作った石工と関連した**伝説が伝わって**います。

회사의 돈을 몰래 사용한 것이 밝혀지면서 그는 회사에서 쫓겨났다.
会社のお金をこっそり使用したのが明らかになって彼は**会社から追い出された**。

불경기가 되면서 신입 사원을 뽑는 회사들이 줄어 취업이 점점 더 힘들어지고 있다.
不景気になるにつれて新入社員を採る会社が減り**就職**がますます大変になっています。

페인트칠이 벗겨져서 새로 칠했는데 아직 다 안 말랐으니까 조심하세요.
塗装が剥がれたので**新しく塗りましたが**まだ完全に乾いていないので気を付けてください。

그동안 일하면서 쌓였던 스트레스도 해소하고 재충전도 하기 위해 장기 휴가를 냈어요.
今まで仕事で溜まった**ストレスも解消し**，リフレッシュもするために長期休暇を取りました。

독립하겠다는 말에 걱정이 되셨겠지만 부모님은 아무 말씀 없이 허락해 주셨다.
独立するという言葉に心配になったと思いますが両親は何も言わずに**許してくれた**。

성공을 확신하고 시작하는 사람이 과연 몇 명이나 있을까요?
成功を確信して始める人は果たして何人くらいいるでしょうか。

화가 나는 건 알겠지만 너무 흥분하지 마시고 냉정하게 생각해 봅시다.
腹が立つのはわかりますがあまり**興奮しないで**冷静に考えてみましょう。

현대 사회는 인터넷을 통해 새로운 정보들이 급속히 퍼져 나간다.
現代社会はインターネットを通じて新しい情報が**急速に広がって**いく。

장시간 스마트폰 사용으로 인한 손목 통증으로 병원에 오는 환자들이 급증하고 있다.
長時間のスマートフォン使用による手首の痛みで病院を訪れる患者が**急増している**。

□ 칭찬하다	□ 통일하다	□ 걷다	□ 급격히
□ 충실하다	□ 대기하다	□ 변명하다	

219

1231 ☐☐☐☐☐
꼼꼼하다

形 几帳面だ ❖ 꼼꼼한 성격: 几帳面な性格

類 철저하다: 徹底する 反 덜렁대다: そそっかしい

1232 ☐☐☐☐☐
때

名 垢, 汚れ ❖ 때를 밀다: 垢を落とす

❖ 묵은 때: 頑固な汚れ 類 더러움: 汚れ

1233 ☐☐☐☐☐
모퉁이

名 角 ❖ 길모퉁이: 曲り角

類 구석: 隅

1234 ☐☐☐☐☐
바싹

副 ぴったり, からっと

❖ 바싹 대다: ぴったりつける 類 바짝: ぴったり

1235 ☐☐☐☐☐
비상

名 非常 ❖ 비상 사태: 非常事態

❖ 비상구: 非常口 ❖ 비상금: へそくり 類 긴급: 緊急

1236 ☐☐☐☐☐
소망

名 所望, 望み ❖ 소망을 이루다: 願いを叶える

類 희망: 希望／소원: 願い

1237 ☐☐☐☐☐
시청하다

動 視聴する

関 시청률: 視聴率／시청각실: 視聴覚室

1238 ☐☐☐☐☐
연장하다

動 延長する ❖ 비자를 연장하다: ビザを延長する

類 연기하다: 延期する 反 단축하다: 短縮する

1239 ☐☐☐☐☐
진단하다

動 診断する ❖ 환자를 진단하다: 患者を診断する

関 자가 진단: 自己診断

1240 ☐☐☐☐☐
강수량

名 降水量

関 강설량: 降雪量／강우량: 降雨量

1241 ☐☐☐☐☐
교대

名 交代 ❖ 교대 근무: 交代勤務

❖ 공수 교대: 攻守交代 類 교체: 交替

1242 ☐☐☐☐☐
기도하다

動 祈る 関 기도를 드리다[올리다]: お祈りをする[あげる]

類 기원하다: 祈願する／빌다: 祈る

1243 ☐☐☐☐☐
번개

名 稲妻

類 천둥: 雷鳴

1244 ☐☐☐☐☐
부재

名 不在 ❖ 부재자 투표: 不在者投票

❖ 갑작스러운 부재: 突然の不在

1245 ☐☐☐☐☐ [씨우다]
씌우다

動 擦り付ける, 被せる ❖ 누명을 씌우다: 濡れ衣を被せる

類 뒤집어씌우다, 덮다, 덮어씌우다: 被せる

暗記度チェック			
☐ 부상	☐ 연출하다	☐ 열중하다	☐ 유산
☐ 재주	☐ 전설	☐ 쫓겨나다	☐ 취업

諺 & 慣用句

오르지 못할 나무는 쳐다보지도 마라
不可能なことなら初めから望むな

103

達成率
69 %

1,000원짜리 물건을 살 때도 제품의 질을 꼼꼼히 살펴보고 삽니다.
1,000ウォンのものを買う時も製品の質をしっかり調べてから買います。

흰 옷에 묻은 때는 잘 지지 않아서 때를 불린 후에 세탁하는 것이 좋다.
白い服に付いた汚れはよく落ちないので汚れをふやかした後に洗濯するのがよい。

저 모퉁이에서 왼쪽으로 돌면 바로 오른쪽에 저희 건물이 보일 거예요.
あの曲がり角で左に曲がればすぐ右側に当社の建物が見えるはずです。

가뭄이 들면서 논밭이 바싹 말라 농부들은 하루라도 빨리 비가 오기만을 기다린다.
日照りになり田畑がからからに乾いて農夫たちは一日でも早く雨が降ることだけを待っている。

화재 경보의 원인이 기계의 오작동이라는 게 밝혀지자 사장도 비상경보를 해제했다.
火災警報の原因が機械の誤作動ということが明らかになると、社長も非常警報を解除した。

그 작가와 직접 만나서 이야기를 나눠 보고 싶다는 소망이 드디어 이뤄졌다.
その作家と直接会って話を交わしてみたいという願いがとうとう叶った。

이 방송을 시청하고 계시는 여러분들의 많은 참여와 관심 부탁드립니다.
この番組を視聴していらっしゃる皆さんの多くのご参加とご関心をよろしくお願いいたします。

원래 계획은 5시까지였는데 가능하다면 6시까지 연장할 수 있을까요?
もともとの計画は5時まででしたが、可能ならば6時まで延長できますか。

환자가 말한 증상들과 검사 결과를 보고 의사는 암이라고 진단했다.
患者が言った症状と検査の結果を見て医者はがんだと診断した。

이번 태풍은 분당 50mm의 비를 뿌리며 사상 최대 강수량을 기록했다.
今回の台風は1分当たり50ミリの雨を降らし史上最大の降水量を記録した。

아이들이 교대로 독감에 걸리는 바람에 계속 회사에 못 가고 있다.
子どもたちが交代でインフルエンザにかかったせいでずっと会社に行けずにいる。

사고가 났다는 이야기를 듣고 아들이 무사히 돌아오기만을 기도했다.
事故が起こったという話を聞いて息子が無事に帰ってくることだけを祈った。

번쩍하고 번개가 치는 걸 봤는데 천둥소리는 들리지 않네요.
ピカっと稲妻が走るのを見たけれど、雷の音は聞こえませんね。

오늘처럼 바쁘고 중요한 회의가 있을 때는 그만두신 과장님의 부재가 크게 느껴지네요.
今日のように忙しくて大事な会議がある時はお辞めになった課長の不在が大きく感じられますね。

왜 자기 잘못을 남에게 뒤집어씌우는지 도저히 이해할 수 없어요.
なぜ自分の過ちを他人に擦り付けるのか到底理解できません。

□ 칠하다	□ 해소하다	□ 허락하다	□ 확신하다
□ 흥분하다	□ 급속히	□ 급증하다	

1246 □□□□□ [열:따]
얇다

形 薄い ❖얇은 지식: 浅い知識

類 얕다, 연하다: 薄い 反 진하다: 濃い

1247 □□□□□
오락

名 娯楽 ❖오락실: ゲームセンター

❖오락 프로그램: バラエティ番組 関 게임: ゲーム

1248 □□□□□ [제의[이]]
제의

名 提議 ❖제의가 들어오다: 提議される

❖제의에 동의하다: 提議に同意する 類 제안: 提案

1249 □□□□□
조화되다

動 調和される ❖전체가 조화되다: 全体が調和される

関 조화를 이루다: 調和がとれる

1250 □□□□□
중단되다

動 中断される ❖말이 중단되다: 言葉が中断される

類 중지되다: 中止になる

1251 □□□□□
각오하다

動 覚悟する

❖죽기를 각오하다: 死を覚悟する

1252 □□□□□ [구치다]
굳히다

動 固める

類 결심하다: 決心する 反 녹이다: 溶かす

1253 □□□□□
기울다

動 傾く ■語幹 ❖살림이 기울다: 暮らしが傾く

❖해가 기울다: 太陽が沈む

1254 □□□□□
기적

名 奇跡

類 이변: 異変

1255 □□□□□
끌리다

動 引きずられる, 惹かれる

❖마음이 끌리다: 心が惹かれる

1256 □□□□□
말투

名 口癖, 言葉遣い ❖말투가 거칠다: 言葉遣いが荒い

類 어조: 語調

1257 □□□□□
변신하다

動 変身する

❖여자로 변신하다: 女に変身する

1258 □□□□□ [손낄]
손길

名 《差し伸べる》手

❖구원[도움/사랑]의 손길: 救援[助け／愛]の手

1259 □□□□□
순위

名 順位 ❖순위를 발표하다: 順位を発表する

❖순위 경쟁: 順位競争

1260 □□□□□
암시하다

動 暗示する, ほのめかす

関 암시를 주다: ヒントを与える 反 명시하다: 明示する

暗記度チェック
□ 꼼꼼하다　　　□ 때　　　　　□ 모퉁이　　　□ 바싹
□ 비상　　　　　□ 소망　　　　□ 시청하다　　□ 연장하다

222

諺 & 慣用句
손(길)을 잡다
手を結ぶ、手を取り合う

104

達成率
70 %

남자 친구의 부모님을 처음 만나는 자리라서 <u>화장</u>을 평소보다 더 <u>얇게 했다</u>.
彼氏の両親に初めて会う席なので**化粧**を普段よりもっと**薄くした**。

여가를 즐기는 사람들이 늘어나면서 여러 가지 다양한 <u>오락 산업</u>들이 발달하고 있다.
余暇を楽しむ人々が増えるにつれ、多種多様な**娯楽産業**が発達している。

스카우트 <u>제의</u>가 있었는데 제시 조건이 마음에 들지 않아 그 <u>제의</u>를 거절했어요.
スカウトの**話**があったけれど、提示条件が気に入らなかったのでその**申し出を断りました**。

처음에는 서로 어색해했지만 그 둘은 같은 팀으로서 점점 <u>조화되어</u> 갔다.
初めは互いにぎこちなかったが、あの２人は同じチームとしてだんだん**調和して**いった。

정전이 되는 바람에 <u>공연</u>이 <u>중단되었다</u>가 바로 재개되었다.
停電になったせいで**公演が中断されたが**すぐ再開された。

이번 촬영은 힘들 테니 <u>각오하고</u> 촬영에 들어가는 게 좋을 거야.
今回の撮影は大変だろうから**覚悟して**撮影に入るのがよいでしょう。

할지 말지 고민은 많이 했는데 하기로 <u>마음을 굳히고 나니</u> 편해졌다.
やるかやらないかずいぶん悩んだがやることに**気持ちを固めたら**楽になった。

토론이 진행되면서 반대쪽보다는 찬성 쪽으로 <u>의견</u>이 <u>기울었다</u>.
討論が進むにつれて反対のほうよりは賛成のほうへ**意見が傾いた**。

살날이 얼마 남지 않았다는 말을 의사한테 듣고 <u>기적</u>이 <u>일어나기</u>를 기도했어요.
余命わずかという言葉を医者から聞いて**奇跡が起きる**ことを祈りました。

옷이 아이에게 너무 큰지 바지가 <u>바닥</u>에 <u>끌리네요</u>.
服が子どもに大きすぎたせいかズボンが**床に引きずられて**いますね。

거래처와 이야기를 할 때는 <u>말투</u> 하나하나에도 신경을 쓰세요.
取引先と話をする時は**言葉遣い**一つひとつにも気を遣ってください。

어릴 때는 평범한 사람이 사람들을 구하는 <u>영웅으로 변신하는</u> 만화가 너무 좋았다.
幼い時は平凡な人が人々を助ける**英雄に変身する**漫画がとても好きだった。

한창 부모의 <u>손길이 필요한</u> 나이인데 저희가 맞벌이라 아이에게 너무 미안해요.
もっとも親の**手が必要な**年頃なのに私たちが共稼ぎなので子どもに申し訳ないです。

하루를 계획적으로 보내고 싶다면 할 일의 <u>우선순위</u>를 정해라.
一日を計画的に過ごしたいならやるべき仕事の**優先順位**を決めなさい。

지난 회의에서 사장님께서 하신 말씀은 오늘 <u>인사이동</u>을 암시하고 있었던 것 같다.
この前の会議で社長がおっしゃった言葉は今日の**人事異動を暗示して**いたようだ。

| □ 진단하다 | □ 강수량 | □ 교대 | □ 기도하다 |
| □ 번개 | □ 부재 | □ 씌우다 | |

1201 ( )	設立される	
1202 ( )	随筆，エッセイ	
1203 ( )	新設する	
1204 ( )	実感する	
1205 ( )	容器	
1206 ( )	引っ張る	
1207 ( )	点検	
1208 ( )	早期	
1209 ( )	称賛する	
1210 ( )	統一する	
1211 ( )	取り込む	
1212 ( )	急激に	
1213 ( )	忠実だ	
1214 ( )	待機する	
1215 ( )	弁明する	
1216 ( )	負傷	
1217 ( )	演出する	
1218 ( )	熱中する	
1219 ( )	遺産	
1220 ( )	才能	
1221 ( )	伝説	
1222 ( )	追い出される	
1223 ( )	就業	
1224 ( )	《塗料などを》塗る	
1225 ( )	解消する	
1226 ( )	許諾する	
1227 ( )	確信する	
1228 ( )	興奮する	
1229 ( )	急速に	
1230 ( )	急増する	

1231 ( )	几帳面だ	
1232 ( )	垢，汚れ	
1233 ( )	角	
1234 ( )	ぴったり	
1235 ( )	非常	
1236 ( )	所望，望み	
1237 ( )	視聴する	
1238 ( )	延長する	
1239 ( )	診断する	
1240 ( )	降水量	
1241 ( )	交代	
1242 ( )	祈る	
1243 ( )	稲妻	
1244 ( )	不在	
1245 ( )	擦り付ける	
1246 ( )	薄い	
1247 ( )	娯楽	
1248 ( )	提議	
1249 ( )	調和される	
1250 ( )	中断される	
1251 ( )	覚悟する	
1252 ( )	固める	
1253 ( )	傾く	
1254 ( )	奇跡	
1255 ( )	引きずられる	
1256 ( )	口癖，言葉遣い	
1257 ( )	変身する	
1258 ( )	《差し伸べる》手	
1259 ( )	順位	
1260 ( )	暗示する	

覚えておきたい！ ①첫-，②되-を用いた表現

① 첫-は「初めの〜」の意味を持ちます。

첫날	初日	첫눈	初雪
첫사랑	初恋	첫인상	第一印象
첫 월급	初任給	첫 출근	初出勤
첫마디	最初の一言	첫 대면	初対面
첫마수	初売り	첫 회	初回
첫물	初物	첫인사	初対面の挨拶
첫 등장	初登場	첫 등판	初登板
첫 당선	初当選	첫걸음	第一歩
첫 무대	初舞台	첫돌	1歳の誕生日
첫날밤	初夜	첫 번째	1番目，最初，第一
첫 손님	最初のお客	첫아기	第1子

② 되-は「もとの〜，再び〜」の意味を持ちます。

되돌리다	戻す	되돌아가다	戻っていく
되돌아오다	戻ってくる	되돌아보다	振り返る
되찾다	取り戻す	되풀이되다	繰り返される
되풀이하다	繰り返す	되감다	巻き戻す
되새기다	繰り返し味わう，反芻する	되묻다	聞き返す，問い直す
되살리다	甦らせる，生き返らせる	되살아나다	生き返る

1261 앞날 [암날] □□□□□

图 将来, 前途, 未来　❖앞날을 내다보다: 先を見通す

類 앞길: 前途　反 옛날: 昔

1262 연주 □□□□□

图 演奏　❖연주자: 演奏者　❖연주회: 演奏会

❖연주곡: 演奏曲　❖연주 활동: 演奏活動　類 공연: 公演

1263 울리다 □□□□□

動 泣かす　❖종을 울리다: 鐘を鳴らす

反 웃기다: 笑わせる

1264 육상 □□□□□

图 陸上

❖육상 경기[선수]: 陸上競技[選手]

1265 음주 □□□□□

图 飲酒　❖음주 운전: 飲酒運転

類 금주: 禁酒

1266 인재 □□□□□

图 人材

❖인재를 발굴하다[등용하다]: 人材を発掘[登用]する

1267 인종 □□□□□

图 人種　❖황인종: 黄色人種

❖인종 차별: 人種差別

1268 중독되다 □□□□□

動 中毒になる

関 중독성: 中毒性／마약 중독: 麻薬中毒

1269 진실 □□□□□

图 真実　❖진실을 밝히다[감추다]: 真実を明かす[隠す]

類 사실: 事実／진리: 真理　反 거짓: 嘘

1270 초청하다 □□□□□

動 招請する, 招待する

関 초청장: 招待状　類 초대하다: 招待する

1271 출판하다 □□□□□

動 出版する

関 출판사: 出版社　類 발행하다: 発行する

1272 탈출하다 □□□□□

動 脱出する　❖해외로 탈출하다: 海外に脱出する

類 달아나다, 도망가다: 逃げる

1273 판사 □□□□□

图 判事

関 검사: 検事／변호사: 弁護士／판검사: 判事と検事

1274 기술되다 □□□□□

動 記述される, 述べられる

❖기술된 사실: 記述された事実

1275 떠나가다 □□□□□

動 立ち去る, 割れる　❖고향을 떠나가다: 故郷を去る

類 떠나다: 去る

諺 & 慣用句
개구리 올챙이 적 생각 못한다
成功した後は昔の苦労を忘れて偉ぶる

106

達成率
71 %

오늘 결혼하는 두 분의 앞날이 항상 행복으로 가득하길 바랍니다.
本日結婚する**お二人の将来**がいつも幸せでいっぱいになりますようお祈り申し上げます。

악기 연주가 마음대로 잘 안 되는지 요즘은 연주실에서 살다시피 하더라고요.
楽器の演奏が思うようにうまくいかないのか，このごろは演奏室で暮らしているかのようです。

집에 돌아온 형은 잘 놀고 있는 남동생을 귀찮게 하더니 결국은 울렸다.
家に帰ってきた兄は楽しく遊んでいる弟に**ちょっかいを出して**結局は泣かした。

육상 선수와 수영 선수들은 사용하는 근육이 달라 체형도 많이 다릅니다.
陸上選手と水泳選手は使う筋肉が違うので体型もだいぶ違います。

지나친 흡연이 몸에 안 좋듯 지나친 음주 또한 해로우니 적당히 하세요.
度が過ぎた喫煙が体に悪いように，**度が過ぎた飲酒**もまた有害なのでほどほどにしてください。

뛰어난 인재들이 좋은 대학을 나오지 못했다는 이유로 꿈을 포기하고 있다.
優れた人材が名門大学を出ていなかったという理由で夢を諦めている。

뿌리 깊은 인종 차별 의식을 없애기 위해 링컨은 많은 희생이 따랐지만 전쟁을 했다.
根強い**人種差別の意識**をなくすためにリンカーンは多くの犠牲が伴ったが戦争をした。

처음 먹을 때는 잘 모르지만 먹으면 먹을수록 중독되는 음식이 바로 김치다.
初めて食べた時はよくわからないが食べれば食べるほど**中毒になる食べ物**がまさにキムチだ。

모두 나를 의심하고 있지만 시간이 지나면 진실은 밝혀질 것이다.
皆私を疑っているが時間が経てば**真実は明らかになる**はずだ。

오늘은 일본에서 강의를 하고 계시는 교수님을 초청해 귀한 말씀을 듣고자 합니다.
今日は日本で講義をしていらっしゃる教授を**お招きし**貴重なお話しをお聞きしようと思います。

1년 동안 세계 각지를 돌아다니면서 쓴 여행기를 모아서 출판하기로 했습니다.
1年間世界各地を歩き回りながら書いた旅行記を集めて**出版することにしました**。

그 영화는 다른 사람의 죄를 뒤집어쓰고 감옥에 들어간 남자가 탈출하는 이야기다.
その映画は他人の罪を擦り付けられて監獄に入った男が**脱出する**話だ。

판사는 변호사와 검사의 이야기를 듣고 공정하게 판결을 내려야 한다.
判事は弁護士と検事の話を聞いて公正に判決を下さなければならない。

역사서에서는 나쁘게 기술되어 있는 인물이지만 현대에 와서 그는 재평가되고 있다.
歴史書には**悪く記述されている**人物だが現代において彼は再評価されている。

영화가 끝나자 관객들은 일제히 자리에서 일어나서 극장이 떠나가도록 박수를 쳤다.
映画が終わるやいなや観客たちは一斉に席から立ち上がり**劇場が割れんばかりの**拍手をした。

□ 기적	□ 끌리다	□ 말투	□ 변신하다
□ 손길	□ 순위	□ 암시하다	

1276 □□□□□   [만쩜]
만점
> 名 満点
> ❖ 서비스 만점: サービス満点

1277 □□□□□
모여들다
> 動 集まってくる ㄹ語幹
> ❖ 많은 사람이 모여들다: 大勢人が集まる   類 모이다: 集まる

1278 □□□□□
묵다
> 動 古くなる, 泊まる   ❖ 호텔에 묵다: ホテルに泊まる
> 類 낡다: 古い／오래되다: 古くなる

1279 □□□□□
보수
> 名 保守   ❖ 보수 세력: 保守勢力
> 反 진보: 進歩

1280 □□□□□
보안
> 名 保安
> ❖ 보안을 유지하다: 保安を維持する

1281 □□□□□   [신:소카다]
신속하다
> 形 迅速だ   ❖ 신속한 처리[판단]: 迅速な処理[判断]
> 類 빠르다: 速い   反 느리다: のろい

1282 □□□□□
신중하다
> 形 慎重だ   ❖ 신중하게 검토하다: 慎重に検討する
> 反 가볍다: 軽い

1283 □□□□□
예고
> 名 予告   ❖ 예고편: 予告編
> 類 선전: 宣伝

1284 □□□□□
조정하다
> 動 調整する   ❖ 상향 조정하다: 上方修正する
> 関 구조 조정: リストラ

1285 □□□□□
과정
> 名 課程
> ❖ 과정을 거치다[마치다]: 課程を経る[終える]

1286 □□□□□
당분간
> 名 当分
> 類 얼마간: 幾分／잠시: しばらく

1287 □□□□□
배치하다
> 動 配置する
> 関 자리[가구] 배치: 席[家具]の配置

1288 □□□□□
불평등하다
> 形 不平等だ   ❖ 불평등한 대우: 不平等な待遇
> 反 평등하다: 平等だ

1289 □□□□□   [승니하다]
승리하다
> 動 勝利する
> 類 이기다: 勝つ   反 패배하다: 敗北する

1290 □□□□□
여가
> 名 余暇   ❖ 여가 시간: 空いている時間
> ❖ 여가를 활용하다: 余暇を活用する

228

諺 & 慣用句
구름같이 모여들다
どっと詰めかける，たくさん集まる

107

達成率
72 %

시험 결과가 나왔는데 자신이 있었던 세 과목에서 <u>만점을 받았어요</u>.
テストの結果が出ましたが，自信があった３科目で**満点を取りました**。

광장에서 노래를 부르기 시작하자 사람들이 하나둘 <u>모여들기 시작했다</u>.
広場で歌を歌い始めると人々が１人２人と**集まり始めました**。

이거 <u>작년에 담은 묵은 김치</u>인데 찌개 끓여 먹으면 정말 맛있을 거예요.
これは**去年漬けた古漬けキムチ**ですがチゲを作って食べると本当においしいはずです。

예상과는 달리 <u>보수 정당</u>에서 그 정책에 긍정적인 반응을 보이고 있다.
予想とは違って**保守政党**でその政策に肯定的な反応を見せている。

사내의 모든 문서는 <u>보안을 위해</u> 회사 밖으로 가지고 가실 수 없습니다.
社内のすべての文書は**保安のため**社外には持ち出すことはできません。

<u>신속하고</u> 정확하게 그리고 친절하게 고객이 만족할 수 있는 서비스를 하겠습니다.
迅速で正確にそして親切に顧客が満足できるサービスをいたします。

앞으로의 인생이 달려 있으니 주위 시선은 신경 쓰지 말고 <u>신중하게 생각하고</u> 결정해!
これからの人生がかかっているから周りの視線は気にしないで**慎重に考えて**決めてね！

선생님은 학생들의 평소 실력을 평가하기 위해 <u>예고 없이</u> 간단한 시험을 봅니다.
先生は学生たちの普段の実力を評価するため**予告なし（抜き打ち）**で簡単なテストをやります。

많은 불참자 때문에 발표 <u>순서를 조정해야 하니</u> 참가자들은 무대 뒤로 모이십시오.
多数の不参加者のせいで発表の**順番を調整しなければならないので**参加者たちは舞台裏に集まってください。

졸업 논문을 발표하고 <u>박사 과정을 마치는</u> 대로 유학을 떠나려고 합니다.
卒業論文を発表して**博士課程を終え**次第，留学をしようと思っています。

요즘 같은 실수를 너무 많이 해서 <u>당분간</u>은 신경을 써야 할 것 같아요.
最近同じミスがあまりにも多いので，**当分**は気を付けなければならないようです。

영업 실적이 떨어지자 회사는 경력이 많고 유능한 직원을 <u>영업부에 배치했다</u>.
営業実績が落ちるやいなや会社はキャリアが豊富で有能な職員を**営業部に配置した**。

남자만 의무적으로 군대에 가는 것은 <u>불평등하다고 주장하는</u> 사람들도 있다.
男子だけ義務的に軍隊に行くのは**不平等だと主張する**人たちもいる。

이번 <u>전쟁에서 승리할 수 있었던</u> 것은 지휘관의 뛰어난 상황 파악 능력 때문이었다.
今回の**戦争で勝利することができた**のは指揮官の優れた状況把握能力のおかげだった。

주 5일제가 실시되면서 주말에 가족과 함께 <u>여가를 즐기는</u> 사람들이 증가하고 있다.
週休２日制が実施されるにつれて週末に家族と一緒に**余暇を楽しむ**人々が増えている。

□ 진실	□ 초청하다	□ 출판하다	□ 탈출하다
□ 판사	□ 기술되다	□ 떠나가다	

1291 ☐☐☐☐☐
연상되다
動 連想される　◆장면이 연상되다: 場面が連想される
関 연상 게임: 連想ゲーム

1292 ☐☐☐☐☐
이해
名 利害
◆이해 관계[대립]: 利害関係[対立]

1293 ☐☐☐☐☐
재다
動 量[測／計／図]る
関 길이: 長さ／무게: 重さ　類 측정하다: 測定する

1294 ☐☐☐☐☐　[질:로]
진로
名 進路　◆진로 상담[지도]: 進路相談[指導]
◆진로 방해: 進路妨害　類 퇴로: 退路

1295 ☐☐☐☐☐
체온
名 体温
◆체온을 재다: 体温を測る　◆체온 조절: 体温調節

1296 ☐☐☐☐☐
포장마차
名 屋台
◆포장마차를 하다: 屋台を開く

1297 ☐☐☐☐☐
회전
名 回転
◆회전 초밥: 回転ずし　◆회전문: 回転ドア

1298 ☐☐☐☐☐
명단
名 名簿　◆명단 작성: 名簿の作成
類 명부: 名簿

1299 ☐☐☐☐☐　[무의(이)미하다]
무의미하다
形 無意味だ
◆무의미한 말[행동]: 無意味な言葉[行動]

1300 ☐☐☐☐☐
미만
名 未満
反 초과: 超過

1301 ☐☐☐☐☐
소질
名 素質　◆소질 계발: 素質啓発
類 자질: 資質／재능: 才能

1302 ☐☐☐☐☐
창피하다
形 恥ずかしい　◆창피하게 여기다: 恥ずかしく思う
類 부끄럽다: 恥ずかしい

1303 ☐☐☐☐☐
토론하다
動 討論する
関 찬반 토론을 하다: 賛否討論をする　類 토의하다: 討議する

1304 ☐☐☐☐☐　[대:저파다]
대접하다
動 もてなす　◆식사를 대접하다: ご馳走する
類 접대하다: 接待する

1305 ☐☐☐☐☐　[임녀카다]
입력하다
動 入力する
関 정보 입력: 情報入力　反 출력하다: 出力する

暗記度チェック
☐ 만점	☐ 모여들다	☐ 묵다	☐ 보수
☐ 보안	☐ 신속하다	☐ 신중하다	☐ 예고

등잔 밑이 어둡다
灯台下暗し

108

일본이라고 하면 초밥, 후지산, 기모노 등이 연상되는데 한국은 어떤가요?
日本というと寿司、富士山、着物などが**連想されるけど**韓国はどうですか。

이해득실만을 따질 것이 아니라 서로를 이해하려는 노력도 필요합니다.
利害得失だけを問いただすのではなく互いを理解しようとする努力も必要です。

가구를 사기 전에는 가구를 놓을 곳의 사이즈를 재보고 가게에 가는 게 좋아요.
家具を買う前は家具を置く所の**サイズを測ってみてから**お店に行くのがよいです。

입학하자마자 졸업 후 진로를 고민하는 젊은이들을 보고 시대가 변했다는 걸 느꼈다.
入学するやいなや卒業後の**進路で悩む**若者たちを見て時代が変わったのを感じた。

산에 갈 때는 갑자기 체온이 떨어질 수도 있으니 항상 겉옷을 잘 준비하십시오.
山に行く時は突然**体温が下がる**こともあるので、常に上着をしっかりと準備してください。

비 오는 날 포장마차에서 먹는 우동과 소주 한 잔이 최고인 것 같아요.
雨の日、**屋台で食べる**うどんと焼酎１杯が最高ですよ。

그 사람은 위기 상황에서의 머리 회전이 빨라서 같이 있으면 마음이 든든하다.
あの人は危機的な状況での**頭の回転が速いので**一緒にいると心強いです。

합격자 명단에서 이름을 발견하자마자 부모님에게 전화로 말씀을 드렸다.
合格者の名簿で名前を発見するやいなや両親に電話で伝えた。

죽음을 앞두고 뒤돌아보니 돈만 보고 살아온 인생이 무의미하게 느껴졌다.
死を目の当たりにして振り返ってみると、お金だけ考えて生きてきた人生が**無意味に感じた**。

60점 미만인 사람은 재시험을 보고 재시험에서 떨어지면 보충 수업을 받아야 한다.
60**点未満の人**は追試をし、再テストで落ちると補講を受けなければならない。

어머니는 내가 어렸을 때 그림에 소질이 있다고 생각하고 미술을 시켰다.
母は私が幼い時、絵に**素質がある**と思って美術を習わせた。

치마를 입고 달려가다가 많은 사람 앞에서 넘어져서 너무 창피했어요.
スカートを履いて走っていたら多くの人の前で転んだのでとても**恥ずかしかった**です。

오늘은 사형 제도를 찬성하는가 반대하는가를 놓고 토론하도록 하겠습니다.
今日は死刑制度を賛成するか反対するかをめぐって**討論することにします。

친구 집에 놀러 갔더니 지난번에 내가 선물한 중국차를 대접해 주었다.
友人の家に遊びに行ったらこの前私がプレゼントした**中国茶でもてなして**くれた。

돈을 받으실 분의 계좌 번호를 입력하신 후 확인 버튼을 누르십시오.
お金を受け取られる方の**口座番号**を入力した後、確認ボタンを押してください。

□ 조정하다	□ 과정	□ 당분간	□ 배치하다
□ 불평등하다	□ 승리하다	□ 여가	

1306 □□□□□
공통되다
動 **共通する** ❖공통된 견해: 共通した見解
関 공통점: 共通点

1307 □□□□□
녹이다
動 **溶かす** ❖마음을 녹이다: 心をとろかす
反 얼리다: 凍らせる

1308 □□□□□
동기
名 **同期** ❖입사[대학] 동기: 会社[大学]の同期
類 동기생: 同期生

1309 □□□□□
방면
名 **方面** ❖다양한 방면: 多様な方面
類 분야: 分野／방향: 方向

1310 □□□□□
비행
名 **非行** ❖비행이 드러나다: 非行がばれる
❖비행을 저지르다: 非行をしでかす

1311 □□□□□
올라서다
動 **登る，上がって立つ**
❖선두에 올라서다: 先頭に立つ　　反 내려서다: 降り立つ

1312 □□□□□
정반대
名 **正反対**
❖정반대 방향: 正反対の方向

1313 □□□□□
진동하다
動 **振動する，漂う** ❖냄새가 진동하다: 匂いが漂う
関 (휴대 전화) 진동: マナーモード

1314 □□□□□
한가하다
形 **暇だ**
類 한가롭다: のんびりしている　　反 바쁘다: 忙しい

1315 □□□□□
경영하다
動 **経営する** ❖학원을 경영하다: 塾を経営する
関 경영자 수업: 経営者セミナー

1316 □□□□□
기념하다
動 **記念する**
関 기념관: 記念館／기념일: 記念日／기념비: 記念碑

1317 □□□□□ [동니파다]
독립하다
動 **独立する**
関 독립 운동: 独立運動　　反 의존하다: 依存する

1318 □□□□□
방송되다
動 **放送される** ❖재방송되다: 再放送される
関 방송국: 放送局

1319 □□□□□
보충하다
動 **補充する** ❖인원을 보충하다: 人員を補充する
関 영양 보충: 栄養補充　　類 채우다: 補う

1320 □□□□□
불완전
名 **不完全** ❖불완전 요소: 不完全要素
類 미비: 不備　　反 완전: 完全

暗記度
チェック
□ 연상되다　　□ 이해　　　　□ 재다　　　　□ 진로
□ 체온　　　　□ 포장마차　　□ 회전　　　　□ 명단

慣 & 慣用句

눈코 뜰 사이 없다
猫の手も借りたいほどとても忙しい

109

達成率
73 %

성공한 사람들은 시간을 금처럼 생각한다는 점에서 공통된 특징을 보였다.
成功した人々は時間を金のように考えるという点で共通した特徴を見せた。

선물로 받은 초콜릿을 모두 녹여서 남편이 좋아하는 초콜릿 케이크를 만들었다.
プレゼントでもらったチョコレートを全部溶かして夫が好きなチョコレートケーキを作った。

회사에서 힘들 때 옆에서 힘이 되어 주는 것은 역시 동기밖에 없는 것 같아요.
会社で大変な時、そばで力になってくれるのはやはり同期しかないようです。

반대에도 불구하고 꾸준히 연구를 하더니 결국에는 그 방면의 일인자가 되었다.
反対にもかかわらず着実に研究をしていて、結局はその方面の第一人者となった。

가족들은 모이기만 하면 내가 중학생 때 저지른 비행에 대해 이야기한다.
家族は集まると常に私が中学生の時に犯した非行について話す。

산 정상에 올라서서 떠오르는 해를 보며 다시 한번 굳게 결심했다.
山の頂上に立って、昇ってくる太陽を見ながらもう一度固く決心した。

언니와 나는 성격이 정반대여서 부딪치는 일도 많았지만 지금은 서로를 제일 잘 안다.
姉と私は性格が正反対なのでぶつかることも多かったが今は互いを一番よく知っている。

쓰레기로 악취가 진동하던 곳을 주민들과 자원봉사자들의 협력으로 깨끗이 치웠다.
ゴミで悪臭が漂っていた所を住民とボランティアの協力できれいに片付けた。

점심시간에 앉을 자리도 없이 붐비던 가게가 저녁 시간 때가 되니 무척 한가하네요.
お昼の時間帯は座る席もないほど混んでいた店が夕方になるとずいぶん暇ですね。

저희 아버지께서는 동네에서 아주 조그마한 무역 회사를 경영하고 계십니다.
うちの父は地元でとてもこじんまりした貿易会社を経営しています。

부모님의 결혼 30주년을 기념하기 위해서 해외여행을 선물로 드렸다.
両親の結婚 30 周年を記念するために海外旅行をプレゼントにあげた。

그동안 일해 왔던 회사를 그만두고 독립해서 자그마한 회사를 차렸어요.
今まで働いてきた会社を辞めて独立して小さな会社を構えました。

지난주에 방송된 드라마의 마지막 회가 사상 최고의 시청률을 기록했다.
先週放送されたドラマの最終回が史上最高の視聴率を記録した。

의문점들은 설명이 다 끝난 후 질의응답 시간에 보충해서 설명 드리겠습니다.
ご不明な点は説明がすべて終わった後、質疑応答の時間に補足して説明いたします。

연탄이 불완전 연소 하면서 발생하는 일산화탄소로 목숨을 잃은 사람들이 많았다.
練炭が不完全燃焼により発生する一酸化炭素で命を落とした人が多かった。

| □ 무의미하다 | □ 미만 | □ 소질 | □ 창피하다 |
| □ 토론하다 | □ 대접하다 | □ 입력하다 | |

1261 (	)	将来，前途	1291 (	)	連想される
1262 (	)	演奏	1292 (	)	利害
1263 (	)	泣かす	1293 (	)	量[測／計／図]る
1264 (	)	陸上	1294 (	)	進路
1265 (	)	飲酒	1295 (	)	体温
1266 (	)	人材	1296 (	)	屋台
1267 (	)	人種	1297 (	)	回転
1268 (	)	中毒になる	1298 (	)	名簿
1269 (	)	真実	1299 (	)	無意味だ
1270 (	)	招請する	1300 (	)	未満
1271 (	)	出版する	1301 (	)	素質
1272 (	)	脱出する	1302 (	)	恥ずかしい
1273 (	)	判事	1303 (	)	討論する
1274 (	)	記述される	1304 (	)	もてなす
1275 (	)	立ち去る	1305 (	)	入力する
1276 (	)	満点	1306 (	)	共通する
1277 (	)	集まってくる	1307 (	)	溶かす
1278 (	)	古くなる	1308 (	)	同期
1279 (	)	保守	1309 (	)	方面
1280 (	)	保安	1310 (	)	非行
1281 (	)	迅速だ	1311 (	)	登る
1282 (	)	慎重だ	1312 (	)	正反対
1283 (	)	予告	1313 (	)	振動する，漂う
1284 (	)	調整する	1314 (	)	暇だ
1285 (	)	課程	1315 (	)	経営する
1286 (	)	当分	1316 (	)	記念する
1287 (	)	配置する	1317 (	)	独立する
1288 (	)	不平等だ	1318 (	)	放送される
1289 (	)	勝利する	1319 (	)	補充する
1290 (	)	余暇	1320 (	)	不完全

覚えておきたい！ 재다**を用いた表現**

길이를 재다	長さを測る
앞뒤를 재다	前後を測る，利害得失を計る
시간을 재다	時間を計る
물건을 재어 두다	品物を貯めておく
손놀림이 재다	手の動きが速い
걸음이 재다	足どりが軽く速い

覚えておきたい！ 数学に関する表現

덧셈	足し算	뺄셈	引き算
곱셈	掛け算	나눗셈	割り算
더하기	足し	빼기	引き
곱하기	掛け	나누기	割り
몫	割り算の答え	나머지	余り
제곱	二乗	방정식	方程式
사칙연산	加減乗除	그래프	グラフ
평균	平均	반올림	四捨五入
정수	整数	소수	素数
배수	倍数	분수	分数
소수점	小数点	원주율	円周率
미분	微分	적분	積分
수열	数列	도형	図形
x 축	x 軸	y 축	y 軸
부피	体積	각도	角度

1321 □□□□□
불평하다
動 文句を言う　形 不満だ
関 불평불만: 不平不満／불평이 많다: 文句が多い

1322 □□□□□
원서
名 願書
◆ 원서 접수[마감]: 願書受付[締め切り]

1323 □□□□□
임신하다
動 妊娠する
関 임신부: 妊婦　類 배부르다: 妊娠する

1324 □□□□□ [장녜/장네]
장례
名 葬儀
◆ 장례식장: 葬儀式場　◆ 장례식: 葬儀式

1325 □□□□□
창구
名 窓口
◆ 은행[민원] 창구: 銀行[お問い合わせ]窓口

1326 □□□□□
필수
名 必須　◆ 필수품: 必須品
◆ 필수 조건: 必須条件

1327 □□□□□
흐리다
動 濁す　◆ 분위기를 흐리다: 雰囲気が白ける
◆ 낯빛을 흐리다: 顔を曇らす

1328 □□□□□
불이익
名 不利益
◆ 불이익을 당하다: 不利益を被る

1329 □□□□□
불필요하다
形 不要だ
類 소용없다: 必要ない　反 필요하다: 必要だ

1330 □□□□□
서명하다
動 署名する
関 서명란: 署名欄　類 사인하다: サインする

1331 □□□□□
인쇄하다
動 印刷する, プリントする
関 인쇄물: 印刷物／인쇄 용지: 印刷用紙

1332 □□□□□
귀가하다
動 《家に》帰る　名 귀가: 帰路
関 귀갓길: 帰り道　類 돌아가다: 帰る

1333 □□□□□
더더욱
副 さらに
類 더욱: なお／심지어: そのうえ

1334 □□□□□
몸매
名 体つき, スタイル
◆ 몸매를 가꾸다: スタイルを整える

1335 □□□□□
위법
名 違法　◆ 위법성: 違法性
反 합법: 合法

暗記度チェック			
□ 공통되다	□ 녹이다	□ 동기	□ 방면
□ 비행	□ 올라서다	□ 정반대	□ 진동하다

諺 & 慣用句

열 번 찍어 아니 넘어 가는 나무 없다
諦めないで挑戦すれば必ず成し遂げられる

111

達成率
74 %

불평하는 것을 한 번도 본 적이 없었는데 그가 불평할 정도면 정말 일이 힘든가 보다.
文句を言うのを一度も見たことがないのに彼が**不平を言う**ほどなら本当に仕事が大変なようだ。

예전에는 화려해 보이는 직장에 원서가 몰렸지만 지금은 안정적인 직장을 선호한다.
以前は派手に見える職場に**願書が集まった**が今は安定的な職場を好む。

임신하면 평소에는 입에 대지도 않던 음식들이 먹고 싶어지기도 한답니다.
妊娠すると普段は口にしなかった食べ物が食べたくなったりもするそうです。

장례를 치르고 텅 빈 집에 돌아오니 그 사람의 빈자리가 더욱 크게 느껴졌다.
葬儀を行ってがらんとした家に帰ってきたらあの人のいないことがいっそう大きく感じた。

소포를 보내시려면 우편 창구로 송금을 하시려면 금융 창구로 가시면 됩니다.
小包みを送るには**郵便窓口**へ、送金をするには**金融窓口**へお進みください。

전공 필수 과목과 교양 필수 과목을 모두 이수해야만 졸업할 수 있습니다.
専攻必修科目と**教養必修科目**を全部履修しないと卒業できません。

예상하지 못한 날카로운 질문에 당황해 제대로 설명하지 못하고 말꼬리를 흐렸다.
予想できなかった鋭い質問に戸惑ってきちんと説明できず**言葉尻を濁した**。

불이익이 있더라도 이 일을 꼭 하고 싶었는데 결국 의견이 맞지 않아 그만뒀다.
不利益があってもこの仕事をぜひやりたかったが結局意見が合わずやめた。

우리의 입장은 잘 전달했으니 더 이상의 설명은 불필요할 것 같습니다.
我々の立場はきちんと伝えたから**これ以上の説明は不要である**ようです。

오늘 부동산에서 계약서에 서명하기만 하면 드디어 내 집을 가지게 된다.
今日不動産さんで**契約書に署名するだけで**とうとうマイホームを持つことになる。

출장 보고서 다 완성됐으면 인쇄해서 부장님 책상 위에 올려놓으세요.
出張報告書が全部完成したら**印刷して**部長の机の上に置いてください。

일을 끝내고 늦은 시간에 귀가하던 중에 사고를 당한 것으로 보입니다.
仕事を終えて遅い時間に**帰る途中**に事故にあったと見られます。

부모님과 전화를 하고 나니 외국에서 떨어져 사는 가족들이 더더욱 보고 싶어졌다.
両親と電話をしていたら外国で離れて暮らす家族に**ますます**会いたくなった。

어릴 때부터 운동을 해서 그런지 날씬하고 몸매가 아주 예쁘네요.
幼い時から運動をしていたからかスリムで**スタイルが**とてもきれいですね。

최근 한국에서는 버스 정류장은 물론 식당에서 담배를 피우는 것도 위법 행위입니다.
最近韓国ではバス停はもちろんのこと食堂でタバコを吸うのも**違法行為**です。

□ 한가하다	□ 경영하다	□ 기념하다	□ 독립하다
□ 방송되다	□ 보충하다	□ 불완전	

1336 □□□□□
봉사하다

動 奉仕する，ボランティアをする
関 자원 봉사자: ボランティア／봉사 활동: 奉仕活動

1337 □□□□□
용감하다

形 勇敢だ ❖용감한 시민: 勇敢な市民
類 씩씩하다: 頼もしい 反 비겁하다: 卑怯だ

1338 □□□□□ [별릴]
별일

名 変わったこと，あらゆること
❖별일이 아니다: 大した事ではない 類 온갖일: あらゆること

1339 □□□□□
즉석

名 即席，即座 ❖즉석 복권: スクラッチの宝くじ
❖즉석 라면[무대]: 即席ラーメン[舞台]

1340 □□□□□ [추츠카다]
추측하다

動 推測する
類 예측하다: 予測する

1341 □□□□□
충고하다

動 忠告する
関 충고에 따르다: 忠告に従う 類 조언하다: 助言する

1342 □□□□□
걷다

動《金·物などを》集める，収める
＊거두다の縮約形。 類 모으다: 集める

1343 □□□□□
속상하다

形 残念だ，悔しい
類 섭섭하다: 残念だ

1344 □□□□□
안부

名 安否 ❖안부를 묻다: 安否を尋ねる
類 소식: 便り

1345 □□□□□
정장

名 正装，背広 ❖정장 차림: 正装姿
類 양복: 洋服，スーツ

1346 □□□□□ [조피다]
좁히다

動 縮める，狭める ❖간격을 좁히다: 間隔を縮める
反 넓히다: 広げる

1347 □□□□□
출국

名 出国 ❖출국 금지: 出国禁止
❖강제 출국 명령: 強制出国命令 反 입국: 入国

1348 □□□□□
고소하다

形 いい気味だ，香ばしい ❖고소한 맛: 香ばしい味
類 구수하다: 香ばしい

1349 □□□□□
붓다

動 腫れる，むくむ ㋫変 ❖편도선이 붓다: 扁桃腺が腫れる
関 붓기가 빠지다: むくみが取れる

1350 □□□□□
식욕

名 食欲 ❖식욕 부진: 食欲不振
類 입맛: 食欲

諺 & 慣用 句
간이 붓다
生意気にふるまう，大胆不敵だ

112

達成率
75 %

과거의 잘못을 깨닫고 힘든 사람들을 위해 <u>봉사하며</u> 살았습니다.
過去の過ちを悟って，苦しんでいる人々のために**奉仕しながら**生きました。

철로에 떨어진 사람을 구하려고 위험한데도 불구하고 <u>용감하게</u> 뛰어든 청년이었다.
線路に落ちた人を助けようと危ないにもかかわらず**勇敢に**飛び降りた青年だった。

젊었을 때는 돈을 벌기 위해서라기보다는 경험을 쌓기 위해 <u>별일을</u> 다 해 봤다.
若いころはお金を稼ぐためにというよりは経験を積むために**あらゆること**を全部やってみた。

몇 날 며칠을 고민한 끝에 말을 꺼냈는데 그는 <u>즉석에서</u> 웃으며 도와주겠다고 했다.
何日も悩んだ末に話を切り出したが彼は**即座に**笑いながら手伝ってくれると言った。

단어의 의미를 모를 때는 사전을 찾기 전에 먼저 뜻을 <u>추측해 보는</u> 것이 좋다.
単語の意味がわからない時は辞書を引く前にまず意味を**推測してみる**のがよい。

<u>충고하기</u>는 쉽지만 <u>충고를</u> 오해 없이 <u>받아들이는</u> 것은 쉬운 일이 아니다.
忠告するのは容易いが忠告を誤解なしで受け入れるのは容易なことではない。

결혼 축하 선물을 사야 할 듯한데 <u>조금씩 돈을 걷어서</u> 사는 건 어때?
結婚祝いのプレゼントを買わないといけないようだけど**少しずつお金を集めて**買うのはどう？

너무 긴장한 탓에 실력의 반도 못 보여 준 것 같아서 너무 <u>속상하다</u>.
緊張しすぎたせいで実力の半分も見せられなかったようですごく**残念だ**。

오랜만에 동창회에 갔더니 너 잘 지내냐고 <u>안부 전해 달라고</u> 하더라.
久しぶりに同窓会に行ったらあなたは元気にしているかと**よろしく伝えてくれ**と言ってたよ。

손님 정말 죄송하지만 저희 식당은 <u>정장을 입으셔야</u> 입장이 가능합니다.
お客様，誠に申し訳ございませんが当店では**正装をしないと**入店できません。

넘어지는 바람에 벌어졌던 거리를 다음 주자의 눈부신 활약으로 <u>좁힐 수 있었다</u>.
転んだせいで開いてしまった距離を次の走者の見事な活躍で**縮めることができた**。

새롭게 도입된 탑승 수속 간소화 서비스로 <u>출국 절차가</u> 빠르고 간편해졌다고 한다.
新しく導入した搭乗手続きの簡素化サービスで**出国手続き**が早くて簡単になったそうだ。

자신 있다고 잘난 척하더니 질문에 대답을 못 하고 당황해하는 모습이 정말 <u>고소했다</u>.
自信があると偉そうにしていたのに，質問に答えられず慌てている様子が本当に**いい気味だった**。

다이어트한다고 참다가 결국 밤늦게 라면을 먹고 잤더니 <u>얼굴이</u> 많이 <u>부었어요</u>.
ダイエットすると我慢していて結局夜遅くラーメンを食べて寝たら**顔が**すごく**むくみました**。

봄나물은 향기가 좋아서 그런지 겨울 동안 잃었던 <u>식욕을 돋우어 주는</u> 것 같아요.
春の山菜は香りがよいからか，冬の間落ちていた**食欲をそそる**ようです。

| □ 불필요하다 | □ 서명하다 | □ 인쇄하다 | □ 귀가하다 |
| □ 더더욱 | □ 몸매 | □ 위법 | |

1351 □□□□□ [응ː다파다]
응답하다

動 **応答する**

関 응답자: 応答者　類 대답하다: 答える

1352 □□□□□
재활용

名 **再活用，リサイクル**

❖ 재활용품: リサイクル品

1353 □□□□□
참고하다

動 **参考する**

関 참고 문헌[자료]: 参考文献[資料]　類 참조하다: 参照する

1354 □□□□□
향상되다

動 **向上する**

類 발전되다: 発展する

1355 □□□□□
대상자

名 **対象者**

❖ 조사 대상자: 調査対象者

1356 □□□□□
불확실하다

形 **不確実だ**

類 불분명하다: 不明瞭だ／불명확하다: 不明確だ

1357 □□□□□ [쓸떼업따]
쓸데없다

形 **無駄だ，余計だ**

❖ 쓸데없는 생각: 余計な考え

1358 □□□□□
운반하다

動 **運搬する**

類 배달하다: 配達する／운송하다: 運送する

1359 □□□□□ [혼잔말]
혼잣말

名 **独り言**

動 혼잣말하다: 独り言をいう　類 독백: 独り言

1360 □□□□□
효도

名 **親孝行**

関 효자: 親孝行の息子／효녀: 親孝行の娘

1361 □□□□□
데우다

動 **温める**　❖ 찌개를 데우다: チゲを温める

類 가열하다: 加熱する　反 식히다: 冷ます

1362 □□□□□ [동그라타]
동그랗다

形 **丸い** ㅎ変

名 동그라미: 丸　類 둥글다: 丸い

1363 □□□□□
씻기다

動 **洗わせる，洗ってあげる**

❖ 피로가 씻기다: 疲れが取れる

1364 □□□□□
안심하다

動 **安心する**

類 안전하다: 安全だ　反 불안하다: 不安だ

1365 □□□□□
올라타다

動 **乗り込む，乗る**

❖ 말에 올라타다: 馬にまたがる

語 & 慣 用 句
호랑이도 제 말하면 온다
噂をすれば影がさす

113

達成率
76 %

입력 신호를 보냈는데 <u>응답하지 않는</u> 걸 보니 회로에 문제가 있는 것 같습니다.
入力信号を送ったが**応答しない**のをみると回路に問題があるようです。

한국에서는 쓰레기를 일반 쓰레기, 음식물 쓰레기, <u>재활용</u> 쓰레기로 구분합니다.
韓国ではゴミを一般ゴミ, 生ゴミ, **リサイクル**ゴミに区分します。

논문을 쓴다니까 교수님께서 <u>참고하라고</u> 관련 서적 목록을 주셨는데 어렵네요.
論文を書こうとしたら教授が**参考にしろ**と関連書籍の目録をくださいましたが難しいですね。

보다 <u>향상된 성능</u>의 제품을 만들기 위해 밤낮으로 연구실에서 살다시피 했다.
より**向上した性能**の製品を作るために昼夜を問わず研究室で暮らしているかのようだった。

이번 인사이동에서 과장 <u>승진 대상자</u>가 없어서 발표를 미루고 있다고 한다.
今回の人事異動で課長**昇進の対象者**がいないため発表を先送りにしているそうだ。

경찰은 <u>불확실한 증거</u>로 그 사람을 범인으로 체포하는 실수를 범했다.
警察は**不確実な証拠**であの人を犯人として逮捕するミスを犯した。

어른들이 얘기 나누는데 <u>쓸데없는 참견하지 말고</u> 네 방에 가서 공부나 해라.
大人たちが話をしているから**余計な口出ししないで**自分の部屋に行って勉強でもしなさい。

깨지기 쉬운 물건이라 포장에 신경을 썼지만 <u>운반할</u> 때에는 특히 조심해 주세요.
壊れやすいものなので包装に気を付けましたが, **運搬する**時には特に気を付けてください。

회의실을 나온 후 그는 뭐가 불만인지 일을 하면서 계속 <u>혼잣말을 중얼거렸다.</u>
会議室を出た後, 彼は何が不満なのか仕事をしながらずっと**独り言を呟いていた。**

함께 살지는 못해도 아프지 않고 건강하게 사는 게 제일 좋은 <u>효도예요.</u>
一緒に住むことはできなくても病気をしないで健康に暮らすのが**一番よい親孝行です。**

식탁에 김치찌개 만들어 놨으니까 먹을 때 <u>꼭 데워서 먹어라!</u>
食卓にキムチチゲ作っておいたから食べる時は**必ず温めて食べて！**

저는 <u>얼굴이 동그란 편이라서</u> 짧은 단발머리가 잘 어울리는 것 같아요.
私は**顔が丸いほう**なのでショートカットがよく似合うようです。

아이가 케이크를 온몸에 묻히고 먹어서 <u>깨끗이 씻기고</u> 새 옷으로 갈아입혔다.
子どもがケーキを体中に付けて食べたので, **きれいに洗ってあげて**新しい服に着替えさせた。

재료의 원산지 표시 제도가 도입되고 나서 음식을 <u>안심하고</u> 먹을 수 있게 되었다.
材料の原産地の表示制度が導入されてから食べ物を**安心して**食べられるようになった。

<u>차에 올라타서도</u> 배웅 나온 사람들이 안 보일 때까지 손을 흔들어 주었다.
車に乗ってからも見送りにきている人たちが見えなくなるまで手を振ってくれた。

| □ 안부 | □ 정장 | □ 좁히다 | □ 출국 |
| □ 고소하다 | □ 붓다 | □ 식욕 | |

1366 ☐☐☐☐☐ **천재**	名 **天才** ❖ 천재 수학자: 天才数学者
	類 수재: 秀才／신동: 神童 反 바보: ばか

1367 ☐☐☐☐☐ **충돌하다**	動 **衝突する** ❖ 정면 충돌하다: 正面衝突する
	関 추돌하다: 追突する 類 부딪치다: ぶつかる

1368 ☐☐☐☐☐ **공연되다**	動 **公演される**
	関 공연장: 公演場所／공연 날짜: 公演日

1369 ☐☐☐☐☐ **뛰놀다**	動 **走り回る, 飛び回って遊ぶ** ㄹ語幹
	類 뛰어놀다: 走り回る

1370 ☐☐☐☐☐ **무책임하다**	形 **無責任だ**
	❖ 무책임한 행동[대답]: 無責任な行動[答え]

1371 ☐☐☐☐☐ **사생활**	名 **私生活, プライバシー**
	❖ 사생활 침해: プライバシーの侵害

1372 ☐☐☐☐☐ **석사**	名 **修士** ❖ 석사 과정: 修士課程
	関 전문학사: 専門学士／학사: 学士／박사: 博士

1373 ☐☐☐☐☐ **손잡다**	動 **手を取る, 協力する, 手を組む**
	類 협력하다: 協力する／화해하다: 和解する

1374 ☐☐☐☐☐ **순하다**	形 **穏やかだ, 素直だ** ❖ 순한 화장품: 優しい化粧品
	反 독하다: きつい, 意志が強い

1375 ☐☐☐☐☐ **욕하다** [요카다]	動 **悪口を言う** ❖ 뒤에서 욕하다: 陰口をたたく
	反 욕먹다: 罵られる

1376 ☐☐☐☐☐ **음반**	名 **音盤, アルバム**
	類 앨범: アルバム

1377 ☐☐☐☐☐ **자살하다**	動 **自殺する**
	関 자살 미수: 自殺未遂 反 타살이다: 他殺だ

1378 ☐☐☐☐☐ **까다**	動 **剥く** ❖ 껍질을 까다: 皮を剥く
	類 깎다: 剥く／벗기다: 剥がす

1379 ☐☐☐☐☐ **꾸준하다**	形 **粘り強い, 着実だ**
	関 꾸준히 노력하다: こつこつ努力する

1380 ☐☐☐☐☐ **난방**	名 **暖房** ❖ 난방비: 暖房費
	❖ 난방 시설: 暖房施設 反 냉방: 冷房

諺 & 慣用句
발이 넓다
顔が広い

114

達成率
77 %

천재라고 불리는 화가들 중에는 살아있을 때는 주목받지 못했던 경우가 많다.
天才だと呼ばれる画家たちの中には生きている時には注目されていなかった場合が多い。

운석과 지구가 충돌할 위기에서 자신을 희생해 인류를 구하는 영화를 봤다.
隕石と地球が衝突する危機から自分を犠牲にして人類を救う映画を見た。

이 작품은 1986년 런던에서 공연되고 나서 지금까지 꾸준한 사랑을 받고 있다.
この作品は1986年、ロンドンで公演されてから今までずっと愛されている。

아이를 데리고 목장에 왔는데 어린 동물들과 뛰노는 모습이 너무 보기 좋다.
子どもを連れて牧場に来たが小さい動物と走り回っている姿がとてもよい。

무슨 일이 있어도 끝까지 하자고 하더니 힘들다고 포기하는 무책임한 모습을 보였다.
どんなことがあっても最後までやろうと言ったのに、大変だと諦める無責任な姿を見せた。

아무리 연예인이라고 하지만 사생활은 보호해 줘야 한다고 생각합니다.
いくら芸能人だとはいえプライバシーは保護されなければならないと思います。

자격 요건은 교육 관련 석사 이상이고 관련 분야의 경력자는 우대해 드립니다.
資格の要件は教育関連の修士以上で関連分野の経験者は優遇いたします。

자존심이 강한 두 사람이 팀을 위해 손잡고 열심히 하는 모습은 모두를 놀라게 했다.
プライドの高い2人がチームのため手を取り一生懸命に頑張る姿はみんなを驚かせた。

아이가 혼자서 울지도 않고 잘 노는 게 정말 순한 것 같아요.
子どもがひとりで泣きもせず遊んでいて本当に穏やかですね。

본인이 없는 자리에서 그 사람을 욕하는 건 좋지 않다고 생각해요.
本人がいない席でその人の悪口を言うことはよくないと思います。

오래전에 나온 음반이지만 보존 상태가 좋아 수집가들 사이에 인기가 있다.
ずいぶん前に出たアルバムだが保存状態がよいのでコレクターの間で人気がある。

자살하는 사람들이 늘어나자 정부는 본격적으로 대책을 논의하기 시작했다.
自殺する人々が増えると政府は本格的に対策を論議し始めた。

요리사로 처음 들어가면 하루 종일 양파와 마늘만 까는 경우도 있답니다.
コックとして初めて入ると一日中タマネギとニンニクだけ剝く場合もあるそうです。

창립 후 힘들 때도 있었지만 여러분의 도움으로 꾸준하게 성장할 수 있었습니다.
創立後、大変な時もありましたが皆さんのおかげで着実に成長することができました。

에너지 절약을 위해 실내 난방 온도를 20도에서 22도로 유지해 주시기 바랍니다.
エネルギー節約のため室内の暖房温度を20度から22度に維持してくださいますようお願いいたします。

| □ 혼잣말 | □ 효도 | □ 데우다 | □ 동그랗다 |
| □ 씻기다 | □ 안심하다 | □ 올라타다 | |

243

1321 (	)	文句を言う	**1351** (	)	応答する
1322 (	)	願書	**1352** (	)	再活用
1323 (	)	妊娠する	**1353** (	)	参考する
1324 (	)	葬儀	**1354** (	)	向上する
1325 (	)	窓口	**1355** (	)	対象者
1326 (	)	必須	**1356** (	)	不確実だ
1327 (	)	濁す	**1357** (	)	無駄だ，余計だ
1328 (	)	不利益	**1358** (	)	運搬する
1329 (	)	不要だ	**1359** (	)	独り言
1330 (	)	署名する	**1360** (	)	親孝行
1331 (	)	印刷する	**1361** (	)	温める
1332 (	)	《家に》帰る	**1362** (	)	丸い
1333 (	)	さらに	**1363** (	)	洗わせる
1334 (	)	体つき	**1364** (	)	安心する
1335 (	)	違法	**1365** (	)	乗り込む
1336 (	)	奉仕する	**1366** (	)	天才
1337 (	)	勇敢だ	**1367** (	)	衝突する
1338 (	)	変わったこと	**1368** (	)	公演される
1339 (	)	即席，即座	**1369** (	)	走り回る
1340 (	)	推測する	**1370** (	)	無責任だ
1341 (	)	忠告する	**1371** (	)	私生活
1342 (	)	集める，収める	**1372** (	)	修士
1343 (	)	残念だ，悔しい	**1373** (	)	手を取る
1344 (	)	安否	**1374** (	)	穏やかだ
1345 (	)	正装，背広	**1375** (	)	悪口を言う
1346 (	)	縮める	**1376** (	)	音盤，アルバム
1347 (	)	出国	**1377** (	)	自殺する
1348 (	)	いい気味だ	**1378** (	)	剥く
1349 (	)	腫れる，むくむ	**1379** (	)	粘り強い
1350 (	)	食欲	**1380** (	)	暖房

《動詞》+-아/어지다 を用いた表現

● -지다 は動詞の連用形(-아/어)に付いて受け身 (～れる, ～られる) の意味になります。

例 가리다 (遮断する) ＋ -아/어지다 ⇨ 가려지다 (遮られる)

그려지다	描かれる	이루어지다	成し遂げられる
깨지다	壊される	이어지다	つながる
꺼지다	消える	전해지다	伝えられる
끊어지다	切られる	정해지다	決められる
나누어지다	分けられる	주어지다	与えられる
느껴지다	感じられる	지워지다	消される
늦어지다	遅れる	찢어지다	破ける
만들어지다	作られる	켜지다	点けられる
밝혀지다	明かされる	퍼지다	広がる
버려지다	捨てられる	펼쳐지다	広げられる
세워지다	建てられる	풀어지다	解かれる
쏟아지다	こぼれる	행해지다	行われる
알려지다	知られる	여겨지다	思われる

1381 ☐☐☐☐☐　[노콰하다] **녹화하다**	動 **録画する**　❖ 생방송을 녹화하다: 生放送を録画する 類 녹음하다: 録音する
1382 ☐☐☐☐☐ **달다**	動 **量る** ㄹ語幹 類 재다: 量る
1383 ☐☐☐☐☐ **무관심하다**	形 **無関心だ** 名 무관심: 無関心
1384 ☐☐☐☐☐ **무사하다**	形 **無事だ** 副 무사히: 無事に
1385 ☐☐☐☐☐ **부피**	名 **かさ，体積** ❖ 부피를 재다: かさを量る
1386 ☐☐☐☐☐ **비기다**	動 **引き分ける**　❖ 시합에 비기다: 試合に引き分ける 関 무승부: 引き分け
1387 ☐☐☐☐☐ **얼리다**	動 **凍らせる**　❖ 얼린 과일: 冷凍果物 反 녹이다: 溶かす
1388 ☐☐☐☐☐ **이민**	名 **移民**　❖ 이민 정책: 移民政策 ❖ 이민 1세: 移民 1 世　類 이주: 移住
1389 ☐☐☐☐☐ **이성**	名 **異性**　❖ 이성에 눈뜨다: 異性に目覚める 反 동성: 同性
1390 ☐☐☐☐☐ **재우다**	動 **浸ける，寝かす** ❖ 아기를 재우다: 赤ちゃんを寝かす
1391 ☐☐☐☐☐ **졸리다**	動 **眠い** ❖ 졸리는 눈: 眠たい目
1392 ☐☐☐☐☐ **주문**	名 **呪文** ❖ 주문을 걸다: 呪文をかける
1393 ☐☐☐☐☐ **지능**	名 **知能**　❖ 인공 지능: 人工知能 ❖ 지능범: 知能犯　❖ 지능 지수: 知能指数
1394 ☐☐☐☐☐ **특급**	名 **特級** ❖ 특급 열차: 特級列車
1395 ☐☐☐☐☐　[강:이[의]하다] **강의하다**	動 **講義する** 関 강의실: 講義室／강사: 講師

暗記度 チェック	☐ 천재	☐ 충돌하다	☐ 공연되다	☐ 뛰놀다
	☐ 무책임하다	☐ 사생활	☐ 석사	☐ 손잡다

諺 & 慣用句

배보다 배꼽이 더 크다
本末転倒

116

達成率
78 %

좋아하는 가수가 오랜만에 텔레비전에 출연을 하는데 못 볼 것 같아서 <u>녹화했어요</u>.
好きな歌手が久しぶりにテレビに出演するのに見られなさそうなので録画しました。

가방 <u>무게를 달아</u> 보지 않고 가면 공항에서 짐을 다시 싸야 하는 경우도 생긴다.
鞄の重さを量ってみないで行くと空港で荷造りをやり直さなければならない場合も生じる。

언제나 자신의 일이 아닌 것처럼 <u>무관심한 태도를</u> 보여서 진심을 알기 힘들어요.
いつも自分のことではないように無関心な態度を見せるので本音がわかりづらいです。

교통사고가 났는데 다행히도 크게 다친 사람 없이 <u>무사하다고 합니다</u>.
交通事故が起こったけれど, 幸いにも大怪我をした人はおらず無事だそうです。

<u>부피가 큰 물건</u>을 먼저 넣고 나중에 작은 것들을 넣어야 많이 넣을 수 있어요.
かさばるものを先に入れて後で小さいものを入れないとたくさん入れることができません。

가위바위보를 하는데 자꾸 <u>비기기만</u> 하고 승부가 안 나네요.
じゃんけんをするのにたびたび引き分けるだけで勝負がつかないですね。

내일 생선구이 먹을 거니까 <u>냉동실에 얼려 놓은</u> 고등어 좀 냉장실로 옮겨 놔라.
明日焼き魚を食べるから冷凍庫に凍らせておいたサバを冷蔵室に移しておいて。

최근 <u>결혼이민자가</u> 늘면서 다문화 가족에 대한 행정 지원이 늘고 있다.
最近, 結婚移民者が増えるにつれて多文化家族に対する行政の支援が増えている。

하도 어렸을 때부터 봐 와서 그런지 한 번도 <u>이성으로</u> 생각해 본 적이 없어.
あまりにも幼いころから見てきたせいか一度も異性として考えてみたことがない。

인삼을 얇게 썰어서 <u>꿀에 재워 두었다가</u> 감기 기운이 있을 때 차로 마시면 좋아요.
高麗人参を薄く刻んでハチミツに浸けておいて風邪気味の時にお茶にして飲むとよいです。

잠을 못 자서 그런지 하품도 계속 나고 진짜 <u>졸리네요</u>.
眠れなかったせいかあくびも頻繁に出て本当に眠いですね。

지금보다 더 좋아질 거라고 속으로 <u>행복을 부르는</u> 주문을 수없이 외워 본다.
今よりもっとよくなるだろうと心の中で幸せを呼ぶ呪文を数え切れないほど唱えてみる。

인간을 제외한 포유류 중에서는 돌고래가 가장 <u>지능이 높다고</u> 합니다.
人間を除いた哺乳類の中ではイルカが一番知能が高いそうです。

역시 <u>특급 호텔</u>은 고객의 만족을 위해 사소한 부분까지 신경을 써 주는 것 같다.
やはり一流ホテルは顧客の満足のため細かい部分まで気配りが行き届いているようだ。

제 꿈은 한국어 선생님이 되려는 사람들 앞에서 <u>강의하는</u> 것입니다.
私の夢は韓国語の先生になろうとする人たちの前で講義することです。

□ 순하다	□ 욕하다	□ 음반	□ 자살하다
□ 까다	□ 꾸준하다	□ 난방	

1396 ☐☐☐☐☐
기혼
- 名 既婚　❖기혼자: 既婚者
- 反 미혼: 未婚

1397 ☐☐☐☐☐
천둥
- 名 雷　❖천둥이 치다: 雷鳴がする
- 関 번개: 稲妻

1398 ☐☐☐☐☐
단풍
- 名 紅葉
- ❖단풍놀이: 紅葉狩り／단풍나무: カエデ

1399 ☐☐☐☐☐
지정하다
- 動 指定する
- 関 지정석: 指定席　類 선정하다: 選定する

1400 ☐☐☐☐☐
감기다
- 動 絡む, 巻かれる
- 関 빨리 감기: 早送り　反 풀리다: 解ける

1401 ☐☐☐☐☐ [괴(궤)로피다]
괴롭히다
- 動 いじめる
- 名 괴롭힘: いじめ

1402 ☐☐☐☐☐
깎이다
- 動 削られる　❖월급이 깎이다: 給料が削られる
- 類 삭감되다: 削減される

1403 ☐☐☐☐☐
꾸미다
- 動 飾る
- 類 가꾸다: 手入れする　反 꾸밈없다: 飾りがない

1404 ☐☐☐☐☐
꾸짖다
- 動 叱る
- 類 혼내다, 야단치다: 叱る　反 칭찬하다: 褒める

1405 ☐☐☐☐☐
끌다
- 動 《人目を》引く,《注目を》集める ㄹ語幹
- 類 리드하다: リードする／이끌다: 導く

1406 ☐☐☐☐☐ [끌타]
끓다
- 動 沸く
- 類 끓어오르다: 沸き立つ

1407 ☐☐☐☐☐
나서다
- 動 前に出る, 口出しする
- 類 앞장서다: 先頭に立つ　反 물러서다: 退く

1408 ☐☐☐☐☐
나타내다
- 動 示す, 現す
- 類 반영하다: 反映する／드러내다: 現す

1409 ☐☐☐☐☐ [내:노타]
내놓다
- 動 外に出す, 取り出す
- 類 꺼내다: 取り出す　反 넣다: 入れる

1410 ☐☐☐☐☐
내려다보다
- 動 見下ろす
- 反 올려다보다: 見上げる

발 벗고 나서다
積極的に出る，率先垂範する

117

결혼하신 분은 기혼에 안 하신 분은 미혼에 체크해 주세요.
結婚した方は既婚に，していない方は未婚にチェックしてください。

천둥소리에 깜짝 놀란 고양이가 갑자기 침대 위로 뛰어 올라왔다.
雷の音にびっくりした猫が突然ベッドの上に飛びあがってきた。

가을이 되면 알록달록 예쁘게 물든 단풍을 보러 산을 찾는 사람들이 많다.
秋になると色とりどりにきれいに色付いた紅葉を見に山を訪れる人々が多い。

연극에서 맡을 역할을 선생님이 지정해 주지 않고 학생들 스스로 골랐다.
演劇で担当する役割を先生が指定しないで生徒たち自らが選んだ。

급하게 뛰어가다가 전선이 발에 감겨서 넘어질 뻔했어요.
急いで走っていて電線が足に絡んで転ぶところだった。

약한 동물이나 약한 사람을 괴롭히면 안 돼요.
弱い動物や弱い人をいじめてはいけません。

파도에 오랜 시간 동안 깎여서 아름다운 경치를 만들어 냈다.
波に長い間削られて美しい景色を作り出した。

모델 하우스처럼 정말 집을 예쁘게 꾸며 놓으셨네요.
モデルハウスのように本当に家をきれいに飾っておきましたね。

아이들이 잘못을 했을 때는 그 자리에서 꾸짖어야 해요.
子どもたちが間違ったことをした時はその場で叱らなければなりません。

요즘 한창 인기를 끌고 있는 배우가 무대 인사를 한대요.
このごろひときわ人気を集めている俳優が舞台挨拶をするそうです。

쇼핑몰에서 예뻐서 샀는데 이 주전자는 물이 끓으면 소리가 나서 놀랐어요.
ショッピングモールでかわいいから買ったけど，このやかんはお湯が沸くと音が出てびっくりしました。

좋은 의도에서라고 해도 남의 일에 함부로 나서면 안 돼요.
善意からだとしても，他人のことにむやみに口出ししてはいけません。

이 보고서는 현대인의 생활 습관을 잘 나타내고 있다.
この報告書は現代人の生活習慣をよく表している。

신상품을 내놓자마자 날개 돋친 듯이 팔렸어요.
新商品を出すやいなや飛ぶように売れました。

산꼭대기에서 내려다보는 경치가 아주 멋있어요.
山の頂で見下ろす景色がとても素敵です。

□ 이성	□ 재우다	□ 졸리다	□ 주문
□ 지능	□ 특급	□ 강의하다	

1411 마음먹다
□□□□□
- 動 心を決める
- 類 결심하다: 決心する

1412 삶다 [삼따]
□□□□□
- 動 茹でる　❖ 빨래를 삶다: 洗濯物を茹でる
- ❖ 삶은 달걀: ゆで卵

1413 알아듣다
□□□□□
- 動 理解する，聞き取る [ㄷ変]
- 類 납득하다: 納得する

1414 치열하다
□□□□□
- 形 熾烈だ，激しい
- ❖ 치열한 경쟁: 熾烈な競争

1415 챙기다
□□□□□
- 動 準備する　❖ 사람을 잘 챙기다: 面倒見がよい
- ❖ 밥을 챙겨 먹다: ご飯を抜かずに食べる

1416 피하다
□□□□□
- 動 避ける　❖ 남의 눈을 피하다: 人の目を避ける
- 類 멀리하다: 遠ざける　反 맞서다: 対立する

1417 강연
□□□□□
- 名 講演　❖ 초청 강연: 招待講演
- 類 강의: 講義／연설: 演説

1418 변화
□□□□□
- 名 変化　❖ 변화에 민감하다: 変化に敏感だ
- 類 변동: 変動

1419 변하다
□□□□□
- 動 変わる　❖ 마음이 변하다: 心変わりする
- 類 바뀌다: 変わる／변화하다: 変化する

1420 구매
□□□□□
- 名 購買　❖ 충동 구매: 衝動買い
- 類 구입: 購入／매입: 買い入れ

1421 힘쓰다
□□□□□
- 動 努める，手助けする，力を尽くす [으変]
- 類 돕다: 手伝う／노력하다: 努力する／애쓰다: 尽くす

1422 눈치
□□□□□
- 名 気転，勘　❖ 눈치가 없다: 機転が利かない
- 類 기색: 気配

1423 목표
□□□□□
- 名 目標　❖ 목표를 달성하다: 目標を達成する
- 類 목적: 目的

1424 넓히다 [널피다]
□□□□□
- 動 広げる　❖ 시야를 넓히다: 視野を広げる
- 類 확장하다: 拡張する　反 좁히다: 狭める

1425 감소
□□□□□
- 名 減少
- 類 감량: 減量　反 증가: 増加

諺 & 慣用 句

놓친 고기가 더 크다
逃した魚は大きい

118

達成率
79 %

하루에 20분씩 듣기 연습을 <u>하기로 마음먹었는데</u> 3일을 못 넘기네요.
一日20分ずつ聞き取り練習を**することに決めたけど**三日坊主ですね。

한국에서 찜질방에 가거든 <u>삶은</u> 계란을 먹어 보세요.
韓国でチムジルバンに行ったら**ゆで卵**を食べてみてください。

<u>알아들을 수 있게</u> 간단히 설명해 주세요.
理解できるように簡単に説明してください。

오늘 시합이 결승전이라서 선수들 간의 <u>치열한 접전</u>이 예상됩니다.
今日の試合は決勝戦なので、選手間の**激しい接戦**が予想されます。

중요한 계약이 달려 있는 서류니까 빠뜨린 게 없는지 <u>꼼꼼히 챙기세요.</u>
重要な契約がかかっている書類なので見落としがないか**入念に準備してください**。

여름에는 많은 사람들이 <u>더위를 피해서</u> 홋카이도에 갑니다.
夏には多くの人々が**暑さを避けて**北海度に行きます。

이번 <u>강연</u>은 최근 기후 변화의 원인과 대책에 대한 내용입니다.
今回の**講演**は最近の気候変動の原因と対策についての内容です。

<u>변화가 두려워서</u> 아무것도 하지 않으면 발전도 없습니다.
変化を恐れて何もしないと発展もありません。

10년 만에 돌아온 고향은 <u>너무나 변해 있었어요.</u>
10年ぶりに帰ってきた故郷は**ずいぶん変わっていました**。

이 설문 조사는 소비자들의 <u>구매 심리</u>를 파악하기 위해 실시되었다.
このアンケートは消費者たちの**購買心理**を把握するために実施された。

이번 일에 <u>가장 힘써 주신</u> 분은 누가 뭐래도 차장님이시지요.
今回の事に**最も尽力してくださった**方は誰が何といっても次長ですよ。

<u>눈치가 빠르니까</u> 그분 앞에서는 조심하시기 바랍니다.
勘がいいからあの方の前では気を付けてください。

의욕이 없는 건 <u>목표가 확실하지 않기</u> 때문이에요.
やる気がないのは**目標が確実でない**からです。

어제부터 <u>도로를 넓히는 공사</u>를 시작해서 시끄러워요.
昨日から**道路を広げる工事**を始めたのでうるさいです。

신생아 <u>출산율 감소</u>로 점점 고령화 사회가 되어가고 있다.
新生児の**出産率減少**でますます高齢化社会になっていっている。

| □ 꾸짖다 | □ 끌다 | □ 끓다 | □ 나서다 |
| □ 나타내다 | □ 내놓다 | □ 내려다보다 | |

1426 □□□□□ [발피다]
밟히다

動 踏まれる ❖라이벌에게 밟히다: ライバルに踏まれる

❖뒤가 밟히다: 尾行される

1427 □□□□□
수량

名 数量 ❖수량을 파악하다: 数量を把握する

類 양: 量

1428 □□□□□ [염:새카다]
염색하다

動 染色する, 染める ❖머리를 염색하다: カラーリングする

関 염색약: 染色薬

1429 □□□□□
뺏다

動 奪う ＊빼앗다の縮約形。

❖권리를 뺏다: 権利を奪う

1430 □□□□□
제도

名 制度

❖신분 제도: 身分制度

1431 □□□□□
채용되다

動 採用される ❖의견이 채용되다: 意見が採用される

関 채용 규모: 採用規模

1432 □□□□□ [한텅내다]
한턱내다

動 おごる, ご馳走する

類 한턱 쏘다: おごる

1433 □□□□□
겨우

副 かろうじて, やっと ❖겨우 참다: なんとか我慢する

類 간신히: かろうじて

1434 □□□□□
비록

副 たとえ

❖비록 -(으)ㄹ지라도: たとえ～でも

1435 □□□□□
섞다

動 混ぜる ❖말을 섞다: 言葉を交わす

類 혼합하다: 混合する／젓다: かき混ぜる

1436 □□□□□
결국

名 結局, とうとう, ついに

類 종내: しまいには／마침내: ついに

1437 □□□□□ [괄리]
관리

名 官僚, 官吏 ❖고급 관리: 高級官僚

類 관료: 官僚

1438 □□□□□
놓치다

動 逃す ❖기회를 놓치다: 機会を逃す

反 붙잡다: つかむ

1439 □□□□□
뛰어나다

形 優れている ❖말솜씨가 뛰어나다: 口が達者だ

類 훌륭하다: 立派だ／우수하다: 優秀だ

1440 □□□□□
색다르다

形 変わっている 르変

類 특이하다: 特異だ／별나다: 変わっている

暗記度チェック	□ 마음먹다	□ 삶다	□ 알아듣다	□ 치열하다
	□ 챙기다	□ 피하다	□ 강연	□ 변화

눈에 밟히다
忘れられずたびたび思い出される，ありありと思い浮かべる

119

출근하는 길에 발을 밟혔는데 아무래도 병원에 가 봐야 할 것 같아요.
出勤する途中に**足を踏**まれたのですが，どうも病院に行ってみないといけないようです。

주문한 수량과 맞는지 확인해 보세요.
注文した**数量と合**うか確認してみてください。

천연 재료들로 염색해서 그런지 색이 참 곱네요.
天然材料で**染め**たからか色がとてもきれいですね。

너무 배가 고파서 남동생의 과자까지 다 뺏어 먹어 버렸어요.
お腹が空きすぎて弟のお菓子まで全部**奪って**食べちゃいました。

장관이 바뀔 때마다 입시 제도가 바뀌는 것 같아 한심합니다.
大臣が変わるたびに**入試制度**が変わるようで情けないです。

신입 사원인 내 기획서가 채용될 줄은 몰랐다.
新入社員である私の**企画書が採用される**とは思わなかった。

과장님이 승진하셔서 오늘 저녁에 한턱내신다고 합니다.
課長が昇進したので**今晩おごってくれる**そうです。

동료에게 도움을 받아 겨우 보고서를 끝낼 수 있었습니다.
同僚に助けてもらって**やっと**報告書を**終える**ことができました。

비록 나보다 나이는 어릴지라도 아는 것이 참 많아요.
たとえ私より**年下でも**，知っていることが本当に多いです。

여러 종류의 술을 섞어 마셨더니 숙취 때문에 죽겠네요.
いろいろな種類の**お酒を混ぜて飲んだら**二日酔いのせいで死にそうですね。

수차례의 수술과 약물치료에도 불구하고 결국 숨을 거두었다.
数回の手術と薬物治療にもかかわらず**結局**息を引き取った。

40대의 젊은 나이에 정부 기관의 고위 관리가 되다니 대단하네요.
40代の若さで政府機関の**高位官僚**になるだなんて大したものですね。

언제나 놓친 고기가 더 커 보이는 법이죠.
いつでも**逃した魚が**より**大きく見える**ものでしょう。

이번에 출시한 제품은 뛰어난 안정성으로 소비자들의 지지를 받고 있다.
今回発売された製品は**優れた安定性**で消費者の支持を受けている。

지금까지 본 적 없는 색다른 방법으로 홍보를 했더니 반응이 좋네요.
今まで見たことのない変わった方法で広告をしたら反応がよいですね。

□ 변하다	□ 구매	□ 힘쓰다	□ 눈치
□ 목표	□ 넓히다	□ 감소	

1381 (	)	録画する	1411 (	)	心を決める
1382 (	)	量る	1412 (	)	茹でる
1383 (	)	無関心だ	1413 (	)	理解する
1384 (	)	無事だ	1414 (	)	熾烈だ
1385 (	)	かさ，体積	1415 (	)	準備する
1386 (	)	引き分ける	1416 (	)	避ける
1387 (	)	凍らせる	1417 (	)	講演
1388 (	)	移民	1418 (	)	変化
1389 (	)	異性	1419 (	)	変わる
1390 (	)	浸ける，寝かす	1420 (	)	購買
1391 (	)	眠い	1421 (	)	努める
1392 (	)	呪文	1422 (	)	気転，勘
1393 (	)	知能	1423 (	)	目標
1394 (	)	特級	1424 (	)	広げる
1395 (	)	講義する	1425 (	)	減少
1396 (	)	既婚	1426 (	)	踏まれる
1397 (	)	雷	1427 (	)	数量
1398 (	)	紅葉	1428 (	)	染色する
1399 (	)	指定する	1429 (	)	奪う
1400 (	)	絡む，巻かれる	1430 (	)	制度
1401 (	)	いじめる	1431 (	)	採用される
1402 (	)	削られる	1432 (	)	おごる
1403 (	)	飾る	1433 (	)	かろうじて
1404 (	)	叱る	1434 (	)	たとえ
1405 (	)	引く，集める	1435 (	)	混ぜる
1406 (	)	沸く	1436 (	)	結局，とうとう
1407 (	)	前に出る	1437 (	)	官僚，官吏
1408 (	)	示す，現す	1438 (	)	逃す
1409 (	)	外に出す	1439 (	)	優れている
1410 (	)	見下ろす	1440 (	)	変わっている

覚えておきたい! 《形容詞》＋-아/어지다 を用いた表現

● -지다 は形容詞の連用形(-아/어)に付いて「～になる, ～くなる」の意味になります。

例 가능하다 (可能だ) ＋ -아/어지다 ⇨ 가능해지다 (可能になる)

가까워지다	近くなる	밝아지다	明るくなる
괴로워지다	辛くなる	빨개지다	赤くなる
굳어지다	固くなる	싫어지다	嫌になる
깨끗해지다	きれいになる	심각해지다	深刻になる
나빠지다	悪くなる	심해지다	ひどくなる
낮아지다	低くなる	약해지다	弱くなる
넓어지다	広くなる	어두워지다	暗くなる
높아지다	高くなる	어려워지다	難しくなる
다양해지다	多様になる	없어지다	なくなる
더러워지다	汚くなる	작아지다	小さくなる
길어지다	長くなる	적어지다	少なくなる
뜨거워지다	熱くなる	짧아지다	短くなる
많아지다	多くなる	친해지다	親しくなる
멀어지다	遠くなる	커지다	大きくなる

1441 ☐☐☐☐☐
맡다
動 担当する，引き受ける　❖ 허가를 맡다: 許可を得る
類 담당하다: 担当する

1442 ☐☐☐☐☐
힘내다
動 元気を出す，頑張る
類 분발하다: 奮発する

1443 ☐☐☐☐☐
지켜보다
動 見守る
類 살펴보다: 調べてみる

1444 ☐☐☐☐☐
체격
名 体格
❖ 단단한 체격: 頑丈な体格

1445 ☐☐☐☐☐
평소
名 平素，普段　❖ 평소대로: 普段どおり
類 평상시: 平常時

1446 ☐☐☐☐☐
가만히
副 じっと，静かに，ひっそり
動 가만있다: じっとしている

1447 ☐☐☐☐☐
아무리
副 いくら，どんなに
❖ 아무리 -아/어도: いくら～ても

1448 ☐☐☐☐☐
함부로
副 むやみに　❖ 함부로 대하다: ぞんざいに扱う
類 마구: やたらに／분별없이: 分別なく

1449 ☐☐☐☐☐
드물다
形 稀だ，珍しい，少ない　ㄹ語幹
類 희귀하다: 珍しい

1450 ☐☐☐☐☐
소용없다
形 役に立たない，無駄だ
類 쓸데없다: 使いようがない／쓸모없다: 使い道がない

1451 ☐☐☐☐☐　[잘라다]
잘나다
形 偉い
類 뛰어나다: 優れる

1452 ☐☐☐☐☐　[빈나다]
빛나다
動 光る　❖ 활약이 빛나다: 活躍が光る
名 빛, 빛깔: 光　類 반짝이다: 光る

1453 ☐☐☐☐☐
적절하다
形 適切だ　関 적절한 조치: 適切な措置
類 적당하다: 適当だ　反 부적절하다: 不適切だ

1454 ☐☐☐☐☐
배송되다
動 配送される
関 배송료: 送料　類 배달되다: 配達される

1455 ☐☐☐☐☐
넘치다
動 溢れる　❖ 유머가 넘치다: ユーモアに溢れる
類 과하다: 過度だ／넘다: 超える

暗記度チェック

☐ 밝히다	☐ 수량	☐ 염색하다	☐ 뺏다
☐ 제도	☐ 채용되다	☐ 한턱내다	☐ 겨우

諺 & 慣用句
길고 짧은 것은 대어 보아야 안다
大小・優劣の差は実際に比べてみるとわからない

121

達成率
81 %

저는 아무리 힘들어도 <u>맡은 일</u>은 끝까지 책임지고 합니다.
私はどんなに大変でも**引き受けた仕事**は最後まで責任をもってやります。

이제 얼마 남지 않았으니까 <u>조금만 더 힘내서</u> 일을 끝냅시다.
もうあとわずかだから**もう少しだけ元気を出して**仕事を終えましょう。

더 좋은 모습 보여 드릴 테니 <u>앞으로도 지켜봐</u> 주세요.
よりよい姿をお見せしますので**これからも見守っていて**ください。

통통한 체형이지만 <u>체격이 작은 편이라서</u> 사람들은 잘 몰라요.
ぽっちゃりした体型ですが**体格が小柄なので**人々はあまり気づきません。

그분은 <u>평소에는</u> 말이 적으신 분인데 술이 들어가면 사람이 확 변하세요.
あの方は**普段は**口数の少ない方なのにお酒が入ると人ががらりと変わります。

집중력이 없어서 잠시도 <u>가만히 있지를 못합니다</u>.
集中力がなくてちっとも**じっとしていられません**。

아까 인사한 분의 성함을 <u>아무리 생각해 내려 해도</u> 떠오르지 않네요.
さっき挨拶した方のお名前を**いくら思い出そうとしても**浮かびませんね。

주인의 허락 없이 남의 물건에 <u>함부로</u> 손을 대서는 안 된다.
持ち主の許可なく他人のものに**むやみに**手を触れてはいけない。

밤늦게 <u>인적이 드문 길</u>을 걷는 건 위험하니 일찍 집에 들어와라.
夜遅く**人通りが少ない道**を歩くのは危険だから早く家に帰ってきなさい。

이미 일어난 일은 후회하고 되돌리려고 해도 <u>소용없다</u>.
すでに起きたことは悔やんで取り戻そうとしても**無駄だ**。

아무것도 없으면서 <u>잘난 척하는</u> 사람이 정말 싫다.
何もないくせに**偉そうにふるまう**人は本当に嫌だ。

밤하늘에 <u>빛나는</u> 별을 보며 꿈이 이루어지기를 빌었다.
夜空に**輝く星**を見ながら夢が叶うように祈った。

그 상황에서 부장님께 반발한 것은 <u>적절하지 못한 행동</u>이라고 봅니다.
その状況で部長に反発したのは**適切でない行動**だと思われます。

고객님께서 주문하신 상품은 내일 오전 중에 <u>배송될 예정이니</u> 확인해 주십시오.
お客様が注文した商品は明日午前中に**配送される予定なので**確認してください。

물을 너무 많이 부어서 <u>넘칠 것 같아요</u>.
お水をたくさん注ぎすぎて**溢れそうです**。

| □ 비록 | □ 섞다 | □ 결국 | □ 관리 |
| □ 놓치다 | □ 뛰어나다 | □ 색다르다 | |

1456 □□□□□
고통
图 苦痛 ❖ 고통을 겪다[참다]: 苦痛を味わう[我慢する]
類 통증, 아픔: 痛み

1457 □□□□□
아끼다
動 大切にする ❖ 말을 아끼다: 言葉を慎む
類 절약하다: 節約する 反 낭비하다: 浪費する

1458 □□□□□
사라지다
動 消える ❖ 연기처럼 사라지다: 煙のように消える
類 물러가다: 退く 反 나타나다: 現れる

1459 □□□□□
잔소리
图 小言 ❖ 잔소리를 퍼붓다: 小言を浴びせる
❖ 잔소리꾼: □うるさい人

1460 □□□□□
놀랍다
形 驚く ㅂ変 ❖ 놀라운 광경: 驚くべき光景
類 신기하다: 不思議だ

1461 □□□□□
분실하다
動 紛失する
類 잃어버리다: 失くしてしまう／흘리다: 落とす

1462 □□□□□
무너지다
動 崩れる ❖ 체계가 무너지다: 体系が崩れる
類 패하다: 敗れる／쓰러지다: 倒れる

1463 □□□□□
다녀가다
動 立ち寄っていく
反 다녀오다: 行ってくる

1464 □□□□□
떨어뜨리다
動 落とす ❖ 가격을 떨어뜨리다: 価格を落とす
類 떨어트리다: 落とす

1465 □□□□□
너무나
副 あまりにも ＊너무의 強調。
❖ 너무나 무책임하다: あまりにも無責任だ

1466 □□□□□
어쩐지
副 なんだか, どうりで
類 왠지: なぜか／그냥: ただ

1467 □□□□□
교육
图 教育 ❖ 교육을 받다: 教育を受ける
類 지도: 指導／강의: 講義

1468 □□□□□
볼일 [볼릴]
图 用件 ❖ 볼일을 보다: 用事を済ませる, トイレに行く
類 용건: 用件

1469 □□□□□
안색
图 顔色 ❖ 안색이 어둡다: 顔色が暗い
類 낯빛, 얼굴색: 顔色／표정: 表情

1470 □□□□□
예절
图 礼節, マナー ❖ 예절을 지키다: 礼節を守る
類 예의: 礼儀／예법: 礼法

諺 & 慣用句
입에 침이 마르다
他人やものに対して繰り返し言う，褒めたてる

122

達成率
82 %

하루라도 빨리 고통에서 벗어나기 위하여 열심히 치료를 하고 있습니다.
一日でも早く苦痛から逃れるために一所懸命に治療をしています。

좋아하는 물건이라서 정말 아껴 쓰고 있습니다.
お気に入りなので本当に大事に使っています。

분명히 방금까지 여기 있었는데 감쪽같이 사라졌네요.
確かにたった今までここにあったのに跡形もなく消えましたね。

혼자 살게 되면서 가끔 어머니의 잔소리가 그리워집니다.
一人暮らしをすることになってから，たまに母の小言が懐かしくなります。

연속으로 5번이나 우승할 수 있다니 정말 놀랍네요.
連続で5回も優勝することができるだなんて本当に驚きますね。

분실물 센터에는 분실한 줄 몰라서 안 찾아가는 물건이 많다.
忘れ物センターには紛失したと気が付かず取りに来ない物が多い。

공사 중인 건물이 무너지는 바람에 많은 사람이 다쳤다.
工事中の建物が崩れたせいで多くの人が怪我をしました。

잠깐 자리를 비운 사이에 사장님이 다녀가셨어요.
ちょっと席を外した間に社長が立ち寄っていかれました。

손이 미끄러지는 바람에 비싼 접시를 떨어뜨려서 깨뜨릴 뻔했어요.
手が滑ったせいで高いお皿を落として割るところでした。

너무나 많은 일이 한꺼번에 일어나 뭐부터 해야 할지 모르겠다.
あまりにも多くのことがいっぺんに起きたので何から始めたらよいのかわからない。

아이의 행동이 어쩐지 좀 수상하다 싶었는데 역시 아끼던 컵을 깼네요.
子どもの行動がどうもおかしいと思っていたらやっぱり大事にしていたコップを壊していましたよ。

한국의 부모들은 아이의 교육에 많은 관심을 가지고 있다.
韓国の親たちは子どもの教育に多くの関心を持っている。

김 과장님께 볼일이 있어서 왔는데 자리에 안 계시네요.
キム課長に用事があって来たのですが席にいらっしゃらないですね。

안색이 안 좋아서 뭔 일 있는지 물어봤는데 대답이 없네요.
顔色がよくないので何かあったのかと聞いてみたけど返事がありませんね。

방학을 맞이하여 초등학생들을 대상으로 예절 학교를 열었다.
休みを迎えて小学生たちを対象に礼儀学校（マナー教室）を開いた。

| □ 드물다 | □ 소용없다 | □ 잘나다 | □ 빛나다 |
| □ 적절하다 | □ 배송되다 | □ 넘치다 | |

1471 □□□□□   [되(뒈)도록]
되도록
副 **なるべく**
類 가급적: できるだけ／될 수 있는 한: できる限り

1472 □□□□□
집세
名 **家賃** ❖ 집세가 밀리다: 家賃が滞納される
関 임대료: 賃貸料

1473 □□□□□
이웃
名 **隣, 隣人**
類 옆집, 이웃집: 隣家

1474 □□□□□
빠지다
動 **抜ける, 欠ける** ❖ 살이 빠지다: やせる
類 모자라다: 足りない

1475 □□□□□
사로잡다
動 **虜にする, 生け捕りにする**
❖ 시선을 사로잡다: 視線を釘づけにする　類 빼앗다: 奪う

1476 □□□□□
지나가다
動 **過ぎていく**
類 흘러가다: 流れていく／통과하다: 通過する

1477 □□□□□
해내다
動 **成し遂げる, やり遂げる**
❖ 드디어 해내다: ついに成し遂げる　類 해결하다: 解決する

1478 □□□□□   [뚜려타다]
뚜렷하다
形 **はっきりしている** ❖ 뚜렷한 사실: 明らかな事実
類 또렷하다: はっきりしている

1479 □□□□□
손쉽다
形 **容易い** ■変 ❖ 손쉬운 방법: 簡単な方法
類 쉽다: 易しい

1480 □□□□□   [뽀피다]
뽑히다
動 **選ばれる** ❖ 회장으로 뽑히다: 会長に選ばれる
類 당첨되다: 当たる／선발되다: 選抜される

1481 □□□□□
해롭다
形 **有害だ, 害になる** ■変 ❖ 인체에 해롭다: 人体に有害だ
類 유해하다: 有害だ　反 이롭다: 有益だ, 有利だ, 得だ

1482 □□□□□
시각
名 **視覚**
類 관점: 観点／비전: ビジョン

1483 □□□□□
눈높이
名 **目線**
❖ 눈높이 교육: 目線に合わせた教育

1484 □□□□□
매력
名 **魅力** ❖ 매력에 끌리다: 魅力に惹かれる
類 마력: 魔力

1485 □□□□□
겸손하다
形 **謙遜だ**
❖ 겸손한 태도: 謙遜な態度

暗記度チェック
□ 고통　　　　□ 아끼다　　　　□ 사라지다　　　□ 잔소리
□ 놀랍다　　　□ 분실하다　　　□ 무너지다　　　□ 다녀가다

262

諺 & 慣用句

먼 사촌보다 가까운 이웃이 낫다 (＝이웃 사촌)
遠くにいる親戚より近くの隣人が助け合ったり役に立つ

123

達成率
83 %

<u>되도록</u> 야채를 많이 먹고 수면을 충분히 취하도록 하세요.
なるべく野菜をたくさん食べて睡眠を十分に取るようにしてください。

집주인에게 <u>집세를 올려 달라는</u> 연락이 왔어요.
オーナーから**家賃を上げてほしいという**連絡が来ました。

'이웃사촌'이라는 말처럼 옆집 사람들과 가족같이 지내고 있어요.
「**隣の親戚**」という言葉のように隣の人々と家族のように付き合っています。

<u>중요한 서류가 빠져</u> 있어서 다시 준비해야 할 것 같습니다.
重要な書類が抜けているのでもう一度準備しなければならないようです。

나이가 들었어도 여전히 사람의 <u>마음을 사로잡는</u> 아름다운 목소리였다.
歳を取っても相変わらず人の**心を虜にする**美しい声でした。

나이가 들면 들수록 시간이 정말 <u>빨리 지나가는 것 같아요.</u>
年を取れば取るほど時間がとても**早く過ぎてゆく**ようです。

김 과장이 이번에 <u>큰일을 해내서</u> 특별 보너스를 받았다고 해요.
キム課長が今回**大きなことを成し遂げた**ので特別ボーナスをもらったそうです。

<u>이목구비가 뚜렷해서</u> 한 번밖에 만나지 않았는데도 인상 깊게 남아 있네요.
顔立ちがはっきりしているので一度しか会っていないのに印象深く残っていますね。

요즘은 인터넷을 통해 많은 정보를 <u>손쉽게</u> 얻을 수 있다.
最近はインターネットを通じて多くの情報を**容易く**得ることができる。

이번 <u>오디션에서 뽑힌</u> 아역의 연기는 모두를 감동하게 했다.
今回の**オーディションで選ばれた**子役の演技はみんなを感動させた。

지나친 음주와 흡연은 <u>건강에 해로우니</u> 적당히 하는 게 좋겠어요.
度が過ぎた飲酒と喫煙は**健康に有害なので**ほどほどにするのがよいでしょう。

최근 대학에서 <u>시각디자인학과가</u> 인기가 있다.
最近，大学で**視覚デザイン科**が人気がある。

아이의 <u>눈높이에 맞춰</u> 이야기하세요.
子どもの**目線に合わせて**話すようにしてください。

이 모델은 미인은 아닌데 <u>사람을 끄는 매력이</u> 있어요.
このモデルは美人ではないが**人を惹きつける魅力**があります。

젊은 나이에 성공했는데도 항상 <u>겸손해서</u> 사람들의 존경을 한 몸에 받고 있다.
若くして成功したにもかかわらず，いつも**謙遜している**ので人々の尊敬を一身に受けている。

□ 떨어뜨리다	□ 너무나	□ 어쩐지	□ 교육
□ 볼일	□ 안색	□ 예절	

1486 □□□□□
태우다
動 燃やす，焦がす
類 피우다: 〈火を〉起こす

1487 □□□□□
신나다
動 浮かれる，楽しい
類 흥겹다: 陽気だ

1488 □□□□□
줄어들다
動 減っていく ┃ㄹ語幹┃
類 감소하다: 減少する 反 늘어나다: 増えていく

1489 □□□□□
벗어나다
動 逃れる
類 탈출하다: 脱出する／빠져나오다: 抜け出る

1490 □□□□□
들어서다
動 入る，立ち並ぶ
❖장마철에 들어서다: 梅雨に入る

1491 □□□□□
늘어나다
動 伸びる，増える
類 증가하다: 増加する 反 줄어들다: 減っていく

1492 □□□□□
묶다
動 束ねる，結ぶ ❖(신발) 끈을 묶다: (靴)ヒモを結ぶ
類 매다: 結ぶ 反 풀다: 解く

1493 □□□□□
던지다
動 投げる
類 내던지다: 投げ出す 反 받다: 受ける

1494 □□□□□
주인공
名 主人公 ❖남자[여자] 주인공: 主演男優[女優]
関 중심 인물: 中心人物

1495 □□□□□
통지서
名 通知書 ❖입영 통지서: 入隊通知書
類 안내장: 案内状

1496 □□□□□
호감
名 好感 ❖호감이 가다: 好感が持てる
反 비호감: 嫌悪感

1497 □□□□□
마침내
副 とうとう，ついに
類 끝내: 結局は／끝끝내: 最後まで／드디어: とうとう

1498 □□□□□
언젠가
副 いつか
反 조만간: 遅かれ早かれ

1499 □□□□□
서투르다
形 下手だ，不慣れだ ┃르変┃ ＊縮約形は 서툴다。
類 어색하다: ぎこちない 反 능숙하다: 上手だ

1500 □□□□□
활발하다
形 活発だ
❖활발한 움직임: 活発な動き

暗記度 チェック	□ 되도록	□ 집세	□ 이웃	□ 빠지다
	□ 사로잡다	□ 지나가다	□ 해내다	□ 뚜렷하다

諺 & 慣用句
얼굴이 두껍다
ずうずうしい

124

達成率
83 %

가스 불을 켜 놓은 걸 잊고 전화를 받다가 <u>냄비를 태웠다</u>.
ガスコンロの火を付けておいたのを忘れて電話をしていて**鍋を焦がした**。

우울할 때는 <u>신나는 음악</u>을 들으면서 기분 전환을 해 보세요.
憂うつな時は**楽しい音楽**を聴きながら気分転換をしてみてください。

홍수로 불어난 강물이 하루 사이에 많이 <u>줄어들었습니다</u>.
洪水で増えてきた川の水量が一日の間にずいぶん**減ってきました**。

어머니의 잔소리에서 하루빨리 <u>벗어나고</u> 싶었습니다.
母の小言から一日でも早く**逃れた**かったです。

도시화로 높은 <u>건물들이 들어서기</u> 시작했다.
都市化で高い**建物が立ち並び**始めました。

채점 기준이 달라져 시험을 보려는 <u>사람이 늘어날</u> 것으로 예상된다.
採点基準が変わったので試験を受けようとする**人が増える**だろうと予想される。

집중하고 싶을 때나 운동을 할 때는 <u>머리를 묶어요</u>.
集中したい時や運動をする時は**髪を束ね**ます。

집 앞에서 아이들이 <u>공을 던지며</u> 놀고 있어요.
家の前で子どもたちが**ボールを投げ**ながら遊んでいます。

외국인이 새 아침 드라마의 <u>주인공으로 뽑혀</u> 화제가 되고 있다.
外国人が新しい朝のドラマの**主人公に選ばれて**話題になっている。

목이 빠지게 기다리던 <u>합격 통지서</u>를 받고 좋아하고 있어요.
首を長くして待っていた**合格通知書**を受け取って喜んでいます。

무서운 얼굴보다는 <u>웃는 얼굴이 호감을 주니까</u> 긴장돼도 웃으세요.
怖い顔よりは**笑顔が好感を与える**ので緊張されても笑ってください。

베를린 장벽이 무너지면서 <u>마침내</u> 독일은 통일을 이루었다.
ベルリンの壁が崩壊して**ついに**ドイツは統一を成し遂げた。

<u>언젠가</u> 제 마음을 이해해 줄 때가 올 거라고 굳게 믿어요.
いつか私の心を理解してくれる時が来るだろうと固く信じます。

들어온 지 얼마 안 돼서 아직 일이 <u>서투르니</u> 잘 좀 봐주세요.
入ったばかりでまだ仕事が**不慣れなので**大目に見てあげてください。

피해지의 복구를 위한 활동이 <u>활발하게</u> 진행되고 있다.
被災地の復旧のための活動が**活発に**進められている。

□ 손쉽다	□ 뽑히다	□ 해롭다	□ 시각
□ 눈높이	□ 매력	□ 겸손하다	

1441 (	)	担当する	**1471** (	)	なるべく
1442 (	)	元気を出す	**1472** (	)	家賃
1443 (	)	見守る	**1473** (	)	隣，隣人
1444 (	)	体格	**1474** (	)	抜ける，欠ける
1445 (	)	平素，普段	**1475** (	)	虜にする
1446 (	)	じっと，静かに	**1476** (	)	過ぎていく
1447 (	)	どんなに	**1477** (	)	成し遂げる
1448 (	)	むやみに	**1478** (	)	はっきりしている
1449 (	)	稀だ	**1479** (	)	容易い
1450 (	)	役に立たない	**1480** (	)	選ばれる
1451 (	)	偉い	**1481** (	)	有害だ
1452 (	)	光る	**1482** (	)	視覚
1453 (	)	適切だ	**1483** (	)	目線
1454 (	)	配送される	**1484** (	)	魅力
1455 (	)	溢れる	**1485** (	)	謙遜だ
1456 (	)	苦痛	**1486** (	)	燃やす，焦がす
1457 (	)	大切にする	**1487** (	)	浮かれる
1458 (	)	消える	**1488** (	)	減っていく
1459 (	)	小言	**1489** (	)	逃れる
1460 (	)	驚く	**1490** (	)	入る，立ち並ぶ
1461 (	)	紛失する	**1491** (	)	伸びる，増える
1462 (	)	崩れる	**1492** (	)	束ねる，結ぶ
1463 (	)	立ち寄っていく	**1493** (	)	投げる
1464 (	)	落とす	**1494** (	)	主人公
1465 (	)	あまりにも	**1495** (	)	通知書
1466 (	)	なんだか	**1496** (	)	好感
1467 (	)	教育	**1497** (	)	とうとう
1468 (	)	用件	**1498** (	)	いつか
1469 (	)	顔色	**1499** (	)	下手だ
1470 (	)	礼節，マナー	**1500** (	)	活発だ

①-아/어하다，②-아/어뜨리다 を用いた表現

① 形容詞に-아/어하다を付けると「～がる，～しむ」の意味になって動詞になります。

例 기쁘다 (うれしい) ＋ -아/어하다 ⇨ 기뻐하다 (喜ぶ)

두려워하다	恐れる
무서워하다	怖がる
미워하다	憎む
반가워하다	喜ぶ，懐かしむ
부끄러워하다	恥ずかしがる
부러워하다	うらやましがる
슬퍼하다	悲しむ
즐거워하다	うれしがる
괴로워하다	苦しむ

② -뜨리다は動詞の連用形(-아/어)に付いて強調の意味を表します。

例 깨다 ＋ -아/어뜨리다 ⇨ 깨뜨리다 (壊す)

깨뜨리다	壊す
떨어뜨리다	落とす
무너뜨리다	倒す
넘어뜨리다	勢いよく倒す
퍼뜨리다	広める，言い触らす
빠뜨리다	陥れる，見落とす
쓰러뜨리다	倒す
부러뜨리다	折ってしまう

1501 ☐☐☐☐☐ **성능**	名 **性能** ❖ 고성능: 高性能
	類 기능: 機能

1502 ☐☐☐☐☐ **물품**	名 **品物** ❖ 물품 목록: 品物リスト, 品書き
	類 물건: 品物／제품: 製品

1503 ☐☐☐☐☐ **나머지**	名 **残り, 余り**
	類 여분: 余分／찌꺼기: かす

1504 ☐☐☐☐☐ [경녀하다] **격려하다**	動 **激励する** ❖ 서로를 격려하다: 互いを激励する
	類 힘을 주다: 元気を与える

1505 ☐☐☐☐☐ [노이다] **놓이다**	動 **置かれる** ❖ 놓인 상황: 置かれた状況
	❖ 한숨 놓이다: ほっとする

1506 ☐☐☐☐☐ **추첨하다**	動 **抽選する, くじ引きをする**
	類 제비를 뽑다: くじを引く

1507 ☐☐☐☐☐ **돌아보다**	動 **振り返る, 振り向く**
	類 회상하다: 回想する／반성하다: 反省する

1508 ☐☐☐☐☐ **그립다**	形 **懐かしい** ㅂ変 ❖ 그리운 노래: 懐メロ
	動 그리워하다: 懐かしむ

1509 ☐☐☐☐☐ **오르내리다**	動 **行き来する, 上がり下がりする**
	❖ 남의 입에 오르내리다: うわさになる

1510 ☐☐☐☐☐ **부딪치다**	動 **ぶつかる** ❖ 한계에 부딪치다: 限界にぶつかる
	類 충돌하다: 衝突する

1511 ☐☐☐☐☐ **비추다**	動 **照らす** ❖ 경험에 비추다: 経験に照らす
	類 조명하다: 照明する

1512 ☐☐☐☐☐ [정:의[이)] **정의**	名 **正義** ❖ 사회 정의: 社会正義
	動 정의롭다: 正義感あふれる 反 악: 悪

1513 ☐☐☐☐☐ **평생**	名 **一生** ❖ 평생토록: 生涯をかけて
	類 일생, 한평생: 一生

1514 ☐☐☐☐☐ **게다가**	副 **そのうえ, さらに** ＊거기에다가의 縮約形。
	類 거기다: そのうえ

1515 ☐☐☐☐☐ **아무래도**	副 **どうしても, どうも**
	❖ 아무래도 -ㄹ/을 것 같다: どうも～しそうだ

暗記度 チェック	☐ 태우다	☐ 신나다	☐ 줄어들다	☐ 벗어나다
	☐ 들어서다	☐ 늘어나다	☐ 묶다	☐ 던지다

諺 & 慣用句

아무리 바빠도 바늘 허리에 매어 쓰지는 못한다

いくら忙しくても揃えなきゃならないものを揃えずには仕事にならない

126

達成率 **84** %

디자인도 좋은 데다가 성능도 시중에 나와 있는 것 중에서 최고입니다.
デザインもよいうえに**性能**も市販されているものの中で**最高**です。

대피소에 구호 물품이 최대한 빨리 도착하도록 지시해 주세요.
避難所に**救護物資**が一刻も早く到着するよう指示してください。

한 명만 남고 나머지는 다 밖으로 나가서 기다리세요.
１人だけ残って残りは**全員**外に出て待ってください。

사장님께서 직접 격려해 주셔서 힘이 나는 듯합니다.
社長自ら**激励**してくださったので元気が出そうです。

아이가 들어오는 걸 보니 이제 좀 마음이 놓이네요.
子どもが帰ってくるのを見るとやっと**安心**できますね。

경품 당첨자를 지금 이 자리에서 추첨하겠습니다.
景品当選者を今この席で**抽選**します。

제가 좋다고 할 때까지 절대로 돌아보면 안 돼요.
私がよいと言うまで**絶対に**振り返ってはいけません。

다시는 돌아갈 수 없는 그 시절이 무척 그립다.
二度と戻れないあの時代が**とても懐かしい**。

엘리베이터가 고장 나서 계단을 몇 번 오르내렸더니 다리가 아프네요.
エレベーターが壊れて階段を何回も**行き来**していたら足が痛くなりましたよ。

한눈을 팔다가 유리창에 머리를 부딪쳤어요.
よそ見をしていて**窓ガラス**に頭を**ぶつけ**ました。

경비원은 손전등을 비추면서 마지막 점검을 했다.
警備員は**懐中電灯**を照らしながら最後の点検をした。

그 변호사는 앞으로도 정의 실현을 위해 앞장서겠다고 마음먹었다.
その弁護士はこれからも**正義の実現のため**先頭に立つと決心した。

신랑신부는 좋을 때나 싫을 때나 평생을 같이 하기로 했어요.
新郎新婦はよい時も悪い時も**一生を共にする**ことにしました。

비도 오고 게다가 바람까지 심하니 외출하지 않는 게 좋겠습니다.
雨も降るし**そのうえ**風までひどいから外出しないほうがよさそうです。

깜짝 파티를 준비하고 있는데 아무래도 남편이 눈치를 챈 것 같아요.
サプライズパーティを準備していますが、**どうも**旦那が**気付いた**ようです。

| □ 주인공 | □ 통지서 | □ 호감 | □ 마침내 |
| □ 언젠가 | □ 서투르다 | □ 활발하다 | |

1516 □□□□□
한꺼번에
副 いっぺんに

類 단숨에: 一気に／동시에: 同時に

1517 □□□□□
뒤늦다
形 手遅れだ

❖ 뒤늦은 후회: 遅すぎる後悔

1518 □□□□□
선착순
名 先着順

類 도착순: 到着順

1519 □□□□□
연수
名 研修　❖ 연수를 마치다: 研修を終える

❖ 해외 연수: 海外研修

1520 □□□□□
고지서
名 告知書

❖ 납세 고지서: 納税告知書

1521 □□□□□
멈추다
動 止む，止まる　❖ 비가 멈추다: 雨が止む

類 그치다, 멎다: 止む　反 계속하다: 継続する

1522 □□□□□
비하다
動 比べる　❖ ~에 비하면: ～に比べると

類 비교하다: 比較する

1523 □□□□□
응시하다
動 受験する，応募する

❖ 입시에 응시하다: 入試に応じる

1524 □□□□□
받아들이다
動 受け入れる

❖ 현실을[문화를] 받아들이다: 現実[文化]を受け入れる

1525 □□□□□
떠오르다
動 浮かぶ，昇る 르変

類 뜨다: 浮かぶ／솟다: 昇る

1526 □□□□□ [마치다]
맞히다
動 当てる，打たせる

❖ 바람을 맞히다: 風に当てる，すっぽかされる

1527 □□□□□
돌려받다
動 返してもらう

類 되찾다: 取り戻す　反 돌려주다: 返す

1528 □□□□□
드러나다
動 現れる，ばれる，見つかる

類 나타나다: 現れる／밝혀지다: 明らかになる

1529 □□□□□ [누피다]
눕히다
動 寝かす

類 누이다: 寝かせる　反 일으키다: 起こす

1530 □□□□□
머무르다
動 泊まる，止まる 르変

類 숙박하다: 宿泊する／묵다, 머물다: 泊まる

諺 & 慣 用 句
바닥이 드러나다
使い果たして品切れになる，正体が現れる

127

達成率
85 %

손님들이 한꺼번에 몰려와서 정신이 하나도 없었어요.
お客さんたちがいっぺんに押し寄せてきたので気が気でなかったです。

마감이 어제라고 여러 번 말했는데 뒤늦게 와서 신청을 받아 달라네요.
締切が昨日だと何回も言ったのに遅れてきて申請を受け付けてくれと言うんですよ。

콘서트 티켓의 예매는 선착순으로 진행됩니다.
コンサートチケットの前売りは先着順で行われます。

신입 사원들은 한 명도 빠짐없이 반드시 연수에 참가해야 합니다.
新入社員は１人残らず必ず研修に参加しなければなりません。

지난달에 집에 돌아오는 길에 단속에 걸린 속도위반 벌금 고지서가 오늘 왔다.
先月帰宅中に取り締まりに遭ったスピード違反の罰金告知書が今日届いた。

거의 다 된 일을 이제 와서 멈출 수는 없습니다.
終わりかけの仕事をここにきて止める事はできない。

크기에 비해서 그렇게 무겁지 않아 옮기기 쉬웠어요.
大きさに比べてそれほど重くなかったので運びやすかった。

지금까지 응시한 입사 시험에 모두 떨어졌지만 절대 포기하지 않을 것이다.
今まで応募した入社試験に全部落ちたけど絶対諦めません。

도저히 부장님의 제안을 받아들일 수가 없었습니다.
到底部長の提案を受け入れることができませんでした。

새로운 사업을 시작하고 싶은데 좋은 생각이 떠오르지 않네요.
新しい事業を始めたいのですがよい考えが浮かびません。

열 발 중에 여덟 발을 중앙에 맞히면 원하는 상품을 받을 수 있어요.
十発中八発を中央に当てれば，お望みの商品を受け取ることができます。

작년에 친구에게 빌려준 돈을 아직도 돌려받지 못했어요.
去年友人に貸してあげたお金をまだ返してもらっていませんでした。

세상을 놀라게 한 연구 결과가 거짓으로 드러났다.
世の中を驚かせた研究結果が嘘であると明らかになった。

울다가 지쳐 잠든 아기를 침대에 조심스럽게 눕혔어요.
泣き疲れて寝た赤ちゃんをベッドにそっと寝かした。

친구도 만나고 관광도 할 겸 일주일 정도 머무를 예정입니다.
友達にも会って観光がてら一週間程度泊まる予定です。

□ 오르내리다	□ 부딪치다	□ 비추다	□ 정의
□ 평생	□ 게다가	□ 아무래도	

1531 □□□□□ [끈내]
끝내
- 副 最後まで，ついに
- 類 끝끝내, 드디어: とうとう／마침내: ついに

1532 □□□□□
및
- 副 および
- 類 또: また／그리고: そして

1533 □□□□□
든든하다
- 形 心強い, 丈夫だ
- 副 든든히: しっかりと　類 튼튼하다: 丈夫だ

1534 □□□□□ [스파다]
습하다
- 形 湿っぽい
- 関 습기: 湿気／습도: 湿度　反 건조하다: 乾燥している

1535 □□□□□
거듭
- 副 繰り返して，重ねて　❖거듭 강조하다: 重ねて強調する
- 動 거듭하다: 重なる　類 재차: 再度

1536 □□□□□
안타깝다
- 形 切ない, 不憫に思う ㅂ変
- ❖안타까운 이별: 切ない別れ　類 안쓰럽다: 痛ましい

1537 □□□□□
생김새
- 名 見た目，形
- 類 형태: 形態

1538 □□□□□
발명
- 名 発明　❖발명가: 発明家
- 類 개발: 開発

1539 □□□□□
개발하다
- 動 開発する　❖기술을 개발하다: 技術を開発する
- 関 개발자: 開発者

1540 □□□□□
반품
- 名 返品
- ❖반품 처리[규정]: 返品処理[規定]

1541 □□□□□
개최하다
- 動 開催する
- 関 개최지: 開催地／주최하다: 主催する　類 열다: 開く

1542 □□□□□
향하다
- 動 向かう
- 類 지향하다: 目指す／대하다: 向かい合う

1543 □□□□□
일으키다
- 動 起こす, 興す　❖사업을 일으키다: 事業を興す
- 類 깨우다: 起こす

1544 □□□□□
물리다
- 動 噛まれる, 刺される　❖개에게 물리다: 犬に噛まれる
- ❖물린 데: 噛まれた所

1545 □□□□□
재산
- 名 財産　❖재산을 물려주다: 財産を譲る
- 類 자산: 資産／재물: 財物

暗記度チェック
- □ 한꺼번에　□ 뒤늦다　□ 선착순　□ 연수
- □ 고지서　□ 멈추다　□ 비하다　□ 응시하다

諺 & 慣用句

믿는 도끼에 발등 찍힌다
信じていた人が裏切り、かえって被害を被る

128

達成率
86 %

책을 다 읽었지만 끝내 범인이 누구였는지 확실히 쓰여 있지 않았다.
本を読み終えたが最後まで犯人が誰だったのかはっきり書かれていなかった。

점검 및 보수를 위해 엘리베이터 사용이 중지됩니다.
点検および補修のためにエレベーターの使用が中止されます。

항상 나를 지지해 주는 든든한 가족이 있어 힘이 납니다.
いつも私を支えてくれる心強い家族がいるので元気が出ます。

이 식물은 햇볕이 잘 안 드는 습한 곳에서도 잘 자라니까 키우기 쉬워요.
この植物は日差しが入らない湿っぽい所でもよく成長するから育てやすいです。

어머니는 어린 나이에 유학을 가는 아들에게 거듭 조심하라고 했다.
母は幼い歳で留学に行く息子に重ね重ね気を付けろと言った。

눈사태로 마을에 갇힌 주민들이 구조가 오기만을 기다리는 모습이 안타깝네요.
雪崩で村に閉じ込められた住民たちが、救助が来ることだけを待っている姿が切ないですね。

생김새만 보면 먹고 싶지 않겠지만 의외로 맛있어요.
見た目だけでは食べたくないと思うだろうけど意外とおいしいです。

에디슨은 발명의 아버지로서 많은 발명품을 만들어냈다.
エジソンは発明の父として多くの発明品を作り出した。

이것은 소비자들의 불만을 개선하기 위해 개발한 상품입니다.
これは消費者たちの不満を改善するために開発した商品です。

반품을 하시려면 일주일 내에 반드시 영수증을 가지고 오십시오.
返品をするなら一週間以内に必ず領収証を持ってきてください。

너무 따뜻해서 올겨울에는 눈꽃 축제를 개최하지 못할 것 같다.
暖かすぎて今年の冬は雪祭りを開催するのは難しそうだ。

지금은 더 높은 곳을 향해 나아갈 때라고 생각합니다.
今はもっと高みに向かって進まなければならない時だと思います。

놀다가 넘어진 아이를 일으켜 주고 상처도 치료해 줬다.
遊んでいて転んだ子どもを起こしてあげて傷も治療してあげた。

모기에게 물리지 않도록 주의하시기 바랍니다.
蚊に刺されないように注意するようお願いいたします。

지금 살고 있는 방 한 칸이 내 전 재산이다.
今住んでいる部屋一間だけが私の全財産だ。

| ☐ 받아들이다 | ☐ 떠오르다 | ☐ 맞히다 | ☐ 돌려받다 |
| ☐ 드러나다 | ☐ 눕히다 | ☐ 머무르다 | |

1546 ☐☐☐☐☐
친환경
名 エコ
類 환경친화: 環境に優しい

1547 ☐☐☐☐☐
해고하다
動 解雇する　関 해고 통지: 解雇通知
類 자르다: 切る　反 채용하다: 採用する

1548 ☐☐☐☐☐
나날이
副 日々　❖나날이 늘어나다: 日々増えていく
類 날로: 日々

1549 ☐☐☐☐☐
화산
名 火山
❖화산 폭발: 火山爆発

1550 ☐☐☐☐☐
몹시
副 非常に
類 굉장히: ものすごく／상당히: 相当に／무척: とても

1551 ☐☐☐☐☐
때때로
副 時々, 時に
類 때로: 時に／가끔: 時々　反 자주: しょっちゅう

1552 ☐☐☐☐☐
무덥다
形 蒸し暑い ㅂ変　関 찜통더위: 蒸し暑さ
類 후텁지근하다: 蒸し暑い

1553 ☐☐☐☐☐
캄캄하다
形 真っ暗だ
類 깜깜하다: 真っ暗だ　反 밝다: 明るい

1554 ☐☐☐☐☐
얌전하다
形 おとなしい
類 차분하다: 落ち着いている／점잖다: 上品だ

1555 ☐☐☐☐☐　[점:잔타]
점잖다
形 物静かだ, 礼儀正しい
類 얌전하다: おとなしい／정중하다: 丁寧だ

1556 ☐☐☐☐☐
수거
名 回収, 収集
❖쓰레기 수거: ゴミ収集

1557 ☐☐☐☐☐　[월리]
원리
名 原理
類 원칙: 原則／기초: 基礎

1558 ☐☐☐☐☐
맞벌이
名 共稼ぎ
❖맞벌이 부부: 共稼ぎ夫婦

1559 ☐☐☐☐☐
과속
名 スピード違反
❖과속 운전: スピード違反運転

1560 ☐☐☐☐☐
각종
名 各種
類 가지각색: 様々／갖가지: 色々／각양각색: 色とりどり

暗記度チェック
☐ 끝내　　☐ 및　　☐ 든든하다　　☐ 습하다
☐ 거듭　　☐ 안타깝다　　☐ 생김새　　☐ 발명

諺 & 慣用句

눈앞이 캄캄하다
困った状況に置かれこの先どうすればいいかわからない、お先真っ暗

129

達成率
87 %

탄소 배출량이 제한되면서 친환경 제품에 대한 관심이 높아지고 있다.
炭素排出量が制限されるにつれエコ製品に関する関心が高まっている。

불경기에 회사 사정이 어려워지면서 직원들을 해고할 수밖에 없었다.
不景気で会社の状況が悪くなるにつれて職員たちを解雇するしかなかった。

의사와 환자의 노력으로 병세는 나날이 나아졌다.
医者と患者の努力で病状は日に日に(日々)よくなった。

일본은 화산 활동이 활발한 산이 많아서 항상 경계해야 해요.
日本は火山活動が活発な山が多いので常に警戒しなければなりません。

말도 없이 회사를 그만둬서 동료들은 몹시 당황스러웠다.
何も言わず会社を辞めたので同僚たちはひどく困惑した。

살다 보면 기쁜 일도 많지만 때때로 넘을 수 없는 벽에 부딪히기도 하지요.
生きていると楽しいことも多いですが，時々越えられない壁にぶつかったりもしますよね。

장마철이 끝난 후라서 습도가 높아져서 그런지 정말 무덥네요.
梅雨が終わった後なので湿度が高くなったせいか本当に蒸し暑いですね。

그동안 작업한 자료가 다 날아가서 어떻게 해야 할지 눈앞이 캄캄해요.
今まで作業した資料が全部消えてしまったのでどうすればよいのかお先真っ暗です。

개구쟁이 아들이 저 선생님 앞에서는 얌전하게 있는 모습이 참 신기하네요.
わんぱくな息子があの先生の前ではおとなしくしている姿が何とも不思議だわ。

아버지는 아무리 화가 나는 일이 있어도 점잖게 대응하신다.
父はいくら腹が立つことがあっても物静かに対応なさる。

음식물 쓰레기의 수거 날짜를 1월 1일부터 아래와 같이 변경합니다.
燃えるゴミの収集日を1月1日から下記のように変更します。

지렛대의 원리를 이용하면 무거운 물건도 쉽게 들어 올릴 수 있다.
てこの原理を利用すれば重いものも簡単に持ち上げられる。

아이를 키우기에는 수입이 부족해 맞벌이를 하기로 했다.
子どもを育てるには収入が足りないので共稼ぎをすることにした。

사고의 원인이 과속인지 아닌지 아직 밝혀지지 않았다.
事故の原因がスピード違反なのかどうかまだ明らかになっていない。

이 카드를 신청하시면 각종 서비스를 받으실 수 있습니다.
このカードを申し込むと各種サービスを受けられます。

| □ 개발하다 | □ 반품 | □ 개최하다 | □ 향하다 |
| □ 일으키다 | □ 물리다 | □ 재산 | |

275

1501 (	)	性能	1531 (	)	最後まで
1502 (	)	品物	1532 (	)	および
1503 (	)	残り，余り	1533 (	)	心強い，丈夫だ
1504 (	)	激励する	1534 (	)	湿っぽい
1505 (	)	置かれる	1535 (	)	繰り返して
1506 (	)	抽選する	1536 (	)	切ない
1507 (	)	振り返る	1537 (	)	見た目，形
1508 (	)	懐かしい	1538 (	)	発明
1509 (	)	行き来する	1539 (	)	開発する
1510 (	)	ぶつかる	1540 (	)	返品
1511 (	)	照らす	1541 (	)	開催する
1512 (	)	正義	1542 (	)	向かう
1513 (	)	一生	1543 (	)	起こす，興す
1514 (	)	そのうえ	1544 (	)	噛まれる
1515 (	)	どうしても	1545 (	)	財産
1516 (	)	いっぺんに	1546 (	)	エコ
1517 (	)	手遅れだ	1547 (	)	解雇する
1518 (	)	先着順	1548 (	)	日々
1519 (	)	研修	1549 (	)	火山
1520 (	)	告知書	1550 (	)	非常に
1521 (	)	止む，やめる	1551 (	)	時々，時に
1522 (	)	比べる	1552 (	)	蒸し暑い
1523 (	)	受験する	1553 (	)	真っ暗だ
1524 (	)	受け入れる	1554 (	)	おとなしい
1525 (	)	浮かぶ，昇る	1555 (	)	物静かだ
1526 (	)	当てる	1556 (	)	回収，収集
1527 (	)	返してもらう	1557 (	)	原理
1528 (	)	現れる，ばれる	1558 (	)	共稼ぎ
1529 (	)	寝かす	1559 (	)	スピード違反
1530 (	)	泊まる，止まる	1560 (	)	各種

①	**타이어가 터지다**	タイヤが破裂する
	입술이 터지다	唇が破れる
	혈관이 터지다	血管が破れる
	주머니가 터지다	ポケットが破ける
	머리가 터지다	頭が割れる
	이마가 터지다	額が割れる
	불만이 터지다	不満が爆発する
	웃음이 터지다	笑いが吹き出る
	박수가 터지다	拍手が沸き起こる
	사건이 터지다	事件が起こる／起きる
	전쟁이 터지다	戦争が起こる／起きる
	속이 터지다	胸が張り裂ける（思うようにならずイライラする）

②	**화가 풀리다**	怒りが治まる
	소원이 풀리다	願いが叶う
	의문이 풀리다	疑問が解ける
	규제가 풀리다	規制が緩む
	피로가 풀리다	疲れが取れる
	추운 날씨가 풀리다	寒さが和らぐ
	속이 풀리다	気が晴れる
	나사가 풀리다	気が緩む，ネジが緩む
	마음이 풀리다	気持ちが緩む

1561
펼치다 □□□□□

動 広げる　❖이상을 펼치다: 理想を広げる

類 펴다: 広げる

1562
묶이다 □□□□□

動 縛られる

❖제도에 묶이다: 制度に縛られる

1563
답답하다 □□□□□ [답따파다]

形 もどかしい，息苦しい

類 갑갑하다: 息がつまる

1564
빼놓다 □□□□□ [빼:노타]

動 取っておく，抜いておく

類 내놓다: 取っておく／빠뜨리다: 抜かす

1565
재해 □□□□□

名 災害　❖재해를 당하다: 災害を被る

❖자연 재해: 自然災害

1566
찜질 □□□□□

名 湿布　❖찜질방: チムジルバン

動 찜질하다: サウナする

1567
지휘하다 □□□□□

動 指揮する　❖군사를 지휘하다: 兵士を指揮する

類 앞장서다: 先頭に立つ／감독하다: 監督する

1568
한참 □□□□□

名 しばらく　❖한참 동안: しばらくの間

類 한동안: しばらく

1569
억지로 □□□□□

副 強引に，無理やりに

❖억지로 권하다: 強引に勧める

1570
훨씬 □□□□□

副 はるかに

類 무척: とても

1571
낯설다 □□□□□

形 (見)慣れない　ㄹ語幹

類 어색하다: ぎこちない　反 낯익다: 見慣れている

1572
거래 □□□□□

名 取引　❖거래가 이루어지다: 取引が成り立つ

❖거래처: 取引先

1573
터지다 □□□□□

動 破ける　❖폭탄이 터지다: 爆弾が破裂する

類 폭발하다: 爆発する

1574
먹이다 □□□□□

動 食べさせる

類 약을 먹이다: 薬を飲ませる

1575
늘리다 □□□□□

動 増やす

類 연장하다: 延長する　反 줄이다: 減らす

설마가 사람 잡는다
大丈夫だろうと安心し気持ちを緩めていると大変なことになってしまう

131

자신의 꿈을 펼칠 수 있는 회사인 것 같아 지원했어요.
自分の夢を広げられる会社のようだったので志願しました。

태풍 때문에 발이 묶여서 출근할 수 있을지 걱정이에요.
台風のせいで足が止められ出勤できるかどうか心配です。

그 지방을 여행했을 때는 영어조차 통하지 않아서 정말 답답했어요.
その地方を旅行した時は英語さえ通じなくて本当にもどかしかったです。

나만 빼놓고 너희들끼리 무슨 얘기를 하고 있었어?
私だけ抜きにしてあなたたちだけで何の話をしていたの?

언제 일어날지 모르는 재해에 대비해 비상 대피 훈련을 실시하고 있다.
いつか起きるかもしれない災害に備えて非常避難訓練を実施している。

뼈를 다친 것 같은데 우선 얼음찜질을 하면 부기가 가라앉을 거예요.
骨を怪我したようだから、とりあえずアイスパックをすれば腫れが治まるでしょう。

항상 조용하던 사람이 위기 상황이 되자 앞에서 모두를 지휘했다.
いつも静かだった人が危機的状況になると前に立ってみんなを指揮した。

사람이 많아서 제 차례가 될 때까지 한참을 기다렸어요.
人が多くて私の順番になるまでしばらく待ちました。

오기 싫다는 사람을 제가 억지로 끌고 왔으니까 신경 써 주세요.
来たくないという人を私が無理やりに連れてきたから気遣ってあげてください。

설명을 들으면서 따라 하니까 훨씬 만들기 쉽군요.
説明を聞きながらまねしたらはるかに作りやすいですね。

전학을 온 후 낯선 환경에 적응하기 위해 운동부에 들어갔다.
転校して来た後、慣れていない環境に適応するために運動部に入った。

국내뿐만 아니라 해외 기업과의 거래를 위해 노력 중입니다.
国内だけでなく海外の企業との取引のため努力中です。

너무 많이 먹어서 배가 터질 것 같아요.
食べ過ぎたのでお腹がはち切れそうです。

어머니가 우는 아이에게 젖을 먹이고 있습니다.
お母さんが泣いている子どもにお乳を飲ませています。

단시간에 어휘를 늘리는 좋은 방법이 있으면 알려 주세요.
短時間に語彙を増やすよい方法があれば教えてください。

| □ 얌전하다 | □ 점잖다 | □ 수거 | □ 원리 |
| □ 맞벌이 | □ 과속 | □ 각종 | |

1576 □□□□□ **빼앗기다**	動 盗られる, 取られる, 奪われる
	❖ 마음을 빼앗기다: 心を奪われる

1577 □□□□□ **청혼하다**	動 求婚する
	類 구혼하다: 求婚する

1578 □□□□□ **특기**	名 特技
	❖ 특기를 살리다[발휘하다]: 特技を生かす[発揮する]

1579 □□□□□ **황사**	名 黄砂 ❖ 황사 현상: 黄砂現象
	関 초미세 먼지: PM2.5

1580 □□□□□ **침실**	名 寝室
	関 침대: 寝台／거실: 居間

1581 □□□□□ [해도지] **해돋이**	名 日の出
	類 일출: 日の出 反 일몰: 日没

1582 □□□□□ **힘껏**	副 力いっぱい ❖ 힘껏 던지다: 力の限り投げる
	類 한껏: 思い切り

1583 □□□□□ [명낭하다] **명랑하다**	形 明るい
	類 활발하다: 活発だ 反 우울하다: 憂うつだ

1584 □□□□□ **싱싱하다**	形 みずみずしい, 新鮮だ
	類 신선하다: 新鮮だ／생생하다: 生々しい

1585 □□□□□ **밉다**	形 憎い ㅂ変
	動 미워하다: 嫌う

1586 □□□□□ **엄청나다**	形 ものすごい
	類 대단하다: 大したものだ／굉장하다: すごい

1587 □□□□□ **쌀쌀하다**	形 肌寒い, 冷たい ❖ 쌀쌀하게 대하다: 冷たく接する
	類 차갑다: 冷たい

1588 □□□□□ [무니] **무늬**	名 模様 ❖ 무늬를 새기다[넣다]: 模様を刻む[入れる]
	類 문양: 模様

1589 □□□□□ **소매**	名 袖
	❖ 반소매: 半袖 ❖ 긴소매: 長袖 ❖ 민소매: ノースリーブ

1590 □□□□□ **욕심**	名 欲 ❖ 욕심에 눈이 어두워지다: 欲に目がくらむ
	❖ 욕심쟁이: 欲張り

暗記度 チェック	□ 펼치다	□ 묶이다	□ 답답하다	□ 빼놓다
	□ 재해	□ 찜질	□ 지휘하다	□ 한참

諺 & 慣用句
소매를 걷다
とても積極的な態度を取る

132

達成率
88 %

수업 시간에 만화책을 보다가 선생님께 **빼앗겼다**.
授業時間に漫画を読んでいて先生に**取られて**しまった。

10년 동안 사귀어 온 남자 친구가 **드디어** 청혼했어요.
10年間付き合ってきた彼氏が**とうとう**プロポーズしました。

남에게 **자랑할 만한 특기**가 저에겐 하나도 없어요.
他人に**自慢できる特技**が私にはひとつもありません。

요즘은 계절에 상관없이 **황사가 와서** 빨래를 밖에 못 널어요.
このころは季節にかまわず**黄砂が来るので**洗濯物を外に干せません。

침실에 화장실과 샤워실이 붙어 있어 아주 편해요.
寝室にトイレとシャワー室が付いているのでとても便利です。

새해 첫날에 높은 산이나 바닷가에서 **해돋이를 보면서** 소원을 빈다.
元旦(新年初日)に高い山や海辺で**日の出を見ながら**願いを祈る。

힘껏 공을 찼지만 골대 근처에도 못 갔다.
力いっぱいボールを蹴ったがゴールポストにも届かなかった。

우리 어머니는 힘든 상황에서도 **명랑한 성격으로** 주위의 분위기를 밝게 만든다.
うちの母は大変な状況にも**明るい性格で**周りの雰囲気を明るくする。

건강에는 그날 밭에서 딴 **싱싱한 야채**를 먹는 게 최고다.
健康にはその日の畑で取った**新鮮な野菜**を食べるのが最高だ。

남자 친구도 없는 나에게 연애 상담을 하는 네가 **너무 밉다**.
彼氏もいない私に恋愛相談をするあなたが**憎すぎる**。

때 늦은 태풍은 **엄청난** 인적, 물적 피해를 남기며 지나갔다.
時期外れの台風は**ものすごい**人的, 物的被害を残して過ぎ去った。

아직은 **쌀쌀하니까** 외투를 준비하고 나가시는 게 좋겠습니다.
まだ**肌寒いから**コートを準備して出かけるのが良さそうです。

가로줄 무늬 옷을 입어서 그런지 좀 뚱뚱해 보이네요.
横縞模様の服を着たせいか少し太って見えますね。

오늘같이 추운 날에 **반소매**를 입다니 정말 젊구나.
今日のような寒い日に**半袖**を着るだなんて本当に若いね。

욕심을 내다가 결국은 하나도 가지지 못했어요.
欲張って結局はひとつも手に入れられませんでした。

| □ 억지로 | □ 훨씬 | □ 낯설다 | □ 거래 |
| □ 터지다 | □ 먹이다 | □ 늘리다 | |

281

1591 □□□□□   [열때야]
열대야

名 **熱帯夜**

❖ 열대야 현상: 熱帯夜現象

1592 □□□□□
우아하다

形 **優雅だ，上品だ**

類 세련되다: おしゃれだ，洗練される

1593 □□□□□
소심하다

形 **気が小さい，臆病だ**

反 대담하다: 大胆だ

1594 □□□□□
네모나다

形 **四角い**

類 네모지다: 四角い

1595 □□□□□
조만간

副 **そのうち，遅かれ早かれ**

類 머지않아: 間もなく   反 언젠가: いつか

1596 □□□□□
설마

副 **まさか**

1597 □□□□□
간절히

副 **切に**   ❖ 간절히 기도하다: 切に祈る

類 절실히: 切実に／제발: どうか

1598 □□□□□
빠짐없이

副 **漏れなく**   ❖ 빠짐없이 챙기다: 漏れなく用意する

類 남김없이: 残さず

1599 □□□□□
폭우

名 **暴雨**

類 호우: 豪雨／폭풍우: 暴風雨

1600 □□□□□
짜증

名 **いらだち，かんしゃく**   ❖ 짜증나다: いら立つ

形 짜증스럽다: 癪にさわる

1601 □□□□□
장애

名 **障害**   ❖ 장애물: 障害物

❖ 청각[시각] 장애: 聴覚[視覚]障害   類 지장: 支障

1602 □□□□□
의상

名 **衣装**

❖ 전통 의상: 伝統衣装

1603 □□□□□
붙잡다

動 **引き留める，つかむ**

類 잡다, 붙들다: つかむ

1604 □□□□□
맺다

動 **結ぶ**   ❖ 열매를 맺다: 実を結ぶ

類 결합하다: 結合する   反 풀다: 解く

1605 □□□□□
물려주다

動 **譲る**   ❖ 가업을 물려주다: 家業を譲る

類 상속하다: 相続する／남기다: 残す   反 물려받다: 譲り受ける

暗記度チェック
□ 빼앗기다   □ 청혼하다   □ 특기   □ 황사
□ 침실   □ 해돋이   □ 힘껏   □ 명랑하다

백지장도 맞들면 낫다
簡単なことでも協力して行うともっと楽になる

133

계속되는 열대야로 인해 잠을 잘 못 자고 있습니다.
続く**熱帯夜**のせいで寝付けません。

발레 하면 우아하다는 이미지가 가장 먼저 떠오릅니다.
バレエというと**優雅だ**というイメージが最も先に浮かびます。

소심해서 자신의 의견도 제대로 이야기하지 못한다.
気が小さいので自分の意見もきちんと話せない。

공간을 효율적으로 활용하기 위해 네모난 탁자를 골랐어요.
空間を効率的に活用するため**四角いテーブル**を選びました。

조만간 좋은 인연을 만날 테니까 너무 급하게 생각하지 마세요.
そのうちよい縁に巡り合うだろうからそんなに焦らないでください。

설마 이제 와서 못한다고는 말씀 안 하시겠죠?
まさか今になってできないとはおっしゃらないですよね？

간절히 원하고 노력하면 꼭 이루어질 테니 포기하지 마세요.
切に願って努力すれば必ず叶うから諦めないでください。

필요한 것을 빠짐없이 준비했는지 몇 번이나 확인을 했다.
必要なものを**漏れなく**準備したのか何回も確認をした。

강풍을 동반한 폭우로 농작물의 피해가 늘어날 것으로 예상됩니다.
強風を伴った暴雨で農作物の被害が増えていくだろうと予想される。

아이가 이유 없이 짜증을 내는 걸 보니 졸린가 봐요.
子どもが理由もなく**むずかっている**のを見ると眠いようです。

인터뷰 중에 갑자기 호흡 장애를 일으키며 쓰러졌습니다.
インタビュー中に突然**呼吸障害を起こして**倒れました。

공연이 내일인데 아직 무대 의상이 도착하지 않았다.
公演が明日なのにまだ**舞台衣装**が到着していなかった。

회사를 떠나는 유능한 직원을 붙잡고 싶지만 방법이 없네요.
会社を離れる有能な職員を**引き留めたいけど**方法がありませんね。

이번 행사를 통해 두 도시는 자매 결연을 맺었다.
今回の行事を通して両都市は**姉妹都市関係を結んだ**。

죽은 후에 아이들에게 재산을 물려주지 않을 생각입니다.
死んだ後に子どもたちに**財産を譲らない**つもりです。

□ 싱싱하다	□ 밉다	□ 엄청나다	□ 쌀쌀하다
□ 무늬	□ 소매	□ 욕심	

1606 □□□□□
쫓기다

動 追われる ❖일에 쫓기다: 仕事に追われる

類 몰리다: 追われる 反 쫓다: 追う

1607 □□□□□
찢다

動 破る ❖고막을 찢다: 鼓膜を破る

類 째다: 裂く／찢어지다: 破れる

1608 □□□□□ [하파다]
합하다

動 合わせる

類 합치다: 合わせる 反 나누다: 分ける

1609 □□□□□ [태카다]
택하다

動 選ぶ

類 선택하다: 選択する／선정하다: 選定する

1610 □□□□□ [실쫑]
실종

名 失踪

類 행방불명: 行方不明

1611 □□□□□
찾아내다

動 探し出す ❖증거를 찾아내다: 証拠を探し出す

類 발견하다: 発見する 反 숨기다: 隠す

1612 □□□□□
흔들리다

動 揺れる, 揺らぐ ❖마음이 흔들리다: 心が揺れる

類 떨리다, 떨다: 震える

1613 □□□□□
헤매다

動 さまよう, 迷う ❖빗속을 헤매다: 雨の中をさまよう

類 돌아다니다: 歩き回る

1614 □□□□□
혼나다

動 叱られる

類 야단맞다: 叱られる

1615 □□□□□
건전지

名 乾電池 ❖건전지 수거함: 乾電池収集箱

❖폐건전지: 使用済み乾電池

1616 □□□□□
과소비

名 無駄遣い

類 낭비: 浪費 反 절약: 節約

1617 □□□□□
껍질

名 皮 ❖껍질을 까다: 皮を剝く

類 가죽: 皮／껍데기: 殻

1618 □□□□□
모형

名 模型 ❖모형을 뜨다: 模型を取る

類 모델: モデル／패턴: パターン

1619 □□□□□
지저분하다

形 汚い, 散らかっている

類 더럽다: 汚い 反 깨끗하다: きれいだ

1620 □□□□□
거르다

動 抜かす, 省略する [르変]

類 뛰어넘다: 飛ばす／건너뛰다: 省略する

諺 & 慣用句

욕심이 눈을 가리다
欲が出てしまい物事の判断や分別がきちんとできない，欲に目がくらむ

134

達成率
90 %

그는 지금 살인 사건의 용의자로 경찰에게 쫓기고 있어요.
彼は今，殺人事件の容疑者として警察に追われています。

헤어진 애인한테서 온 편지인데 읽고 싶지 않아 찢어 버렸어요.
別れた恋人からきた手紙ですが読みたくなかったので破って捨てました。

'백지장도 맞들면 낫다'고 힘을 합하면 부담이 줄 거예요.
「紙一枚でも一緒に持てばましだ」と力を合わせたら負担が減るでしょう。

자신이 뭘 택하든 열심히 하면 반드시 잘 될 거예요.
自分が何を選ぶにしろ一生懸命にやれば必ずうまくいくはずです。

실종 신고를 하고 7년이 지나면 사망으로 처리합니다.
失踪届を出して7年が過ぎると死亡として処理します。

필요한 서류를 책더미 속에서 겨우 찾아냈습니다.
必要な書類を本の山からやっと探し出しました。

지난번 지진 때 22층에 있었는데 건물이 크게 흔들려 무서웠어요.
この間の地震の時22階にいたが，建物が大きく揺れたので怖かったです。

저는 지도를 못 읽어서 어디 갈 때 항상 길을 헤매요.
私は地図が読めないのでどこか行く時いつも道に迷います。

오늘이야말로 집에 일찍 들어가지 않으면 아버지께 혼나요.
今日こそ家に早く帰らないと父に叱られます。

다 쓴 건전지는 따로 모아 정해진 곳에 버려야 합니다.
使い終わった乾電池は別に集めて決められた場所に捨てなければなりません。

과소비를 그만두기 위해서 요즘 가계부를 쓰고 있어요.
無駄遣いをやめるためにこのごろ家計簿を書いています。

과일은 껍질에 영양분이 풍부하니 되도록 깎지 말고 껍질째 드세요.
果物は皮に栄養成分が豊富だからなるべく剥かずに皮ごと召し上がってください。

설계도대로 모형을 만들어 보니까 문제점이 드러났어요.
設計図どおりに模型を作ってみると問題点が現れました。

바빠서 며칠 동안 방을 치우지 못했더니 너무 지저분하네요.
忙しくて何日間も部屋を片付けられなかったらひどく散らかっていますね。

바쁜 건 알지만 그래도 식사 거르지 말고 간단하게 빵이라도 꼭 먹어야 해요.
忙しいのはわかるけど，それでも食事を抜かないで簡単にパンでも必ず食べなければなりません。

| □ 폭우 | □ 짜증 | □ 장애 | □ 의상 |
| □ 붙잡다 | □ 맺다 | □ 물려주다 | |

1561 (	)	広げる
1562 (	)	縛られる
1563 (	)	もどかしい
1564 (	)	取っておく
1565 (	)	災害
1566 (	)	湿布
1567 (	)	指揮する
1568 (	)	しばらく
1569 (	)	強引に
1570 (	)	はるかに
1571 (	)	（見）慣れない
1572 (	)	取引
1573 (	)	破ける
1574 (	)	食べさせる
1575 (	)	増やす
1576 (	)	盗られる
1577 (	)	求婚する
1578 (	)	特技
1579 (	)	黄砂
1580 (	)	寝室
1581 (	)	日の出
1582 (	)	力いっぱい
1583 (	)	明るい
1584 (	)	みずみずしい
1585 (	)	憎い
1586 (	)	ものすごい
1587 (	)	肌寒い，冷たい
1588 (	)	模様
1589 (	)	袖
1590 (	)	欲

1591 (	)	熱帯夜
1592 (	)	優雅だ，上品だ
1593 (	)	気が小さい
1594 (	)	四角い
1595 (	)	そのうち
1596 (	)	まさか
1597 (	)	切に
1598 (	)	漏れなく
1599 (	)	暴雨
1600 (	)	いらだち
1601 (	)	障害
1602 (	)	衣装
1603 (	)	引き留める
1604 (	)	結ぶ
1605 (	)	譲る
1606 (	)	追われる
1607 (	)	破る
1608 (	)	合わせる
1609 (	)	選ぶ
1610 (	)	失踪
1611 (	)	探し出す
1612 (	)	揺れる，揺らぐ
1613 (	)	さまよう，迷う
1614 (	)	叱られる
1615 (	)	乾電池
1616 (	)	無駄遣い
1617 (	)	皮
1618 (	)	模型
1619 (	)	汚い
1620 (	)	抜かす

覚えておきたい！ ①눈치, ②-내다を用いた表現

①

눈치를 보다	気を遣う
눈치가 빠르다	勘がいい
눈치를 채다[차리다]	人の感情などを感じ取る
눈치가 있다	機転がきく
눈치가 없다	機転がきかない，勘が鈍い
눈치를 주다	合図をする，目配せをする
눈치를 살피다	人の顔色をうかがう／探る
눈치가 보이다	《他人が自分を》嫌がっているようだ

② -내다は動詞の連用形(-아/어)に付いてその動作を繰り返した結果達成する意味になります。

例 찾다 (探す) **+** -아/어내다 ⇨ 찾아내다 (探し出す)

만들어내다	作り上げる
이루어내다	成し遂げる
알아내다	見つけ出す
이겨내다	勝ち抜く
겪어내다	耐え抜く

껍데기と껍질の使い分け

껍데기は卵や貝の外側を包んでいる固い「殻」を指し，껍질は物体の外側を包んでいる固くない「皮」を指します。

조개 껍데기 「貝殻」，달걀 껍데기 「卵の殻」，호두 껍데기 「クルミの殻」
사과 껍질 「リンゴの皮」，포도 껍질 「ぶどうの皮」

1621 ☐☐☐☐☐
서늘하다
形 涼しい
❖ 서늘한 태도: 冷たい態度

1622 ☐☐☐☐☐
쓸쓸하다
形 物寂しい
類 외롭다: 寂しい

1623 ☐☐☐☐☐
둔하다
形 鈍い
類 미련하다: のろい　反 예민하다: 敏感だ

1624 ☐☐☐☐☐
어쩌면
副 もしかすると
類 어쩜: もしかしたら

1625 ☐☐☐☐☐　　[무조껀]
무조건
副 名 無条件(に)　❖ 무조건 반사: 無条件反射
類 무작정: 当てもなく

1626 ☐☐☐☐☐
괜히
副 無駄に, わけもなく, やたらに　＊공연히の縮約形。
類 쓸데없이: 無駄に

1627 ☐☐☐☐☐
비극
名 悲劇　❖ 비극이 일어나다: 悲劇が起きる
反 희극: 喜劇

1628 ☐☐☐☐☐　　[히생하다]
희생하다
動 犠牲にする
関 희생자: 犠牲者／희생 정신: 犠牲精神

1629 ☐☐☐☐☐　　[작꼬카다]
작곡하다
動 作曲する
関 작사하다: 作詞する／편곡하다: 編曲する, アレンジする

1630 ☐☐☐☐☐
빠트리다
動 陥れる, 落とす, 抜かす
類 빠뜨리다, 떨어뜨리다: 落とす

1631 ☐☐☐☐☐
물다
動 噛む, くわえる　ㄹ語幹
❖ 젖병을 물다: 哺乳瓶をくわえる　類 깨물다: 噛む

1632 ☐☐☐☐☐
늦추다
動 遅らせる　❖ 일정을 늦추다: 日程を遅らせる
類 연기하다: 延期する　反 앞당기다: 早める

1633 ☐☐☐☐☐
둘러보다
動 見回す　❖ 주위를 둘러보다: 周囲を見回す
類 살펴보다: 探る

1634 ☐☐☐☐☐　　[뛰어넘따]
뛰어넘다
動 飛び越える　❖ 장애물을 뛰어넘다: 障害物を飛び越える
❖ 예상을 뛰어넘다: 予想を超える

1635 ☐☐☐☐☐
줄이다
動 減らす　❖ 몸무게를 줄이다: 体重を減らす
類 감량하다: 減量する　反 늘이다: 伸ばす／늘리다: 増やす

暗記度チェック
☐ 쫓기다　　☐ 찢다　　☐ 합하다　　☐ 택하다
☐ 실종　　☐ 찾아내다　　☐ 흔들리다　　☐ 헤매다

속담 & 관용구
미운 아이 떡 하나 더 준다
うわべだけで可愛がること

136
達成率
9↑ %

이 옷은 손세탁해서 서늘한 곳에 뉘어서 말리십시오.
この服は手洗いして**涼しい**所に寝かして干してください。

파티가 끝나고 집에 혼자 남으니 좀 쓸쓸하네요.
パーティが終わって家にひとり残されると少し**物寂しいですね**。

저 사람이 그녀를 좋아하는 거 모두 아는데 아무튼 둔해 가지고 본인만 몰라요.
あの人が彼女を好きなのはみんなが知っているのに**とにかく鈍すぎて**本人だけが知らないです。

약속한 그 날 한국에서 친구가 온다고 해서 어쩌면 못 갈지도 모르겠어요.
約束したその日, 韓国から友達が来るといったので**もしかしたら行けないかもしれません**。

사장님의 의견이라고 해서 무조건 찬성할 수는 없습니다.
社長の意見だからといって**無条件**に賛成することはできません。

괜히 이야기를 꺼내서 일만 늘린 건 아닌지 후회가 되네요.
無駄に話を切り出して仕事だけ増やしたのではないかと後悔していますね。

숙제로 셰익스피어의 삼대 비극을 비교·분석해서 발표해야 해요.
宿題としてシェイクスピアの**三大悲劇**を比較・分析して発表しなければなりません。

사생활을 희생해 가면서 일을 할 만큼 우리 부장님은 일 중독입니다.
私生活を犠牲にしてまで仕事をするほどうちの部長はワーカーホリックです。

취미로 조금씩 작곡한 곡인데 한 번 들어봐 주세요.
趣味で少しずつ**作曲した**曲ですが一度聴いてみてください。

손이 미끄러져서 휴대 전화를 변기에 빠트렸어요.
手が滑って携帯電話を便器に**落としました**。

경찰견이 마약이 든 범인의 가방을 물고 놓지 않아서 체포할 수 있었다.
警察犬が麻薬が入った犯人の**鞄をくわえて**離さなかったので逮捕できた。

지점장님이 늦으신다고 하니 회의 시간을 조금 늦춰야 할 것 같습니다.
支店長が遅れるというので**会議の時間を少し遅らせ**なければならないようです。

천천히 둘러보고 마음에 드는 게 있으면 입어 보세요.
ゆっくり見回ってから気に入るものがあれば着てみてください。

자신의 한계를 뛰어넘기 위해서는 남들보다 더 많은 노력이 필요하다.
自分の**限界を乗り越える**ためには人よりもっと多くの努力が必要だ。

이달에 돈을 많이 써서 다음 달에는 지출을 줄여야겠어요.
今月はお金をたくさん使ったので来月には**支出を減らさ**なければなりません。

| □ 혼나다 | □ 건전지 | □ 과소비 | □ 껍질 |
| □ 모형 | □ 지저분하다 | □ 거르다 | |

289

1636 입히다 [이피다]

動 《害を》与える，着せる ❖ 피해를 입히다: 被害を与える

❖ 옷을 입히다: 服を着せる

1637 거스름돈

名 おつり

動 거스르다: 釣銭を出す 類 거스름, 잔돈: おつり

1638 구인

名 求人

類 사람 구함: 求人

1639 과로

名 過労 ❖ 과로로 쓰러지다: 過労で倒れる

類 피로: 疲労

1640 매연

名 煙, 煤煙 ❖ 매연이 배출되다: 煙が排出される

関 배기 가스: 排気ガス 類 그을음: すす

1641 보람

名 やり甲斐 ❖ 보람 차다: 張り合いがある

類 만족감: 満足感

1642 소감

名 感想

❖ 소감을 밝히다: 感想を述べる

1643 정전되다

動 停電する

関 정전 사고: 停電事故

1644 불량

名 不良 ❖ 불량 청소년: 不良青少年

類 악: 悪 反 선량: 善良

1645 싫증 [실쯩]

名 飽き ❖ 싫증이 나다: 嫌気がさす

❖ 싫증을 내다: 飽きっぽい

1646 억양

名 抑揚, イントネーション

❖ 억양이 자연스럽다: 抑揚が自然だ 類 어조: 語調

1647 수다

名 おしゃべり ❖ 수다쟁이: おしゃべりな人

形 수다스럽다: おしゃべりだ

1648 유창하다

形 流暢だ

❖ 유창한 말솜씨: 流暢な話し方

1649 소중하다

形 大事だ, 大切だ

類 귀중하다: 貴重だ／아끼다: 大事にする／귀하다: 貴い

1650 느끼하다

形 脂っこい, しつこい

類 기름지다: 油っぽい 反 담백하다: 淡泊だ

諺 & 慣用句
물고 늘어지다
食い下がる
137
達成率
92 %

신입 사원의 작은 실수가 회사에 큰 손해를 입혔어요.
新入社員の小さな失敗が会社に**大きな損害を与えました**。

거스름돈이 맞는지 다시 한 번 확인해 보세요.
おつりが合っているかもう一度確認してみてください。

직원도 그만두고 손님도 늘었으니 빨리 구인 광고를 냅시다.
職員も辞めてお客様も増えたから早く**求人広告**を出しましょう。

과로로 인한 중년 직장인들의 사망 사고가 늘어나고 있다.
過労による中年サラリーマンたちの死亡事故が増えている。

환경을 생각해 자동차에 매연 저감 장치를 설치했다.
環境を考えて自動車に**排煙低減装置**を設置した。

공부할 때는 힘들었는데 합격하고 하니 열심히 한 보람이 있네요.
勉強する時は大変でしたが合格してみると**一生懸命にやった甲斐**がありますね。

데뷔 후 처음으로 받으신 상이라고 들었는데 수상 소감 한 말씀 부탁드리겠습니다.
デビュー後初めて取られた賞だとお聞きしましたが受賞の**ご感想を一言**お願いいたします。

번개가 치는 바람에 이 일대가 모두 정전되었다.
稲妻が落ちたため，ここ一帯がすべて**停電した**。

소비자 고발 센터에 불량 제품에 관한 상담이 계속 들어오고 있다.
消費者相談センターに**不良品**に関する相談が相次いで入ってきています。

새 장난감이 생겨도 금방 싫증을 내서 요즘에는 잘 안 사 줘요.
新しいおもちゃが手に入っても**すぐ飽きるので**このごろはあまり買ってあげません。

한국어를 아주 잘하시는데 억양이 아직 좀 어색하네요.
韓国語がとてもお上手ですが**イントネーション**がまだ少し**不自然ですね**。

친구들을 만나서 수다를 떠느라고 시간 가는 줄 몰랐네요.
友達に会って**おしゃべりをしていて**時間が経つのも忘れてしまいました。

미국에서 오랫동안 살아서 그런지 정말 유창하게 말을 하네요.
アメリカで長い間暮らしていたためか，本当に**流暢に**話をしますね。

다른 사람이 보기에는 별거 아닌 것처럼 보일지 몰라도 나에게는 소중한 물건이에요.
他人が見るには大したものではなさそうに見えるかもしれないけど**私には大切なもの**です。

기름기가 너무 많아서 음식이 전체적으로 느끼한 것 같네요.
脂身が多すぎて料理が全体的に**しつこいようですね**。

| □ 작곡하다 | □ 빠트리다 | □ 물다 | □ 늦추다 |
| □ 둘러보다 | □ 뛰어넘다 | □ 줄이다 | |

1651 □□□□□ **어차피**	副 どうせ 類 이왕(에), 기왕: どうせ	
1652 □□□□□ **거칠다**	形 荒い **e語幹** ◆거친 파도: 荒波 類 거세다: 荒い 反 부드럽다: 柔らかい	
1653 □□□□□ **청구하다**	動 請求する ◆손해 배상을 청구하다: 損害賠償を請求する 類 요구하다: 要求する／요청하다: 要請する	
1654 □□□□□ **맡다**	動 嗅ぐ ◆냄새[꽃향기]를 맡다: 臭い[花の香り]を嗅ぐ	
1655 □□□□□ **돌아서다**	動 背を向ける ◆흑자로 돌아서다: 黒字に転ずる 類 뒤돌아서다: 背を向ける	
1656 □□□□□ **숨지다**	動 息を引き取る 類 죽다: 死ぬ／운명하다: 落命する	
1657 □□□□□ **들르다**	動 (立ち)寄る **으変** 類 거치다: 立ち寄る	
1658 □□□□□ **뻗다**	動 伸ばす ◆뻗어 버리다: くたばる ◆도로가 뻗어 있다: 道路が続いている 類 미치다: 及ぶ	
1659 □□□□□ **저금**	名 貯金 ◆저금을 찾다: 貯金を下ろす 類 저축: 貯蓄／적금: 積立金	
1660 □□□□□ **의식주**	名 衣食住 ◆의식주에는 걱정 없다: 衣食住には困らない	
1661 □□□□□ **잡아먹다**	動 捕って食べる, 《お金・時間など》必要とする ◆경비를 잡아먹다: 経費がかかる	
1662 □□□□□ **토하다**	動 吐く 類 뱉다: 吐く／구토하다: 嘔吐する 反 삼키다: 飲み込む	
1663 □□□□□ **흘리다**	動 流す, こぼす ◆커피를 흘리다: コーヒーをこぼす 類 쏟다: こぼす	
1664 □□□□□ **결말**	名 結末 ◆비극적 결말: 悲劇的な結末 反 서두: 冒頭	
1665 □□□□□ **논문**	名 論文 ◆논문지: 論文誌 ◆졸업[학술] 논문: 卒業[学術]論文	

暗記度 チェック	□ 입히다	□ 거스름돈	□ 구인	□ 과로
	□ 매연	□ 보람	□ 소감	□ 정전되다

얌전한 고양이가 부뚜막에 먼저 올라간다
表では物静かで無害そうな人が裏では率先して自分の利益を図る

138

達成率
93 %

어차피 늦었으니 좀 쉬었다가 천천히 가도록 합시다.
どうせ遅れたから少し休んでゆっくり行くことにしましょう。

태풍이 다가오면서 비바람이 점점 더 거칠게 몰아쳤다.
台風が近づくにつれ雨風がますます荒く吹きつけた。

수리비는 나중에 사무실로 직접 청구하세요.
修理費は後で事務室に直接請求してください。

어느새 경찰이 냄새를 맡고 불법 거래 현장으로 출동했다.
いつの間にか警察が嗅ぎつけて不法取引現場へ出動した。

남편은 그 일이 있은 후 완전히 아내에게서 돌아선 것 같아요.
夫はあのことがあってから完全に妻に心を閉ざすようになった。

이번 사고로 1명이 숨지고 2명이 중태입니다.
今回の事故で1名が息を引き取り2名が重体です。

들어오는 길에 편의점에 들러서 우유 좀 사다 주세요.
帰り道にコンビニに寄って牛乳を買ってきてください。

시험이 다 끝나서 오늘부터 마음 편하게 다리 쭉 뻗고 잘 수 있을 것 같아요.
テストが全部終わったので今日から気楽に足をまっすぐ伸ばして寝られそうです。

1년 후에 유학을 가기 위해서 열심히 저금을 하고 있어요.
1年後に留学するために一生懸命に貯金をしています。

'의식주를 통해 본 세계 문화 기행'을 오늘 저녁 방송합니다.
「衣食住を通して見た世界文化紀行」を今夜放送します。

이건 너무 시간을 많이 잡아먹는 일이라 하기 싫어요.
これはあまりにも時間を多く要する仕事なのでやりたくありません。

출발하기 전에 먹은 음식을 차멀미가 심해서 다 토해 버렸다.
出発する前に食べたものを車酔いがひどくて全部吐いてしまった。

무슨 일이 있었는지 한마디도 하지 않고 그저 눈물만 흘릴 뿐이었다.
何があったのか一言も言わずただ涙を流すばかりでした。

지금 막 읽기 시작했는데 벌써 결말이 궁금합니다.
今ちょうど読み始めたのにもう結末が気になります。

모든 사람들의 주목을 받던 논문이 거짓으로 밝혀졌다.
多くの人々に注目されていた論文が嘘であると明らかになった。

□ 불량	□ 싫증	□ 억양	□ 수다
□ 유창하다	□ 소중하다	□ 느끼하다	

1666 □□□□□ **뒤집다**	動 裏返す，覆す	❖발칵 뒤집다: 騒然とさせる
	❖계획을 뒤집다: 計画を覆す	
1667 □□□□□ **내쫓다**	動 追い出す	
	類 추방하다: 追放する／몰아내다: 追い出す	
1668 □□□□□ **비키다**	動 避ける	❖자리를 비키다: 席を空ける
	類 피하다, 비켜서다: 避ける	
1669 □□□□□ **자외선**	名 紫外線	❖자외선이 강하다: 紫外線が強い
	関 적외선: 赤外線	
1670 □□□□□ **특산물**	名 特産物	❖지방 특산물: 地方特産物
	類 명물: 名物	
1671 □□□□□ **어느새**	副 いつの間にか	
	類 벌써: すでに／어느덧: いつの間にか	
1672 □□□□□ **잔뜩**	副 いっぱい，うんと，どっさり	
	類 충분히: 十分に	
1673 □□□□□ **불쌍하다**	形 かわいそうだ	
	類 가엾다, 가엽다: 可哀想だ	
1674 □□□□□ **황당하다**	形 途方に暮れる	
	類 어이가 없다: 呆れる／당황하다: 慌てる	
1675 □□□□□ **상승**	名 上昇	❖물가 상승: 物価上昇
	類 상향: 上向 反 하락: 下落	
1676 □□□□□ **예술**	名 芸術	❖예술의 경지: 芸術の境地
	類 미술: 美術	
1677 □□□□□ **심부름**	名 おつかい	❖심부름을 가다: おつかいに行く
	動 심부름하다: おつかいする	
1678 □□□□□ **상쾌하다**	形 さわやかだ，爽快だ	❖상쾌한 날씨: さわやかな天気
	反 불쾌하다: 不快だ	
1679 □□□□□ **식히다** [시키다]	動 冷ます	
	反 데우다: 温める／익히다: 火を通す	
1680 □□□□□ **따라다니다**	動 追いかける，後を追う	
	❖소문이 따라다니다: 噂がついて回る	

暗記度 チェック	□ 어차피	□ 거칠다	□ 청구하다	□ 맡다
	□ 돌아서다	□ 숨지다	□ 들르다	□ 뻗다

諺 & 慣 用 句

손바닥을 뒤집다
急に，簡単に態度を変える

139

達成率
93 %

늦잠 자서 서두르는 바람에 옷을 뒤집어 입고 나왔어요.
寝坊して急いだせいで服を裏返して着て出てしまいました。

일하지 않는 아들을 집에서 내쫓았어요.
働かない息子を家から追い出しました。

뒤에 차가 지나가야 하니까 좀 옆으로 비키세요.
後ろの車が通らないといけないから少し脇へどいてください。

강한 자외선은 피부에 안 좋으니까 자외선 차단 크림을 꼭 바르십시오.
強い紫外線は皮膚によくないから日焼け止めクリームを必ず塗ってください。

고향에 갔다오면서 친구들에게 주려고 고향의 특산물을 사 가지고 왔어요.
故郷に行った帰りに友人たちにあげようと故郷の特産物を買って持ってきました。

조금 전까지 텔레비전을 보고 있었는데 어느새 잠들었네요.
さっきまでテレビを見ていたのにいつの間にか眠りましたね。

산타클로스는 아이들에게 선물을 잔뜩 안겨 줬다.
サンタクロースは子どもたちにプレゼントをいっぱいあげた。

사업 실패로 인해 가족과 직장을 모두 잃다니 정말 불쌍하네요.
事業の失敗によって家族と職場をすべて失うだなんて本当にかわいそうですね。

전혀 관계없는 사람에게 책임을 묻다니 정말 황당할 뿐이다.
全然関係のない人に責任を負わすだなんて実に呆れて物も言えない。

갑작스러운 기온 상승으로 눈꽃 축제가 취소되었습니다.
急な気温上昇で雪祭りが中止になりました。

미술관에 가서 자주 보다 보면 예술 작품을 보는 눈도 생기기 마련입니다.
美術館に行って頻繁に見てみると芸術作品を見る目も生まれるものです。

어머니 심부름으로 은행에 다녀오는 길이에요.
母のおつかいで銀行に行ってくる途中です。

하루 종일 땀을 흘리고 난 후 집에 와서 목욕을 했더니 정말 상쾌하네요.
一日中汗をかいた後，家に帰って風呂に入ったら本当に気持ちよいですね。

오븐에서 방금 꺼내 뜨거우니까 잘 식혀서 드시기 바랍니다.
オーブンからたった今取り出して熱いからよく冷ましてお召し上がりくださいますようお願いいたします。

막 걷기 시작한 아이는 하루 종일 어머니 뒤만 따라다녀요.
歩き始めたばかりの子どもは一日中母親の後を追っています。

□ 저금	□ 의식주	□ 잡아먹다	□ 토하다
□ 흘리다	□ 결말	□ 논문	

1621 (	)	涼しい
1622 (	)	物寂しい
1623 (	)	鈍い
1624 (	)	もしかすると
1625 (	)	無条件
1626 (	)	無駄に
1627 (	)	悲劇
1628 (	)	犠牲にする
1629 (	)	作曲する
1630 (	)	陥れる，落とす
1631 (	)	噛む，くわえる
1632 (	)	遅らせる
1633 (	)	見回す
1634 (	)	飛び越える
1635 (	)	減らす
1636 (	)	〈害を〉与える，着せる
1637 (	)	おつり
1638 (	)	求人
1639 (	)	過労
1640 (	)	煙，煤煙
1641 (	)	やり甲斐
1642 (	)	感想
1643 (	)	停電する
1644 (	)	不良
1645 (	)	飽き
1646 (	)	抑揚
1647 (	)	おしゃべり
1648 (	)	流暢だ
1649 (	)	大事だ，大切だ
1650 (	)	脂っこい

1651 (	)	どうせ
1652 (	)	荒い
1653 (	)	請求する
1654 (	)	嗅ぐ
1655 (	)	背を向ける
1656 (	)	息を引き取る
1657 (	)	（立ち）寄る
1658 (	)	伸ばす
1659 (	)	貯金
1660 (	)	衣食住
1661 (	)	捕って食べる
1662 (	)	吐く
1663 (	)	流す，こぼす
1664 (	)	結末
1665 (	)	論文
1666 (	)	裏返す，覆す
1667 (	)	追い出す
1668 (	)	避ける，退く
1669 (	)	紫外線
1670 (	)	特産物
1671 (	)	いつの間にか
1672 (	)	いっぱい
1673 (	)	かわいそうだ
1674 (	)	途方に暮れる
1675 (	)	上昇
1676 (	)	芸術
1677 (	)	おつかい
1678 (	)	さわやかだ
1679 (	)	冷ます
1680 (	)	追いかける

覚えておきたい！ ①최-, ②한-, ③맨-を用いた表現

① 최-は「もっとも，第一」の意味を持ちます。

최고	最高	최저	最低
최선	最善	최악	最悪
최대	最大	최소	最小
최상	最上	최하	最下
최신	最新	최종	最終
최초	最初	최후	最後
최우수상	最優秀賞	최첨단	最先端

② 한-は「すぐ，盛んに，大きい，同じ」の意味を持ちます。

한겨울	真冬	한여름	真夏
한낮	真っ昼間	한밤중	真夜中
한창	盛り	한동안	しばらく
한때	一時	한마디	一言
한복판 / 한가운데	ど真ん中	한마음	一心
한길	大通り	한순간	一瞬

③ 맨-は「他のものを加えない，すべて，すっかり，それだけの」または「一番〜」の意味を持ちます。

맨손	素手，手ぶら	맨발	素足，裸足
맨주먹	素手，無一文	맨입	代価を払わない，空腹
맨밥	おかずなしのご飯	맨바닥	何も敷いていない床
맨땅	地べた	맨눈	肉眼
맨 처음	一番初め	맨 뒤	一番最後
맨 앞	一番前	맨 먼저	一番先に
맨 끝	一番最後，末端	맨 꼭대기	山頂

1681 □□□□□ **눌러쓰다**	動 《帽子など》を深くかぶる，力を入れて書く ㅇ変 ❖ 글씨를 눌러 쓰다: 文字を力を入れて書く	
1682 □□□□□ **장학금**	名 奨学金 ❖장학금을 타다: 奨学金をもらう 関 장학생: 奨学生	
1683 □□□□□ **할부**	名 割賦，分割 ❖할부금: 割賦金 反 일시불: 一括払い	
1684 □□□□□ **돌다**	動 回る 르語幹 ❖빙빙 돌다: くるくる回る 類 회전하다: 回転する	
1685 □□□□□ **가축**	名 家畜 類 집짐승: 家畜	
1686 □□□□□ **건망증**	[건:망쯩] 名 物忘れ ❖ 건망증이 생기다: 物忘れをする	
1687 □□□□□ **도난**	名 盗難 ❖도난을 당하다: 盗難に遭う ❖ 도난 사건: 盗難事件	
1688 □□□□□ **돌보다**	動 世話する ❖환자를 돌보다: 患者を世話する 類 보살피다: 面倒見る／살피다: 世話する	
1689 □□□□□ **화물**	名 貨物 ❖화물을 싣다: 貨物を乗せる ❖ 화물선: 貨物船	
1690 □□□□□ **갸름하다**	形 細長い	
1691 □□□□□ **매콤하다**	形 ピリ辛い ❖ 국물이 매콤하다: スープがピリ辛い	
1692 □□□□□ **그늘**	名 日かげ，陰 ❖그늘이 지다: 陰になる 類 음지, 응달: 日かげ 反 양지, 양달: 日なた	
1693 □□□□□ **찌다**	動 蒸す ❖찌는 날씨: 蒸し暑い天気 名 찜: 煮込み	
1694 □□□□□ **뒤떨어지다**	動 遅れる，取り残される ❖ 유행에 뒤떨어지다: 流行に遅れる	
1695 □□□□□ **몰리다**	動 押し寄せる ❖궁지에 몰리다: 窮地に追いこまれる 類 집중되다: 集中する／몰려들다: 押し寄せる	

暗記度 チェック	□ 뒤집다	□ 내쫓다	□ 비키다	□ 자외선
	□ 특산물	□ 어느새	□ 잔뜩	□ 불쌍하다

諺 & 慣用句
비 온 뒤에 땅이 굳어진다
雨降って地固まる

141

達成率
94 %

범인은 얼굴이 안 보이도록 모자를 눌러쓰고 있었다.
犯人は顔が見えないように**帽子を深くかぶって**いた。

우리 사장님은 4년 내내 장학금을 받으면서 학교에 다니신 분이세요.
うちの社長は４年間ずっと**奨学金をもらいながら**学校に通われていた方です。

생각보다 냉장고가 비싸서 할부로 구입했어요.
思った以上に冷蔵庫が高かったので**分割で購入**しました。

그 가수는 전국을 돌면서 공연을 하고 있다.
その歌手は**全国を回りながら**公演をしている。

기르던 가축이 전염병으로 모두 죽어 버려 피해가 큽니다.
飼っていた家畜が伝染病でみんな死んでしまい被害が大きいです。

나이가 들면서 건망증이 심해지는 것 같아요.
年を取るにつれて**物忘れがひどくなる**ようです。

왜 도난 경보기가 작동하지 않았는지 모르겠어요.
なぜ**盗難警報機**が作動しなかったのかわかりません。

편찮으신 어머니를 10년 동안 집에서 돌보고 있습니다.
具合の悪い母を１０年間家で**世話**しています。

화물을 실은 트럭이 쓰러지는 바람에 길이 많이 막혔어요.
貨物を載せたトラックが横転したせいで道が大渋滞しました。

살이 빠져서 그런지 좀 얼굴이 갸름해 보이는 것 같아요.
やせたせいか少し**顔が細長く見える**ようです。

그냥 맵기만 하니까 설탕을 좀 넣어서 달고 매콤하게 해서 먹자.
ただ辛いだけなのでお砂糖を少し入れて甘く**ピリ辛くして**食べよう。

이 옷은 바람이 잘 통하는 그늘에서 말려야 해요.
この服は**風通しのよい日かげ**で乾かさなければなりません。

일본에서는 보통 만두를 쪄서 먹지 않고 구워서 먹어요.
日本では普通、**餃子を蒸して**食べないで焼いて食べます。

여성의 사회 진출에 반대하는 것은 시대에 뒤떨어진 생각이에요.
女性の社会進出に反対するのは**時代遅れ**の考え方です。

바겐 세일 첫날에는 어디를 가도 손님들이 몰리기 마련이다.
バーゲンセールの初日はどこに行っても**お客が押し寄せるもの**だ。

| □ 황당하다 | □ 상승 | □ 예술 | □ 심부름 |
| □ 상쾌하다 | □ 식히다 | □ 따라다니다 | |

1696 ☐☐☐☐☐
빠지다
動 陥る, はまる, 落ちる
❖ 사랑에 빠지다: 恋に落ちる

1697 ☐☐☐☐☐ [붇짜피다]
붙잡히다
動 捕まる, 捕まえられる
反 붙들리다: 捕まえる／잡히다: 捕らえる

1698 ☐☐☐☐☐
돌려보내다
動 帰らせる
類 송환하다: 送還する

1699 ☐☐☐☐☐
높이다
動 高める ❖ 안목을 높이다: 見る目を養う
類 올리다: 上げる 反 낮추다: 低める

1700 ☐☐☐☐☐
물러서다
動 下がる ❖ 일선에서 물러서다: 一線から退く
類 그만두다: 止める

1701 ☐☐☐☐☐
살리다
動 生かす, 救う ❖ 생명[목숨]을 살리다: 命を救う
類 구조하다: 救う 反 죽이다: 殺す

1702 ☐☐☐☐☐
수선하다
動 修繕する 関 수선비: 修繕費
類 수리하다: 修理する／고치다: 直す

1703 ☐☐☐☐☐
앞두다
動 控える
❖ 큰일[시험]을 앞두다: 大事[試験]を控える

1704 ☐☐☐☐☐
지다
動 背負う ❖ 빚을 지다: 借金を背負う
類 메다: 担ぐ 反 벗다: 下ろす

1705 ☐☐☐☐☐
풀리다
動 解ける, 和らぐ ❖ 매듭이 풀리다: 結び目が解ける
類 해결되다: 解決される

1706 ☐☐☐☐☐
감탄하다
動 感嘆する
関 감탄을 금치 못하다: 感嘆せずにはいられない

1707 ☐☐☐☐☐
유쾌하다
形 愉快だ
反 불쾌하다: 不快だ

1708 ☐☐☐☐☐ [사라남따]
살아남다
動 生き残る ❖ 경쟁에서 살아남다: 競争で生き残る
類 생존하다: 生存する

1709 ☐☐☐☐☐
밀려오다
動 押し寄せる
類 몰려오다: 押し寄せる／밀려들다: 押し寄せてくる

1710 ☐☐☐☐☐
부서지다
動 壊れる, 割れる ❖ 산산이 부서지다: 粉々に砕ける
類 깨지다: 割れる／망가지다: 壊れる

暗記度チェック
☐ 눌러쓰다 ☐ 장학금 ☐ 할부 ☐ 돌다
☐ 가축 ☐ 건망증 ☐ 도난 ☐ 돌보다

300

손을 뻗치다
他人にある影響を及ぼす，勢力を広げる

요즘 한국 드라마에 푹 빠져서 드라마 보느라고 잠을 못 자요.
このごろ韓国ドラマに**どっぷりはまっていて**，ドラマを見るせいで寝られません。

빈집털이 상습범이 시민의 신고 덕분에 붙잡혔다.
空き巣の常習犯が市民の**通報のおかげで**捕まった。

지금은 만나고 싶지 않으니까 그를 그냥 돌려보내세요.
今は会いたくないから彼を**そのまま帰らせてください**。

작품을 보는 눈을 높이기 위해 주말에는 미술관에 다녀요.
作品を**見る目を養う**ために週末には美術館に通っています。

위험하니까 뒤로 한 걸음 물러서시기 바랍니다.
危険ですから後ろに**一歩下がる**ようお願いいたします。

전공을 살릴 수 있는 곳이라면 어디든지 갈 각오가 되어 있습니다.
専攻を生かせる所ならどこでも行く覚悟ができています。

요즘은 거리에서 구두를 수선해 주는 곳을 좀처럼 보기 힘듭니다.
最近は道端で**靴を修繕してくれる**所をなかなか見かけません。

결혼을 앞두고 있어서 그런지 좀 예민한 것 같네요.
結婚を控えているせいか少しナーバスになっているようですね。

어깨에 진 짐이 너무 무거워 보여 도와주고 싶었다.
肩に背負った荷物がとても重く見えたので手伝ってあげたかった。

일이 잘 풀리지 않은 탓인지 입맛도 떨어진 것 같습니다.
仕事がうまく解決しないせいか食欲も落ちたようです。

3살짜리 아이의 뛰어난 기억력에 그 자리에 있던 사람들은 모두 감탄했습니다.
３歳の子どもの優れた記憶力にその場にいた人々は皆**感嘆しました**。

저 사람은 뭐든지 긍정적으로 생각해서 같이 있으면 참 유쾌하다.
あの人は何でもポジティブに考えるので一緒にいると本当に**愉快だ**。

그런 대형 사고에서도 살아남은 사람이 있다니 기적 같은 일이다.
あんな大事故でも**生き残った**人がいるだなんて奇跡のようなことだ。

친구들이 모두 돌아가자 갑자기 외로움이 파도처럼 밀려왔다.
友達がみんな帰るやいなや急に寂しさが**波のように押し寄せてきた**。

과자를 그냥 가방에 넣어서 가지고 왔더니 다 부서졌네요.
お菓子をそのまま鞄に入れて持ってきたら**全部割れてしまいましたね**。

□ 화물	□ 갸름하다	□ 매콤하다	□ 그늘
□ 찌다	□ 뒤떨어지다	□ 몰리다	

1711 □□□□□ [머키다] **먹히다**	動 食われる 類 빼앗기다: 奪われる	
1712 □□□□□ **달아나다**	動 逃げる 類 도망가다: 逃げる　反 숨다: 隠れる	
1713 □□□□□ [발키다] **밝히다**	動 明かす　❖잘못을 밝히다: 間違いを明らかにする 類 밝혀내다: 明かす	
1714 □□□□□ **빗다**	動 《髪を》とかす　❖머리를 빗다: 髪をとかす 名 빗: くし	
1715 □□□□□ **질투**	名 嫉妬, ジェラシー ❖질투 나다: 嫉妬する	
1716 □□□□□ **다리다**	動 アイロンをかける 類 다림질하다: アイロンかけをする	
1717 □□□□□ **도망가다**	動 逃亡する 関 도망자: 逃亡者　類 달아나다: 逃げる	
1718 □□□□□ **서운하다**	形 名残惜しい 類 섭섭하다: 惜しい	
1719 □□□□□ **지겹다**	形 うんざりだ, 飽きる ㅂ変 類 지루하다: 退屈だ	
1720 □□□□□ **혹은**	副 または, もしくは 類 또는: または	
1721 □□□□□ **불어나다**	動 増える　❖몸이 불어나다: 太る 類 늘다: 増える／증가하다: 増加する	
1722 □□□□□ **집들이**	名 引越し祝い 動 집들이하다: 引越し祝いをする	
1723 □□□□□ **피서**	名 避暑 ❖피서지: 避暑地	
1724 □□□□□ **널다**	動 干す ㄹ語幹　❖이불을 널다: 布団を干す 反 거두다: 取り入れる, 収める	
1725 □□□□□ **들어보다**	動 聞いてみる ❖연설을 들어보다: 演説を聞いてみる	

302

諺 & 慣用句

원숭이도 나무에서 떨어진다
猿も木から落ちる

143

達成率
96 %

현대 사회도 <u>약자가 강자에게 먹히는</u> 약육강식의 세계다.
現代社会も**弱者が強者に食われる**弱肉強食の世界だ。

범인은 경찰관을 보자마자 <u>맨발로 달아났어요</u>.
犯人は警察官を見るやいなや**裸足で逃げました**。

기자들은 사건의 <u>진상을 밝히기</u> 위해 열심히 취재한다.
記者たちは事件の**真相を明かす**ために熱心に取材する。

엄마는 출근 준비로 바쁜데도 항상 잊지 않고 내 <u>머리를 예쁘게 빗어</u> 주었다.
母は出勤の準備で忙しいのにいつも忘れず私の**髪をきれいにとかして**くれた。

남자 친구가 너무 <u>질투를 안 해서</u> 오히려 화가 났다.
彼氏があまりにも**嫉妬しないので**かえって腹が立った。

집안일 중에서 와이셔츠 <u>다리는</u> 일이 제일 하기 싫어요.
家事の中でワイシャツの**アイロンがけ**が一番やりたくありません。

경찰은 <u>도망가는</u> 범인을 향해 총을 쏘았어요.
警察は**逃げる犯人**に向けて銃を撃ちました。

기대했던 1등은 아니었지만 <u>서운하지는 않았다</u>.
期待していた１等ではなかったけど**心残りはなかった**。

하루 종일 집에서 책만 읽고 있으니 너무 <u>지겨워서</u> 산책을 나갔다.
一日中家で本ばかり読んでいたらあまりに**飽き飽きして**散歩しに出かけた。

선생님 <u>혹은</u> 학생이라도 참가하는 데는 아무런 문제 없습니다.
先生**または**学生でも参加するのには何も問題ありません。

단시간에 내린 큰비로 강물이 <u>불어나서</u> 위험 수위에 달했다.
短時間に降った大雨で**川の水が増えて**危険水位に達した。

신혼여행에서 돌아오자마자 친구들을 초대해 <u>집들이를 했다</u>.
新婚旅行から帰ってきてすぐ友人たちを招待して**引越し祝いをした**。

휴가철이 되자 고속도로는 <u>피서를 떠나는</u> 차들로 가득했다.
休暇シーズンになると高速道路は**避暑に出かける**車でいっぱいだった。

바람도 있고 날씨가 좋을 때는 <u>빨래를 밖에 너세요</u>.
風もあって天気がよい時は**洗濯物を外に干してください**。

다른 사람의 <u>의견을 들어보고</u> 결정하려고요.
ほかの人の**意見を聞いてみて**決めようと思ってね。

| □ 지다 | □ 풀리다 | □ 감탄하다 | □ 유쾌하다 |
| □ 살아남다 | □ 밀려오다 | □ 부서지다 | |

1726 □□□□□
마주치다
動 出くわす ❖눈이 마주치다: 目が合う
類 부딪치다: ぶつかる／마주하다: 向き合う

1727 □□□□□
살아나다
動 生き返る ❖구사일생으로 살아나다: 九死に一生を得る
❖분위기가 살아나다: 雰囲気が持ち直す 反 죽다: 死ぬ

1728 □□□□□
유난히
副 とりわけ, ひときわ
❖유난히 눈에 띄다: ひときわ目をひく

1729 □□□□□
민족
名 民族 ❖민족 감정: 民族感情
関 동족: 同族

1730 □□□□□
사은품
名 謝恩品, おまけ ❖사은품을 증정하다: 謝恩品を贈呈する
類 덤: おまけ

1731 □□□□□
뛰어가다
動 走っていく
関 뛰어다니다: 走り回る 反 뛰어오다: 走ってくる

1732 □□□□□
보살피다
動 世話する ❖집안을 보살피다: 家を切り盛りする
類 돌보다: 世話する

1733 □□□□□
더하다
動 足す 関 덧셈: 足し算
類 추가하다: 追加する 反 빼다: 引く

1734 □□□□□
들여다보다
動 のぞく
類 자세히 보다: 詳しく見る／살펴보다: 調べてみる

1735 □□□□□
탑승
名 搭乗
❖탑승구: 搭乗口 ❖탑승 수속: 搭乗手続き

1736 □□□□□
찜통더위
名 蒸し(風呂のような)暑さ
類 불볕더위: 猛烈な暑さ

1737 □□□□□
망치다
動 台無しにする ❖행사를 망치다: イベントを台無しにする
類 망하게 하다: 台無しにする

1738 □□□□□
구두쇠
名 ケチ
類 수전노: ケチ／짠순이: ケチ女／짠돌이: ケチ男

1739 □□□□□
삼키다
動 飲み込む ❖눈물을 삼키다: 涙を飲み込む
反 뱉다: 吐く

1740 □□□□□ [저키다]
적히다
動 書かれる
類 쓰이다: 書かれる

暗記度チェック			
□ 먹히다	□ 달아나다	□ 밝히다	□ 빗다
□ 질투	□ 다리다	□ 도망가다	□ 서운하다

파리 목숨
他人に簡単に殺されるほどのはかない命

144 | 達成率 **97** %

길에서 3년 전에 헤어진 남자 친구와 우연히 마주쳤다.
道端で3年前に別れた彼氏と**ばったり出くわした**。

다 죽어 가던 꽃에 물을 주니 다시 살아났어요.
ほとんど枯れかけていた花に水をあげたらまた**生き返りました**。

신입 사원이 있어서 그런지 사장님이 오늘따라 유난히 엄격하시네요.
新入社員がいるせいか社長は今日に限って**とりわけ**厳しいですね。

흰색은 조선 시대 우리 민족을 상징하는 색이었다.
白は朝鮮時代の我々の**民族を象徴する**色だった。

대형 슈퍼마켓에서는 세트 제품을 사는 경우 많은 사은품이 붙어 있다.
大型スーパーではセット製品を購入する場合，多くの**おまけが付いて**いる。

지금이라도 뛰어가면 기차를 탈 수 있을 거예요.
今からでも**走って行けば**汽車に乗れるはずです。

병환으로 누워 계신 아버지를 보살피기 위해 직장마저 그만두었어요.
病気で寝たきりになっている父を**世話する**ため職場まで辞めました。

차 수리비에 병원 치료비까지 더해서 청구했어요.
車の修理費に病院の**治療費**まで足して請求しました。

호기심에 찬 아이들이 열쇠 구멍을 들여다보고 있다.
好奇心に満ちた子どもたちが**鍵穴をのぞいて**いる。

내가 도착했을 땐 많은 사람들이 탑승을 위해 줄을 서 있었다.
私が到着した時は多くの人たちが**搭乗**のために並んでいた。

계속되는 찜통더위 때문에 더위를 먹어 병원을 찾는 사람들이 늘고 있다.
続く**蒸し暑さ**のせいで夏バテで病院を訪ねる人々が増えている。

거의 완성된 그림에 물을 쏟아서 망쳐 버렸다.
ほとんど完成した絵に水をこぼし**台無しにして**しまった。

자력으로 유학을 가고 싶어 열심히 돈을 모았을 뿐인데 모두 구두쇠라고 부른다.
自力で留学したくて一生懸命にお金を貯めただけなのにみんな**ケチと呼ぶ**。

목이 많이 부어서 물은커녕 침조차 삼키기도 힘들어요.
喉がすごく腫れていて水どころか唾すら**飲み込むのも辛い**です。

전화번호만 적혀 있을 뿐 이름이 없었습니다.
電話番号だけ**書かれているだけ**で名前がありませんでした。

□ 지겹다	□ 혹은	□ 불어나다	□ 집들이
□ 피서	□ 널다	□ 들어보다	

1681 (	)	深くかぶる	1711 (	)	食われる
1682 (	)	奨学金	1712 (	)	逃げる
1683 (	)	割賦，分割	1713 (	)	明かす
1684 (	)	回る	1714 (	)	《髪を》とかす
1685 (	)	家畜	1715 (	)	嫉妬
1686 (	)	物忘れ	1716 (	)	アイロンをかける
1687 (	)	盗難	1717 (	)	逃亡する
1688 (	)	世話する	1718 (	)	名残惜しい
1689 (	)	貨物	1719 (	)	うんざりだ
1690 (	)	細長い	1720 (	)	または
1691 (	)	ピリ辛い	1721 (	)	増える
1692 (	)	日かげ，陰	1722 (	)	引越し祝い
1693 (	)	蒸す	1723 (	)	避暑
1694 (	)	遅れる	1724 (	)	干す
1695 (	)	押し寄せる	1725 (	)	聞いてみる
1696 (	)	陥る，はまる	1726 (	)	出くわす
1697 (	)	捕まる	1727 (	)	生き返る
1698 (	)	帰らせる	1728 (	)	とりわけ
1699 (	)	高める	1729 (	)	民族
1700 (	)	下がる	1730 (	)	謝恩品，おまけ
1701 (	)	生かす，救う	1731 (	)	走っていく
1702 (	)	修繕する	1732 (	)	世話をする
1703 (	)	控える	1733 (	)	足す
1704 (	)	背負う	1734 (	)	のぞく
1705 (	)	解ける，和らぐ	1735 (	)	搭乗
1706 (	)	感嘆する	1736 (	)	蒸し暑さ
1707 (	)	愉快だ	1737 (	)	台無しにする
1708 (	)	生き残る	1738 (	)	ケチ
1709 (	)	押し寄せる	1739 (	)	飲み込む
1710 (	)	壊れる，割れる	1740 (	)	書かれる

①거칠다，②-나다 を用いた表現

① 길[땅]이 거칠다	道[土地]が荒れている
성격이 거칠다	性格が荒い
거친 세상	厳しい世の中
말이 거칠다	言葉遣いが荒い
운전이 거칠다	運転が荒い

② -나다 は動詞の連用形(-아/어)に付いてその動作の進行・状態を強調します。

例 불다 **+** -아/어나다 ⇨ 불어나다 (増える，膨れあがる)

살아나다	生き返る
깨어나다	覚める
피어나다	咲く，よみがえる
생겨나다	生じる

1741 □□□□□ **바라보다**	動 **見通す，見つめる** ❖ 앞을 바라보다: 先を展望する 類 기대하다: 期待する／내다보다: 先を見る	
1742 □□□□□ **속이다**	動 **だます** ❖ 신분을 속이다: 身分を隠す 類 거짓말하다: 嘘をつく／감추다: 隠す	
1743 □□□□□ **말다툼**	名 **口喧嘩** ❖ 말다툼이 오고 가다: 口喧嘩が往来する 類 말싸움: 口ゲンカ／논쟁: 論争	
1744 □□□□□ **뛰쳐나가다**	動 **飛び出る，飛び出す** ❖ 힘차게 뛰쳐나가다: 勇ましく飛び出す	
1745 □□□□□ [담:배카다] **담백하다**	形 **淡泊だ** 類 개운하다: あっさりしている 反 느끼하다: 脂っこい	
1746 □□□□□ **배우자**	名 **配偶者** 類 부부: 夫婦／반려자: 伴侶	
1747 □□□□□ **헤엄치다**	動 **泳ぐ** 関 개 헤엄: 犬かき 類 수영하다: 水泳する	
1748 □□□□□ **생겨나다**	動 **生じる，生まれる** 類 생기다: 生じる／발생하다: 発生する	
1749 □□□□□ **부러지다**	動 **折れる** ❖ 똑 부러지다: ぽっきりと折れる 類 꺾이다: 折れる	
1750 □□□□□ **쏟다**	動 **注ぐ，流す，こぼす** ❖ 물을 쏟다: 水をこぼす 類 집중하다: 集中する／흘리다: 流す／엎지르다: こぼす	
1751 □□□□□ **뛰어내리다**	動 **飛び降りる** 類 낙하하다: 落下する 反 뛰어오르다: 飛び上がる	
1752 □□□□□ **단속**	名 **取締り** ❖ 문단속: 戸締まり ❖ 단속 강화: 取締り強化	
1753 □□□□□ **문명**	名 **文明** ❖ 황하 문명: 黄河文明 類 문화: 文化	
1754 □□□□□ **생필품**	名 **生活必需品** 類 생활필수품: 生活必需品	
1755 □□□□□ **얼룩**	名 **シミ** ❖ 얼룩을 빼다: シミを抜く ❖ 얼룩이 생기다: シミができる 類 자국: 跡	

暗記度 チェック	□ 마주치다	□ 살아나다	□ 유난히	□ 민족
	□ 사은품	□ 뛰어가다	□ 보살피다	□ 더하다

벼는 익을수록 고개를 숙인다
実るほど頭(こうべ)を垂れる稲穂かな

146

두 사람은 서로 바라보기만 할 뿐 아무말도 하지 않았다.
2人はお互い見つめ合うばかりで何も言わなかった。

그는 화려한 말솜씨로 외로운 노인들을 속여 왔다.
彼は巧みな話術で寂しいお年寄りたちをだましてきた。

그 부부는 말다툼이 끊이지 않더니 결국 헤어졌다.
その夫婦は口喧嘩が絶えず結局別れた。

지진이 나자 직원들은 하던 일을 멈추고 밖으로 뛰쳐나갔다.
地震が起きると職員たちはやっていた仕事をやめて外へ飛び出した。

야채로 국물을 내서 정말 깔끔하고 담백한데요.
野菜でスープのだしをとったので本当にさっぱりして淡泊な味ですね。

배우자 선택에 있어서 무엇을 가장 중요하게 생각하십니까?
配偶者の選択において何を最も重要に考えていますか。

어릴 때는 냇가에서 헤엄치거나 가재를 잡으면서 놀았어요.
幼い時は小川で泳いだりザリガニを捕ったりしながら遊びました。

사회가 발달하면서 새로운 형태의 직업들이 생겨나고 있어요.
社会が発達するにつれて新しい形態の職業が生まれています。

눈의 무게를 이기지 못하고 나뭇가지가 부러졌다.
雪の重さに耐えられず枝が折れてしまった。

졸업 전시회를 후회 없이 끝내기 위해 모두가 작품 제작에 정열을 쏟고 있다.
卒業展示会を後悔せず終わらせるためにみんなが作品制作に情熱を注いでいる。

2층에서 뛰어내릴 수밖에 없는 상황이었어요.
2階から飛び降りるるを得ない状況でした。

음주 운전 특별 단속 기간이라서인지 곳곳에 경찰들이 배치되어 있어요.
飲酒運転特別取締期間だからなのかあちこちに警察が配置されています。

이번 여름 방학을 이용해 세계 4대 문명의 발상지를 돌아보려 합니다.
今度の夏休みを利用して世界4大文明の発祥地を訪ねてみようと思います。

비상시를 대비해서 생필품은 여유 있게 구입해 놓습니다.
非常時に備えて生活必需品は多めに購入しておきます。

흰 블라우스에 커피를 쏟았는데 얼룩이 남을까 걱정이네.
白いブラウスにコーヒーをこぼしたので、シミになるか心配だわ。

| □ 들여다보다 | □ 탑승 | □ 찜통더위 | □ 망치다 |
| □ 구두쇠 | □ 삼키다 | □ 적히다 | |

1756 □□□□□ [일정하다]
일정하다
形 一定だ
❖ 일정한 수준[간격]: 一定の水準[間隔]

1757 □□□□□
풍부하다
形 豊富だ ❖ 풍부한 자원: 豊かな資源
類 풍성하다: 豊かだ 反 빈곤하다: 貧困だ

1758 □□□□□
숙이다
動 垂らす ❖ 허리를 숙이다: 腰を曲げる
類 굽히다: 曲げる 反 젖히다: 反らす

1759 □□□□□
이끌다
動 導く ㄹ語幹
類 주도하다: 主導する 反 따르다: 従う

1760 □□□□□
엎드리다
動 うつ伏せになる ❖ 엎드려 사과하다: 土下座する
類 꿇다: ひざまずく/굽히다: 屈める

1761 □□□□□
뱉다
動 吐く ❖ 한숨을 뱉다: ため息を吐く
類 내뱉다: 吐く/토하다: 吐き出す

1762 □□□□□
망가지다
動 壊れる
類 부서지다: 破ける/망가뜨리다: 壊す

1763 □□□□□
혼내다
動 叱る
類 야단치다: 叱る

1764 □□□□□
독방
名 独房 ❖ 독방 신세: 独房入り
類 독실: 独室

1765 □□□□□
털다
動 はたく, はらう ㄹ語幹
❖ 먼지를[재산을] 털다: 埃[財産]をはたく

1766 □□□□□ [업:쌔다]
없애다
動 なくす, 取り除く
類 지우다: 消す

1767 □□□□□
살펴보다
動 調べる, 伺う ❖ 자세히 살펴보다: 詳しく調べる
類 조사하다: 調査する

1768 □□□□□
미치다
動 及ぶ
類 달하다: 達する/이르다: 至る

1769 □□□□□
따지다
動 《細かく》計算する, 問い詰める
❖ 잘잘못을 따지다: 白黒をはっきりさせる

1770 □□□□□
온통
副 すべて, すっかり
類 모두: すべて/사방에: 四方に

손을 털다
足を洗う，手を引く，やめる

147

達成率
98 %

흔들림 없이 소리를 일정하게 내는 것은 생각보다 힘들다.
揺らぐことなく音を**一定に出す**のは思ったより大変だ。

발효 식품은 냄새는 좀 나지만 몸에 좋은 영양소가 풍부하다.
発酵食品は臭いはあるが体によい**栄養素が豊富**だ。

'벼는 익을수록 고개를 숙인다'는 말처럼 겸손한 자세를 잊지 마세요.
「**実るほど頭を垂れる稲穂かな**」という言葉のように謙遜する姿勢を忘れないでください。

팀을 승리로 이끈 선수를 인터뷰하고 있었습니다.
チームを勝利に導いた選手をインタビューしていました。

엎드려서 책을 보면 허리에 안 좋으니 앉아서 읽어라.
うつ伏せになって本を見ると腰によくないから座って読みなさい。

한 번 뱉은 말은 주워 담을 수가 없으니 신중하게 발언하세요.
一度**吐いた言葉**は拾うことができないから慎重に発言してください。

휴대 전화를 떨어뜨리는 바람에 망가져서 새로 살 수밖에 없었다.
携帯電話を**落としたせいで壊れた**ので新しく買うしかなかった。

감정적으로 아이를 혼내는 것은 오히려 나쁜 영향을 준다.
感情的に子どもを**叱る**のはかえって悪い影響を与える。

감옥에서 문제를 일으키는 바람에 독방에 갇혔다.
監獄で問題を起こしたせいで**独房**に閉じ込められた。

옷에 묻은 먼지는 밖에서 털고 들어오세요.
服に付いている埃は**外で払って**から入ってください。

얼룩을 없애려고 했는데 오히려 더 커졌어요.
シミをとろうとしたけれど，かえってもっと大きく広がりました。

잘 살펴봤는데도 불구하고 빠뜨린 곳이 있었네요.
よく**調べてみたにもかかわらず**抜けた所がありましたね。

열심히 했지만 부모님의 기대에는 미치지 못했다.
一生懸命にやったけど親の**期待には及びません**でした。

물건을 살 때는 하나하나 따져 보고 사야 나중에 후회하지 않아요.
品物を買う時は**一つひとつ確かめてみてから**買わないと後で後悔します。

11월이 되면서 거리는 온통 일루미네이션으로 장식되었다.
11 月になって，街は**すっかり**イルミネーションで飾られた。

| □ 부러지다 | □ 쏟다 | □ 뛰어내리다 | □ 단속 |
| □ 문명 | □ 생필품 | □ 얼룩 | |

1771　□□□□□
뿌리다
　動 撒く　❖비를 뿌리다: 雨がばらつく
　❖돈을 뿌리다: 金をばらまく

1772　□□□□□　[안치다]
앉히다
　動 座らせる　❖자리에 앉히다: 席に座らせる
　反 세우다: 立たせる

1773　□□□□□
불태우다
　動 燃やす
　❖열의를 불태우다: 熱意を燃やす

1774　□□□□□
쫓다
　動 追う　❖유행을 쫓다: 流行を追う
　類 뒤쫓다: 後を追う　反 쫓기다: 追われる

1775　□□□□□
속다
　動 だまされる
　類 넘어가다: だまされる

1776　□□□□□
세면대
　名 洗面台
　関 세면도구: 洗面道具／목욕탕: 浴室

1777　□□□□□
육아
　名 育児　❖육아에 전념하다: 育児に専念する
　❖육아 휴직: 育児休職

1778　□□□□□
알아주다
　動 わかってくれる, 認める
　類 이해하다: 理解する／인정하다: 認める

1779　□□□□□
지붕
　名 屋根　❖자동차 지붕: 自動車のルーフ
　関 옥상: 屋上

1780　□□□□□
신기다
　動 履かす
　❖신발을 신기다: 靴を履かす

1781　□□□□□
살림
　名 生計, 所帯, 暮らし　❖살림살이: 所帯道具
　動 살림하다: 家事をする, 所帯を持つ

1782　□□□□□
새다
　動 漏れる　❖개인 정보가 새다: 個人情報が漏れる
　❖비가 새다: 雨が漏れる

1783　□□□□□
숨기다
　動 隠す　❖몸을 숨기다: 体を隠す
　類 감추다: 隠す

1784　□□□□□
꼭대기
　名 頂上, 頂 (いただき)
　類 정점: 頂点／정상: 頂上

1785　□□□□□
명소
　名 名所
　類 명승고적: 名勝古跡

너무 더워서 마당에 물을 뿌렸더니 좀 시원해졌다.
暑すぎて庭に水を撒いたら少し涼しくなった。

할아버지는 손녀를 늘 무릎에 앉혀 놓고 동화책을 읽어 주었다.
お爺さんは孫をいつも膝に座らせて童話を読んであげた。

헤어진 연인의 물건들을 모두 불태우면서 마음을 정리했다.
別れた恋人の物を全部燃やしながら気持ちを整理した。

존경하는 그분의 뒷모습을 쫓아 이 세계에 들어왔습니다.
尊敬するあの方の後ろ姿を追ってこの世界に入ってきました。

정말 못 믿겠으면 속는 셈 치고 한 번 해 보세요.
本当に信じられないなら騙されたと思って一度やってみてください。

목욕탕과 세면대가 같이 있어서 쓰기 불편할 때도 있네요.
お風呂場と洗面台が一緒になっているので使いにくい時もありますね。

최근에는 남성들도 아이를 위해 육아 휴직을 하기도 한다.
最近は男性たちも子どものために育児休暇を取ったりもする。

내 노력을 알아주는 사람이 없어도 끝까지 해 보겠습니다.
私の努力をわかってくれる人がいなくても最後までやってみます。

밤새도록 쌓인 눈을 치우기 위해 지붕 위로 올라갔다.
一晩中積もった雪かきのために屋根の上にあがった。

여동생이 아직 어려서 제가 양말을 신겨 줘요.
妹がまだ幼いので私が靴下を履かせてあげます。

경제적인 여유가 없어 결혼식도 올리지 못하고 살림을 차렸다.
経済的な余裕がないので結婚式も挙げられず所帯を持った。

가스가 새는 것 같아 가스 회사에 조사를 의뢰했다.
ガスが漏れているようなのでガス会社に調査を依頼した。

부부 사이에는 숨기는 일이 있어서는 안 돼요.
夫婦の間には隠し事があってはいけません。

날씨가 너무 안 좋아서 산꼭대기까지 올라가지 못해서 아쉬워요.
天気が悪すぎて山頂まで登れなくて心残りです。

텔레비전에 소개되면서 관광 명소로 유명해지기 시작했다.
テレビに紹介されてから観光名所として有名になり始めた。

□ 독방	□ 털다	□ 없애다	□ 살펴보다
□ 미치다	□ 따지다	□ 온통	

1786 □□□□□
벼락
名 雷，落雷 　❖벼락치기: 一夜漬け
類 낙뢰: 落雷

1787 □□□□□ [산떠미]
산더미
名 山積み 　❖일이 산더미다: 仕事が山積みだ
類 무더기: 山盛り

1788 □□□□□
민박
名 民泊
動 민박하다: 民泊する

1789 □□□□□
산소
名 酸素
❖산소 함유율: 酸素含有率

1790 □□□□□ [느그타다]
느긋하다
形 のんびりしている
類 급하다: せっかちだ

1791 □□□□□
우울하다
形 憂うつだ
關 우울증: うつ病 　反 쾌활하다: 愉快だ

1792 □□□□□
포근하다
形 ふわふわする，《天気が》暖かい
❖포근한 햇살: 暖かい日差し

1793 □□□□□
화창하다
形 うららかだ，爽快だ
❖화창하게 개다: すっきりと晴れる

1794 □□□□□
번화하다
形 にぎやかだ
關 번화가: 繁華街 　類 붐비다: 込み合う

1795 □□□□□
울리다
動 響く
❖울려 퍼지다: 響き渡る

1796 □□□□□ [알타]
앓다
動 患う
❖끙끙 앓다: くよくよと悩む

1797 □□□□□
부작용
名 副作用 　❖부작용이 따르다: 副作用が伴う
關 합병증: 合併症

1798 □□□□□
하마터면
副 危うく
❖하마터면 -(으)ㄹ 뻔하다: 危うく~するところだ

1799 □□□□□
차분하다
形 落ち着いている，物静かだ
❖차분한 분위기: 落ち着いた雰囲気

1800 □□□□□
추돌
名 追突
❖추돌 사고: 追突事故，玉つき事故

諺 & 慣 用 句
벼락 맞을 소리
罰当たりな発言

149

達成率
100 %

태풍 때 마당의 큰 나무가 <u>벼락을 맞아서</u> 타 버렸다.
台風の時に庭の大きな木が**雷に打たれて**燃えてしまった。

날씨가 안 좋아서 며칠 빨래를 못 했더니 빨랫감이 <u>산더미처럼 쌓였어요</u>.
天気がよくなくて何日間も洗濯をできなかったので洗濯物が**山のように溜まって**います。

늦은 시간에 차가 고장 나는 바람에 예정에 없던 <u>민박을 하게 됐다</u>.
遅い時間に車が故障したせいで予定になかった**民泊をすることになった**。

정상으로 올라갈수록 <u>산소가 부족해서</u> 호흡하기 힘들었어요.
頂上にあがるほど**酸素が不足して**呼吸するのが大変でした。

약속도 없고 시간도 많으니까 오늘은 <u>느긋하게</u> 보내고 싶어요.
約束もなく時間もたくさんあるから今日は**のんびりと**過ごしたいです。

어제 애인하고 헤어졌는데 하루 종일 비까지 내려 너무 <u>우울하다</u>.
昨日恋人と別れたのに一日中雨まで降るからすごく**憂うつだ**。

새 이불이 너무 <u>포근해서</u> 잠이 잘 올 것 같아요.
新しい布団がとても**ふわふわして**よく眠れそうです。

오래간만의 <u>화창한 날씨</u>에 나들이를 나온 가족들이 눈에 띄었다.
久しぶりの**さわやかな天気**にお出かけする家族が目立った。

시골 생활을 동경해 왔는데 막상 살아 보니 <u>번화한</u> 도시 생활이 그립습니다.
田舎暮らしに憧れて来ましたが，いざ暮らしてみると**賑やかな**都会生活が懐かしいです。

새로 이사한 사무실은 천정이 높아선지 가구가 없어선지 <u>소리가 많이 울리네요</u>.
新しく引越した事務室は天井が高いからか家具がないからか，**音がすごく響きますね**。

언제나 밝은 얼굴을 하고 있어서 그렇게 <u>심각한 병을 앓고 있는</u> 줄 아무도 몰랐다.
いつも明るい表情をしていたからそんな**深刻な病気を患っている**のを誰も知らなかった。

<u>항암제 치료의 부작용으로</u> 머리가 빠지고 있습니다.
抗がん剤治療の副作用で髪の毛が抜けています。

시간을 잘못 알아서 오늘도 <u>하마터면 지각할 뻔했어요</u>.
時間を勘違いして今日も**危うく遅刻するところでした**。

그는 어떤 급한 상황에서도 <u>차분하게</u> 자신의 페이스를 유지한다.
彼はどんな緊急な状況でも**落ち着いて**自分のペースを維持する。

어젯밤부터 끼기 시작한 짙은 안개로 고속도로 곳곳에서 <u>추돌 사고가 잇따랐다</u>.
昨夜からかかり始めた濃い霧で高速道路のあちこちで**追突事故が相次いだ**。

□ 지붕	□ 신기다	□ 살림	□ 새다
□ 숨기다	□ 꼭대기	□ 명소	

1741 （　　　）	見通す		1771 （　　　）	撒く
1742 （　　　）	だます		1772 （　　　）	座らせる
1743 （　　　）	口喧嘩		1773 （　　　）	燃やす
1744 （　　　）	飛び出る		1774 （　　　）	追う
1745 （　　　）	淡泊だ		1775 （　　　）	だまされる
1746 （　　　）	配偶者		1776 （　　　）	洗面台
1747 （　　　）	泳ぐ		1777 （　　　）	育児
1748 （　　　）	生じる		1778 （　　　）	わかってくれる
1749 （　　　）	折れる		1779 （　　　）	屋根
1750 （　　　）	注ぐ，流す		1780 （　　　）	履かす
1751 （　　　）	飛び降りる		1781 （　　　）	生計，所帯
1752 （　　　）	取締り		1782 （　　　）	漏れる
1753 （　　　）	文明		1783 （　　　）	隠す
1754 （　　　）	生活必需品		1784 （　　　）	頂上，頂
1755 （　　　）	シミ		1785 （　　　）	名所
1756 （　　　）	一定だ		1786 （　　　）	雷
1757 （　　　）	豊富だ		1787 （　　　）	山積み
1758 （　　　）	垂らす		1788 （　　　）	民泊
1759 （　　　）	導く		1789 （　　　）	酸素
1760 （　　　）	うつ伏せになる		1790 （　　　）	のんびりしている
1761 （　　　）	吐く		1791 （　　　）	憂うつだ
1762 （　　　）	壊れる		1792 （　　　）	ふわふわする
1763 （　　　）	叱る		1793 （　　　）	うららかだ
1764 （　　　）	独房		1794 （　　　）	にぎやかだ
1765 （　　　）	はたく，はらう		1795 （　　　）	響く
1766 （　　　）	取り除く		1796 （　　　）	患う
1767 （　　　）	調べる，伺う		1797 （　　　）	副作用
1768 （　　　）	及ぶ		1798 （　　　）	危うく
1769 （　　　）	問い詰める		1799 （　　　）	物静かだ
1770 （　　　）	すっかり		1800 （　　　）	追突

暗記度チェック
| □ 벼락 | □ 산더미 | □ 민박 | □ 산소 |
| □ 느긋하다 | □ 우울하다 | □ 포근하다 | □ 화창하다 |

● 적(的)は発音する時，「쩍」になる場合があります。

가족적	家族的	간접적	間接的	감동적	感動的	감정적	感情的
개방적	開放的	개성적	個性的	개인적	個人的	객관적	客観的
결과적	結果的	경제적	経済的	계획적	計画的	공식적	公式的
공통적	共通的	과학적	科学的	국가적	国家的	국민적	国民的
국제적	国際的	궁극적	究極的	규칙적	規則的	근본적	根本的
긍정적	肯定的	기본적	基本的	기초적	基礎的	내성적	内向的
내적	内的	논리적	論理的	능동적	能動的	대중적	大衆的
대표적	代表的	독창적	独創的	매력적	魅力的	문학적	文学的
문화적	文化的	물질적	物質的	법적	法的	보수적	保守的
보편적	普遍的	본격적	本格的	부분적	部分的	부정적	否定的
비교적	比較的	비판적	批判的	사교적	社交的	상대적	相対的
상업적	商業的	상징적	象徴的	성공적	成功的	세계적	世界的
수동적	受動的	순간적	瞬間的	시대적	時代的	신체적	身体的
실용적	実用的	실질적	実質的	심리적	心理的	역사적	歴史的
예술적	芸術的	육체적	肉体的	의도적	意図的	의학적	医学的
이기적	利己的	이상적	理想的	인간적	人間的	인상적	印象的
일반적	一般的	자극적	刺激的	자연적	自然的	장기적	長期的
적극적	積極的	전국적	全国的	전문적	専門的	전반적	全般的
전체적	全体的	전통적	伝統的	정기적	定期的	정상적	正常的
정신적	精神的	정치적	政治的	제도적	制度的	종교적	宗教的
주관적	主観的	지속적	持続的	지적	知的	직접적	直接的
질적	質的	집단적	集団的	집중적	集中的	창조적	創造的
철학적	哲学的	체계적	体系的	충격적	衝撃的	한국적	韓国的
현대적	現代的	현실적	現実的	형식적	形式的	환상적	幻想的
효과적	効果的	효율적	効率的	필연적	必然的	구체적	具体的

□ 번화하다	□ 울리다	□ 앓다	□ 부작용
□ 하마터면	□ 차분하다	□ 추돌	

動詞の活用表

基本形	現在(敬語) ~ます (스)ㅂ니다	現在 ~ますよ 아/어요	過去 ~だった 았/었다	未来・推測 ~だろう (으)ㄹ 거다	命令(敬語) ~てください (으)십시오	仮定 ~なら (으)면	連体形 過去 (으)ㄴ	連体形 現在 는	連体形 未来 (으)ㄹ	現在 記述/パンマル -ㄴ/는다
가다 行く	갑니다	가요	갔다	갈 거다	가십시오	가면	간	가는	갈	간다
오다 来る	옵니다	와요	왔다	올 거다	오십시오	오면	온	오는	올	온다
배우다 習う	배웁니다	배워요	배웠다	배울 거다	배우십시오	배우면	배운	배우는	배울	배운다
마시다 飲む	마십니다	마셔요	마셨다	마실 거다	마시십시오	마시면	마신	마시는	마실	마신다
쓰다 書く	씁니다	써요	썼다	쓸 거다	쓰십시오	쓰면	쓴	쓰는	쓸	쓴다
자르다 切る	자릅니다	잘라요	잘랐다	자를 거다	자르십시오	자르면	자른	자르는	자를	자른다
하다 する	합니다	해요	했다	할 거다	하십시오	하면	한	하는	할	한다
좋아하다 好む	좋아합니다	좋아해요	좋아했다	좋아할 거다	좋아하십시오	좋아하면	좋아한	좋아하는	좋아할	좋아한다
먹다 食べる	먹습니다	먹어요	먹었다	먹을 거다	먹으십시오	먹으면	먹은	먹는	먹을	먹는다
살다 住む	삽니다	살아요	살았다	살 거다	사십시오	살면	산	사는	살	산다
듣다 聞く	듣습니다	들어요	들었다	들을 거다	들으십시오	들으면	들은	듣는	들을	듣는다
돕다 手伝う	돕습니다	도와요	도왔다	도울 거다	도우십시오	도우면	도운	돕는	도울	돕는다
굽다 焼く	굽습니다	구워요	구웠다	구울 거다	구우십시오	구우면	구운	굽는	구울	굽는다
입다 着る	입습니다	입어요	입었다	입을 거다	입으십시오	입으면	입은	입는	입을	입는다
벗다 脱ぐ	벗습니다	벗어요	벗었다	벗을 거다	벗으십시오	벗으면	벗은	벗는	벗을	벗는다
낫다 治る	낫습니다	나아요	나았다	나을 거다	나으십시오	나으면	나은	낫는	나을	낫는다
놓다 置く	놓습니다	놓아요	놓았다	놓을 거다	놓으십시오	놓으면	놓은	놓는	놓을	놓는다

形容詞の活用表

		現在	現在	過去	未来・推測	仮定	現在	現在
		~ます	~ますよ	~だった	~だろう	~なら	連体形	記述/パンマル
		(스)ㅂ니다	아/어요	았/었다	(으)ㄹ 거다	(으)면	(으)ㄴ	-ㄴ/는다
싸다	安い	쌉니다	싸요	쌌다	쌀 거다	싸면	싼	싸다
바쁘다	忙しい	바쁩니다	바빠요	바빴다	바쁠 거다	바쁘면	바쁜	바쁘다
다르다	違う	다릅니다	달라요	달랐다	다를 거다	다르면	다른	다르다
중요하다	重要だ	중요합니다	중요해요	중요했다	중요할 거다	중요하면	중요한	중요하다
작다	小さい	작습니다	작아요	작았다	작을 거다	작으면	작은	작다
곱다	きれいだ	곱습니다	고와요	고왔다	고울 거다	고우면	고운	곱다
덥다	暑い	덥습니다	더워요	더웠다	더울 거다	더우면	더운	덥다
좁다	狭い	좁습니다	좁아요	좁았다	좁을 거다	좁으면	좁은	좁다
길다	長い	깁니다	길어요	길었다	길 거다	길면	긴	길다
좋다	よい	좋습니다	좋아요	좋았다	좋을 거다	좋으면	좋은	좋다
빨갛다	赤い	빨갛습니다	빨개요	빨갰다	빨갈 거다	빨가면	빨간	빨갛다

河仁南（ハ・インナム）
韓国生まれ。韓国外国語大学校日本語学科卒業。お茶の水女子大学大学院史学科卒業。1987 年晶文社にて韓国の漫画『弓』（李賢世作）を翻訳出版。つくば市役所の「外国人のための生活相談員」として勤務。つくば国際アカデミーの講師として勤務。中国語検定 2 級取得。

主要著書：『韓国語能力試験 TOPIK 1・2 級 初級単語 800』『韓国語能力試験 TOPIK 5・6 級高級単語 800』『韓国語能力試験 TOPIK 1・2 級 初級聞取り対策』『使ってみよう韓国語の慣用句・ことわざ・四字熟語』（以上，語研）

南嘉英（ナム・カヨン）
韓国生まれ。崇實大学校工科学部電気工学科卒業。韓国放送通信大学校人文学部日本学科卒業。延世大学校韓国語教師研修所第 38 期修了。

主要著書：『韓国語能力試験 TOPIK 1・2 級 初級単語 800』『韓国語能力試験 TOPIK 5・6 級高級単語 800』『韓国語能力試験 TOPIK 1・2 級 初級読解対策』『使ってみよう韓国語の慣用句・ことわざ・四字熟語』（以上，語研），『韓国語フレーズブック』（新星出版社）

【日本語校閲】山村 聡子
神田外語大学外国語学部韓国語学科（現アジア言語学科韓国語専攻）卒業。外資系企業の情報システム部門に長年勤務した後，韓国語スクールの IT・ネットワーク業務を経て，韓国大手家電メーカーに勤務。

© Ha Innam; Nam Kayoung, 2023, Printed in Japan

**韓国語能力試験 TOPIK 3・4 級
中級単語 1800【音声 DL 対応版】**

2023 年 3 月 10 日　　初版第 1 刷発行
2024 年 4 月 10 日　　　　第 2 刷発行

著　　者　河仁南／南嘉英
制　　作　ツディブックス株式会社
発 行 者　田中 稔
発 行 所　株式会社 語研
　　　　　〒 101-0064
　　　　　東京都千代田区神田猿楽町 2-7-17
　　　　　電　話　03-3291-3986
　　　　　ファクス　03-3291-6749
　　　　　振替口座　00140-9-66728
組　　版　ツディブックス株式会社
印刷・製本　シナノ書籍印刷株式会社

ISBN978-4-87615-391-6 C0087
書名　カンコクゴノウリョクシケント ピック サンヨンキュウ
　　　チュウキュウタンゴ センハッピャク
　　　オンセイダウンロードタイオウバン
著者　ハ インナム／ナム カヨン

定価：本体 1,800 円＋税（10%）（税込定価：1,980 円）
乱丁本，落丁本はお取り替えいたします。

株式会社 語研
語研ホームページ https://www.goken-net.co.jp/

本書の感想は
スマホから↓